Volker Arzt · Immanuel Birmelin

HABEN TIERE EIN BEWUSSTSEIN?

**Wenn Affen lügen, wenn Katzen
denken und Elefanten traurig sind**

W0078351

GOLDMANN

Umwelthinweis:
Alle gedruckten Materialien dieses Taschenbuches
sind chlorfrei und umweltschonend.

Der Goldmann Verlag
ist ein Unternehmen der Verlagsgruppe Bertelsmann

Von den Autoren durchgesehene
Taschenbuchausgabe Juni 1995
Wilhelm Goldmann Verlag, München
© 1993 C. Bertelsmann Verlag GmbH, München
Umschlaggestaltung: Design Team, München
Druck: Presse-Druck Augsburg
Verlagsnummer: 12602
ss · Herstellung: Ludwig Weidenbeck/sc
Made in Germany
ISBN 3-442-12602-9

3 5 7 9 10 8 6 4 2

Inhalt

Vorwort:
Ein zweiter Anlauf

»Ich möchte meinen Knochen lieber gekocht!« beklagte sich der Schäferhund und zog ein schiefes Maul. Die Mischlingshündin Senta hatte andere Sorgen: »Ich will Babys, ich will Babys«, wiederholte sie unablässig. Ein neuentwickelter Neuro-Chip hatte die Hundewünsche auf einen Computerschirm übertragen und in menschliche Sprache übersetzt. Damit war ein uralter Menschheitstraum in Erfüllung gegangen: die Gefühls- und Gedankenwelt der Tiere offenzulegen. Die unglaubliche Nachricht stand im Frühjahr 1992 in der *Ärzte Zeitung* – und Ungläubigkeit war angebracht: Den Neuro-Chip hatte sich die Redaktion als Aprilscherz ausgedacht.

Aber der Grat zwischen Ulk und Ernst ist schmaler, als mancher denken mag. Wenn der Graupapagei Alex in akzentfreiem Englisch ruft: »Want carrot«, dann meint er, was er sagt, dann will er tatsächlich eine Karotte und ist mit nichts anderem abzuspeisen. Und auch der Einfall, ein Tier könne seinen Kinderwunsch in Worte fassen, scheint nicht nur ein Aprilscherz zu sein. Die Gorilladame Koko beherrscht über hundert Handgesten der amerikanischen Taubstummensprache, und immer wieder soll sie ihrer Pflegerin signalisiert haben: »Koko möchte Baby.«

Wer sich darauf einläßt, nach dem Bewußtsein der Tiere zu fragen, läßt sich solche Paradebeispiele natürlich nicht entgehen. Aber wir sind nicht der Ansicht, die sprachliche Verständigung sei der einzige Schlüssel zur Gefühls- und Gedankenwelt der Tiere. Die Tatsache, daß wir Menschen in Worten ausdrücken können, was wir bewußt erleben, sollte uns nicht zu dem Umkehrschluß verleiten, daß ohne Sprache kein Bewußtsein möglich sei. Das wäre nur eine der vielen Formen menschlicher Egozentrik.

Aber wie läßt sich dann herausfinden, was eine Elefantenkuh fühlt, wenn ihr die Tränen aus den Augen rinnen? Was denken sich Orang-Utans, wenn sie ihre Pflegerin austricksen? Oder was geht meinem Kater durch den Kopf – vorausgesetzt, es geht ihm überhaupt etwas durch den Kopf –, wenn er sich auf Umwegen an ein Eichhörnchen heranpirscht?

Darf man von der Wissenschaft überhaupt Hilfe erwarten, wenn man nach der inneren Verfassung der Tiere fragt, wenn man sich für Tiere als Persönlichkeiten interessiert, die nicht nur »reagieren«, sondern etwas fühlen, erleben, Vorstellungen und Absichten haben?

Vor gut zehn Jahren hatte ich mir in den Kopf gesetzt, dieser Frage in einer Fernsehsendung nachzugehen. Als Physiker war ich froh, daß ich kurz zuvor den Biologen und Verhaltensforscher Immanuel Birmelin kennengelernt hatte, und wir redeten uns in nächtelangen Diskussionen die Köpfe heiß. Schließlich hatte mich Immanuel überzeugt, das Projekt aufzugeben: Die meisten seiner Fachkollegen seien »noch nicht soweit«; sie würden uns bestenfalls belächeln. Immanuels Haltung war mir zunächst paradox erschienen, denn eben noch hatte er mir begeistert von Ziggy, dem asiatischen Elefantenbullen, erzählt: Ziggys Stall in Brookfield mußte dringend renoviert werden. Eine Sportwagenfirma übernahm die Finanzierung und erbat als Gegenleistung, ein rotes Kabrio im Publikumsraum ausstellen zu dürfen. Kein Problem für die Direktion. Wohl aber für Ziggy. Einen Tag und eine Nacht lang besah er sich das seltsame Objekt. Dann – als habe er nur auf Munition gewartet – raffte er alle inzwischen angefallenen Kotballen zusammen und schleuderte sie mit dem Rüssel gegen das glänzende Werbestück. Erst als die letzte Kugel verschossen war, nahm das fäkale Bombardement ein Ende. Ziggy hatte, wenn auch nicht den Ruf, so doch den Lack der Firma angekratzt.

Sollte Ziggy bei seinem Manöver wirklich nichts im Sinn gehabt haben? Sollten weder Absicht noch Überlegung, noch Ärger im Spiel gewesen sein? Immanuel winkte resigniert ab: Schon die Frage gelte als unseriös, weil sie durch Experimente nicht zu beantworten sei. Und dann erinnerte er sich an das sarkastische Zitat eines Tierfreundes und Gesinnungsgenossen: »Die Frage ist weniger, ob Tiere denken können, als vielmehr, was die Tiere tun müßten, um die Wissenschaftler davon zu überzeugen, daß das, was sie tun, tatsächlich Denken ist.«

Das war, wie gesagt, vor einem Jahrzehnt. Inzwischen ist Bewegung in die Szene – und ins Bewußtsein vieler Wissenschaftler – gekommen, vor allem auch durch ausgedehnte und sorgfältige Tierstudien in freier Wildbahn. Die Pavianforscherin Shirley Strum bekennt: »Die Quintessenz meiner jahrelangen Beobachtungen, Analysen und Interpretationen des Pavianverhaltens war, daß ich mich immer wohler dabei fühlte, menschliche Begriffe und Vorstellungen auf die Paviane zu übertragen... Sie erlaubten mir, viel genauer vorauszusagen, was ein Pavian tun würde« (*Leben unter Pavianen*, 1989). Eine Reihe von Verhaltensforschern und insbesondere -forscherinnen kommt zu ganz ähnlichen Schlüssen bei Elefanten, Affen, Papageien oder auch Zwergmungos – von Delphinen und Menschenaffen ganz zu schweigen.

Insgesamt gibt es heute so viele Neuansätze bei der Erforschung der geistigen und psychischen Fähigkeiten im Tierreich, daß wir den Versuch unternommen haben, sie zu einem durchgehenden gedanklichen Faden zu verknüpfen, auch wenn der an manchen Stellen sicherlich noch der Verstärkung bedarf. Trotz aller Buntheit der Geschichten hoffen wir, daß dieser rote Faden immer durchscheint. Und wir hoffen, daß unsere Beispiele dazu anregen, eigene Erlebnisse mit Tieren zum Vergleich heranzuziehen – und sie vielleicht in neuem Licht zu sehen.

*Auf der Suche
nach dem Bewußtsein*

Wenn Tiere
menschlich reagieren

Rettung durch die Löwin

»Für mich steht jedenfalls fest: Meine Löwin Pat hat mir das Leben gerettet.«

René Strickler versucht, einen undramatischen Ton anzuschlagen, aber er kann nicht verbergen, daß er von den kritischsten und gefährlichsten Augenblicken seines Lebens spricht. Und dies will etwas heißen bei einem Mann, der die archaischste aller Gefahren zu seinem Alltag gemacht hat: René Strickler ist Raubtierdompteur.

Er selbst nennt sich Tierlehrer, denn es sei nicht strenge Dressur, sondern Einfühlungsvermögen und eine ganz persönliche Beziehung zu jedem einzelnen Tier, was seine Arbeit auszeichne.

René Stricklers Raubtiernummer galt unbestritten als einer der Höhepunkte im Zirkus Roncalli – bis zu jenem denkwürdigen 29. Juni 1982 in Hamburg. Wie immer hatte er seine Tiere in der Manege versammelt. Es war eine gemischte Gesellschaft, zu der Leoparden, Tiger und Löwen gehörten – eine gewagte Zusammenstellung, denn zwischen Löwen und Leoparden scheint es eine besondere Feindschaft zu geben. Man geht sich zwar aus dem Wege, aber wenn die Löwen in der Überzahl sind, fallen sie schonungslos über ihren »kleineren Vetter« her. Dabei sehen sie ihn offenbar nicht als Beute, sondern als jemanden, der aus dem Weg geräumt werden muß: Sie rühren das Fleisch des getöteten Leoparden nicht einmal an.

Was immer dabei in den Köpfen der Löwen vorgehen mag, sie verhalten sich so, als würden sie abgrundtiefen Haß gegenüber der anderen Katzenart empfinden.

Vor diesem Hintergrund wird deutlich, warum solche »gemischten« Raubtiernummern als höchste Schwierigkeitsstufe gelten. Und mit jeder zusätzlichen Tierart in der Manege steigen die Anforderungen an den Dompteur gleich um ein Mehrfaches. René Strickler hatte zu den Großkatzen noch zwei amerikanische Schwarzbären hinzugenommen und – auf den ersten Blick vielleicht überraschend – zwei Bernhardinerhunde. Aber gerade sie bedeuteten in dieser Raubtiergesellschaft ein besonderes Risiko, denn wenn sie sich angegriffen fühlen, verlieren Bernhardiner all ihre sprichwörtliche Friedfertigkeit und Gutmütigkeit.

Auch an jenem Abend des 29. Juni spürten die Zuschauer, daß der Mann in der Manege eine besondere Fähigkeit besaß, jedes Tier persönlich anzusprechen: den schwächeren Leoparden Vertrauen einzuflößen, die stärkeren Löwen oder Bären in die Schranken zu weisen. Das war kein blind abgespultes Programm, das war eine lebendige Begegnung, in der sich René auf seine Tiere einließ – und sie sich auf ihn. Höhepunkt dieser gemischten Raubtiernummer war fraglos der Sprung des Panthers Blacky von seinem Hochsitz hinunter in die Arme des Dompteurs.

»Es war wie immer. Der bekannte Trommelwirbel. Ich stehe bereit. Blacky setzt an und springt...« René stockt. Dann bricht er ab, als wolle er die Bilder noch einmal lebendig werden lassen. Die rationale Analyse fällt ihm leichter:

»Es ist so, daß Raubkatzen beim Sprung reflexartig ihre Krallen ausfahren. Normalerweise macht das ja nichts. Aber an diesem Abend muß ich wohl die Hocker der Bernhardiner zu weit nach vorn gerückt haben. Ein paar Zentimeter oder so. Einer der Hunde jedenfalls wurde von den Pantherkrallen gestreift. Ganz aus Versehen. Und dann ist es passiert.«

Was dann passiert ist, überschrieben die Hamburger Zeitungen anderntags mit »Blutbad in der Manege« oder »Löwin rettet Stardompteur«. In einer blitzartigen Reflexbewegung hatte sich der Bernhardiner, der sich angegriffen glaubte, im Nacken des Panthers festgebissen. Auch der zweite Bernhardiner stürzte sich sofort auf die schon am Boden liegende Raubkatze. Panik und Tumult brachen unter den anderen Tieren aus. Löwen und Tiger fielen, unkontrolliert und blind vor Schrecken, übereinander her und zerfleischten sich. Helle Panik. René hatte nicht die leiseste Chance, sich Gehör zu verschaffen oder seine Tiere zu beruhigen. Im Gegenteil, es schien nur eine Frage von Sekunden, bis er selbst in dem blutigen Chaos umkommen würde.

In diesem Augenblick höchster Gefahr stürzte Pat, seine Lieblingslöwin, herbei. Schützend baute sie sich vor ihm auf und verteidigte ihn buchstäblich mit Zähnen und Klauen. So wehrte sie alle Angriffe ab, bis sich Tierpfleger in die Manege wagten und die in sich verbissenen, blutenden oder bereits toten Tiere mit Stöcken und Wasserspritzen trennten.

Es war das Ende der glanzvollen Raubtiernummer, an der René jahrelang gearbeitet hatte. Daß es nicht auch sein eigenes Ende wurde, das verdankt er jener Löwin, mit der ihn schon immer eine besondere und wechselseitige Zuneigung verband. Mit Pat konnte er albern und sich balgen, mit Pat konnte er zärtlich sein und schmusen. Selbst als sie Kinder zur Welt brachte – ein Ereignis, bei dem sich Löwinnen stets von ihrer Gruppe absondern und extrem mißtrauisch und aggressiv reagieren –, selbst dabei war René im Käfig geduldet. Und jetzt hatte sie sich vor ihn gestellt und wirklich wie ein Löwe für ihn gekämpft.

Es fällt schwer, sich von dieser Geschichte nicht anrühren zu lassen. Wie im Märchen scheint die Grenze zwischen Mensch und Raubtier aufgehoben, und zwar wie im guten Märchen: Der Starke schützt den Schwachen und nimmt sogar eigene Verletzungen in Kauf. Begriffe wie »Freundschaft«, »Selbstlosigkeit« oder gar »Opferbereitschaft« drängen sich auf – und dies bei Kreaturen, die sich von Natur aus meiden oder feindlich gegenüberstehen: Ein leiser Hauch vom Glück des Garten Eden mengt sich unter unsere Rührung und Anteilnahme.

Um so unangebrachter, fast böswillig muß es wirken, wenn man die skeptische Frage nach ungerechtfertigter Vermenschlichung bei der Schilderung dieses Manegenereignisses stellt; wenn man darauf hinweist, daß die behauptete Absicht der Löwin, ihren menschlichen Freund schützen zu wollen, letztlich nur eine Hypothese sei – eine einleuchtende zwar, die uns aber vielleicht nur deshalb einleuchtet, weil sie sich an unseren eigenen, typisch menschlichen Motiven orientiert.

Aber selbst, wenn man der Löwin Pat eine derartige Absicht zugesteht, kann man zweifelnd weiterfragen, inwieweit diese Absicht tatsächlich bewußten Gefühlen entsprang. Und wieweit darf man diese Gefühle als »persönliche Freundschaft« oder »Zuneigung« charakterisieren? Hier geht es letztlich um die ebenso grundlegende wie uralte Frage nach der Gefühls- und Erlebniswelt der Tiere: um die Frage, wieweit wir ihnen bewußte Wahrnehmungen, Emotionen und Gedanken zugestehen dürfen – oder müssen. Kurz: um die Frage nach dem Bewußtsein der Tiere.

Für den Augenblick wollen wir diesen Begriff in seiner ungenauen und »verwaschenen« Alltagsbedeutung stehenlassen und erst später versuchen, ihn schärfer zu fassen.

Wenn wir uns auf Tiere einlassen und sie anteilnehmend beobachten, fällt es uns äußerst schwer, sie nicht als bewußt Handelnde zu empfinden und zu beurteilen. Wir geben ihnen Namen, reden mit ihnen, deuten ihr Benehmen. Diese Tendenz zur Vermenschlichung ist so stark, daß wir uns fragen müssen, woher sie kommen mag.

Nicht nur unser Körperbau, sondern auch die Art und Weise, wie wir etwas wahrnehmen und empfinden, hat sich im Laufe unserer langen Entwicklungsgeschichte herausgebildet. Dabei ging es nicht darum, uns mit einer möglichst objektiven, gewissermaßen physikalischen Wahrnehmung auszustatten. Entscheidend war vielmehr, unsere Wahrnehmung dafür zu sensibilisieren, was Bedeutung für uns hatte oder Bedeutung bekommen konnte.

Und für »Gruppentiere« wie uns konnte kaum etwas bedeutsamer sein, als die Absichten des Artgenossen zu erkennen oder herauszufinden, in welcher Stimmung er ist oder was man von ihm zu erwarten hat. Mit anderen Worten: Unsere Sicht- und Ausdrucksweise ist derart auf den Umgang mit unseren Mitmenschen ausgerichtet, daß wir intuitiv auch andere Lebewesen in menschlichen Kategorien wahrnehmen und beschreiben. Wir erleben sie als Individuen, die zu Emotionen fähig sind und absichtsvoll handeln.

Dieses Wahrnehmungskorsett wirkt verständlicherweise um so zwingender, je mehr wir uns mit einem Lebewesen identifizieren können, je menschlicher seine Züge anmuten, je vertrauter uns sein

Benehmen vorkommt. So ist es fast hoffnungslos, Menschenaffen wie Schimpansen, Gorillas oder Orang-Utans »teilnahmslos« beobachten zu wollen. Unwillkürlich schreiben wir ihnen bewußte Handlungen und Gefühle zu und reagieren auf sie mit unseren eigenen. Es ist diese »erzwungene« Anteilnahme, die Zoobesucher so ausdauernd vor dem Affengehege festhält. Auch mich.

Old Shatterhand

Ich werde nie das Bravourstück vergessen, das mir ein junger Gorilla im Howlett's Zoo in England bot. Dieser Zoo in der Nähe von Canterbury ist einer der liebenswertesten und eigenwilligsten, die ich kenne – ein Privatzoo von Sir John Aspinall, von dessen beiden großen Leidenschaften noch die Rede sein wird: von seiner Leidenschaft fürs Spielen und seiner Liebe zu Gorillas.

Der junge Gorillamann saß in seinem Außenkäfig und pulte gelangweilt an einem Stock. Ich habe vergessen, wie er wirklich hieß, aber für mich wurde er ohnehin zu Old Shatterhand. Nach allem, was er in den folgenden Minuten bieten sollte, stand für mich fest, daß er es, was Gewandtheit und Scharfsinn angeht, mit dem Idol meiner frühen Schuljahre aufnehmen konnte. Ein größeres Kompliment, versteht sich, ist kaum denkbar.

Old Shatterhand also, auch wenn er sich in diesem Augenblick den berühmten Namen noch nicht verdient hatte, hob nur kurz die Augen, als ein Besucher begann, mit gepreßt quäkender Stimme einen unangenehm zudringlichen Redestrom durch das Drahtgitter zu schicken. Genaugenommen war es ein Doppelgitter: eines aus weiteren Maschen und dahinter, im Abstand von einem halben Meter, ein engmaschiges, um ein Durchgreifen auf jeden Fall zu verhindern. Unglücklicherweise aber war es gegen Schallwellen wirkungslos, und es schien mir, als ob Old Shatterhand etwas dagegen zu unternehmen gedachte. Betont beiläufig kam er mitsamt seinem Stock in die Nähe des Gitters, ohne den zudringlichen Besucher anzusehen, und wie zufällig, nebenbei sogar in der Nase bohrend, legte er das Ende des Stockes in eine der Gittermaschen – etwa so, wie man einen Pfeil in den Bogen legt ...

Und in diesem Augenblick fiel mir Old Shatterhand ein, wie er, am Lagerfeuer sitzend, mit seinem famosen Henry-Stutzen einen – natürlich abgrundbösen – Gegner im Gebüsch treffen wollte, ohne zuvor dessen Argwohn zu erwecken. Alles hing davon ab, wie überzeugend er den Ahnungslosen spielte, während er sein Gewehr auf den Oberschenkel legte, um wie zufällig das Knie so abzuwinkeln und auszurichten, daß der Lauf auf den Gegner zielte. Soweit Karl Mays Old Shatterhand.

Auch sein Namensvetter in spe hatte, ohne Verdacht zu erwecken, seine Waffe bereits in Anschlag gebracht. Der Stock zielte schräg nach oben. Eine blitzartige Schnipsbewegung des Mittelfingers – der Stock schoß davon. Durch die Gittermaschen hindurch. Getroffen! Der Besucher fühlte sich auch so. Er rieb sich die Brust, dort, wo ein deutlicher Schmutzfleck auf dem Hemd den Treffer markierte. Dann begann er, seinem Gegenüber in einer langen Tirade klarzumachen, was für ein hinterhältiger, gemeiner Typ er sei. Was für ein böser, böser Gorilla.

Als der Besucher gegangen war, schnipste ich Old Shatterhand seinen Henry-Stutzen zurück – für alle Fälle.

Auch dieses Erlebnis scheint für sich zu sprechen. Das Vorgehen des jungen Gorillas wirkt in sich stimmig und situationsgerecht. Es leuchtet uns ein. Aber eben darin liegt die Schwierigkeit: Wir *machen* es einleuchtend, indem wir einen wohlüberlegten, trickreich durchgeführten Plan unterstellen, wie auch wir ihn in dieser Situation hätten aushecken können. Automatisch verknüpfen wir die einzelnen Verhaltensschritte des Gorillas zu einer zielgerichteten Handlungsfolge und schieben ihm dabei typisch menschliche Motive unter.

Wie aber, wenn der Gorilla ganz andere Beweggründe gehabt hätte? Wenn er etwa irgendwann im Spiel darauf gekommen wäre, den Stock durchs Gitter zu schnipsen, und eine unerwartete Reaktion bemerkt hätte – Gelächter, Empörung, Sichabwenden? Diese Abwechslung bildete dann – so nehmen wir weiter an – für ihn den Anlaß, die Prozedur zu wiederholen und weiter einzuüben, bis er das Stockschießen schließlich »wie im Schlaf« beherrschte. So gesehen wäre sein taktisch erscheinendes Vorgehen weder überlegt noch raffiniert, noch wäre es als Antwort auf eine akute Belästigung erfolgt. Sorry, Old Shatterhand.

Ich will nicht behaupten, daß diese Version von vornherein wahrscheinlicher sei, und ich will schon gar nicht behaupten, daß einfühlsame Beobachtung an sich wertlos sei – im Gegenteil, es gibt keinen besseren – und schöneren – Weg, um auf wirklich wichtige Fragen zu stoßen und Hypothesen zu erstellen. Aber wer nur diesen Weg beschreitet, läuft immer Gefahr, zuviel vom eigenen Fühlen und Denken in die Tiere zu projizieren, sie in unzulässiger Weise zu vermenschlichen; unzulässig nicht nur, weil es den Regeln wissenschaftlichen Erkenntnisgewinns widerspräche, sondern vor allem, weil es dem Wesen der Tiere nicht gerecht würde. Aber ebendies, das Wesen der Tiere zu erkennen, ist ja der Sinn jeder ernsthaften Tierbeobachtung.

Im Grunde weiß jeder, wie angebracht es ist, seinen eigenen Tierbeobachtungen und deren Interpretationen zu mißtrauen. Ein kleiner Laubfrosch etwa erweckt unwillkürlich den Eindruck von Niedlichkeit und Harmlosigkeit, ganz anders als eine Kreuzspinne, obwohl beide Fliegen fangen und fressen. Eine raupenähnliche Marienkäferlarve erfährt längst nicht die Sympathie wie der Käfer selbst, obwohl es sich um ein und dasselbe Lebewesen handelt. Und wer ein nach unten gezogenes Fischmaul besitzt, ein extrem fliehendes, nämlich nicht vorhandenes Kinn und dazu starre Glupschaugen, der hat es besonders schwer, unser Mitgefühl zu erwecken. Es gäbe wohl kaum so viele Sportfischer, die zum bloßen Vergnügen angeln, wenn Fische so »süß« wären wie junge Kätzchen oder Küken.

Und umgekehrt erscheinen uns Delphine wie der Große Tümmler schon deshalb als fröhliche, liebenswerte Gesellen, weil wir ihre leicht nach oben schwingende Mundöffnung als vergnügten Gesichtsausdruck mißdeuten. Delphine haben keine Mimik. Vielleicht wird es ihr Schicksal besiegeln, daß wir ihr »wahres Gesicht«, ihre Erregung, ihre Ängste, ihre Leiden nicht wahrnehmen.

Die Graugans und die Bierflasche

Natürlich sind wir kraft unseres Verstandes in der Lage, uns diese Zusammenhänge klarzumachen und gewissermaßen vom Kopf her eine Distanz zu unseren unwillkürlichen Einschätzungen zu erzwingen. Ebendies gehört ja zur unerläßlichen Selbstdisziplin wissenschaftlichen Arbeitens. Und es ist immer wieder erstaunlich, wie sehr die dabei erzielten Ergebnisse von unserer naiven, einfühlenden Anschauung abweichen können.

Was zum Beispiel macht eine Gans, wenn ihr beim Brüten ein Ei aus dem Nest kullert? Gänse legen ihre Nester hügelartig auf dem flachen Erdboden an, fast wie eine Sandburg aus Gras und Zweigen. Beim Brutgeschäft, zu dem auch das Belüften und Wenden der Eier gehören, kommt es schon mal vor, daß eines der Eier versehentlich über den Rand herausrollt.

Nun sind Gänse keineswegs dumm – spätestens seit Konrad Lorenz wissen wir um ihre Feinsinnigkeit und Lernfähigkeit. Zudem besitzen sie ein ausgezeichnetes Sehvermögen. Man wird also erwarten dürfen, daß die Gans das »verlorene Ei« bemerkt und etwas unternimmt.

Und so geschieht es auch: Sobald sie sich wieder zum Brüten niedergelassen hat und ihr Blick auf das neben dem Nest liegende Ei fällt, reagiert sie. Sie streckt ihren Hals, beäugt das Objekt aufmerksam, dann beginnt sie von ihrem Sitz aus, es behutsam hangaufwärts ins Nest zurückzurollen. Keine leichte Aufgabe, den eiernden Gegenstand bergauf zu transportieren, wenn man keine Arme hat. Aber in der Regel löst die Gans das Problem mehr oder weniger geschickt mit dem Schnabel. Der künftige Nachwuchs ist wieder vollzählig.

Nichts liegt näher, als diesem Vorgang bewußtes Handeln zu unterstellen – etwa in der Art: Da ist mir doch ein Ei rausgekullert, das hole ich mir zurück. Wie falsch indessen eine solche Unterstellung wäre, haben Verhaltensforscher – es war die Gruppe um Konrad Lorenz selbst – herausgefunden, als sie, ihrem ersten Eindruck mißtrauend, einige präzise Fragen an die Gans richteten. Sie wollten zum Beispiel von ihr wissen, ob sie überhaupt erkannt habe, daß es ein Ei ist, was da irrtümlicherweise draußen liegt.

Selbstverständlich hatten sie ihre Fragen in gansgerechterweise zu formulieren, und so boten sie statt eines Gänseeis andere Gegenstände zur Rückholung an.

Das Ergebnis war verblüffend. Die Gans holte alles, was irgendwie »rund« war, auf die beschriebene Weise in ihr Nest zurück. Sogar weitgehend unabhängig von der Größe. Hauptsache, es hatte eine konvexe Form. Bierflaschen erwiesen sich als besonders beliebt.

Das so bewußt und überlegt wirkende Eirollen der Gänse stellt sich als angeborene, stets nach demselben Muster ablaufende Handlung heraus. Sie wird in Gang gesetzt, sobald ein rundes Objekt in Nestnähe als auslösendes Signal auftritt.

Dieser triebgesteuerte Automatismus ist jedoch auf die »akute Zeit« zwei Wochen vor dem Legen bis zwei Wochen nach dem Schlüpfen beschränkt. Eine sinnvolle Eingrenzung. Außerhalb dieser Periode weiß eine Gans weder mit Eiern noch mit Bierflaschen irgend etwas anzufangen.

Heißt dies aber, daß Gänsen durchweg bewußtes Wahrnehmen und Erleben ihrer Umwelt abzusprechen sind? Wo in der Welt der Lebewesen taucht das Phänomen des Bewußtseins überhaupt auf? Gibt es bestimmte Merkmale, an denen es zu erkennen ist? Oder Zeitmarken in der stammesgeschichtlichen Entwicklung? Sicher scheint nur zu sein, daß jeder von uns zu Bewußtsein fähig ist und daß es – gewissermaßen am anderen Ende der Skala – Tiere mit so einfach strukturiertem Nervensystem gibt, daß man Bewußtsein bei ihnen berechtigterweise ausschließen darf. Irgendwo zwischen diesen Grenzen wäre dann das Auftreten, oder besser, das Aufdämmern von Bewußtsein zu suchen.

Bewußtsein – Privileg des Menschen?

Wie meist bei derartigen Fragen, die sich bis heute nicht durch Experimente oder Meßmethoden entscheiden lassen, scheinen Extremantworten eine besondere Versuchung darzustellen – vielleicht, weil sie so einfache Lösungen anbieten.

21

So hatten bis vor wenigen Jahren Tiere in Deutschland den juristischen Status »beweglicher Sachen«, die man beispielsweise pfänden konnte – nicht anders als ein Möbelstück oder eine Uhr. Zumindest für den Gesetzgeber waren Tiere grundsätzlich so etwas wie »seelenlose Automaten«, denen folgerichtig keinerlei psychische Regung oder bewußte Erlebnisfähigkeit zugestanden wurde. Ohne eine gewisse Zustimmung in der Bevölkerung hätte sich diese extreme Auffassung nicht behaupten und nicht im Gesetzbuch niederschlagen können – und auch nicht ohne Absicherung durch die damals vorherrschende wissenschaftliche Meinung. Wir kommen auf diesen Punkt noch ausführlicher zurück.

Dem anderen Extrem begegnet man häufig im Zusammenhang mit einer naiv verstandenen »ganzheitlichen Betrachtung«. Danach seien sämtliche Geschöpfe dieser Erde einschließlich der Einzeller und Pflanzen von Bewußtsein durchdrungen – wenn auch in unterschiedlicher Ausprägung. Mitunter werden sogar die Atome und Moleküle der unbelebten Materie mit eingeschlossen.

Diese Auffassung ist streng logisch zwar nicht zu widerlegen – allerdings auch nicht zu beweisen –, weil letzten Endes Bewußtsein nicht von außen, sondern nur subjektiv von seinem Träger selbst wahrgenommen werden kann. Trotzdem wollen wir diesen pananimistischen Standpunkt nicht weiter verfolgen. Wenn Begriffe derart weit gefaßt werden, verlieren sie an Aussagewert. Sie decken dann so gut wie alles ab. Es bringt wenig Erkenntnisgewinn – und schon gar keinen praktischen Nutzen –, wenn man Menschen so gut wie Zwiebeln Bewußtsein zuschreibt, ohne dabei vergleichbares Verhalten anführen zu können.

Soviel scheint jedenfalls festzustehen, daß unsere fragende Neugier nach Bewußtsein außerhalb menschlicher Gehirne nicht durch Pauschalantworten zu befriedigen ist. Und alle Versuche in der Vergangenheit, diese Frage von »höherer Warte« aus zu entscheiden, muten kläglich an. Was etwa ist die offizielle Sichtweise der römisch-katholischen Kirche wert, wonach Tiere unbeseelt seien, wenn dieselbe Institution dasselbe früher auch von Menschen schwarzer Hautfarbe behauptet hat?

Wenn überhaupt, dann kann nur geduldiges, von Verständnis getragenes Beobachten im Verbund mit gezieltem »Befragen« die geistige Dimension der Tiere erhellen; und für diese Befragung gibt es bis heute keine ergiebigere Methode, als sie in Form von Experimenten oder Tests zu kleiden. Wir sind uns bewußt, daß es für manchen bereits eine Zumutung bedeutet, wenn wir Experimente mit Tieren anführen, ohne sie im selben Atemzug zu verdammen. Bilder von elektrodendurchbohrten Katzen, geblendeten Kaninchen oder jämmerlich eingesperrten Affen halten den Begriff der Tierexperimente so besetzt, daß man beim Versuch der Differenzierung schnell Gefahr läuft, zum Tierquäler abgestempelt zu werden. Aber ganz bewußt ist hier die Rede von Experimenten *mit* Tieren, und damit meinen wir etwas anderes als das Experimentieren *an* Tieren, bei dem es um die Ausnutzung oder Erforschung irgendeiner physiologischen Teilreaktion ihres Organismus geht.

Wer mit Tieren Experimente anstellt, um etwas über die Wurzeln ihres Verhaltens zu erfahren – wie etwa Konrad Lorenz und Niko Tinbergen bei ihrem Flaschenexperiment mit der Graugans –, der muß alles daransetzen, die Tiere von Streß, Aufregung oder gar Schmerz freizuhalten, damit sie sich unverfälscht, ihrer Natur entsprechend verhalten. Damit steht und fällt die Aussagekraft solcher Experimente.

Anders ausgedrückt: Die unerzwungene Mitarbeit der Versuchs-»Personen« ist unerläßlich. Sie ist die Grundvoraussetzung für wissenschaftliches Arbeiten auf dem Gebiet der Verhaltensforschung. In manchen Fällen scheint es sogar zu gelingen, in den Tieren so etwas wie Spaß am Mitexperimentieren zu wecken – bis hin zu ihrem Verzicht auf die übliche Belohnung durch Futter, wie wir noch sehen werden.

Unser Wunsch, mehr über das Bewußtsein der Tiere zu erfahren, über die Beweggründe ihres Verhaltens, kurz: über das, was in ihrem Inneren vorgeht, ist ohne die Beteiligung der Wissenschaftler nicht zu erfüllen. Und so fällt ihnen bei den großen anstehenden Fragen unseres Umgangs mit Tieren eine besondere Verantwortung zu. Etwa bei den Fragen der Tierhaltung: Was ist Rindern oder Schweinen im Stall zuzumuten? Welche Kriterien für das Wohlbefinden gibt es? Was bedeuten Zoo- oder Zirkusbedingungen für die Tiere? Was Schmerz und Qual bei Tiertransporten? Welche Bestimmungen sind daraus abzuleiten? Die Fragen sind hinreichend bekannt und ließen sich mühelos fortsetzen.

Die besondere gesellschaftliche Verantwortung der Wissenschaft auf diesem Gebiet bedeutet allerdings nicht, daß ihre vorherrschende Meinung schon per se ein Garant für das »richtige Bild« vom Wesen der Tiere sei. Nichts macht dies deutlicher als der von Trends und Gegentrends, von Strömungen und Wendungen gekennzeichnete Weg, den die »Tierforschung« in den letzten hundertfünfzig Jahren zurückgelegt hat. Bleibt zu hoffen, daß sie bei allen Um- und Abwegen auf lange Sicht doch etwas vom wahren Wesen der Tiere zutage fördert. In den letzten Jahren jedenfalls scheint sich weltweit eine spannende Entwicklung anzubahnen: eine Art Zusammenfluß bisher gegensätzlicher Strömungen bei gleichzeitiger kritischer Rückbesinnung auf die eigene Geschichte.

Tierbilder der Wissenschaft

Aufwertung durch Charles Darwin

Seit die Menschen begannen, über sich und ihre Rolle in der Welt nachzudenken, seit den Anfängen von Religion oder Philosophie, war der augenfällige Unterschied zwischen Mensch und Tier zu klären – bei ihrer gleichzeitig unbestreitbaren Ähnlichkeit.

Um 400 v. Chr. schreibt der chinesische Philosoph Lieh Tse: »Die Denkart der Tiere ist von Natur gleichartig mit der des Menschen.« Für das andere Ende des philosophischen Meinungsspektrums könnte René Descartes stehen, der Tiere für seelenlose Automaten hielt, die nicht aus eigenem Willen heraus handeln, sondern getrieben werden: »Animal non agit, agitur.« Sein Hauptargument war, daß Tiere zu keiner wirklichen Sprache und somit auch nicht zu Denkprozessen fähig seien. Zweifel an solchen Zuordnungen drückt der Prediger Salomo aus: »Wer weiß, ob der Odem des Menschen aufwärts fahre und der Odem des Viehes unterwärts unter die Erde fahre?«

Von ganz besonderem Gewicht aber war Charles Darwins Meinung, als er sich zu diesem Punkt äußerte. Eindeutig billigte er den Tieren eine »Urteilskraft« zu. Für ihn stand fest, daß »der geistige Unterschied zwischen Mensch und Tier, so groß er auch sein mag, sicherlich nur von gradueller Natur, nicht aber von unterschiedlichem Wesen ist« (*Die Abstammung des Menschen*, 1871). Das Außergewöhnliche an Darwins Ausführungen lag darin, daß sie von jemandem vorgebracht wurden, der unsere Ähnlichkeit mit den höheren Tieren nicht nur behauptete, sondern sie – zum erstenmal in der Geschichte – auch rational begründete, das heißt, aus einem größeren Zusammenhang herleitete.

Dieser Zusammenhang war durch seine umwälzende Erkenntnis gegeben, daß tatsächlich alle Lebewesen einschließlich des Menschen »zusammenhängen«, daß sie miteinander durch das Band einer durchgehenden Entwicklungsgeschichte verknüpft sind. Es beginnt bei einfachsten Organismen und führt zu immer komplexeren höheren Lebewesen. Die materielle Seite dieses entwicklungsgeschichtlichen Bandes besteht in einer ununterbrochenen Kette von Keimzellen, die jeweils an die nächste Generation weitergegeben werden.

Mit anderen Worten: Es gibt kein Lebewesen, ob Berberlöwe oder Bäckerhefe, das nicht gemeinsame Vorfahren mit uns hätte – wenn man nur weit genug in die Geschichte des Lebens zurückgeht.

Natürlich mußte Darwin in seiner Evolutionstheorie erklären, was denn die ständige Weiterentwicklung der Lebensformen vorantreibt, und vor allem, warum dies rückblickend stets in Richtung einer Optimierung geschah – gerade so, als denke die Natur pausenlos darüber nach, wie sie die Tiere für ihren »Kampf ums Dasein« besser rüsten könnte. Darwin – und hierin liegt seine eigentliche Leistung – hat dafür einen Mechanismus angegeben, der mit logischer Zwangsläufigkeit zu solchen Resultaten führen muß, wenn man von wenigen Grundannahmen ausgeht.

Seine erste Annahme, die jeder Hunde-, Pferde- oder auch Rosenzüchter bestätigen konnte, bestand darin, daß die Tiere einer Population, sagen wir, die Füchse eines Waldes, sich in ihren erblichen Eigenschaften individuell immer etwas unterscheiden. Die einen haben ein dichteres Fell, andere haben kürzere Beine, ein stärkeres Gebiß oder setzen eine etwas andere Jagdmethode ein. Es gibt unzählige Merkmale, die von Tier zu Tier variieren können und die, eben weil sie erblich sind, an die Nachkommen weitergegeben werden.

Die zweite Annahme ist noch elementarer. Sie besagt, daß weit mehr Nachkommen geboren werden, als dann tatsächlich »durchkommen« und sich ihrerseits fortpflanzen. Der größte Teil geht vorher zugrunde, weil er den Umweltbedingungen nicht gewachsen ist.

Aus diesen beiden einfachen und einleuchtenden Annahmen

folgt zwangsläufig eine sich selbst optimierende Entwicklung des Lebens. Denn es ist klar, daß es die Tiere mit den »besseren« Eigenschaften sind, die überleben, sich fortpflanzen und eben diese Eigenschaften weitervererben. Um es etwas genauer auszudrücken: Die besseren Eigenschaften sind dabei stets solche, die für eine bessere Anpassung an die jeweiligen Umweltbedingungen sorgen. Ein weißes Fell ist in der Schneelandschaft der Antarktis von Vorteil, in der Savanne keineswegs. So findet in jedem Lebensraum, gleichgültig, wie er beschaffen ist, eine natürliche Auslese in Richtung auf optimale Anpassung statt.

Darwin selbst wies darauf hin, daß der Mensch sich schon immer dieses Mechanismus bediente, wenn er bestimmte Haustier- oder Pflanzenrassen züchtete, indem er nur diejenigen mit den gewünschten Eigenschaften zur Fortpflanzung brachte. Eine entsprechende Auslese geschieht in der Natur durch die Umwelt selbst, durch die Gesamtheit aller physikalischen und biologischen Faktoren, die auf den Fortpflanzungserfolg eines Tieres – im Sinne der Weitergabe seiner Gene – einwirken können.

Soviel, in vielleicht unverantwortlicher Kürze, zu den Grundgedanken Darwins. Seit damals ist eine solche Fülle von Belegen für die Evolutionstheorie gefunden worden, daß an ihrer Gültigkeit schwerlich zu zweifeln ist, auch wenn sie zahlreiche Ergänzungen und Verbesserungen erfahren hat und noch weiter erfahren wird. Selbst wenn sich bestätigen sollte, was derzeit immer intensiver diskutiert wird, daß es bei der Entwicklung des Lebens noch andere formende Kräfte gibt – die Selektion wird als Gestaltungsprinzip nicht abgelöst, sondern allenfalls ergänzt werden.

Noch durchschauen wir zuwenig, wie sich komplexe Systeme als Ganzes verhalten – und bereits ein Bakterium ist ein sehr komplexes System –, aber es zeichnet sich ab, daß sie sich in gewisser Weise selbst organisieren und selbst gestalten können, ohne daß es dazu auswählender oder ordnender Eingriffe von außen bedarf. Welche Rolle diese Eigendynamik komplexer Systeme in der Evolution spielt, ist eine der spannenden Fragen für die Zukunft. Aber ich würde jede Wette eingehen, daß die Antwort, wie immer sie ausfällt, Darwins Selektionsprinzip nicht auf den Müllhaufen ausgedienter Wissenschaftstheorien befördern wird.

Daß Darwins Gedanken zunächst auf erbitterte Ablehnung stießen, ist nur zu verständlich, wenn man sich das damalige »wissenschaftliche Weltbild« vor Augen hält. Es ist vielleicht am ehesten durch ein Zitat des englischen Biologen William Kirby zu charakterisieren, in dem sich dieser, nur fünf Jahre vor Darwins erstem Entwurf, zur Erschaffung der Menschenaffen äußert. Sie habe den Sinn, »dem Menschen den Spiegel vorzuhalten, damit er sehen kann, welch garstiges und abscheuliches Wesen er werden würde, wenn er sich seinen Lastern hingäbe und zum Sklaven seiner Leidenschaft würde«.

Wer einen solchen Standpunkt einnahm, dem wurde durch Darwins Gedanken der weltanschauliche Teppich unter den Füßen weggezogen. Nachdem bereits die Erde im Gefolge der kopernikanischen Wende vom Mittelpunkt der Welt auf eine unbedeutende, x-beliebige Position im Weltall versetzt worden war, sollte nun der Mensch selbst seiner Sonderstellung beraubt und in die Reihe der übrigen Säugetiere eingegliedert werden. Das war ein schwer zu verdauender Brocken.

Was von vielen aber als Erniedrigung des Menschen angesehen wurde, konnte umgekehrt auch als Aufwertung der Tiere verstanden werden. Als unsere mehr oder weniger entfernten Verwandten teilen sie nicht nur körperliche Merkmale mit uns wie Skelettaufbau, Kreislauf oder Nervensystem, sondern auch viele unserer Verhaltensweisen, angefangen vom Schluckreflex bis zur Suche eines Partners.

Selbst Gesten und Gesichtsausdruck erinnern vielfach an unsere eigenen, und von hier ist es nur noch ein kleiner, fast selbstverständlicher Schritt, den Tieren auch dafür verantwortliche Gefühle, Absichten und Gedanken zuzugestehen.

Darwin selbst hat diesen Schritt getan. 1872 schreibt er über die »Gemüthsbewegungen bei den Menschen und den Thieren« und zehn Jahre später über »Die geistige Entwicklung im Tierreich«. Er zögert nicht, einem Hund etwa Schamgefühl zuzuschreiben, und seine Schüler reden wie selbstverständlich von der »Eifersucht der Fische« oder dem »Stolz der Papageien«. Indem Darwin die Tiere zu unseren Verwandten machte, lieferte er zugleich die Rechtfertigung, in ihnen Wesen mit Willen und Wünschen, mit Empfindungen und Vorstellungen zu sehen – kurz: sie mit menschenähnlichen geistigen und psychischen Fähigkeiten auszustatten.

Wer also meint, daß seine wollknäuelspielende Katze tatsächlich Lust am Spiel erlebt, und wer überzeugt ist, daß sein Hund bewußte Aufmerksamkeit ausdrückt, wenn er zuhörend dasitzt, die Ohren spitzt, den Kopf etwas schräg hält und mit wachen Augen dreinschaut – wer also hinter alldem bewußtes Erleben sieht, der kann sich auf keinen Geringeren als Charles Darwin berufen. Seine Einsicht in die Entwicklungsgeschichte des Lebens stellte zum erstenmal Argumente bereit, um rational zu begründen, was alle intuitiv spüren, die eine enge Beziehung zu Wild- oder Haustieren haben: Auch diese Tiere sind auf ihre Weise Persönlichkeiten, deren Erlebniswelt nicht völlig verschieden von der unseren ist.

Freibrief zur Vermenschlichung?

Darwins Theorie hatte den Damm, der die Tiere von den Menschen trennte, wenn nicht durchstoßen, so doch kräftig durchlöchert. Die Folge ließ nicht auf sich warten: Eine Welle von anrührenden Tiergeschichten, Anekdoten und Erlebnisschilderungen überspülte die wissenschaftliche Landschaft. Nichts schien mehr unmöglich – die Evolutionstheorie wurde als Freibrief für ungehemmte Vermenschlichung und Spekulation benutzt.

Da wurde von einem Hund berichtet, der Herrchen und Frauchen auf Fotos erkennen konnte. Ein gefangenes Eichhörnchen sollte hinkend eine Verletzung vorgetäuscht haben, um sich dadurch eine Fluchtgelegenheit zu verschaffen. Und dann gab es noch jenes Pferd, das seinem Pfleger George in höchster Not zu Hilfe gekommen sei.

Die Geschichte spielte auf einem englischen Bauernhof. Ein Eber, »eine große, besonders häßliche Bestie«, war aus seinem

Koben ausgebrochen. George, der kurz zuvor liebevoll sein Pferd gestriegelt hatte, wollte eben den Stall verlassen, als der Eber ihn wütend anfiel und zu Boden warf. Der weitere Fortgang liest sich so: »Der Eber wollte sich gerade in die Kehle seines dahingestreckten Opfers verbeißen, als das Pferd mit seinem Hinterfuß ausholte und dem Eber einen Tritt verpaßte, der ihn zehn Fuß weit durch die Luft schickte und ihn vor Schmerzen aufjaulen ließ.«

Daß sich dieser Vorgang tatsächlich ereignet hat, ist verbürgt. Aber wie im Märchen werden dem bösen häßlichen Eber und dem schönen klugen Pferd menschliche Motive unterstellt, ohne andere Erklärungsmöglichkeiten überhaupt in Betracht zu ziehen. Das hat mit ernsthafter Wissenschaft natürlich nicht mehr viel zu tun.

Und wenn das Verhalten eines Tieres gar nicht mehr in menschliche Kategorien passen wollte, dann blieb immer noch die Möglichkeit, es für geisteskrank zu erklären. George Romanes, ein Schüler Darwins, veröffentlichte die traurige Geschichte von einem Tauber, der einer Bierflasche den Hof machte, sie anbalzte und nicht müde wurde, sie knicksend zu umrunden.

Genauere Beobachtungen oder Experimente hätten Romanes vielleicht belehrt, daß sich das Balzverhalten von Tauben durchaus auf spiegelnde Gegenstände beziehen kann. Aber er zog es vor, wild draufloszuspekulieren: »Es ist also offensichtlich, daß die Taube von einer heftigen und anhaltenden Geisteskrankheit befallen war...« Dies sei für ihn der erste Fall eines krankhaft irregeleiteten Instinkts.

Als Höhepunkt und zugleich Ende dieser Flut vermenschlichender Tierbetrachtung kann eine Begebenheit gelten, die weltweit Aufsehen erregt hat und die ein spektakuläres Ende fand. Es ist eine Art Schlüsselgeschichte der Verhaltensforschung. Und dies im doppelten Sinne, denn sie bezieht sich nicht nur auf das Verhalten der Tiere, sondern ebenso auf das Verhalten der sie untersuchenden Wissenschaftler. Es ist die Geschichte vom Klugen Hans. Und weil sie bis heute nicht an Aktualität für die Tierbeobachtung verloren hat, wollen wir etwas ausführlicher auf sie eingehen.

Der Kluge Hans
und andere »rechnende Pferde«

Wilhelm von Osten galt als Sonderling. Zurückgezogen und menschenscheu bewohnte der ehemalige Lehrer eine kleine Zweizimmerwohnung in Berlin. Zu Pferden jedoch hatte er schon immer ein besonderes Verhältnis. Er glaubte beobachtet zu haben, daß sie intelligent und überlegt handeln könnten – zum Beispiel, wenn er mit seinem Pferdewagen durch das Hoftor fuhr. Von selbst achte sein Pferd dann darauf, das Tor nicht zu rammen und die Kurve entsprechend weit anzusetzen.

Von Ostens Beobachtung war nicht gerade neu oder sensationell. Aber was er daraus machte, war ungewöhnlich. Er beschloß, herauszufinden, wie weit die Denkfähigkeit eines Pferdes durch systematischen Unterricht zu steigern und zu entwickeln sei.

Mag sein, daß ihn seine Vergangenheit als Lehrer dazu inspirierte oder seine reich bemessene Freizeit als Rentner, jedenfalls kaufte er sich einen Hengst und begann im Jahr 1901 mit der Pferdeschule.

Das erste, was Wilhelm von Osten seinem Hans beibrachte, war das Zählen per Hufschlag. Auf einem Tisch standen mehrere kleine Kegel. Von Osten kniete sich neben den Hengst, faßte dessen Huf und zeigte ihm die entsprechenden Klopfbewegungen: drei Kegel dreimal Klopfen, vier Kegel viermal klopfen und so fort. Gleichzeitig wurden die Zahlwörter laut und deutlich ausgesprochen – wie bei einem Kind, dem das Zählen beigebracht werden soll.

Hans erwies sich als überraschend lernfähig. Schon bald schlug er selbst die Zahlen an. Und auch die nächste Lernstufe absolvierte er problemlos: Er zählte auf bloßen Zuruf oder wenn ihm die entsprechenden Ziffern auf eine Schiefertafel geschrieben wurden.

Das erstaunlichste aber war, daß der Kluge Hans, wie er bald genannt wurde, in Kürze auch Rechenaufgaben lösen konnte. Er beherrschte alle vier Grundrechnungsarten, unterschied Farben ebenso wie musikalische Harmonien. Und er lernte lesen: Jeden Buchstaben übersetzte er in einen vorgegebenen Klopfcode, also in eine bestimmte Zahl von Hufschlägen. Zur Verblüffung der Anwesenden konnte er sogar gesprochene Namen buchstabieren.

Eine Augenzeugin berichtete begeistert von einer Vorführung, bei der Theobald von Bethmann Hollweg, der spätere Reichskanzler, anwesend war und dem Pferd namentlich vorgestellt wurde – »einige Male, bis Hans mit dem Kopf nickte«. Eine Viertelstunde später sollte das Pferd den Namen wiederholen. »Ohne Zögern klopfte Hans: Betmann – also alle Buchstaben mit Ausnahme des h, was für die Zuschauer nach der aufgehängten Buchstabiertafel leicht zu kontrollieren war.«

Das Publikum war begeistert. Die Zeitungen berichteten. Von Osten bekam lukrative Angebote. Natürlich kam auch der Verdacht auf, daß Tricks und Betrug im Spiel seien, aber so gar nicht dazu passen wollte die Tatsache, daß von Osten niemals Geld für seine Vorführungen nahm. »Hier wird nicht bezahlt, sondern aufgepaßt!« antwortete er allen, die nach dem Eintrittsgeld fragten. Es ging ihm um die wissenschaftliche Anerkennung seines Klugen Hans.

Aber eben damit gab es Probleme. Zu dieser Zeit, in den ersten Jahren des zwanzigsten Jahrhunderts, paßten denkende Tiere nicht mehr ins Weltbild der Wissenschaft. Der Meinungsstrom hatte sich bereits wieder umgekehrt.

Zu stark waren die Vermenschlichungen der Hunde, Vögel oder Pferde ausgefallen, zu unkritisch und ohne wissenschaftlich gebotene Distanz hatte man menschliche Regungen in sie hineinprojiziert. Jetzt schlug das Pendel nach der anderen Seite aus, und zwar so vehement, daß sich diesem Sog kaum jemand entziehen mochte. Angeblich intelligente Leistungen galten von vornherein als verdächtig. Beobachtungen, solange sie nicht experimentell untermauert waren, wurden als »anekdotisch« abqualifiziert.

»In keinem Fall darf eine Handlung als das Ergebnis höherer geistiger Fähigkeiten angesehen werden, solange sie auch als das Produkt einer Fähigkeit gedeutet werden kann, die in der psychologischen Skala tiefer steht« – das war die neue Grundregel, die einer der damals einflußreichsten Wissenschaftler, Lloyd Morgan, in England aufstellte. Schon bald war vom »Morganschen Kanon« die Rede, und er sollte die weitere Entwicklung der

Tierforschung entscheidend bestimmen. Fortan galt – etwas überspitzt gesagt –: »Im Zweifel sind die Tiere immer die Dummen.«

Verständlich, daß der Kluge Hans zur Herausforderung für die Wissenschaft wurde. Man berief eine Expertenkommission ein, bestehend aus dem Psychologieprofessor E. Stumpf von der Universität Berlin, einem Physiologen sowie Zoo- und Zirkusdirektoren, Tierärzten und Kavallerieoffizieren. Am 12. September 1904 stellten die Herren in einem Gutachten fest, daß ein Trick zwar auszuschließen sei, daß aber eine echte Denkleistung des Klugen Hans nicht in Frage komme.

Wie denn die unbezweifelbaren Leistungen des Pferdes zu erklären seien, vermochte auch die Kommission nicht zu sagen. Am Klugen Hans schieden sich die klügsten Geister. Der Philosoph Ernst Häckel sprach ihm echte Denkleistung zu, während die Psychologen um Professor Stumpf vom Gegenteil überzeugt waren und eine zweite »Hans-Kommission« in den Pferdestall beriefen. Und diesmal gelang ihnen in der Tat eine entscheidende Entdeckung: Hans irrte sofort, wenn keiner der Anwesenden das Ergebnis kannte. Dann konnte er weder zählen noch rechnen, noch lesen.

Für die endgültige Aufklärung des Falles sorgte schließlich Oskar Pfungst, ein junger Mitarbeiter des Psychologischen Instituts Berlin. In einer langen Versuchsreihe stellte er fest, daß es sich – so wörtlich – um einen »gigantischen Selbstbetrug« handle, um unbewußte Zeichengebungen der Umstehenden. Immer dann, so konnte Pfungst nachweisen, wenn das Pferd die richtige Klopfzahl erreicht hatte, führten die Zuhörer eine Art »Entspannungsruck« durch – eine unmerkliche Hebung des Kopfes. Diese winzige Bewegung – manchmal nicht mehr als ein fünftel Millimeter – erfolgte unbeabsichtigt und unbewußt, aber das Pferd nahm sie als Signal zum Beenden seiner Klopfserie. Unbemerkt von seinem Lehrer war es während des Unterrichts darauf dressiert worden.

Oskar Pfungst hatte das Weltbild, oder richtiger, das Tierbild der Wissenschaft wieder ins Lot gebracht. Man fühlte sich bestätigt und erleichtert. Die beunruhigenden Leistungen des Klugen Hans waren entlarvt. Sie bedeuteten nichts weiter als eine simple Reaktion auf einen optischen Reiz. Ein Triumph wissenschaftlicher Denkweise über menschliche Leichtgläubigkeit und Voreingenommenheit. So wird der Fall meistens eingestuft – bis heute.

Für Wilhelm von Osten war es ein harter, demütigender Schlag. Verbittert zog er sich aus der Öffentlichkeit zurück, um dem Spott der Berliner zu entgehen. Aber unbeirrt setzte er den Unterricht fort – weit davon entfernt, seinem Hans die geistigen Fähigkeiten abzusprechen.

Auch andere waren noch nicht überzeugt. Allen voran der Kaufmann Karl Krall, der die letzten Jahre mit Wilhelm von Osten zusammengearbeitet hatte. Krall hielt überhaupt nichts von der Theorie der unbewußten Zeichengebung, und sein stärkster Zeuge war ein blinder Hengst namens Berto, den er auf dem Schlachthof erstanden hatte. Zudem war Bertos Geruchsvermögen kaum entwickelt: Er reagierte nicht einmal auf eine Karotte, die man vor seinen Nüstern hin und her bewegte, obwohl er sie leidenschaftlich gerne fraß.

Für Berto also schied die beanstandete Art der Zeichengebung von vornherein aus. Dennoch konnte er bereits nach wenigen Monaten besser rechnen und buchstabieren, als es dem alten Hans jemals gelungen war. Vor allem hatte er rasch begriffen, daß er die Einer mit dem linken Huf, die Zehner mit dem rechten Huf zu schlagen hatte. So jedenfalls beschrieb es Karl Krall, der jede Übungsstunde in einem genauen Protokoll festhielt. Mehr noch: Krall versicherte, daß seine Pferde – insgesamt fünf – sich ab und zu auch untereinander durch Klopfzeichen verständigen und sich in derselben Weise an ihn wenden würden. So soll der Hengst Muhamed auf die Ankündigung, er würde jetzt Möhren bekommen, energisch und fast korrekt »fünuf« buchstabiert haben.

Für all dies führt Krall Zeugen an. Zum Beispiel bestätigt der Genfer Psychologe E. Claparède: »Die Pferde geben richtige Antworten unter solchen Umständen, welche durchaus die Hypothese der willkürlichen oder unwillkürlichen Zeichengebung ausschließen. Es erscheint mir sicher, daß diese Pferde wirklich die Zahl der Hufschläge zählen und daß sie nach der gewohnten Buchstabentafel spontan Worte buchstabieren. Was die Frage anbetrifft, wie es den Pferden möglich ist, in einer sehr kurzen Zeit die richtige Lösung schwieriger mathematischer Aufgaben anzugeben, so kann ich mich darüber in diesem Augenblick nicht aussprechen. Neue methodische Versuche würden dazu nötig sein« (*Tierseele*, Band 1, 1913).

Aber an solche Versuche war von seiten der etablierten Wissenschaft nicht mehr zu denken. Schließlich hatte man den Klugen Hans entlarvt. Warum sich mit »Nachfolge-Tätern« abgeben? Wissenschaftlich war mit »rechnenden Pferden« kein Blumentopf mehr zu gewinnen. Im Zweifel sind die Tiere die Dummen.

Die Angst vor einem Rückfall in die vermenschlichende Sichtweise war viel zu groß, als daß man erkannt hätte, welch ungewöhnliches Fenster sich hier auftat – ein Fenster, nicht zu den menschlichen, sondern zu den übermenschlichen Fähigkeiten dieser Tiere.

Nicht, daß wir hier ein Plädoyer für die mathematischen und linguistischen Fähigkeiten der Pferde halten wollten, das wäre in der Tat absurd; eher schon ein Plädoyer für die geistige Unabhängigkeit wissenschaftlichen Arbeitens. Dazu gehört eine gewisse Trendresistenz: ungeachtet der gerade modischen Fragestellungen offen für andere Fragen zu bleiben.

Es erscheint uns bezeichnend, daß das wissenschaftliche Interesse am Klugen Hans und seinen Nachfolgern abrupt erlosch, sobald die Tiere in ihren intellektuellen Fähigkeiten widerlegt waren. Daß gleichzeitig völlig neue, unerklärte Sinnesleistungen ans Tageslicht kamen, die noch einer wissenschaftlichen Erklärung harrten, wurde – bewußt oder unbewußt – übersehen. Als wäre es keiner Frage wert, wie weit die Sinnes- und Erfahrungswelt der Tiere über die menschliche hinausreicht.

Wenn aber Pferde, und sicher auch andere Tiere, in der Lage sind, minimale Körper- und Ausdrucksbewegungen wahrzunehmen, die selbst uns verborgen bleiben, wie nutzen sie diese Fähigkeit in ihrer gewöhnlichen Umwelt? Welchen Stellenwert hat sie für ihre Verständigung untereinander? Und für ihren Umgang mit uns?

Erst recht stellen sich diese Fragen, wenn das Wahrnehmen »verborgener« Hinweise sogar über andere Sinneskanäle als die optischen erfolgen kann. Es wäre herauszufinden, welche das sind. Und müßten wir als »Augentiere« nicht viel vorsichtiger unsere scheinbar objektiven, aber überwiegend optisch gewonnenen Verhaltensbeobachtungen beurteilen, wenn uns ein vielleicht wesentlicher Teil tierischer Sinneserfahrung fehlt?

Es ist vor allem der Schweizer Heini Hediger, der immer wieder darauf hinweist, welche Chance durch den allzu laxen Umgang mit den Klugen-Hans-Versuchen vertan wurde. Hediger ist kein Laborgelehrter. Als langjähriger Direktor des Züricher Zoos sammelte er seine Erfahrungen im direkten Umgang mit den Tieren, und es zeichnet ihn aus, daß er sich nie der aktuellen wissenschaftlichen Modeströmung unterworfen hat.

»Auf keinem anderen Gebiet der Wissenschaft«, klagt Hediger, »wäre es möglich – oder auch nur denkbar – gewesen, daß man sich grundsätzlich auf das Gutachten eines einzigen jungen, in der Sache völlig unerfahrenen Experten abstützte und dieses kein einziges Mal überprüfte.«

Immanuel Birmelin hat den großen alten Mann der Tierpsychologie in seinem Stübchen in Zolikofen bei Bern besucht. Der größte Teil des Raumes wird von Büchern beansprucht, wobei Hediger versichert, daß er seine eigentliche Bibliothek aus Platzgründen habe verkaufen müssen.

»Man müßte solche Versuche mit Pferden kritisch und unvoreingenommen wiederholen.« Erst später sollte Immanuel erfahren, daß Hediger vorab die wissenschaftliche Reputation seines Besuchers erfragt hatte. Das Ergebnis kann nicht allzu übel ausgefallen sein, denn fast drängend fährt er fort: »Wollen Sie diese Versuche nicht wiederholen?« Und nach einer Pause: »Sie sollten es unbedingt tun, ich kann es nicht mehr.«

Lernen ohne Verstand

Als der Kluge Hans Anfang des Jahrhunderts auf normales Pferdemaß zurückgestuft wurde, paßte dies also bestens ins neugewendete Tierbild der Wissenschaft. Man glaubte damals, eine allgemeingültige Grundregel gefunden zu haben, mit der sich alle vermeintlich intelligenten Handlungen der Tiere erklären ließen – ohne daß man ihnen irgendwelche geistigen Fähigkeiten oder gar ein Bewußtsein zugestehen müßte. Im Gegenteil: Man schien einen Mechanismus entdeckt zu haben, der automatisch derartiges Verhalten produzierte.

Eine Katze, die auf die Klinke springt, um die Tür zu öffnen; der Hund, der seinem Herrn die Zeitung bringt, oder der Fuchs, der über den Zaun in den Hühnerhof steigt – solche auf den ersten Blick intelligent anmutenden Handlungen seien lediglich das Resultat eines festgelegten Lernschemas, zu dem keinerlei verstandesmäßige Einsicht in den betreffenden Vorgang nötig sei. Diese Auffassung vertrat vor allem der amerikanische Psychologe Edward Lee Thorndike. Er bezeichnete dieses Schema als »Lernen durch Versuch und Irrtum« und stellte dazu überzeugende Versuche an.

So konstruierte er zum Beispiel einen Lattenkäfig, dessen Tür verriegelt war und von innen nur geöffnet werden konnte, wenn man an einer bestimmten Schnur zog. Thorndike sperrte eine hungrige Katze in den Käfig, legte ein Stück Fleisch davor und wartete ab, ohne irgendwie einzugreifen. Kein Katzenkenner wird erstaunt sein, daß Thorndikes Versuchskatze schon nach kurzer Zeit »den Bogen raushatte« und, wenn sie ans Futter wollte, so selbstverständlich an der Strippe zog, wie wir die Tür zum Kühlschrank öffnen.

Das Spannende an seinen Versuchen war, daß Thorndike herausfand, wie seine Katze den Trick erlernte: durch bloßen Zufall. Hungrig, wie sie war, und angesichts des lockenden Leckerbissens wurde sie von einer deutlichen Unruhe ergriffen: Sie versuchte, mit den Pfoten zwischen den Käfiglatten hindurch an das Fleisch zu kommen, lief hierhin und dorthin, kratzte an den Käfigwänden – alles planlose und erfolglose Aktionen. »Versuch und Irrtum«. Schließlich aber angelte sie auch mal nach der herunterbaumelnden Schnur: Sofort ging die Tür auf, und die Katze bekam, was sie wollte.

Beim nächsten Mal wiederholte sich das Spiel, aber es verging weniger Zeit, bis die Katze sich der Schnur zuwandte und nach einigem Herumprobieren daran zog. Die Belohnung folgte auf dem Fuß. Es brauchte nur wenige solcher Übungen, bis die Katze endgültig den Öffnungsmechanismus »durchschaut« hatte.

Aber, so folgerte Thorndike, mit »Durchschauen« oder »Begreifen« habe das nichts zu tun. Seiner Ansicht nach hatte lediglich der Erfolg das vorausgegangene Verhaltensmuster der Katze gefestigt. Mit jedem Öffnen der Tür und anschließendem Futterlohn wurde der »Griff nach der Schnur« tiefer und tiefer einprogrammiert, bis die Katze ihn endgültig »drinhatte« – oder biologisch ausgedrückt: bis er zur unwillkürlichen Reaktion auf den Hungerreiz wurde.

Auch einfachere Tiere, selbst Frösche oder Insekten, lernen auf diese Weise, indem sie wiederholt für ihre Aktionen belohnt werden oder, was in ihrer natürlichen Umgebung dasselbe bedeutet, indem ihr Verhalten mehrmals zum Erfolg führt.

Jeder sonnige Augusttag bietet reichlich Gelegenheit, sich davon zu überzeugen. Ein Stückchen Schinken auf den Gartentisch gelegt – und es wird nicht lange dauern, bis eine Wespe, im Zickzacksuchflug näher kommend, die Futterquelle entdeckt. Sie schneidet sich eine Portion heraus und schwirrt ab – heim ins Nest. Nach kurzer Zeit ist sie wieder da, um die nächste Portion zu holen. Und bereits bei ihrem dritten Besuch fällt auf, daß sie jede Art von Suchflug aufgegeben hat: Sie nimmt den direkten Anflugkorridor zum Schinken.

Offensichtlich hat sie sich den Weg gemerkt. Lernen durch Erfolg. Wer ganz sichergehen will, kann als Gegenprobe das Schinkenstück entfernen: Die Wespe wird trotzdem im Direktflug zurückkommen und an der erprobten, will sagen, erlernten Stelle landen.

Auch Frösche, denen man ja nicht gerade Intelligenz nachsagt, entpuppen sich als überraschend lernfähig – zumindest die Krallenfrösche, die man an der Universität Konstanz untersuchte. Die im Wasser lebenden Tiere spüren Wasserwellen, wie sie von zappelnden Insekten verursacht werden, und instinktiv schnappen sie nach dem Zentrum, um sich die Beute zu holen. Für die Universitätsfrösche allerdings wurde die Frequenz der Wasserwellen künstlich variiert, und lediglich bei einer Frequenz von zwölf Hertz, also zwölf Wellen pro Sekunde, gab es Futter. Schon nach wenigen Tagen hatten die Frösche dies herausgefunden und reagierten nur noch auf die »erfolgversprechenden« Wellen.

Wer hätte das erwartet? Und nicht minder rasch lernt ein Krallenfrosch, eine bestimmte Wellenfrequenz zu ignorieren, wenn er statt Futter einen Klaps bekommt. Sogar vier Wochen später erinnert er sich noch an die Lektion; dann unterdrückt er, selbst wenn er Hunger hat, seinen Fangimpuls, um der Strafe zu entgehen.

Belohnung und Bestrafung, sei es durch den Menschen oder die Natur, sind die Kräfte, die das Verhalten der Tiere gestalten und sie zu scheinbar vernünftigen, weil erfolgreichen Handlungen führen. Mit dieser Theorie vom »Lernen durch Versuch und Irrtum« glaubte man auf ein Grundgesetz gestoßen zu sein, das auf alle Tiere anwendbar sei – ähnlich, wie die Grundgesetze der Mechanik für alle Körper vom Atom bis zum Planeten gelten.

Tatsächlich sprach vieles für diese Lerntheorie. Wurde nicht jede Dressur im Zirkus oder Varieté durch Bestrafung oder Belohnung erreicht? Nutzten die Dompteure nicht seit eh und je, was die Wissenschaftler jetzt theoretisch untermauerten? In kleinen Lernschritten führen sie die Tiere zu komplexen Dressurleistungen, wobei jeder Schritt durch Futterbissen attraktiv gemacht und belohnt wird.

In einem allerdings dürften sich die Praktiker der Manege gründlich von den Theoretikern unterscheiden, heute wie damals. Sie würden wohl nie auf den Gedanken kommen, ihre Pferde, Löwen oder Bären seien automatenähnliche, geistlose, durch Belohnung und Bestrafung zu programmierende Wesen. Zu sehr sind sie von der »Persönlichkeit« ihrer Tiere überzeugt, ihrer individuellen Intelligenz und Tagesform. Dies alles, und nicht zuletzt das emotionale Verhältnis zum Tierlehrer selbst, spielt nach ihrer festen Überzeugung für den Lernerfolg eine wesentliche Rolle.

»Mit einfachen Lernmodellen kommt man da nicht weit«, meint Gerd Siemoneit, einer der großen Tierlehrer und Direktor des Zirkus Barum. »Jeder gute Lehrer in der Schule weiß, daß Belohnung und Bestrafung vielleicht wichtig sind, aber eben nicht alles. Das ist bei uns genauso. Nehmen Sie zum Beispiel meinen

Panther Onyx. Den konnte ich dazu bringen, aus drei Metern in meine Arme zu springen. Das war eine Sensation damals, vor zwanzig Jahren. Jetzt habe ich es wieder versucht. Mit viel Mühe. Hoffnungslos. Meine jetzigen Panther bringen einfach die Persönlichkeit nicht für so etwas. Da hilft auch die beste Belohnung nichts.«

Er schüttelt den Kopf über soviel Naivität und Unverständnis der Wissenschaftler. »Nein, nein, so einfach ist das nicht.«

Messen statt deuten

Viele Wissenschaftler aber waren fasziniert von der Möglichkeit, das Geheimnis des Lernens auf eine so bestechend einfache, fast physikalische Formel zu bringen, die ohne Einbeziehung höherer geistiger oder psychischer Fähigkeiten auskam. Vor allem aber fühlten sie sich durch die aufsehenerregenden Versuche von Iwan Pawlow bestärkt. Der berühmte Mediziner und Nobelpreisträger aus Rußland konnte nachweisen, daß bestimmte einfache Lernvorgänge tatsächlich so stereotyp und wiederholbar abliefen, als hätte man es mit physikalischen Objekten wie Spulen, Kondensatoren oder Billardkugeln zu tun.

Pawlow befaßte sich mit den sogenannten Reflexen. Reflexe sind selbständig ablaufende, willentlicher Steuerung entzogene Antworten des Körpers auf äußere Reize. Da gibt es bekanntlich den Schluckreflex, der uns zum Schlucken zwingt, wenn das hintere Gaumenende gereizt wird; oder den Stolperreflex, wenn die Kniesehne unvermittelt gespannt wird; oder den Lidreflex, der automatisch das Auge schließt, wenn es von einem Luftstoß angeblasen wird.

Um die Jahrhundertwende hatte Pawlow bei hungrigen Hunden einen »Speichelreflex« festgestellt: Wenn er ihnen ein Stück Fleisch vorhielt, dann leckten sie sich die Lefzen, und das Wasser lief ihnen in der Schnauze zusammen: Speichelfluß als Reaktion auf die Präsentation von Futter. Um die Stärke dieses Reflexes exakt zu messen, operierte Pawlow einen Schlauch in den Speicheldrüsenkanal des Hundes und leitete den abgesonderten Speichel in einen Meßzylinder. Automatische Schreiber registrierten jede Veränderung des Pegelstandes – Tierschutz war noch kein Thema Anfang des Jahrhunderts.

Pawlow kam es vor allem darauf an, seine Versuche von subjektiven Interpretationen unabhängig zu halten. Objektive Geräte statt menschlicher Beobachtung, messen statt deuten war seine Devise. Nicht zuletzt diese unbestechliche Objektivität seiner Versuche verhalf Pawlow zu weltweiter Anerkennung bei seinen Kollegen. Genau das war es, was man nach den Zeiten ungezügelter Vermenschlichung von wissenschaftlicher Tierbeobachtung erwartete.

Die eigentliche Entdeckung Pawlows aber lag darin, daß er seinen Versuchshunden eine Abänderung dieses Speichelreflexes beibringen konnte, und zwar durch eine denkbar einfache Prozedur. Er ließ jedesmal kurz vor der Präsentation des Futters ein Klingelzeichen ertönen. Anfangs reagierte der Hund überhaupt nicht – warum sollte er auch. Aber nach und nach setzte der Speichelfluß bereits auf das akustische Signal hin ein. Mit jedem Versuch löste es die Speichelabsonderung stärker aus, bis schließlich das Klingelzeichen allein dieselbe Wirkung hervorrief wie ein wohlriechendes Stück Fleisch. Der Hund hatte gelernt, das Klingelzeichen mit Futter in Verbindung zu bringen, und zwar, wie Pawlow betonte, nicht unter Einsatz von Intelligenz oder Überlegung. Die bloße zeitliche Koppelung habe genügt, um das neue Verhalten zu installieren.

Ein Lernmechanismus einfachster Art auf der Ebene der Reflexe war gefunden. Pawlow selbst nannte ihn Konditionierung, weil dabei ein konditionaler Zusammenhang – eine Wenn-dann-Verknüpfung – erlernt wurde: wenn Klingel, dann Futter. Und der neuerlernte Reflex hieß konditionierter Reflex. Das ist heute Pflichtstoff für jeden Schüler.

Unnötig zu sagen, daß diese klassische Konditionierung nicht nur mit Klingelzeichen, sondern auch mit anderen Signalen, etwa Lichtblitzen, möglich ist. Und unnötig zu sagen, daß sie keine ausschließlich tierische Angelegenheit ist. Solange ich zurückdenken kann, wurde bei uns zu Hause zum Essen »geläutet«. Drei herabhängende Glocken wurden von einem Klöppel in der Mitte angeschlagen. Eines Tages gestand mir mein Bruder, daß er nach den Glockentönen jedesmal schlucken müsse, weil ihm das Wasser im Mund zusammenlaufe. Ich war verblüfft, denn schlagartig wurde mir bewußt, daß es mir nicht anders erging. Aber damals wußten wir beide noch nichts von Herrn Pawlow und seinen Hunden.

Wie lange solche unbewußt erlernten Reflexe anhalten können, wird mir jedesmal klar, wenn die Luftschutzsirenen Probealarm geben. Ungewollt und wider besseres Wissen jagt mir der Jaulton eine Gänsehaut über den Rücken und beschleunigt meinen Herzschlag. Dann weiß ich, daß der Konditionierungseffekt aus den frühen Kinderjahren, als uns Luftangriffe Hals über Kopf in den Keller jagten, auch heute noch nicht völlig gelöscht ist.

Pawlows Konditionierungsversuche mit Hunden jedenfalls zeigten, daß auch auf der Ebene der Reflexe einfachste Lernmechanismen ablaufen. Diese Erkenntnis – zusammen mit dem Lernmodell von »Versuch und Irrtum« – bestärkte die Wissenschaftler darin, Tiere als eine Art lernfähiger Superautomaten aufzufassen. Vor allem im angelsächsischen Raum etablierte sich diese Wissenschaftsströmung, die bis in unsere Zeit bestimmend bleiben sollte: der Behaviorismus.

Das Wort leitet sich vom englischen Wort »behavior«, deutsch: »Verhalten«, ab, und darin drückt sich der wichtigste Grundsatz der behavioristischen Schule aus: Allein das äußere Verhalten der Tiere zählt. Nur was direkt beobachtbar und meßbar ist, darf zur Erklärung herangezogen werden. Und da, so die folgerichtige Argumentation, innere psychische Zustände bei Tieren, wie etwa Vorstellungen, Gefühle, Erwartungen oder Gedanken nicht objektiv beobachtbar, geschweige denn meßbar sind, haben sie in Erklärungsmodellen für das Verhalten der Tiere nichts zu suchen.

Unverkennbar orientierte sich diese Forderung an der damals führenden Wissenschaftsdisziplin: der Physik. Auch in dieser Wissenschaft war man sich einig, daß eine Theorie keine Größen oder Begriffe enthalten dürfe, die prinzipiell nicht meßbar sind. Jeder Physiker wäre ausgelacht worden, wenn er vom Bewegungsdrang der Moleküle gesprochen hätte, vom Herrscherwillen der Sonne über die Planeten oder von der Strömungslust des Wassers. Die Erscheinungen der Natur waren durch die Wirkungen meßbarer Kräfte in Raum und Zeit zu erklären.

Entsprechend setzten die Behavioristen alle vermenschlichenden psychischen Begriffe auf den Index. Es galt als unseriös und unwissenschaftlich, etwa von der »Angst« eines Vogels zu reden, der sich zappelnd in einem Netz verfangen hat; oder von der »Freude« eines Hundes, der schwanzwedelnd und bellend seinen Herrn begrüßt. Sogar Begriffe wie »Antrieb« oder »Bedürfnis«, ganz zu schweigen von »Bewußtsein«, waren aus dem biologischen Vokabular zu streichen.

Statt dessen sollte alles, was Tiere tun, auf einen Satz meßbarer Ursachen zurückgeführt werden: auf äußere und innere Reize, auf Muskelbewegungen, auf Drüsenabsonderungen. Als Reize kamen sowohl solche aus der Umwelt in Frage, der Geruch eines Feindes etwa, als auch Reize von innen, etwa ein Untersoll des Blutzuckerspiegels.

Belohnung macht das Handeln

Unter den äußeren Reizen nahmen – wie nach den bereits entwickelten Lerntheorien nicht anders zu erwarten – die Belohnungsvorgänge eine besondere Rolle ein. Damit sei das Verhalten eines Tieres vollständig zu steuern. Jeder nur denkbare Bewegungsablauf, solange er innerhalb der körperlichen Möglichkeiten eines Tieres liege, könne ihm auch durch eine geschickte Belohnungsstrategie beigebracht werden. Diese Ansicht vertrat vor allem Burrhus F. Skinner, einer der kompromißlosesten Behavioristen in den Vereinigten Staaten. Als Beweis führt er die – in der Tat verblüffenden – Leistungen seiner Tauben und Ratten an.

Eine seiner Versuchsratten stellte sich beispielsweise auf die Hinterbeine und zog, wie beim Läuten einer Glocke, an einer Kette. Die Kette löste einen Mechanismus aus: Eine Murmel fiel herunter. Die Ratte lief zur Murmel, hob sie mit den Vorderpfoten auf und trug sie zu einer Röhre, die schornsteinähnlich etwa zwölf Zentimeter in die Höhe ragte. Sie balancierte die Murmel in die Höhe und ließ sie in die Rohröffnung fallen. Ende der Vorstellung.

Skinner wollte mit derartigen Versuchen demonstrieren, daß selbst so ausgefallenes und komplexes Verhalten durch simple Belohnungsreize erzeugt werden kann. Er hatte die Ratte durch nichts anderes als Futterhappen zum Murmelakrobaten gemacht – nicht in einem Zug, versteht sich. Die Ratte wurde in vielen kleinen Näherungsschritten zu ihrem Endverhalten geführt. Zunächst etwa wurde sie für das bloße Rollen der Kugel belohnt, später für das Rollen über eine Rampe; danach wurde die Rampe Schritt für Schritt zu einer Röhre geformt und so fort. Auf ähnliche Weise brachte Skinner auch Tauben das »Murmelspielen« bei.

In seinen Versuchskäfigen, die man heute als »Skinnerboxen« bezeichnet, wurden Hebel gedrückt und Ketten gezogen, es wurde über Balken balanciert und nach Schaltern gepickt – selbstverständlich, ohne diese Kunststücke mit irgendeiner Art von Kopfarbeit in Verbindung zu bringen. Mentale Leistungen, etwa daß die Tiere eine Vorstellung von dem hätten, was sie ausführen oder ausführen sollten, schieden, getreu dem behavioristischen Dogma, von vornherein aus. Vielleicht um dies zu unterstreichen, wurde bei derartigen Versuchen der Begriff des Lernens, der gern mit einer geistigen Aktivität verbunden wird, durch den neutralen Ausdruck »operantes Konditionieren« ersetzt – operant, weil es um das Operieren, den Umgang mit Gegenständen und Geräten, geht.

Wenn solche Dressurversuche – um nichts anderes handelt es sich nämlich – auch stets in Laborkäfigen durchgeführt wurden, so war doch unbestritten, daß ein ähnlicher Mechanismus in freier Wildbahn ablaufen kann: in Form von Selbstdressur durch Belohnung.

Eichhörnchen contra Fernsehstar

Ein Beispiel solcher Selbstdressur habe ich vor kurzem in den Vereinigten Staaten erlebt – so schlagend und amüsant, daß ich es hier einfach einflechten muß. Hauptakteure waren graue Eichhörnchen auf der einen und ihr Gegenspieler Tom auf der anderen Seite. Tom ist Nachrichtensprecher bei einer Fernsehstation, liebt Vögel und hat wenig für Eichhörnchen übrig – es sei denn, so versichert er und weidet sich an meinem Schock, sie wären gebraten oder noch besser zu Stew, einem dicken Eintopf, verarbeitet. Tom stammt aus ziemlich armen Verhältnissen in Texas. »Nur selten konnten wir uns Fleisch leisten, aber um so häufiger ging ich mit meinem Vater Eichhörnchen jagen. Sie schmecken wirklich großartig!«

Heute ist Tom zwar ein gemachter Mann und gefragter Fernsehstar, der sich jedes Fünfsternerestaurant leisten kann. Aber die Sehnsucht nach Mutters Eichhornbraten kann er nur mit Mühe unterdrücken. Zumindest kann er es kaum mit ansehen, wenn die dreisten Tiere gar den Spieß umdrehen und sich über das Futter hermachen, das er für seine geliebten Vögel vorgesehen hat. Dabei ist er durchaus auf der Hut gewesen, hat zunächst einen Draht zwischen zwei Bäumen gespannt und in der Mitte einen zweiten nach unten führenden Draht befestigt, an dem gewissermaßen freischwebend das Vogelhäuschen hängt.

Es verging kein Tag, dann hatten die Eichhörnchen gelernt, vom Baum auf den Draht zu steigen, in die Mitte zu balancieren und von dort auf das Häuschen zu springen. Aber Tom ist nicht dumm. Er stöbert zwei alte Metallscheiben auf, durchbohrt sie in der Mitte und fädelt sie wie Rattensperren auf den Draht. Tatsächlich werden die Eichhörnchen zunächst gestoppt; bis sie herausfinden, daß die Scheiben, wenn man mit genügend Schwung dagegenläuft, nach hinten kippen. »Die sind einfach drübergelatscht, die Biester!«

Jetzt fährt Tom schweres Gerät auf. Am Straßenrand hat er den Deckel einer großen Mülltonne entdeckt, und den hängt er wie eine Glocke über das gesamte Vogelhäuschen. Aber er hat die Reichweite seiner Widersacher unterschätzt. Nach kurzer Übungszeit klammern sie sich mit einem Fuß an den Mülldeckelrand und machen sich kopfüber »so unverschämt lang«, bis sie mit einer Hand ans Futter kommen.

Aber dann holt Tom zum vermeintlich entscheidenden Schlag aus. Um den Drahtseilakt der Eichhörnchen ein für allemal zu unterbinden, besorgt er sich alte Tennisbälle und zieht sie, leicht drehbar, auf den Draht auf. Niemand würde es schaffen, über diese Perlenkette aus Tennisbällen zu marschieren, ohne abzustürzen. Niemand vielleicht – außer Eichhörnchen. Nach kurzer Zeit finden sie heraus, daß das Ganze eine Frage der Geschwindigkeit ist: Bevor der Tennisball anfängt, sich zu drehen, muß man bereits auf dem nächsten sein.

Soweit der derzeitige Stand dieses Wettstreits. Kein Zweifel, die Eskalation wird sich fortsetzen. Tom denkt daran, die Bälle durch ein Rohr zu ersetzen, das sich als Ganzes dreht. »Dann haben sie wirklich verspielt«, meint er. Man darf gespannt sein. In der Zwischenzeit jedenfalls muß Tom zusehen, wie seine Vögel unter ihrem Häuschen sitzen und vom Boden picken, was die Eichhörnchen fallen lassen.

Zurück in die dreißiger Jahre. Nicht nur Dressur und Selbstdressur erfolgen in kleinen Schritten, auch – und das ist sicher mehr als eine zufällige Parallele – die Fortentwicklung der Wissenschaft. Erinnern wir uns:

Um die Jahrhundertwende hatte Edward Lee Thorndike durch seine Katzenversuche gezeigt, daß bestimmte intelligent erscheinende Verhaltensweisen durch einen Lernmechanismus, nämlich durch Versuch und Irrtum, erklärt werden können.

Skinner machte den nächsten Schritt, indem er postulierte, *jede* Verhaltensweise, und sei sie noch so ausgefallen, könne auf diese Weise erlernt werden. Und von hier aus war es nur ein verführerisch kleiner Schritt zur Annahme, Tiere würden tatsächlich ihr gesamtes Verhaltensrepertoire durch derart mechanisches Lernen erwerben.

Das würde bedeuten, daß sie als »unbeschriebene Blätter« auf die Welt kommen und sich alles, Fressen und Laufen, Nestbau oder Balz, aneignen müßten.

Umwelt oder Erbe?

Man braucht kein Wissenschaftler zu sein, um eine solche Theorie für wirklichkeitsfremd und überzogen zu halten. Schließlich weiß jeder Schmetterling, wie man fliegt; jedes Entchen, wie man schwimmt; und jedes Küken piepst und pickt nach dem Schlüpfen drauflos. Selbst menschliche Babys, die bekanntlich äußerst hilflos zur Welt kommen, beherrschen den Saugreflex, können sogar saugen und atmen zugleich. Beispiele für angeborenes, instinktgesteuertes Verhalten drängen sich jedem auf, der mit offenen Augen durch die Welt geht.

Dennoch gab es eine »strenge Fraktion« der Behavioristen um Z. Y. Kuo und Daniel S. Lehrman, die von Instinkten und angeborenen Fähigkeiten nichts wissen wollte. Was man gewöhnlich als »angeboren« betrachtete, so argumentierten sie, könne ja durchaus schon vor der Geburt im Ei oder Uterus erlernt worden sein, etwa das Picken der Küken. Hier berief man sich auf eine Beobachtung Kuos: Im Hühnerei werde der Nacken des Embryos durch den Pulsschlag automatisch etwas vor- und zurückgebogen. Gleichzeitig schließe und öffne sich der Schnabel. Auf diese Weise werde das Picken schon im Ei erlernt und eingeübt.

Es ist erstaunlich, zu welch aberwitziger Geistesakrobatik Wissenschaftler fähig sind, wenn es darum geht, »ihre« Theorie zu verteidigen. Und auch einige Experimente, die damals angestellt wurden, um Instinkte als Lerneffekte zu »entlarven«, muten heute bestenfalls grotesk an.

Zum Beispiel die Versuche mit Ratten. Normalerweise, auch wenn sie zum erstenmal werfen, bauen Rattenmütter Nester, lecken ihre Jungen ab, und wenn diese davonkrabbeln, werden sie behutsam gepackt und ins Nest zurückgeholt.

Da alle, auch allein aufgezogenen Ratten so mit ihren Jungen verfahren, schloß man auf angeborenes Verhalten. Genau dies aber, so argumentierten die Lernextremisten, sei falsch, denn sowohl das Tragen wie auch das Lecken müßten die Ratten vorher erlernen, um es bei ihren Jungen anwenden zu können.

Der »Beweis« sah dann folgendermaßen aus: Um jegliche Lernmöglichkeit auszuschließen, wurden die Ratten einzeln in absolut leeren Käfigen großgezogen. Es gab nichts, was sie hätten anfassen oder anknabbern können – nicht einmal Futterpellets: die waren zu Pulver zermahlen. Und sogar die Kotballen fielen sofort durch die Gitterstäbe, damit sie nicht als Übungsobjekte in Frage kämen. Aber das war noch nicht alles. Um zu verhindern, daß die Ratten sich, wie sie es häufig und gerne tun, ihre eigenen Genitalien lecken, erhielten sie scheibenartige Halskragen aus Gummi.

Als derart unnatürlich und in ihren Verhaltensmöglichkeiten eingeschränkt aufgezogene Ratten in Zuchtkäfige umgesetzt wurden und Junge bekamen, verhielten sie sich in der Tat anders: Sie bauten weder Nester, noch wußten sie ihre Jungen zu tragen, und anstatt sie zu lecken, fraßen sie ihre Kinder auf. Ein klarer Beleg, so die Schlußfolgerung, daß das Pflegeverhalten der Ratten eine Frage des Lernens sei. Der andere Schluß – daß soziale Tiere, wenn sie völlig isoliert aufwachsen, ohne jegliche Anregung und unter artfremden Bedingungen, neurotisch werden und Verhaltensstörungen zeigen könnten –, dieser Schluß lag außerhalb behavioristischen Denkens. Er hätte das Zugeständnis psychischer Bedürfnisse bedeutet. Und die waren aus dem Theoriengebäude ein für allemal verbannt worden.

In Europa hat der Behaviorismus nie diese Radikalität erreicht wie in den Vereinigten Staaten. Auch hier hatte man zwar der naiven Vermenschlichung der Tiere abgeschworen und aus der Entlarvung des Klugen Hans seine Lehren gezogen. Aber diese bestanden weniger darin, die Tiere zu konditionierbaren Reiz-Reaktions-Robotern zu degradieren, als vielmehr in der Forderung, die Rolle des menschlichen Beobachters zu überdenken. Denn schließlich hatte sich nicht das Pferd, sondern der Mensch als Schwachpunkt der Experimente erwiesen.

Wie können Fehlinterpretationen ausgeschlossen werden? Wie und nach welchen Regeln müssen Versuche gestaltet werden, um unbewußte Zeichengebung zu vermeiden? Und was würde dann an psychischen und geistigen Fähigkeiten der Tiere übrigbleiben? Vor allem Otto Koehler warf in den zwanziger und dreißiger Jahren solche Fragen auf und erstellte eine Art Regelkodex der Tierbeobachtung. Wir werden darauf näher eingehen, wenn wir

über seine verblüffenden Beobachtungen bei Vögeln und]
hörnchen berichten.

Insgesamt waren, um es etwas salopp auszudrücken, die
scher in Europa »näher« am Tier. Konrad Lorenz etwa lebte
wirklich mit seinen Graugänsen zusammen. Er empfand stets so
etwas wie Respekt vor seinen Tieren und ließ sich sogar zu der
Formulierung hinreißen, Gänse würden sich »verlieben« – ein
böser und disqualifizierender Rückfall in den Augen eines jeden
Behavioristen. Respekt vor den Tieren – niemand hat dies tref-
fender gefaßt als der Holländer Niko Tinbergen, der später mit
Konrad Lorenz und Karl von Frisch den Nobelpreis bekam. »Die
Tiere«, schrieb er, »sind immer wichtiger als alle Bücher, die wir
über sie schreiben.«

Es wird niemanden wundern, daß ausgeprägte Behavioristen
heftige Attacken gegen Kollegen wie Konrad Lorenz oder Tinbergen ritten. Man warf ihnen vor, sie würden zuviel Gewicht
auf Instinkthandlungen legen und die zentrale Rolle des Lernens
übersehen. Otto Koehler konterte in der *Zeitschrift für Tierpsychologie*: »Wer als Säugetier zur Welt kommt und muß erst
atmen lernen, bis er es kann, oder als Vogel und muß erst fliegen
lernen, ehe er es kann, der ist längst erstickt bzw. abgestürzt, ehe
sich die ersten Lernerfolge einzustellen beginnen.« Und er warte,
bis ihm einer verrate, »wie sich der Embryo im Ei Flugstunden
gibt«.

Die Debatte um »erlernt oder angeboren«, um »Umwelt oder
Erbe« blieb bekanntlich nicht auf die Tiere beschränkt. Bis heute
streiten Pädagogen, Erzieher, Schulexperten darum, was für die
Heranwachsenden bestimmend sei: die Erbanlagen, die unverän-
derlich vorgegeben sind, oder die Bedingungen des Milieus, die
durch Erziehung und Gesellschaft verändert werden können.
»Kinder sind nicht begabt – Kinder werden begabt«, so verkün-
den die Milieu-Theoretiker, während die Erb-Theoretiker auf
Veranlagung und angeborene Begabungsunterschiede verweisen.
Jede Partei kann ihre Ansicht durchaus mit Untersuchungen und
Statistiken belegen und wirft demzufolge der anderen das »fal-
sche Menschenbild« vor.

Mehr und mehr zeichnet sich ab, daß in der Tat beide Standpunkte falsch sind, solange sie auf ihrer Ausschließlichkeit bestehen.

Auch auf dem Gebiet der Biologie konnte sich die extreme Position der »instinktlosen« Behavioristen nicht behaupten. Es war zu offensichtlich, daß neben individuellen Lernerfahrungen der Tiere auch angeborene Reaktionsweisen existieren, die so etwas wie die stammesgeschichtlichen Erfahrungen einer Art darstellen. Wer nur eine der beiden Quellen gelten läßt, verkennt die Mehrgleisigkeit der Natur. Aber die Koexistenz von Lernen und Vererbung besteht nicht in einem einfachen Kompromiß, etwa nach dem Muster: X Prozent sind angeboren und Y Prozent erlernt. Mehr und mehr stellt sich heraus, daß erworbene und angeborene Fähigkeiten vielfach miteinander verquickt und verwoben sind, sich wechselseitig bedingen, begrenzen, verstärken. Ihre Beziehung ist eine Synthese auf höherer Ebene.

Wir können das hier nur streifen. Die entscheidende Entdeckung war, daß viele der Gene in unserem Erbgut keineswegs diktatorisch über uns befinden; sie sind keine Zwangsvollstrecker, sie sind ihrerseits abhängig von äußeren Einflüssen.

Eines der einfachsten und zugleich schlagendsten Beispiele kommt aus dem Bereich des Sports: Muskeln können bekanntlich antrainiert werden – eine Binsenweisheit und Alltagserfahrung. Aber der Mechanismus, der sich dahinter verbirgt, ist alles andere als selbstverständlich; denn das Wachstum von Muskelfasern ist nur möglich, wenn bestimmte Gene in den Muskelzellen aktiviert werden und die Eiweißproduktion ankurbeln. Mit anderen Worten: Die mechanische Beanspruchung der Muskeln bringt die entsprechenden Gene »in Schwung«.

Bis heute weiß niemand genau, wie diese Kopplung funktioniert, aber an ihrer Existenz ist nicht zu zweifeln – und sie hat durchaus praktische Konsequenzen. Jeder von uns besitzt zwei unterschiedliche Arten von Muskelfasern: »langsame« Fasern, die für Ausdauerleistungen wie Langstreckenlauf oder Radsport zur Verfügung stehen, und »schnelle« Fasern für kurze Höchstleistungen wie Sprints oder Sprünge. Die Muskeln eines Hundertmeterspezialisten zum Beispiel sind vollgepackt mit »schnellen« Fasern; unnötige »langsame« Fasern besitzt er kaum. Wenn dieser

Hundertmetersprinter aber anfängt, »auf Langstrecke« zu trainieren, dann passiert ein geradezu unglaublicher, aber exakt meßbarer Wechsel in der Genaktivität: Seine »schnellen« Muskelgene geben den Betrieb auf, und statt dessen schalten sich andere, »langsame« Muskelgene ein. Die Folge ist, daß die gesamte Laufmuskulatur umgebaut wird: die »schnellen« Sprintfasern lösen sich auf und werden durch »langsame« Ausdauerfasern ersetzt. Auch wenn dem äußeren Anschein nach alles gleich geblieben ist – der innere Aufbau der Muskeln hat sich entscheidend geändert. Kein Wunder, daß es noch nie einen Sportler gab, der zur gleichen Zeit den Hundertmeter- und den Zehntausendmeterweltrekord innehatte. Die Art des Trainings läßt jeweils andere Gene zum Zug kommen.

Auf den ersten Blick mag unser Beispiel für die Verflechtung von genetischer Aktivität und äußeren Umwelteinflüssen etwas »daneben« erscheinen, weil es sich lediglich auf unsere Körpermaschinerie und nicht auf geistige Leistungen bezieht. Tatsächlich aber spielen sich entsprechende Vorgänge im Gehirn ab: Es ist in gewissem Umfang »umbaubar« durch Übung und Erfahrung.

Erst vor kurzem zum Beispiel hat man entdeckt, daß das Sprachzentrum von Personen, die sprachlich gefordert sind und sprachbezogene Berufe haben, anders »aussieht« als im Normalfall: Die Nervenzellen sind wesentlich verzweigter und haben längere Fortsätze – auch dieses »Wachstum durch Training« beruht auf gesteigerter Genaktivität in den Nervenzellen. Lernen und Üben »ölt« nicht nur die Schaltkreise im Gehirn, es schafft sogar neue Schaltkreise und neue Nervenverknüpfungen, indem es genetische Um- und Ausbauprogramme abruft. Das Gehirn ist ein Organ, das sich – innerhalb eines vorgegebenen Rahmens – durch den Gebrauch, das heißt durch die Auseinandersetzung mit der Umwelt, selbst umgestaltet. Und dies gilt keineswegs nur für uns.

Meerschweinchen, die in einem »Spielkäfig« aufwuchsen, wo es reichlich Anregung zum Probieren, Lernen und Üben gab, bildeten auch ein reicheres Nervennetz mit zusätzlichen Verknüpfungen aus. Ein Grund mehr, Tieren zu Hause, im Zoo oder Zirkus Abwechslung und Anregung zu bieten; es fördert sie – bis in die Nervenfasern und die Aktivität ihrer Gene.

Die Umwelt scheint sich im Kopf der Tiere zu spiegeln, und die Gene erstellen dieses Spiegelbild. Erbe und Umwelt benötigen sich wechselseitig; jeder, der versucht, sie gegeneinander auszuspielen, macht es sich zu einfach.

Zweifelhafte Mutterliebe

Auch wenn seit den sechziger Jahren, mitbedingt durch die rasante Entwicklung der Genforschung, der Behaviorismus mit seiner Überbetonung des Lernens zunehmend an Einfluß verlor, so blieb er doch in einer Hinsicht absolut bestimmend, in den Vereinigten Staaten wie in Europa oder anderswo. Es galt – und gilt bis heute – als verpönt, das Verhalten der Tiere in psychischen Begriffen zu beschreiben.

Brutpflegeverhalten durfte nichts mit Elternliebe zu tun haben. Keinem Kater war es erlaubt, stolz zu sein, wenn er eine gefangene Maus präsentierte. Kein Pferd konnte trotzig reagieren oder eine Freundschaft entwickeln. Und von einer Gans, die ihren Ganter verloren hat, zu sagen, sie sei traurig, war Ausdruck gröbster Unwissenschaftlichkeit, auch wenn diese Gans mit Ringen unter den Augen herumlief, Appetitlosigkeit, Apathie und auch sonst alle uns bekannten Anzeichen von Trauer zeigte.

Wenn überhaupt, dann waren die entsprechenden Begriffe in Anführungszeichen zu setzen, aber selbst das war noch suspekt. Oder man zog sich durch Wortungetüme wie »traueranaloges Verhalten« aus der Klemme.

Und doch wäre es ungerecht und zu einfach, sich über diesen Wissenschaftsjargon lustig zu machen, denn letztlich steht das Bemühen dahinter, sich neutral auszudrücken, wo unsere Sprache nur auf uns selbst bezogene, aus dem persönlichen Erleben gewonnene Begriffe zur Verfügung stellt. Das gilt vor allem für die Schilderung sozialer Beziehungen. In diesem so emotionsgeladenen Bereich sind rein deskriptive oder gefühlsneutrale Begriffe eine Seltenheit. Hier rutschen wir fast zwangsläufig in die Terminologie menschlichen Verhaltens.

Wer etwa mit eigenen Augen sieht, wie eine Truthenne sich ihrem piepsenden Küken zuwendet und es unter ihr schützendes Gefieder holt, tut sich schwer, Begriffe wie »liebevoll« oder »Mutterliebe« zu vermeiden. Aber gerade dieses Beispiel kann einmal mehr davor warnen, Begriffe aus unserer Welt vorschnell auf die Welt anderer Lebewesen zu übertragen.

Bei genauem Hinsehen stellt sich nämlich heraus, daß Mutter Pute, wenn sie zum erstenmal Nachwuchs bekommt, nicht einmal weiß, wen oder was sie liebevoll bemuttern und umsorgen soll. Sie kennt weder ihre Küken noch die Gefahren, die ihnen drohen. Sie läßt einfach alles unterkriechen, was in der richtigen Tonlage piepst. Und selbst wenn sich einer ihrer Todfeinde, ein Marder oder ein Wiesel, mit Kükenlauten nähern würde – ihm würde bereitwillig Unterschlupf gewährt. Zumindest bei ausgestopften, mit Tonband versehenen Exemplaren war dies der Fall. Unnötig zu sagen, daß dieses Verhalten schwerlich mit Mutterliebe, wie wir sie verstehen, in Einklang zu bringen ist. Und das gilt erst recht, wenn sich das Junge, ohne zu piepsen, dem Nest nähert. Dann stürzt sich die Mutter auf ihr Kükenkind – und hackt es zu Tode.

Gerade wer Tiere liebt und sich bemüht, sie zu verstehen, muß damit rechnen, daß sie die Welt vielleicht völlig anders erleben als wir. Wer von vornherein menschliche Regungen in sie hineinliest oder sie gar als »die besseren Menschen« ansieht, auch der wird ihnen nicht gerecht. Sein Verständnis für Tiere gerät zum Mißverständnis.

Modell und Wirklichkeit

Die Verhaltensbiologie scheint aber ständig zwischen zwei gefährlichen »Ungeheuern« zu navigieren. Sie ist einerseits von der Gefahr der Vermenschlichung bedroht, andererseits von der Gefahr der »Roboterisierung« der Tiere.

Der Behaviorismus hat sich klar auf die eine Seite geschlagen. Er beschreibt die Tiere als ein System eindeutig definierter und meßbarer physikalischer Größen.

Und in der Tat, wenn man darauf besteht, das Verhalten der Tiere nach denselben strengen Kriterien zu erforschen wie das Verhalten von Elementarteilchen oder elektrischen Strömen, dann hat man keine andere Wahl. Es gehört schließlich zum Kern aller Naturwissenschaft, daß sie Modelle erstellt, die durch Messung nachprüfbar und gegebenenfalls widerlegbar sind. Eben dieses Verfahren unterscheidet die exakten Naturwissenschaften von Wissenschaften wie Philosophie oder Kunstgeschichte, die durchaus Raum für persönliche Deutung und Interpretation lassen.

Aber allzuleicht wird vergessen – vom ungeheuren Erfolg der Naturwissenschaften gleichsam verschüttet –, daß für die Eindeutigkeit und Überprüfbarkeit naturwissenschaftlicher Modelle ein Preis zu zahlen ist: Sie beschreiben per definitionem nur den für uns meßbaren Teilbereich der Wirklichkeit. Das naturwissenschaftliche Modell, auch wenn es der Realität oft verblüffend nahe zu kommen scheint, ist und bleibt ein Modell – eben der meßbare Aspekt der Wirklichkeit.

Bedenklich wird die behavioristische Sprachregelung daher erst, wenn man ihren Modellcharakter vergißt und in ihr Aussagen über das wirkliche Wesen der Tiere sieht. Genau dies aber scheint der über Jahrzehnte hinweg gepflegte Wissenschaftsjargon bewirkt zu haben. Sprache ist eben nicht nur ein Mittel, reale Sachverhalte auszudrücken, sie wirkt immer auch auf unsere Sicht der Realität zurück. Wenn »Liebe«, »Leiden« oder »List« in keinem Verhaltensmodell zur Sprache kommt, warum sie nicht auch den Tieren selbst absprechen?

Die selbstverordnete Sprachbeschränkung wurde mit einer tatsächlichen Beschränkung der Tiere gleichgesetzt. Was ursprünglich ausgeklammert worden war, weil es der direkten Messung und Beobachtung nicht zugänglich erschien – Gefühle etwa, Gedanken oder Bewußtsein –, wurde zunehmend für nicht existent gehalten. Als wäre »nicht meßbar« dasselbe wie »nicht vorhanden«. Unbemerkt und unbewußt trat bei vielen das selbsterstellte wissenschaftliche Modell an die Stelle der Wirklichkeit.

Auch das Deutsche Bürgerliche Gesetzbuch spiegelte dieses meß-gerecht geschneiderte Tiermodell wider, indem es formalrechtlich keinen Unterschied zwischen Tieren und Sachen machte.

Heilbehandlungen für verletzte Tiere durften beispielsweise nicht erheblich mehr kosten, als es dem Anschaffungswert des Tieres entsprach. Andernfalls könnten keine Schadensersatzansprüche geltend gemacht werden. Fast wortwörtlich deckt sich dies mit der Regelung von Autoreparaturen, wonach die Reparaturkosten den Neuwert nicht übersteigen dürfen.

Das Fatale ist, daß dahinter unausgesprochen die Erwartung steht, der Besitzer eines Hundes oder eines Papageis möge sich doch von seinem »defekten Gerät« trennen, es ausmustern und sich ein neues zulegen. Ein aus heutiger Sicht nicht mehr zu begreifendes Bild vom Wesen der Tiere – und ebenso vom Wesen tierliebender Menschen. Es ist kaum zu glauben, daß diese gesetzliche Regelung erst im Jahre 1990 geändert wurde.

Attacke gegen das Dogma

Die Menschen dagegen standen längst auf der Seite der Tiere. In den siebziger und achtziger Jahren formierten sich mehr und mehr Bürger in Tierschutzverbänden, um aktiv die seelenlose Behandlung der Tiere anzuprangern. Gleichzeitig entstanden Umweltorganisationen und »grüne« Parteien, die insgesamt mehr Rücksichtnahme auf die Natur verlangten. Während die einen eher den ethischen Aspekt der Mitverantwortung für die Schöpfung hervorhoben, verwiesen die anderen auf unsere Selbstgefährdung: Wenn wir weiterhin die Lebensräume von Tieren und Pflanzen als eine Art grüner Dekoration einstuften, die man umbauen, austauschen oder gar wegräumen kann, dann zerstöre dies unsere eigenen elementaren Lebensgrundlagen wie Trinkwasser, Atemluft, Nahrung oder, nicht zuletzt, die Stabilität des Klimas. Was bislang als Inbegriff von Fortschritt und Zivilisation gegolten habe – Maßnahmen für höheren Lebensstandard, wirtschaftliches Wachstum, besserer Verkehrsfluß, mehr Siedlungs- oder Anbaufläche –, all das müsse an den ökologischen Folgen gemessen und neu bewertet werden.

Allen ökologischen Bewegungen und Tierschutzgruppen aber

s gemeinsam: Sie forderten mehr Respekt vor der Natur
Aufwertung ihrer in Jahrmillionen gewachsenen Orga-

...ckend erscheint es als zwingend, daß in der sich neu
formenden geistigen Landschaft auch die Verhaltensbiologie
einen neuen Standort suchte. Auch Wissenschaftler folgen –
wahrscheinlich mehr, als sie wahrhaben wollen – den geistigen
Strömungen ihrer Zeit. Nicht in dem Sinne, daß sie sich bewußt
vom Zeitgeist ins Schlepptau nehmen ließen, aber schließlich sind
auch sie nur Menschen, die Zeitung lesen, fernsehen und dem
Spannungsfeld öffentlicher Meinungen ausgesetzt sind. Bezeich-
nenderweise waren es jedoch keine jungen Nachwuchskräfte, die
für Unruhe und Neuorientierung sorgten. Sie hätten wenig in
Bewegung und ihre Karriere aufs Spiel gesetzt.

Es war vor allem der altgediente und renommierte Biologe
Donald F. Griffin, der den Umschwung einleitete. Griffin hatte in
den späten vierziger Jahren grundlegende Forschungsarbeiten zur
Ultraschallorientierung der Fledermäuse veröffentlicht und man
respektierte ihn international als den »Vater des Fledermaus-
Echolots«.

Ihn konnte man schwerlich überhören, als er 1984 ein Buch
über *Animal Thinking* (deutsche Ausgabe: *Können Tiere denken?*) veröffentlichte. Hierin attackierte Griffin die »Reste beha-
vioristischer Dogmen«, wie er es nannte, und forderte seine Kollegen auf, gleich mit einer Reihe von Tabus zu brechen:

– Gedanken und Bewußtsein bei Tieren dürften nicht von vorn-
  herein aus den Betrachtungen ausgeklammert werden.
– Als »Fenster zum Bewußtsein der Tiere« könne vielleicht ihre
  Verständigung untereinander dienen. Es komme darauf an,
  genauer zu untersuchen, was sie sich mitteilen.
– Und schließlich – der härteste Brocken für seine Kollegen –:
  Auch einige Handlungen von Insekten, wie etwa der Bienen
  oder Ameisen, könnten möglicherweise bewußt erfolgen.

Das kam in der Tat einer Kampfansage gleich. Und die Gegen-
wehr ließ nicht auf sich warten: vermenschlichend, widersprüch-

lich, unwissenschaftlich. Das waren die – zu erwartenden – Anschuldigungen. Selbstverständlich wurde auch Morgans Kanon bemüht und in den Rang eines Naturgesetzes erhoben: Im Zweifel sei immer die einfachere Erklärung zu bevorzugen und die Annahme geistiger Fähigkeiten wie Denken oder überlegtes Handeln zu unterlassen. Hinzu kam, daß so mancher Kollege seine Schwierigkeiten damit hatte, daß Griffin keine Fachpublikationen, sondern Bücher für die breite Öffentlichkeit verfaßte.

Auf jeden Fall aber war Bewegung in die Wissenschaftsgemeinde gekommen. Behavioristische Positionen und der eigene Standort mußten neu überdacht werden. Griffin und ähnlich Denkende hatten die Tür zu einem seit Jahrzehnten verbotenen Raum wiederaufgestoßen, hatten die Fragen nach Bewußtsein oder Gedanken bei Tieren wieder salonfähig gemacht. Ohne zu erröten und ohne den Vorwurf zu fürchten, man agiere »unterhalb der wissenschaftlichen Gürtellinie«, konnte man über Absichten, Erwartungen, Entscheidungen oder, wenn auch vorsichtig, über Bewußtsein bei Tieren diskutieren. Eine neue Denknische war (zurück)erobert. Und die Verhaltensbiologen besetzten sie mit zunehmendem Eifer.

Rasch war auch ein wissenschaftlicher Begriff gefunden. Aus dem, was Griffin noch als »Denken der Tiere« bezeichnet hatte, wurden unverfängliche »kognitive Prozesse«. Die kognitive Ethologie, ein neuer Zweig der Verhaltensforschung, etablierte sich. Entsprechende Kongresse, Tagungen, Publikationen häuften und häufen sich bis heute. Kognition hat Konjunktur. Die nicht mehr scharfe Begriffsbildung meint in etwa: mentale Fähigkeiten, die beim Erfassen und Meistern einer Situation beteiligt sind – Fähigkeiten wie Probleme lösen, Absichten verfolgen, Entscheidungen treffen, Erwartungen hegen, Konzepte bilden und ähnliches.

Dabei ist es sicher kein Zufall, daß die Unschärfe des Begriffs so bereitwillig hingenommen wird. Sie läßt nämlich offen, ob die »kognitiven Prozesse« bewußt ablaufen oder unbewußt. Daß auch letzteres möglich sei – so lautet ein vielzitiertes Argument –, wisse man von Schlafwandlern. Bei ihren nächtlichen Ausflügen könnten Schlafwandler durchaus sinnvoll und angemessen reagieren, sogar in neuen Situationen. Und dies, obwohl sie bekanntlich ohne Bewußtsein handeln und wandeln.

Ich muß gestehen, daß mir die Vorstellung schwerfällt, meine Katze jage schlafwandelnd hinter einem Eichhörnchen her, das seinerseits schlafwandelnd abwartet, um im letzten Augenblick einen schlafwandlerisch sicheren Satz auf den Nachbarbaum zu machen, während die Vögel laut keckernd ebenfalls schlafwandelnd davonflattern.

Wie man Probleme meistert

Gedankenlos, aber erfolgreich

Für jedes Lebewesen steckt die Welt voller Probleme: Feinden zu entgehen, an Nahrung zu kommen, den Nachwuchs durchzubringen und vieles mehr. Überleben bedeutet, diese unzähligen Probleme zu meistern. Nichts scheint dafür geeigneter, als Verstand und bewußte Überlegung einzusetzen – nach dem Motto: Problem erkannt – Problem gebannt. Bewußtes Durchdenken einer be-denklichen Situation erscheint uns als das beste Mittel, sie zu bewältigen. Aber diese Wertschätzung rationaler Lösungen ist großenteils selbst ein Produkt unseres Verstandes, und sie übersieht, daß andere Lösungsstrategien ebenso erfolgreich sein können – und daß sie ebenso intelligent und raffiniert wirken.

Wie überquert man als Ameise unbemerkt einen Trampelpfad? Wie hütet man als Stachelwanze ein paar Dutzend Kinder ein? Oder wie rettet man als Vogelmutter ein Küken, das nicht schlüpfen kann? Es sind keineswegs nur hochentwickelte Arten, die mit hochintelligenten Lösungen überraschen.

Es war in Afrika, auf dem Weg zu den Berggorillas in Zaire. Ein kleiner Pfad, der sich kilometerlang zwischen Feldern und Ansiedlungen zu den Nebelwäldern hochschlängelte. Es war kein schwieriger Weg, aber es gab genügend Hindernisse – ausgewaschene Stellen oder Steinrücken, die wie Wurzeln aus dem Boden ragten –, um den Blick an den Boden zu fesseln. Dabei hatten wir schon mehrmals dunkle, quer über den Weg liegende Bänder überschritten. Wie Flechten oder Wurzeln sahen sie aus, aber irgend etwas an ihnen schien anders. Nicht, daß ich sonderlich neugierig oder beunruhigt gewesen wäre, aber schließlich hielt ich doch an, kauerte mich nieder – und was ich dann sah, war so irrwitzig und unwirklich, daß ich sofort Immanuel und die anderen herbeirufen mußte.

Das Band lebte! Es war eine Art Tunnel aus Tausenden von Ameisenleibern. Große, kräftige Exemplare, sechs bis acht Millimeter lang, die regungslos ineinander verhakt waren – auf eine Art, die mich so unwillkürlich wie unpassend an meine Tanzstundenzeit erinnerte. Damals durfte bei keinem Ball die sogenannte Polonaise fehlen, bei der die Damen und Herren, als Paare oder getrennt, möglichst kunstvolle Figuren zu durchschreiten hatten. Der Höhepunkt wie auch das Maximum an kichernder Fröhlichkeit war erreicht, wenn die Herren sich in einer Doppelreihe gegenüberstehend die Hände reichten und die Damen unter der so entstandenen Brücke hindurchlaufen mußten – vornübergeneigt und mit einer Hand die meist hochtoupierten Frisuren schützend.

Zurück nach Afrika. Die Ameisen dort hatten insofern diese Brückenkonstruktion perfektioniert, als sie auf den Hinterbeinen stehend nicht nur ihr Gegenüber festhielten, sondern mit ihren Mittelbeinen zugleich ihre beiden Nachbarn umklammerten. Eine solide Konstruktion, so eng und dicht, daß man praktisch nicht sehen konnte, wie im Innern dieser Tunnelröhre zweispurig der Verkehrsstrom der kleineren Arbeiterinnen hindurchpulste. Als wir uns einen besseren Einblick verschaffen wollten und mit einem Stöckchen einige Tunnelelemente herausholten, merkten wir, wie fest verzahnt sie miteinander waren: Statt einiger Ameisen blieb ein ganzes Tunnelstück von zwanzig Zentimetern an unserem Stock hängen. Nach kurzer Zeit fiel es auf den Boden und »zerfloß« zu einem Gewusel von Einzeltieren. Das geradezu Beängstigende daran war, daß diese Orientierungslosigkeit nur wenige Sekunden anhielt, dann hatten die Ameisen den Weg zurück zu ihrem »Highway« gefunden, ordneten sich wieder ein, erstarrten zu Tunnelelementen: Die Lücke war wieder geschlossen.

Wir überlegten, welchen Nutzen wohl die Ameisen aus ihrer Straßenüberdachung zögen. Es gab mehrere Möglichkeiten, aber es fehlte uns an Beweisen. Doch so, wie ich getäuscht worden war und zunächst nur ein lebloses Band gesehen hatte, könnte es auch einem Vogel ergehen, der auf der freien Fläche nach krabbelnden Insekten Ausschau hält. Eine bessere Konstruktion, die zudem hochmobil verlagert, abgebaut oder neu installiert werden kann, ist jedenfalls kaum denkbar.

Dennoch würde wohl niemand diese Ameisen oder die Angehörigen ihrer Pioniertrupps als konstruktiv denkende Lebewesen ansehen. Ihre so bemerkenswerte Technik ist nicht Ausdruck angestrengter Kopfarbeit, sondern fester, genetisch verankerter Verdrahtungen ihres Nervensystems. Sie haben keine andere Wahl, als starr und stereotyp diesem Instinktprogramm zu folgen. Unser Stockexperiment etwa ließe sich beliebig oft wiederholen und würde immer gleich ausfallen.

Natürlich ist dieses Beispiel kein Einzelfall, und natürlich muß man nicht nach Afrika, um durchdacht anmutende Lösungsstrategien zu entdecken. Auch der Blick auf ein Birkenblatt im Frühsommer ist hier für Überraschungen gut – genauer gesagt, die Stachelwanze *Elasmucha*, die vor dem Problem steht, ihre fünfzigköpfige Kinderschar durchzubringen. Solange sie klein genug sind, läßt *Elasmucha* ihre Wanzenkinder einfach »unterkriechen« und schützt sie mit ihrem Panzer. Wie einen Schild kippt sie ihn, wenn Ameisen oder Ohrkneifer anrücken, in Richtung der Angreifer.

Aber bald wird der Nachwuchs größer und braucht etwas zum Futtern. Dann führt Mutter Wanze ihre Schar im wohlgeordneten Gänsemarsch, damit auch keines verlorengehe, die Zweige entlang zu einem grünen Birkenkätzchen. Jeder bedient sich mit seinem Saugstachel und trinkt frischen Birkensaft. Ein paar Stunden dauert das Picknick, dann ziehen sie wieder auf ein Wohn- und Schlafblatt um. Und wo postiert sich Mutter Wanze, um ihren Kindergarten zu schützen, um Kriech- und Krabbelfeinde abzuwehren? Sie wählt den strategisch günstigsten Ort: den Brückenkopf des Blattes – dort, wo es sich verengt und in den Blattstiel übergeht. Zweifellos die beste Stelle zur Verteidigung. Als hätte sie ein strategisches Denkvermögen.

Nicht immer können die Biologen zurückverfolgen, wie sich derart »intelligente« Instinktprogramme bei vergleichsweise primitiven Tieren herausgebildet haben. Aber in diesem Fall liegt die

Entstehungsgeschichte fast auf der Hand: Eine Wanze, deren genetisches Verhaltensprogramm zufällig die Variante »Platzwahl in Stielnähe« enthielt, hatte eben dadurch einen deutlichen Reproduktionsvorteil gewonnen: Sie konnte wesentlich mehr von ihren Nachkommen durchbringen, die sich dann ihrerseits durch diese strategische Veranlagung auszeichneten. Von Generation zu Generation wuchs ihre Überzahl gegenüber den »konventionellen« Wanzen, bis diese schließlich ganz verdrängt waren.

Unsere beiden Beispiele für das Meistern von Problemen sollten vor allem eines verdeutlichen. Die Art und Weise einer Problemlösung, auch wenn sie noch so genial und durchdacht erscheint, erlaubt noch keinen Rückschluß auf bewußte Denkleistung. Bei Insekten und erst recht bei Pflanzen kommt uns das selbstverständlich vor – obwohl uns das Verhalten von Bienen hier noch einige Rätsel aufgeben wird. Aber bei Tieren, die uns viel näher stehen, geraten wir immer wieder in Versuchung, ihnen Gedanken, wie wir sie aufstellen, unterzuschieben.

Geburtshilfe

Immanuel hält seit Jahrzehnten Wellensittiche. Er weiß, was sie brauchen, wie sie brüten, wann sie sich wohl fühlen. Er kennt sich aus. Und trotzdem hat er vor einigen Jahren eine ungewöhnliche Entdeckung gemacht. Er wurde Augenzeuge, wie eines der Wellensittichweibchen gewissermaßen aus seinem Instinktprogramm ausbrach und einen eigenen Weg beschritt. So jedenfalls schien es.

Das Weibchen hatte Eier im Gelege, und drei Junge – nackt mit Riesenköpfen – waren bereits geschlüpft. Sie hatten das so gemacht, wie es seit eh und je bei Wellensittichen abläuft: Mit ihrem Eizahn hatten sie von innen ein Loch in die Schale gepickt, um von dort aus rundherum weiterzupicken, bis sich der Eideckel für den Ausstieg öffnen ließ. Der Ausstieg selbst erfolgt freilich weniger elegant, als es die Umschreibung vermuten läßt: Mühsam, oft über Stunden, mit zahlreichen Erschöpfungspausen, quälen sich die Küken nach draußen. Erst wenn sie es geschafft haben, greift die Mutter ein und holt sie unter ihr Gefieder.

So war es auch bei den drei Erstgeborenen geschehen. Mit dem vierten Ei wollte es nicht recht vorangehen. Nummer vier hatte zwar bereits sein Startloch in die Schale gehackt, kam aber mit der weiteren Rundumhackerei nicht recht voran, blieb irgendwie stecken. Tatsächlich, so sollte sich später herausstellen, war es an den Eihäuten festgeklebt und konnte die nötige Drehung im Ei nicht durchführen. Eine ausweglose Situation.

In diesem Augenblick aber schien die Mutter die Gefahr zu bemerken, in der ihr Küken schwebte. Sie gab ihre unbeteiligte Haltung auf und begann mit einer Rettungsaktion, die sie noch nie zuvor durchgeführt hatte: Mit dem Schnabel brach sie die Eischale von außen auf, befreite das Eingeschlossene und schob es sich unter – nicht jedoch, ohne ihm vorher die festklebenden Eihäute säuberlich abgeknabbert zu haben. Immanuel war sprachlos. Was er eben erlebt hatte, stand in krassem Widerspruch zum Schlüpfprogramm der Wellensittiche. Keiner seiner Verhaltensforscherkollegen würde ihm das glauben. Andererseits war an dem Geschehen nicht zu zweifeln. Was tun?

Immanuel entschied sich für die wissenschaftliche Lösung. Er nahm seine Zufallsbeobachtung zum Anlaß, um bei seinen Vögeln erstens genauer nachzusehen und zweitens genauer nachzufragen – mittels Experimenten. Als erstes stellte er fest – und das war die Voraussetzung für alles Weitere –, daß die beobachtete Schlüpfhilfe keine einmalige Angelegenheit war. Besonders in warmer oder trockener Luft schien sie häufiger aufzutreten. Dabei fiel Immanuel auf, daß die Eier vor ihrer Sonderbehandlung stets kleine ruckartige Bewegungen durchführten – was ihn auf ebenjenen Gedanken brachte, die Eihäute könnten zu trocken sein: Die Küken könnten daran festgeklebt sein und ruckartige Befreiungsversuche unternehmen. Aber daß auch Wellensittichmütter auf denselben Gedanken kommen sollten...? Ob sie die Ruckbewegungen überhaupt wahrnehmen?

Immanuel überlegte sich, wie er das Eierrucken künstlich erzeugen könnte, und versuchte es mit sogenannten mexikanischen Hüpfbohnen. Das sind etwa kirschkerngroße Nüsse mit eingeschlossenen Schmetterlingslarven, die sich, wenn es ihnen zu warm wird, ruckartig strecken und wieder krümmen. Dabei vollführt ihr gesamtes Nußgehäuse einen kleinen Hüpfer. Immanuel öffnete aber sorgsam ein taubes Ei, packte die Hüpfbohne hinein und verschloß es wieder. Behutsam schob er das so präparierte »faule« Ei ins Nest, wo es, angeregt von der Brutwärme, nach einiger Zeit zu rucken begann. Sofort wurde das brütende Weibchen aufmerksam und machte sich unverzüglich daran, Stück für Stück aus dem Eigehäuse herauszubrechen – um die eingeschlossene Hüpfbohne zu retten. Dieses Verhalten konnte so weit gehen, daß die befreite Bohne wie ein Küken behandelt und untergeschoben wurde.

Tatsächlich, so fand Immanuel in weiteren Versuchen heraus, wird die Schlüpfhilfeaktion wie auf Abruf in Gang gesetzt, sobald eine Reihe äußerer Signale zusammenkommt. Dazu gehören zum Beispiel das Loch in der Schale und eben die ruckartige Eibewegung. Dann starten Wellensittichweibchen dieses Instinktprogramm. Es erfordert keine Einsicht in die Lage des Kükens, geschweige denn Gedanken oder Überlegungen zu seiner Rettung. Es ist eine Problemlösung, die bereits parat liegt, noch ehe das Problem aktuell überhaupt auftritt.

Starre Lektionen

Wenn wir von bewußten Entscheidungen reden, dann verbinden wir damit stets einen gewissen Entscheidungsspielraum, der verschiedene Möglichkeiten offenläßt. Das wäre auch für Tiere zu fordern. Starre, gleichsam automatisch ablaufende Handlungen kommen nicht in Betracht. Instinktprogramme, wie wir sie aufgeführt haben, scheiden aus.

Wie steht es um die zweite große Kategorie, welche die Natur zur Problemlösung entwickelt hat: die Fähigkeit zum Lernen? Lernen ist das schnellste Verfahren, um sich an neue Situationen anzupassen. Ratten lernen den Geruch von Rattengift. Meisen lernen die Bedeutung von Futterhäuschen. Krähen lernen, sich von Men-

Oben: Elefanten sind hochsensible Gruppentiere. Rüsselhakeln – Jungtiere messen spielerisch ihre Kräfte. Die Erfahrung, mal Sieger, mal Verlierer zu sein, führt in die sozialen Regeln der Herde ein.

Rechts: Ein junger Zirkuselefant beim Schlammbad. Ein Elefantenfreigehege ist heute »Pflicht« für jeden guten Zirkus.

Seit Jahrhunderten
nutzt der Mensch
die Verständigkeit
und Gutwilligkeit
der asiatischen Ele-
fanten. Gleicherma-
ßen geschickt bewe-
gen sie schwere
Stämme und leichte
Bälle.
Ihre empfindliche
Haut will täglich
gepflegt sein, und
wenn kein Bade-
meister zur Stelle
ist, dann sucht man
schon mal eigenes
Werkzeug, um sich
am Ohr zu kratzen.

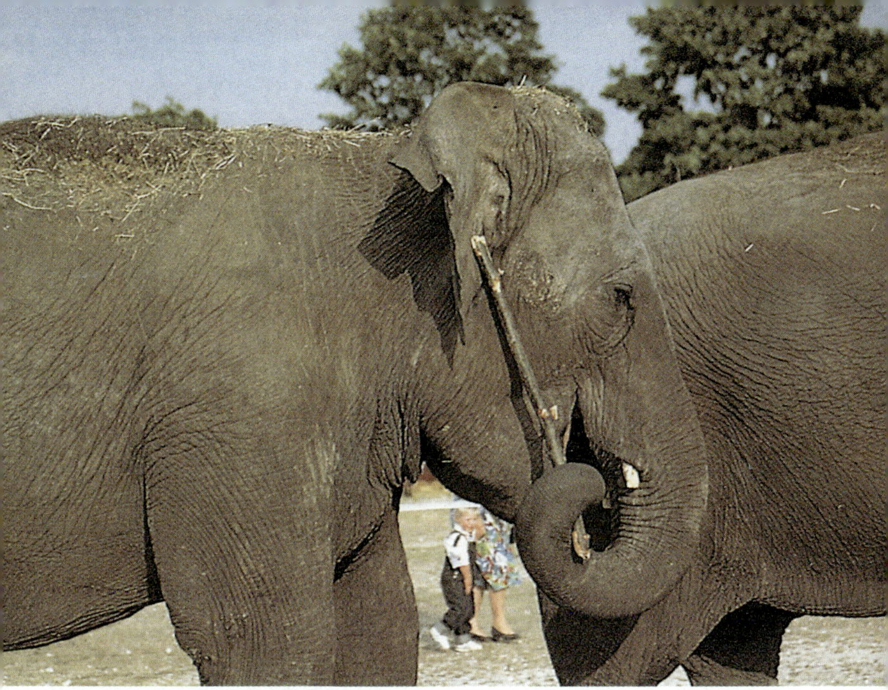

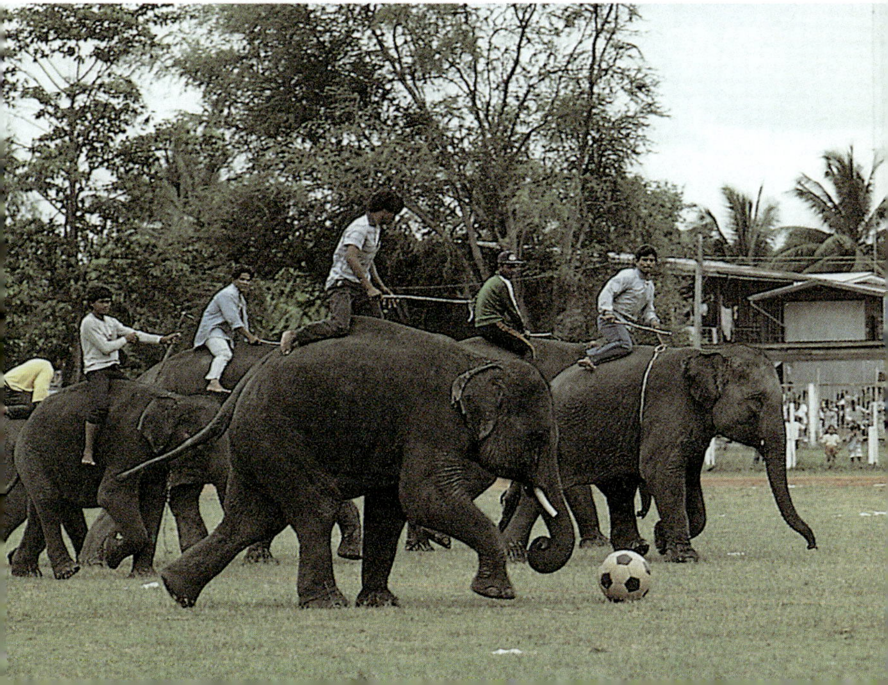

schen fernzuhalten, die eine Flinte bei sich tragen. Und manche lernen es sogar, erst beim Anlegen der Flinte davonzufliegen.

Nichts spricht dagegen, daß sich, kraft der Selektion, derartiges Verhalten auch in der Erbausstattung verankern und als Instinkthandlung herausbilden könnte – vorausgesetzt, die Rattengifthersteller, die Schußwaffenindustrie und Futterhäuschenverkäufer würden für etliche Jahrtausende auf größere Produktänderungen verzichten. Aber es ist zweifellos günstiger, eine Lektion zu erlernen, als sich der Selektion zu unterwerfen; besser, Gift zu meiden, als durch Gift »ausgesondert« zu werden.

Das Instrumentarium des Lernens beruht denn auch nicht auf einer Änderung der Erbausstattung, sondern auf der Aktivität von Nervenzellen. Lernen ist keine Angelegenheit des Genoms, sondern des Gehirns – was sich schon daran zeigt, daß erlernte Fähigkeiten genausowenig vererbbar sind wie gedachte Gedanken.

Aber auch erlernte Fähigkeiten können völlig starr und festgelegt ablaufen, ohne Spielraum für Neues. Das genau war der Punkt, den die Behavioristen so betonten: Was durch wiederholte Belohnung andressiert wurde, wie etwa die Kunststücke von Skinners Tauben, läuft gleichsam roboterhaft in immer wieder denselben Bahnen ab. Und was ein Eichhörnchen oder eine Katze durch »Versuch und Irrtum« selbst erlernt hat, das wird als festgefügtes Verhaltensmuster beibehalten – solange der Erfolg anhält.

Wir werden zwar noch sehen, daß Lernen viel mehr mit Bewußtsein zu tun haben kann, als sich die Behavioristen träumen ließen, aber wenn wir Belege für tierliches Bewußtsein suchen, dann sollten wir alle andressierten oder durch Selbstdressur erworbenen Anteile sorgfältig ausklammern. Zwei Beispiele mögen dies verdeutlichen.

Linke Seite: Tod eines Zirkuselefanten. Das Tier aus einem Kleinzirkus starb an falscher Ernährung und schlechten Haltungsbedingungen.

Cichliden sind einzigartige Fische. Sie stellen ihr Maul als Brut- und Schutzraum zur Verfügung. Noch Ende des neunzehnten Jahrhunderts wurden Berichte über solche »Maulbrüter« ins Reich überbordender Phantasie verwiesen. Heute gehören sie zu den bestuntersuchten Fischen, und immer mehr Aquarienliebhaber halten sich ein Pärchen, um ihre faszinierende Kinderstube zu beobachten.

Es beginnt damit, daß das Weibchen, nachdem es seine Eier in den Sand abgelegt hat, das Männchen per Kopfstoß gegen den Unterleib auffordert, sein Sperma darüber auszuschütten. Dann sammelt es die befruchteten Eier ein und behält sie fortan im Maul. Nicht, daß es dort wärmer wäre als draußen, aber es ist sicherer. Und auch nach dem Schlüpfen bleiben die Jungen erst mal im sicheren Maul der Mutter. Nach einigen Tagen aber unternehmen sie erste kleine Abstecher ins Freie, um bei der kleinsten Gefahr jedoch sofort wieder umzukehren und zwischen Mutters Zähnen zu verschwinden. Diese unterstützt den Rückzug sogar und saugt ihre Maulhelden sachte ein.

Mehr als ein einziges Maulbrüterpärchen sind in einem gewöhnlichen Aquarium allerdings nicht zu halten. Die Männchen verhindern es. Sie sind derart aggressiv auf Revierverteidigung aus, daß sie sich hartnäckig jagen und bekämpfen. Und da ein Zimmeraquarium keine Möglichkeit erlaubt, dem anderen endgültig aus dem Weg oder aus den Augen zu gehen, kehrt erst Ruhe ein, wenn der größte unter den Maulbrütern alle anderen totgebissen hat. Nur bei Immanuel ist wieder einmal alles anders.

Sein Aquarium wird zwar eindeutig von einem großen Maulbrütermännchen beherrscht, aber außer ihm lebt dort auch noch Einstein. Einstein ist wesentlich kleiner und schwächer – aber er sei auch, so versichert Immanuel, besonders intelligent und trage seinen Namen nicht von ungefähr. Nicht nur, daß er an die Oberfläche schwimmt, um sich von Immanuel den Rücken kraulen zu lassen. Die spektakulärste Probe seiner »geistigen Überlegenheit« zeigt Einstein immer dann, wenn der Große Herrscher ihn erspäht hat und mit gespreizten Flossen auf ihn zugeschossen kommt. Dann flitzt der Kleine hakenschlagend auf eine Glasflasche zu, die auf dem Boden liegt, und im letzten Augenblick taucht er hinein. Der Verfolger muß die Jagd abbrechen. Für ihn ist der enge Flaschenhals unpassierbar. Einstein besitzt eine sichere Enklave im Reich des Großen. Und wenn dieser, wie er es anfangs unentwegt tat, Attacken gegen die Glaswand schwimmt, bleibt Einstein im Innern ungerührt und ohne Anzeichen von Erregung. Er scheint den Wüterich draußen völlig zu ignorieren.

Wieviel Überlegung steckt in Einsteins Überlegenheit? Daß er blind einem angeborenen »Flascheninstinkt« folgen würde, scheidet aus – keiner seiner Artgenossen würde auf Anhieb, instinktiv diese Fluchtmöglichkeit wählen. Zudem kommt es auf den Typ der Flasche an: Ist die Öffnung zu weit, wird die Flasche zur Falle. Oder um es einsteingemäß auszudrücken: Der Quotient aus Flaschenhalsdurchmesser und Verfolgergröße sollte kleiner als eins sein.

Auch der intelligenteste Maulbrüter dürfte sich diesen Sachverhalt wohl kaum im Kopf klarmachen. Aber warum soll er nicht einfach einmal Glück haben? Er könnte per Zufall auf der Flucht in die Flasche entwischt sein und sich den rettenden Eingang für das nächste Mal gemerkt haben. Und wiederum wäre die Flucht in das exklusive Glasgehäuse erfolgreich verlaufen. Lernen durch wiederholten Erfolg.

So könnte Einstein also auf seinen »intelligenten« Flaschentrick gekommen sein. Ist er aber nicht. In Wirklichkeit hat Immanuel beim »Anfangsglück« etwas nachgeholfen: Während der Große durch eine Trennscheibe ausgesperrt war, hat er den kleinen Einstein mit etwas Tubifexfutter vor die Flasche gelockt. Schon bald war ihm die Gegend so vertraut, daß er sich im Innern der Flasche umsah und sie zu seiner Wohnhöhle erkor. Der Rest erfolgte in der Tat durch Selbstdressur. Bei allem Respekt: Denken mußte der Maulbrüter dabei nicht. Tut mir leid, Einstein.

Auch Sultans Glanznummer im Zirkus Siemoneit-Barum hat mit bewußten Überlegungen wenig zu tun, obwohl sie überaus menschlich und so gar nicht andressiert wirkt. Jedesmal bekomme ich dabei Herzklopfen und feuchte Handflächen: Sultan, der Löwenmann mit einer imposanten Mähne, spielt plötzlich nicht mehr mit. Das ganze Theater in der Manege erscheint ihm zu dumm. Die Zuschauer lachen verständnisvoll. Auch Gert Siemoneit spielt den Empörten. Doch plötzlich wird es ernst: Brüllend springt Sultan auf. Stellt sich auf die Hinterbeine. Riesengroß ist er jetzt, überragt Siemoneit um mehr als einen Löwenkopf. Und dann treibt er ihn fauchend und prankenschlagend gegen die Gitterwand. Entsetzen im Publikum. Gleich wird es geschehen. Da faßt Siemoneit in seine Brusttasche und zieht – die rote Karte. Er hält sie Sultan vor die Nase: Platzverweis. Knurrend verläßt der Löwe die Manege. Tosender, von Erleichterung getragener Beifall.

Daß Sultan nicht aus fußballerischer Regelkenntnis und Einsicht gehandelt, sondern eine erlernte Lektion vorgeführt hat, wird jedem einleuchten. Und trotzdem, daß er überhaupt noch mitspielt, ist alles andere als selbstverständlich. Selbst Gert Siemoneit ist erstaunt: »Mit einem ausgewachsenen, selbstbewußten Löwenmann kann man das normalerweise nicht machen. Das läßt er sich nicht bieten.« Auch Sultan würde außerhalb der Manege, im Käfigwagen etwa, sich niemals eine solche Behandlung gefallen lassen.

Der ganze Showdown in der Manege läuft nur, weil Sultan seit seinen Jugendjahren daran gewöhnt, darauf konditioniert ist. Es ist ein seit langem eingeübtes und eingefahrenes Programm, das weitgehend selbständig abläuft – auch wenn Sultans jetzige Persönlichkeit dagegensteht. Eigentlich mußte man damit rechnen, daß schon kleine Änderungen des Umfelds dieses Programm ins Stocken bringen könnten. Aber selbst Siemoneit hatte nicht mit so viel Mimosenhaftigkeit gerechnet: »Ohne Original-Zirkusmusik läuft gar nichts mehr. Da spielt er nicht mehr mit. Und wenn das Zelt halb leer ist, wird es ganz, ganz schwierig – wie bei jedem Star.«

Sultan und Einstein können uns zumindest eines zeigen: Wenn wir bei unserer Suche nach bewußten Entscheidungen auf der sicheren Seite sein wollen, müssen wir nicht nur angeborenes, sondern auch eingeübtes oder andressiertes Verhalten beiseite lassen. So fest und starr ist es meistens eingeprägt, daß wenig Spielraum für Überlegung bleibt – nicht nur bei Tieren. Von meinem Großvater, einem stets höflichen und korrekten Mann, erzählt man sich, daß er einmal beim Gottesdienst eingeschlafen und gerade bei den abschließenden Worten des Pfarrers aufgewacht sei. Seine erste Reaktion bestand darin, dem Redner laut und kräftig Beifall zu klatschen.

Offensichtlich hatte Großvater das falsche Programm eingeschaltet; er war sich nicht bewußt, daß er in der Kirche saß.

Aber was genau war es eigentlich, was ihm gefehlt hat? Was bedeutet es, bewußte Entscheidungen zu treffen – im Unterschied zu unbewußten Reaktionen. Was zeichnet jenen psychischen Zustand aus, den wir mit »Bewußtsein« umschreiben?

Annäherungen an das Bewußtsein

Wenn man nach der Möglichkeit tierlichen Bewußtseins fragt, scheint eine Definition vorab unerläßlich. Aber genau hier beginnt das Problem. Jeder hat zwar eine intuitive Vorstellung, was Bewußtsein bedeutet, aber wenn man sie in Worte fassen soll...?

Der »Große Brockhaus« beschreibt Bewußtsein als die »Beziehung des Ichs auf einen inneren oder äußeren Gegenstand«. Aber was bedeutet dieses »Ich«? Ist es nicht seinerseits nur unter Zuhilfenahme des Bewußtseinsbegriffs zu beschreiben? Und haben Tiere überhaupt eine Vorstellung vom eigenen Ich?

Marvin Minsky, der Doyen der Künstlichen Intelligenz, hält nichts von hochgestochenen Definitionen, für ihn bedeutet Bewußtsein schlicht: »Sich klarmachen, was in der Welt und in den Köpfen ihrer Bewohner vorgeht«.

Aber auch hier wird das, was definiert werden soll, in einem anderen Begriff versteckt; Sich-klar-Machen ist kaum etwas anderes als Sich-bewußt-Machen. Minsky selbst kommt schließlich zu dem Schluß, Bewußtsein sei »einer der Begriffe, die wir für Dinge haben, die wir nicht verstehen«.

Die Schwierigkeit, Bewußtsein zu definieren – und ich kenne keinen wirklich befriedigenden Ansatz –, mag darauf hindeuten, daß es sich nicht einfach um einen besonderen Zustand des Gehirns handelt, sondern um eine seltsam verschachtelte, sich ständig verändernde innere Welt. Hier vermengen sich Wahrnehmungen der Sinnesorgane mit Erinnerungen und Erwartungen, mit Ängsten und Wünschen, mit Zielvorstellungen und Folgeabschätzungen.

Daß es schwierig ist, das alles in das Korsett einer Definition zu zwängen, leuchtet ein. Aber vielleicht sollte man zum gegenwärtigen Zeitpunkt das Problem einer exakten Begriffsbestimmung viel gelassener sehen; denn jede Definition bedeutet immer auch Einengung und Abgrenzung des Betrachtungsfeldes. Und um diese Grenze sinnvoll ziehen zu können, braucht es bereits ein erhebliches Maß an Kenntnis und Überblick über das Umfeld, in dem der Begriff definitorisch abgesteckt werden soll.

Mit anderen Worten: Gerade zu Beginn der Forschung – und die Bewußtseinsforschung steckt in den allerersten Anfängen – müssen interpretierbare Begriffe mit weiten »Bedeutungshöfen« kein Nachteil sein. Im Gegenteil, sie halten umfassende und übergreifende Denkansätze offen. Selbst in der Physik wurde erst im nachhinein definiert, als längst schon Dampfmaschinen arbeiteten und die Gesetze der Mechanik gelehrt wurden, was genau unter dem Schlüsselbegriff »Energie« zu verstehen sei.

So gesehen sollte sich niemand, der über Bewußtsein nachdenkt, durch den gerne vorgebrachten Einwurf lähmen lassen: Was bitte verstehst du genau unter Bewußtsein? Schließlich wissen wir alle aus eigener Erfahrung, was es bedeutet, wenn Schmerzen zunehmend in unser Bewußtsein dringen, wenn sie schließlich so übermächtig werden, daß sie jede andere Empfindung verdrängen. Wir wissen um den Unterschied, ein Stoppschild zu übersehen oder es bewußt zu überfahren. Und schließlich wissen wir auch, was es heißt, über sich selbst und die Rolle der eigenen Existenz nachzudenken. Was Bewußtsein ist, müssen wir uns nicht selbst erklären, wir erleben es jeden Tag in immer neuen Zusammenhängen.

So ist es offensichtlich, daß unser Bewußtsein nicht nach dem Ja-Nein-Prinzip eines Lichtschalters arbeitet: hier die Dunkelheit der Bewußtlosigkeit und dort das helle Licht des Bewußtseins. Viel eher, wenn man bei der Metapher des Lichts bleiben will, träfe das Bild eines Dimmers zu, der kontinuierlich den Grad bewußten Erlebens verändern und aufleuchten lassen kann. Die Trennlinie zwischen »bewußt« und »nicht bewußt« verläuft so fließend wie der Meereshorizont an einem diesigen Morgen. Jeden Tag beim Aufwachen durchschreiten wir diesen Horizont – mal zögernd, mal zügig, freiwillig oder weckerunterstützt. Und mitunter gelingt es, sich selbst bei diesen Schritten zu beobachten:

Zuerst sind da irgendwelche Zeichen. Sie gewinnen an Kontur. Gerinnen zu Ziffern. Dann die Zeiger. Ihre Stellung sickert ins Bewußtsein. O Gott, schon halb acht. Verschlafen!

Aber selbst wenn wir wach sind und bei vollem Bewußtsein, kontrolliert dieses nur einen winzigen Bruchteil unserer Aktionen. Das meiste, was wir tun, tun wir unbewußt. Das beginnt bei unserer Körpermaschinerie, die weitgehend selbständig arbeitet. Unser Herz pumpt mit der angemessenen Schlagzahl, Magen und Darm lotsen die Nahrung durch den Körper, und unser Abwehrsystem kämpft trickreich und wohlkoordiniert gegen Eindringlinge. Von alldem bleibt unser Bewußtsein unbehelligt. Und von den gut einer Million Bits, die unsere Sinneskanäle jede Sekunde über Augen, Ohren, Haupt oder Nase anliefern, dringen gerade einmal fünfzehn bis zwanzig in unser Bewußtsein. Über 99,998 Prozent nehmen wir bewußt gar nicht wahr – zu unserem eigenen Schutz, denn niemand könnte eine derartige Reizüberflutung verarbeiten. Unser Gehirn wäre überfordert.

Aber auch dort, wo wir glauben, bewußt und eigenverantwortlich zu handeln, müssen wir Abstriche machen. Seit Sigmund Freud wissen wir um die Bedeutung früher Eindrücke, die uns unbewußt steuern und beeinflussen können. Nur selten etwa sind uns die Wurzeln unserer Vorlieben bewußt – wenn es etwa um Lieblingsspeisen, Lieblingsdüfte oder um die bevorzugten Partnertypen geht. »Über Geschmack läßt sich nicht streiten!« Die Volksweisheit spiegelt wider, daß wir hier von unbewußten und deshalb rationaler Diskussion nicht zugänglichen Kräften geleitet werden.

Unser Bewußtsein arbeitet also nicht nach dem Alles-oder-nichts-Prinzip; für es gilt nicht: entweder »an« oder »aus«; es ist ein Verlaufsspektrum mit unscharfen Grenzen, das durch einen einzigen Begriff nur ungenügend zu erfassen ist. Nicht umsonst sucht unsere Sprache dem gerecht zu werden, indem sie Abstufungen gebraucht wie: voll bewußt, kaum bewußt, unterbewußt, unbewußt oder bewußtlos.

Ebenso vertraut wie dieser kontinuierliche Verlauf unseres Bewußtseins ist uns seine unstete, fast irrwischartige Arbeitsweise. Wie ein Bündel hin- und herflitzender Lichtkegel holt es immer wieder Neues auf die innere Erlebnisbühne. Kurzfristig wird etwas von den Bewußtseinsspots erhellt, bevor sie sich auf etwas anderes ausrichten.

Zum Beispiel auf meinen schmerzenden Rücken. Die Stühle in diesem Restaurant sind alles andere als bequem! Vom Nachbartisch weht ein Hauch von Knoblauchgambas herüber. Soll ich die auch bestellen? In diesem Augenblick spüre ich die Hand meiner Begleiterin. Der harte Stuhl blendet aus. Der Gambaduft erlischt. »Weißt du, wozu ich Lust habe?« Ihre Frage bewirkt einen schlagartigen Kulissenwechsel im Vorstellungsraum meines Bewußtseins.

Natürlich ist es unmöglich, all die Wahrnehmungen, Gedanken und Gefühle aufzuzählen, die als Kurzzeitbesucher in unser Bewußtsein treten. Manche scheinen unaufgefordert hereinzustürmen; andere hat man eher herbeizitiert. Wie uns dies gelingt, wie wir gleichsam als Beleuchter die Lichtkegel unseres eigenen Bewußtseins steuern, ist bis heute ein Rätsel – es berührt das uralte philosophische Rätsel des Leib-Seele-Problems.

Es steht jedenfalls fest, daß eine Reihe von Barrieren und Zensurstellen zu passieren sind, bevor etwas auf der Bühne unseres Bewußtseins erscheint. Vor allem für Routineabläufe und Alltagshandlungen scheint es sich zu schade zu sein. Sie werden, sobald wir sie beherrschen, an unterbewußte Instanzen delegiert. Wenn wir auf dem Weg ins Büro am Steuer sitzen, dann lenken, bremsen, schalten wir so automatisch und unbewußt, daß wir gleichzeitig ein Gespräch über Schulpolitik oder den Charakter von Tante Sophie führen können. Ähnlich, wenn wir Wasserhähne aufdrehen oder Hemden zuknöpfen – auch das erledigen wir »im Schlaf«.

Es sei denn, ich stehe vor einem amerikanischen Waschbecken oder ziehe ein Damenhemd an. Dann plötzlich benötigen wir unser Bewußtsein wieder, um den »richtigen Dreh« am Hahn herauszufinden oder mit der »falschen« Knöpfweise zurechtzukommen. Und wenn auf der Fahrt ins Büro mit Blaulicht und Sirene der Krankenwagen herandrängt, dann drängt er gleichzeitig unsere Situation als Fahrer ins Bewußtsein: Rechts ranfahren? Oder weiterfahren, bis die Straße breiter wird? Was machen die anderen? Schlagartig wird der Automatismus hinter dem Steuer durch eine Reihe bewußter Entscheidungen abgelöst.

Unser Bewußtsein scheint eine Art höchster Instanz zu sein, die stumpfe Gewohnheit durch klare Überlegung zu ersetzen vermag. Großartig, gewiß, aber es gibt Fälle, in denen man tunlichst auf die Hilfe dieser Instanz verzichten sollte. Mein erster Fernsehauftritt war ein solcher Fall.

»Und dann gehst du locker dort rüber«, hatte der Regisseur gesagt. Aber wie schlendert man locker mit den Armen? Rechter Arm vor, wenn das rechte Bein ausschreitet? Oder kreuzweise: Rechter Arm – linkes Bein? Am besten, Hände in den Taschen. »Um Gottes willen, wo hältst du dich denn fest?« Das Gelächter macht es nicht einfacher.

Und dann die Hände beim Reden! Normalerweise setze ich sie ziemlich engagiert ein, um das, was ich sage, zu unterstreichen. Aber jetzt? Wohin damit? Nichts stimmt mehr. Schon dreimal habe ich die rechte Handfläche Zustimmung heischend nach oben gekehrt. Dreimal! Das wirkt doch einseitig. Auch die Linke müßte mal ran. Beschwörend hebe ich sie hoch. Aber leider gibt es in diesem Augenblick gar nichts zu beschwören. Die Hände werden zum Handicap, sobald wir ihre unwillkürlichen Gesten unter die Aufsicht des Bewußtseins stellen.

Natürlich sind Selbstbeobachtungen dieser Art weder neu noch sonderlich originell. Jeder dürfte sie in der einen oder anderen Form an sich selbst erlebt haben. In unserem Zusammenhang aber können sie uns Hinweise geben oder zumindest von falschen Fährten abhalten.

So dürfte es, um an die letzten Beispiele anzuknüpfen, wenig ergiebig sein, alltägliches Standardverhalten nach einer Beteiligung des Bewußtseins »abzuklopfen« – wir jedenfalls würden dabei mäßig abschneiden. Wenn überhaupt, wird sich das Bewußtsein der Tiere in besonderen und ungewöhnlichen Situationen zu erkennen geben, und auch dann wird es sicherlich nicht flächendeckend alles erfassen, was Sinnes- oder Gedächtniskanäle anbieten, sondern sich »spotartig« auf das Wesentliche konzentrieren. Wir werden also nach solchen besonderen »bewußtseinsverdächtigen« Situationen Ausschau halten müssen.

Einen weiteren Fingerzeig liefert der fließende Verlauf unseres Bewußtseins, der uns graduell unterschiedliche Erlebnisintensitäten beschert – bis hinunter in die Dämmerzone, wo bewußte Wahrnehmung schwindet. Vernünftigerweise sollten wir bei Tieren nicht den oberen Rand des Spektrums zum Maßstab nehmen, indem wir nach philosophischer Selbsterkenntnis oder abstrakten Gedankengebäuden fragen. Viel wahrscheinlicher sind sehr einfache Bewußtseinsinhalte: erste, vielleicht nur aufdämmernde Wahrnehmungen, Gefühle, Gedanken. Etwa in der Art: Hier ist etwas anders! Hier muß ich vorsichtig sein! Wo finde ich etwas zu essen? Ich möchte mein Junges schützen! Allerdings häufen sich Beobachtungen, vor allem in freier Wildbahn, die weit mehr Denkarbeit und persönliches Erleben nahelegen – bis hin zu ausgeklügelten Jagdstrategien und ausgebufften Täuschungsmanövern.

Spätestens an dieser Stelle unseres Gedankengangs ist häufig der Einwand zu hören, daß dies alles doch pure Spekulation sei. Ob ein Tier Bewußtsein habe, was es denkt oder empfindet, oder auch nur, wie es etwas wahrnimmt, dies entziehe sich grundsätzlich unserer Erkenntnis. Denn es handle sich um subjektives Erleben, das für Außenstehende nun mal nicht erfahrbar sei. Ob ein Hund sich tatsächlich freut, wenn er mit dem Schwanz wedelt, und wie der Hund diese Freude selbst erlebt, das müsse uns aus logischen Gründen für immer verborgen bleiben. »Wir stecken in dem Hund nicht drin!« heißt es dann. Oder etwas feiner ausgedrückt: Identifikationsmöglichkeiten mit einem Hund sind uns grundsätzlich verwehrt.

Warum aber, so läuft die Argumentationskette dann weiter, warum sollten wir uns Gedanken über etwas machen, was sich weder beweisen noch widerlegen läßt? Jede Antwort sei von vornherein spekulativ, nicht belegbar und damit wertlos.

Vom Standpunkt der strengen Logik aus ist gegen diesen Einwand wenig vorzubringen. Und wer auf einer hundertprozentig gesicherten Antwort auf die Frage nach dem Bewußtsein der Tiere besteht, sollte jetzt aufhören weiterzulesen. Aber er müßte dann konsequenterweise auch aufhören, meine geballte Faust als Drohung zu verstehen, das Weinen eines Kindes ernst zu nehmen, die Luftsprünge des Torschützen als Freude zu deuten oder Zärtlichkeit als Ausdruck von Zuneigung. Kurzum, er müßte aufhören, aus dem Verhalten seiner Mitmenschen irgendwelche Schlüsse auf deren Gefühle oder Gedanken zu ziehen. Denn keiner dieser Schlüsse hätte vor ebendiesen Gesetzen der Logik Bestand. Auch im anderen »stecken wir nicht drin«. Auch was sich in seinem Bewußtsein abspielt, ist uns unzugänglich und nur für ihn selbst erfahrbar.

Diese Erkenntnis gilt bereits für einfachste Wahrnehmungen. Wonach riecht eine Rose? Nach Rosenduft selbstverständlich. Aber möglicherweise ist die Sinnesqualität »Rosenduft« für mich eine ganz andere als für den Leser oder die Verkäuferin im Blumengeschäft. Vielleicht gibt es jemanden, für den eine Rose so riecht wie für mich ein Veilchen. Ich werde es nie erfahren. Und er auch nicht. Wir haben uns geeinigt, den Geruch, der einer Rose entströmt, als »Rosenduft« zu bezeichnen: Das ist eine sprachliche Übereinkunft.

Immerhin hat man bei Kaninchen vor wenigen Jahren eine Entdeckung gemacht, die die These individuell verschiedener Geruchserlebnisse stützen könnte: Wenn ein Kaninchen an einer Karotte schnuppert, so erzeugt der Geruch ein bestimmtes Erregungsmuster der Nerven im Riechhirn. Wie zu erwarten, ist dieses Muster reproduzierbar, es stellt sich immer wieder ein, wenn das Tier »Karotte« riecht. Allerdings – und dies war eine Überraschung – ruft ein und dieselbe Karotte bei jedem Kaninchen ein völlig anderes Erregungsmuster hervor. Dies bedeutet, daß zumindest die materielle Basis der Geruchsempfindung für jedes Kaninchenindividuum verschieden ist. Warum nicht auch die Empfindung selbst? Die Annahme scheint naheliegend, aber auch hier sind Rückschlüsse auf das immaterielle »Erlebnis« des Karottendufts logisch nicht zwingend.

Es muß also offenbleiben, ob unsere Sinneserlebnisse wirklich übereinstimmen, auch wenn wir sie übereinstimmend beschreiben. Unsere gemeinsame Sprache hilft uns nicht aus dem Dilemma unüberbrückbarer Bewußtseinswelten. Selten wurde mir das so drastisch vorgeführt wie vor einigen Jahren am Strand, als ich unfreiwillig den Dialog eines Paares mit anhörte.

Beide lagen im Liegestuhl, den Rücken zu mir gekehrt, und

offenbar versuchte er seine Partnerin zu necken, indem er ihr – halb im Scherz – vorhielt, sie sei doch nur ein Automat:

»Sie sind ein Automat, Madame«, summte er immer wieder vor sich hin.

Anfangs reagierte sie gelassen: »Hast du schon einmal einen Automaten gesehen, der schwitzt?«

Er: »Warum nicht, jede Maschine wird warm.«

Sie: »Und eine Maschine, die Lust auf einen Drink hat?«

Er: »Energiezufuhr ist normal.«

Sie: »Es geht nicht um die Zufuhr, es geht um die Lust darauf. Schon mal ein Auto gesehen, das Lust auf Benzin hat?«

Er: »Kein Problem. Statt der Benzinanzeige könnte eine Computerstimme sagen: ›Ich habe Lust auf Bleifrei.‹«

Sie – und jetzt weniger gelassen –: »Aber ich sage es nicht nur, verdammt noch mal, ich *habe* Lust auf einen Drink.«

Er: »Auch das könnte der Bordcomputer sagen, kurz bevor der Tank endgültig leer ist. – Sie sind ein Automat, Madame.«

In diesem Stil ging es weiter, und ich überlegte gerade, ob ich den beiden als Lösung des unlösbaren Problems einen Drink holen sollte, als sich eine überraschende Wende anbahnte.

Sie: »Eigentlich darf ich dich gar nicht ernst nehmen.«

Er: »Wieso?«

Sie: »Na ja, möglicherweise existierst du gar nicht.«

Er: »Wie meinst du das? Du siehst mich doch.«

Sie: »Ja, aber vielleicht träume ich das nur. Oder bilde es mir ein. Oder kannst du mir beweisen, daß es dich gibt?«

Er – sichtlich in Bedrängnis über diese Umkehrung des Spießes –: »Du könntest mich ja zwicken, und wenn ich ›Aua‹ schreie, dann . . ., dann sagst du sicher, du hättest sowohl das Zwicken wie das ›Aua‹ nur geträumt.«

Sie: »Genau.«

Er – als strategisches Rückzugsgefecht –: »Na schön, ich kann dir meine Existenz also nicht beweisen. Und weiter?«

Sie – unverkennbar Triumph –: »Wenn es dich gar nicht gibt, dann kann es dir auch egal sein, ob ich ein Automat bin.«

Aber dann setzte sie bezaubernd hinzu: »Willst du auch ein Bleifrei?«

Auch wenn zwei zu derselben Spezies gehören und dieselbe Sprache sprechen, gibt es keine wirkliche Gewißheit, wie der andere etwas wahrnimmt, wie er fühlt oder denkt. Aussagen über das Bewußtsein unserer Mitmenschen sind ähnlich spekulativ wie über das der Tiere. Aus urigen Schreien und wilden Luftsprüngen auf die Freude des Fußballspielers zu schließen ist logisch nicht zwingender als aus dem Schwanzwedeln auf die Freude des Hundes.

Mit der größten Selbstverständlichkeit jedoch setzen wir uns im Alltagsleben über solche von der Logik diktierten Skrupel hinweg. Ob wir ein Brötchen kaufen, unsere Tochter trösten oder mit einem Polizisten streiten, bei unseren gesamten sozialen Handlungen setzen wir stillschweigend das Bewußtsein des anderen voraus. Wir reagieren auf seine Erwartungen, Absichten oder Stimmungen – auf mentale Vorgänge also, von denen wir strenggenommen nicht einmal wissen können, ob es sie gibt, geschweige denn, wie sie geartet sind. Wo bleibt die Logik?

Tatsächlich ist die Hypothese vom Bewußtsein des anderen, wenn auch nicht logisch nachweisbar, so doch in höchstem Maße plausibel: Sie ist vernünftig und einleuchtend – dazu, wenn es um das Verhalten unserer Mitmenschen geht, so erklärungs- und vorhersagestark, daß niemand sie im Alltag als »wilde Spekulation« abtun würde. Aus gutem Grund ersetzen wir hier Logik durch Plausibilität.

Genau auf diesen Punkt aber zielen unsere Überlegungen zum Bewußtsein der Tiere. Warum sollen wir uns hier mit der Frage logischer Beweisbarkeit herumschlagen, anstatt wie bei unserer eigenen Spezies nach Plausibilität zu fragen? Welche plausiblen Gründe lassen sich für bewußtes Erleben bei Tieren finden? Welche Behauptungen, welche Experimente könnten Aufschluß geben?

Dabei wollen wir den Boden der Wissenschaftlichkeit nicht leichtfertig verlassen. Auch wenn unsere Behauptungen »nur« plausibel sind, so sollten sie auf jeden Fall nachprüfbar und widerspruchsfrei sein. Und vor allem sollten sie Voraussagen über das Verhalten der Tiere erlauben. Erst diese Testmöglichkeit, das heißt ihre Falsifizierbarkeit, verleiht ihnen erkenntnistheoretisches Gewicht. Soweit das Programm.

Bleibt die Frage, wonach wir eigentlich suchen, wenn wir nach Bewußtsein bei Tieren suchen. Durch eine solide Definition – das haben wir gesehen – ist sie nicht zu beantworten. Wir wollen bescheidener sein. Wir wollen uns ganz pragmatisch auf drei Bereiche konzentrieren, die einerseits innerhalb des weiten »Bedeutungshofes« von Bewußtsein liegen, andererseits aber mit gewöhnlichen Begriffen aus der Umgangssprache zu umschreiben sind. Wir wollen nacheinander den Fragen nachgehen,

— ob Tiere denken können,
— ob Tiere Gefühle haben
— und ob Tiere ein Ich-Bewußtsein erlangen können, also die Fähigkeit, ein Wissen um die eigene Identität zu entwickeln und Überlegungen über sich selbst anzustellen.

Gerade zu diesem letzten Komplex des Ich-Bewußtseins gibt es eine Reihe jüngerer und aufregender Beobachtungen – und dies nicht nur bei Menschenaffen.

Die Gefahr bei einer derartigen Aufteilung liegt natürlich in der künstlichen Zerstückelung geistiger und psychischer Zustände, wie es sie in Wirklichkeit gar nicht gibt. Als wolle man das Phänomen »Milchkaffee« verstehen, indem man die Einzelbestandteile Wasser, Kaffeepulver und Milch untersucht. Vor allem im sozialen Bereich sind die Bestandteile »Denken« und »Fühlen« kaum zu trennen – auch bei uns nicht: Wenn wir mit Kollegen, Familienangehörigen oder Kontrahenten zu tun haben, sind unsere so wohl durchdachten Argumente und Entscheidungen viel mehr von Emotionen gesteuert, als wir wahrhaben wollen. Und daß unser Ich-Bewußtsein an die Fähigkeit geknüpft ist, Gefühle und Gedanken zu entwickeln, wird niemand in Zweifel ziehen. Dennoch kann eine derartige »gewaltsame« Aufgliederung in Denken, Fühlen und Ich-Bewußtsein einen ersten Zugang liefern – wenn man im Hinterkopf behält, daß... der Milchkaffee mehr ist als die Summe seiner einzelnen Zutaten.

Können Tiere denken?

Die Einrichtung
der inneren Welt

Albert Einstein und die Amöbe

Zweifellos bedeutet »Denken« etwas anderes, als einem angeborenen oder eingeübten Programm zu folgen. Es ist eine grundsätzlich neue Dimension der Problemlösung. Worin liegt das Besondere? Wenn wir vorhin vom »Spielraum« des Denkens gesprochen haben, so geschah das weniger beiläufig, als vielmehr in der Absicht, das Grundmerkmal des Denkens schon anklingen zu lassen. Mit »Denken« meinen wir das »Durchspielen einer Situation im Kopf«. Dabei erweist sich wie so oft die Weisheit der Sprache, die hier mit dem Begriff des Spielens operiert und damit das Wesentliche zum Ausdruck bringt: Denken hat die »Unverbindlichkeit« des Spielens. Wie dieses probiert es Lösungsmöglichkeiten für Probleme aus – unter Ausschluß der Folgen.

Indem ich ein Problem durchdenke, etwa angesichts der zugeschlagenen Autotür und des Zündschlüssels im Schloß, spiele ich die unterschiedlichsten Varianten für Abhilfe durch: den Ersatzschlüssel suchen; in die Werkstatt schleppen lassen; die Scheibe eindrücken; einen – ähnlich schusseligen – Freund um Rat fragen. Auch ausgefallenere Möglichkeiten gehen mir vielleicht durch den Kopf, etwa: einen Autoknacker engagieren oder die Feuerwehr anrufen. Jeder nur denkbare Lösungsansatz läßt sich prüfen, indem ich im Geiste die zugehörige Handlungskette ablaufen lasse und die Folgen bewerte: Dauert zu lange. Ist zu teuer. Zu peinlich. Aber noch ist keine dieser Folgen wirklich eingetreten, noch spielt sich alles in meiner Vorstellung ab. Denken ist gleichsam Probehandeln im Kopf. Es simuliert mögliche – oder unmögliche – Abläufe.

Etwas zu durchdenken ist somit ein grundsätzlich neues Verfahren der Problembewältigung. Es findet nicht mehr in der realen Außenwelt statt, sondern wird in die innere Welt unserer Vorstellungen und Empfindungen verlagert. Dort führen wir hypothetische Aktionen durch, um deren Ausgang zu beurteilen. Getreu dem Motto: »Erst wäg's, dann wag's!« Dahinter steckt die schlichte Erfahrung, daß es günstiger ist, in der inneren Welt zu scheitern als in der äußeren; lieber in der Simulation als in der Wirklichkeit.

Diese Fähigkeit, Hypothesen im Kopf zu erstellen und sie kritisch zu sichten, kann gar nicht hoch genug eingeschätzt werden. Der bekannte Philosoph Karl Popper sieht darin »den einzig wirklich bedeutenden Unterschied zwischen den Lösungsmethoden eines Albert Einstein und einer Amöbe«. Einstein lasse, so der Philosoph, seine Hypothesen sterben, wenn sie sich als falsch erweisen; er sondert sie aus. Die Amöbe dagegen stirbt selbst; sie wird ausgesondert, wenn sie sich falsch verhält.

Dabei unterstellt Popper – und dies sicher zu Recht –, daß Amöben keine innere Welt besitzen, in der sie Probleme durchspielen könnten. Aber wie komplex ist die innere Welt bei höheren Tieren? Welche Zusammenhänge und Abläufe können sie sich vorab vorstellen und klarmachen? In welchem Ausmaß also können sie denken?

Die Versuchung ist groß, nun einfach in die Schilderung der zahllosen hübschen Geschichten zu verfallen, in denen Tiere »nach Plan« gehandelt haben sollen. Und mein eigener Kater Jurek würde natürlich dazugehören. Jurek liebt die Abwechslung. Nach seinem »Frühstück« zieht er meist schwanzerhoben grüßend davon und sucht sich einen Platz zum Dösen und Ruhen im Haus – auf dem Heizkörper, der Fensterbank, dem Biedermeiersofa. Ein halbes Dutzend von Lieblingsplätzen gibt es, unter denen er auswählt, und immer wieder entdeckt er so neue Möglichkeiten wie einen Wäschekorb oder meine Sporttasche. Mit Abstand am gefährlichsten ist dabei mein schwarzer Schreibtischsessel, auf dem er, selber schwarz, allzu leicht »besessen« werden kann.

Aber viel aufschlußreicher als Jureks Vielfalt an Liegeplätzen ist die Art und Weise, wie er sie auswählt. Zielstrebig marschiert er etwa in Richtung Wohnzimmer, wo das Sofa auf ihn wartet. Er bemerkt, daß die Türe geschlossen ist, setzt sich davor und beginnt miauend, abwechselnd auf die Türklinke und auf mich zu schauen. Die Fensterbank wäre frei, ebenso der Heizkörper, aber er beharrt auf Einlaß ins Wohnzimmer. Kaum habe ich die Klinke gedrückt, da schiebt er sich schon ungeduldig durch den Spalt und steuert wie an der Schnur gezogen das Sofa an. Ich habe nie herausgefunden, nach welchen Kriterien Jurek seine Platzwahl vornimmt, aber sein ganzes Benehmen spricht dafür, daß er vorab im Kopf seine Auswahl trifft und diesen Vorsatz dann zielstrebig umsetzt. Das Sofa und all die anderen Plätze scheinen auch in seiner inneren Welt einen festen Platz zu haben.

Jeder, der mit Haustieren zu tun hat, könnte ähnliche, vielleicht viel schlagendere Geschichten beisteuern, trotzdem dürfen wir bei Tieren diese innere Welt nicht einfach voraussetzen oder sie gar mit der unseren gleichsetzen. Sie hängt vom Aufbau und der Leistungsfähigkeit des Gehirns ab. Wir wollen deshalb unsere eigene innere Welt genauer unter die Lupe nehmen, sie gewissermaßen Stück für Stück einrichten und nachsehen, wieweit wir die entsprechende Ausstattung bei Tieren wiederfinden.

Das Wahrnehmen der Dinge

Als erstes, gleichsam als Pflichtinventar, holen wir die Dinge, die wir direkt wahrnehmen, auf unsere innere Bühne. Die momentane Situation »draußen«, wie wir sie über unsere Sinneskanäle erfahren, gehört zu den Ausgangsbedingungen für jedes Planspiel: der Schlüssel im Zündschloß, der Standort des Autos und so fort. Diese akuten Wahrnehmungen – für uns »Augentiere« besonders die optischen Bilder – können so übermächtig werden, daß wir sie zurückdrängen müssen, um andere Bilder in den Kopf zu lassen. Dann schließen wir die Augen oder lassen sie unscharf in die Ferne schweifen, oder wir bitten um einen Augenblick Ruhe, um ungestört nachdenken zu können.

Umgekehrt, wenn alles Nachdenken und Sichvorstellen nicht ausreicht, ist es die unmittelbare Wahrnehmung, die aushelfen kann. Das sind dann die Augenblicke, wo ich unruhig suchend durch Haus und Keller wandere – typisches Appetenzverhalten, würde der Biologe sagen –, um auf einen geeigneten Gegenstand zu stoßen, der mein Problem lösen könnte. Das Problem zum Beispiel: Womit läßt sich das Phänomen des Rückstoßes demonstrieren? Etwas Einfaches soll es sein und alltagsbezogen, denn das Ganze ist für eine Kindersendung über Weltraumfahrt gedacht. Der alte Fahrradschlauch im Keller – man könnte schlagartig die Luft ausströmen lassen. Der Teekessel in der Küche mit seinem Dampfstrahl? Schließlich fällt mein Blick in die offenstehende Spülmaschine. Das ist es! Keine Frage! Die herausschießenden Wasserstrahlen setzen den Sprüharm in Bewegung. Antrieb per Rückstoß. Mit der Spülmaschine zum Mond.

Natürlich hätte mir dies auch am Schreibtisch einfallen können, aber was wir per Augenschein wahrnehmen, drängt sich fast von selbst in unsere innere Welt und braucht nicht erst aus dem Gedächtnis dorthin gezerrt zu werden. Allerdings macht man sich selten klar, in welchem Ausmaß diese Bilder, bevor sie in unserer inneren Welt auftauchen, schon bearbeitet sind; wie sehr sie sich von dem unterscheiden, was Netzhaut und Sehnerven anliefern.

Das beginnt damit, daß wir unsere Umgebung als standfest und dauerhaft erleben, obwohl die Bilder auf unserer Netzhaut nie zur Ruhe kommen. Ständig flitzen sie dort hin und her, wenn wir die Augen bewegen – gerade so, als würde ein Kameramann wild und ruckartig drauflosschwenken. Ich war immer baß erstaunt, wenn mir Kollegen zu Zeiten der »living camera« ihre ruckartig-zittrige Kameraführung genau damit begründeten: So würden doch auch wir um uns blicken. Schon recht, aber bevor die Bilder in unsere innere Welt gelangen, werden sie »ruhiggestellt«, werden die Eigenbewegungen von Kopf und Augen »herausgerechnet«.

Diese Fähigkeit dürfen wir getrost auf andere Wirbeltiere übertragen, die mit ihren Blicken die Umgebung abtasten. In einer Welt, die mit jedem Augenblick und jeder Kopfbewegung aus den Fugen gerät, würden sie sich kaum zurechtfinden.

Ebenso unbemerkt und automatisch wie dieses Ruhigstellungsprogramm gestaltet ein anderes Programm unsere optische Wahrnehmung. Man könnte es als »Objektprogramm« bezeichnen.

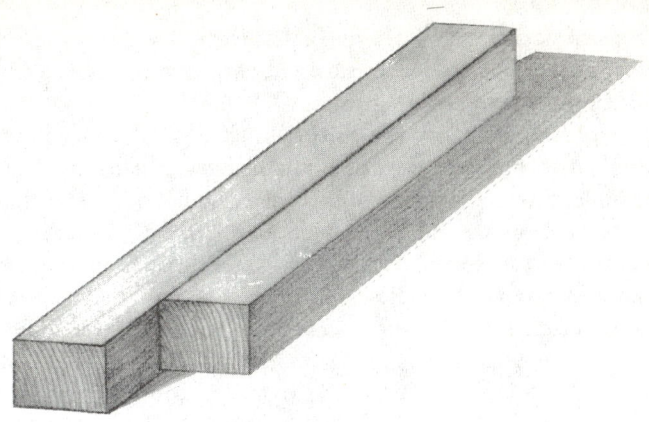

Wahrnehmung mit Tücken: Wo bleibt der zweite Balken?

Wir erkennen Objekte, räumliche Gegenstände also, wo streng-genommen nur Muster aus Farben und Linien zu sehen sind. Das ist selbst dann der Fall, wenn die Objekte widersinnig und para-dox erscheinen – wie die »unmöglichen Figuren« eines M. C. Escher. Auf seiner »unendlichen Treppe« etwa steigt man die Stufen aufwärts wie in jedem Treppenhaus. Ab und zu ein klei-ner Absatz, dann geht es weiter. Man begegnet anderen Leuten, die auf dem Weg nach unten sind. Nichts Besonderes. Aber dann tritt das Unmögliche ein: Mit der nächsten Stufe ist man genau dort, wo man mit dem Treppensteigen begonnen hat. Ständig aufwärts steigend, hat man keinen Zentimeter an Höhe gewon-nen.

Oder, ganz besonders irritierend, weil so einfach: Zwei Holz-balken liegen nebeneinander. Eindeutig sieht man ihre Stirnflä-chen. Am Ende aber ist es nur noch ein Balken mit Schatten. Man kann sich nicht erklären, wo der zweite Balken geblieben sein soll (siehe Abbildung oben).

Das Dilemma, in das uns solche Bilder stürzen, wäre sofort behoben, wenn wir sie als das wahrnehmen könnten, was sie tatsächlich sind: ein Muster aus Linien und Flächen. Aber unser

Objektprogramm beharrt auf räumlichen Gegenständen, und zwar derart streng, daß es uns auch wider besseres Wissen zu nötigen imstande ist.

Darüber hinaus »weiß« dieses Programm, daß Objekte verschoben oder gedreht werden können, ohne deshalb ihre Identität zu ändern. Ich erkenne meinen Kugelschreiber auf dem Schreibtisch, egal, in welche Richtung seine Spitze zeigt. Ich »sehe« einfach, daß es derselbe ist – auch wenn die zugehörigen Netzhautbilder keineswegs dieselben sind.

Das erscheint uns zwar höchst trivial und selbstverständlich, aber nur so lange, wie unser Objektprogramm die Angelegenheit »von selbst« erledigt. Stößt das Programm an seine Grenzen, ist auch die Selbstverständlichkeit dahin. Zum Beispiel, wenn es darum geht, statt eines Kugelschreibers einen Violinschlüssel wiederzuerkennen, wenn er gedreht ist. Gestatten Sie einen kleinen Test:

Drei dieser Schlüssel sind richtig, die anderen drei seitenverkehrt. Welche?

Mit mehr oder weniger Mühe findet man natürlich die richtigen Violinschlüssel: 2, 4 und 6. Aber der kleine Test hat vielleicht gezeigt, daß unser automatisches Objektprogramm hier überfordert ist. Auf einmal müssen wir unsere Vorstellungskraft zu Hilfe nehmen, müssen die Figuren im Kopf, in unserer inneren Welt also, in die Senkrechte drehen, um sie mit dem Ausgangsmuster zu vergleichen. Hierzu paßt es, daß die »Drehung in Gedanken« um so länger dauert, je größer der Drehwinkel ist. Das heißt, die auf dem Kopf stehenden Zeichen sind meistens am schwierigsten zu beurteilen. Für uns. Gewöhnliche Haustauben sehen das anders. Sie erledigen solche Tests nicht nur in kürzerer Zeit als wir – bei den schwierigsten Aufgaben schaffen sie es fünfmal schneller –, für sie ist es auch unerheblich, wie stark die Figuren gedreht sind.

Das Gehirn der Tauben ist kaum größer als eine Kirsche (zwei Kubikzentimeter), und sie besitzen praktisch keine Großhirnrinde, in der sich bei uns das Sehen abspielt, aber dennoch ist ihr Sehvermögen verblüffend gut. Das betrifft nicht nur das Wiedererkennen von Figuren nach einer Drehung, sondern das Wiedererkennen überhaupt. Als man an der Harvard-Universität Tauben gewöhnliche Urlaubsdias vorführte, konnte man ihnen beibringen, eine bestimmte Person auszuwählen – sagen wir Jenny. Wo immer Jenny auf einem Dia auftauchte, auch wenn sie einen Hut aufhatte, einen Bikini trug oder nur im Profil zu sehen war, sie wurde von den Tauben erkannt – sogar als sie unter Tausenden von Zuschauern im Fußballstadion saß. Um dies richtig einzuschätzen, muß man sich nur einmal den umgekehrten Fall ausmalen: Wir sollten eine bestimmte Taube unter einem Dutzend anderer Tauben identifizieren – noch dazu, wenn sie alle wahllos Hut und Rock und Make-up tragen würden.

Was macht den Stuhl zum Stuhl?

Wahrnehmungen bilden die Grundausstattung unserer inneren Welt. Sie sorgen – unter Einsatz verschiedener »Programme« – dafür, daß die Objekte der äußeren Welt dort möglichst wirklichkeitsgetreu vertreten sind. Aber zugleich sortieren wir diese Wahrnehmungen, wir fassen sie zusammen, wir bündeln sie nach übergeordneten Gesichtspunkten. Da gibt es etwa Buchen, Fichten oder Birken. Alle unterscheiden sich voneinander, und trotzdem passen sie in die Kategorie »Bäume«. Der Inhalt eines Teichs, einer Pfütze oder eines Tropfens fällt unter die Kategorie »Wasser«. Und ein Volkswagen und ein Rolls-Royce gehören beide zu den »Autos«. Die Wahrnehmungen in unserer inneren Welt werden nicht wahllos wie Einzelstücke in einer Rumpelkammer abgelegt; sie sind wohlgeordnet in Abteilungen und Unterabteilungen untergebracht.

Unsere Sprache spiegelt das korrekt wider, indem sie Oberbegriffe wie »Baum«, »Wasser«, »Auto« bereitstellt, um die Einzelgegenstände in Kategorien zusammenzufassen. Aber wer argumentiert, daß erst die Fähigkeit zu sprechen diese Ordnung ermögliche, ist wohl zu sehr von der eigenen Sprachbegabung geblendet. Auch Tauben demonstrieren diesen »ordnenden Geist«. Sie erweisen sich als ganz hervorragende »Kategorisierer«.

Als Tauben bei einem Test einmal begriffen hatten – weil es dafür ein Körnchen Belohnung gab –, daß sie Bäume heraussuchen sollten, konnte man ihnen Fotos, Bilder oder Dias vorlegen, und jedesmal pickten sie zielsicher mit dem Schnabel das Gesuchte heraus. Selbst den Waldrand am Horizont erkannten sie oder den Ast, der im Vordergrund ins Bild ragte, oder den Kirschbaum, der gerade noch hinter dem Hausdach hervorschaute. Wenn sie Fehler machten, dann war es verständlich: zum Beispiel, wenn sie eine verzweigte und verästelte Fernsehantenne als Baum einstuften.

Mit derselben Treffsicherheit erkannten sie auch die Kategorie »Katze« oder »Blume«. Wer freilich annahm, für solche natürlichen Dinge hätten die Vögel im Laufe vieler tausend Generationen angeborenermaßen einen Blick entwickelt, der mußte sich von Tauben belehren lassen: Sie erkannten ebenso sicher Autos oder Stühle, egal, um welches Modell es sich dabei handelte und in welchem Ambiente es sich befand.

Ein Sinn für Symmetrie und Mengen

Es scheint, daß Tauben eine Vorstellung davon erwerben können, was einen Stuhl zu einem Stuhl, ein Auto zu einem Auto macht. Sie können von den jeweiligen Einzelausprägungen absehen, können abstrahieren von der besonderen Farbe, der geschwungenen Lehne, der geflochtenen Sitzfläche und dahinter das Konzept »Stuhl« erkennen. Zweifellos sind dies erste Ansätze eines Abstraktionsvermögens, aber die Fähigkeit der Tauben geht weit darüber hinaus: Was ist das Gemeinsame zwischen einem Jumbo-

Jet, einem Tennisschläger und einem Lindenblatt? Tauben finden die Antwort, wenn man sie in der richtigen Weise danach fragt. Man kann ihnen beibringen, zwischen symmetrischen und asymmetrischen Formen zu unterscheiden, und sie würden die oben genannten Objekte alle als symmetrisch einstufen.

Das zumindest ist das Resultat einer Versuchsreihe, die Juan Delius am Psychologischen Institut der Ruhruniversität in Bochum durchführte und die zunächst recht skeptisch beurteilt wurde. Denn solche Abstraktionsleistungen unterscheiden sich grundsätzlich von bloßer Wahrnehmung oder auch Kategorienbildung. Sie eröffnen eine neue Dimension in der inneren Welt. Sie beanspruchen dort Raum für allgemeine Eigenschaften und Beziehungen, die von konkreten Objekten losgelöst, eben abstrahiert sind und dennoch eine eigene Größe darstellen. Verständlich, wenn man dem winzigen Taubenhirn nicht ohne weiteres einen Sinn für abstrakte Symmetriebeziehungen zugestehen wollte. Aber die Demonstration der Deliusschen Tauben war überwältigend klar. Nachdem sie einmal erkannt hatten, daß symmetrische Muster gefragt waren – das heißt zu einer Belohnung führten –, pickten sie auch bei völlig neuen, noch nie gesehenen Mustern zu achtzig Prozent die symmetrischen heraus. Und natürlich beherrschten sie auch die umgekehrte Aufgabe, wenn sie asymmetrische Formen auswählen sollten.

Dieser überraschende Sinn für Symmetrieeigenschaften hat die Haustauben endgültig vom Etikett programmierbarer Roboter befreit, das ihnen die Skinnerschen Experimente angeheftet hatten. Und man darf sicher sein, daß diese unbedarft erscheinenden Tiere noch mit weiteren Überraschungen aufwarten werden.

Dabei könnte es nützlich – und notwendig – sein, sich jener sorgfältigen Experimente zu erinnern, die Otto Koehler schon in den dreißiger und vierziger Jahren anstellte und in denen er die »mathematischen Fähigkeiten« von Vögeln und Eichhörnchen untersuchte; genauer gesagt: Er prüfte deren Fähigkeit, zu zählen und Mengen zu erkennen. Otto Koehler hatte selbst noch die Diskussionen um den Klugen Hans und andere rechnende Pferde erlebt. In seinen Vorlesungen über Sinnesphysiologie und Tierpsychologie ließ er keine Zweifel daran, daß die Pferdemathematik auf versteckten Hinweisen der Umstehenden beruhte, aber damit war für ihn der Fall nicht aus der Welt. Im Gegenteil, er begriff ihn als Herausforderung: Was leisten die Tiere nun wirklich auf diesem Gebiet, wenn man ihnen jede Hilfestellung von außen vorenthält?

Ganz bewußt wählte Koehler als Versuchstiere keine Pferde oder Hunde, die offenbar extrem sensibel auf unwissentliche Zeichengebung reagieren können, sondern er versuchte es mit Eichhörnchen und vor allem mit Raben- und Papageienvögeln. Haben diese Tiere, so seine erste Frage, überhaupt eine Vorstellung von Mengen? Können sie beim Anblick einer Menge von beispielsweise vier Körnern oder vier Münzen oder vier Punkten von den jeweiligen Objekten abstrahieren und die Anzahl »vier« als eine gemeinsame Eigenschaft ansehen?

Die Versuchsanordnungen folgten immer einem Grundschema: Es war eine Reihe von Futterschälchen aufgebaut, jedes mit einem Pappdeckel zugedeckt und jeder Deckel mit einer anderen Anzahl von »Punkten« versehen – keine regelmäßigen Muster wie die Augen eines Würfels, sondern Plastilinkleckse, die beliebig geformt und verteilt waren. Unter diesen Punktemengen sollten die Tiere die richtige auswählen, zum Beispiel die Fünfermenge. Das mußte man ihnen irgendwie mitteilen. Koehler hatte seinen »Schülern« deshalb beigebracht, zunächst ein Musterkärtchen mit der gewünschten Anzahl zu inspizieren – in unserem Fall also mit fünf wiederum ganz anders angeordneten Klecksen; erst dann durften sie sich an die eigentliche Aufgabe machen.

Überraschend schnell hatten die Tiere gelernt, worum es ging. Mit kaum zu glaubender Geschwindigkeit – alte Filmaufnahmen belegen es eindrucksvoll – trippelten sie zu dem richtigen Schälchen, stießen den Deckel mit einem Schnabelschwinger gekonnt beiseite und holten das Futter heraus.

Oberstes Gebot dabei war, den Klugen-Hans-Fehler von vornherein auszuschalten. Bei den entscheidenden Tests durfte keine der anwesenden Personen, so Koehlers Bedingung, das Ergebnis vorher wissen. Zudem wurden immer wieder Kontrollversuche durchgeführt, bei denen die Versuchsleiter den Raum zu verlassen hatten und lediglich eine Filmkamera Zeuge war. Bei seinem

Kolkraben Jakob wollte Otto Koehler sogar ganz sichergehen und selbst die Möglichkeit etwaiger Gedankenübertragung ausschalten. Er ließ den Raben völlig auf sich allein gestellt »arbeiten«, während er im Hörsaal Vorlesungen hielt und garantiert anderes im Kopf hatte.

Jakob gehörte zur Spitzengruppe in Mengenlehre: Er konnte Mengen mit bis zu sieben Elementen erkennen und lag damit gleichauf mit der Elster, der Amazone und dem Graupapagei. Auch für die Eichhörnchen waren Siebenermengen die Grenze. Und übrigens auch für menschliche Testpersonen, wenn sie nicht abzählen durften, sondern die Mengen auf einen Blick erfassen mußten. Wellensittich und Dohlen schafften es bis zu sechs, Tauben bis zu fünf Elementen. Sie alle besitzen also so etwas wie einen abstrakten Mengenbegriff, auch wenn sie ihn nicht wie wir in Worten ausdrücken können.

Aber auch dieses scheint nicht unmöglich. Ein Graupapagei namens Alex stürzt derzeit die Verhaltensforscher in Verwirrung. Er ist in der Lage, die Mengen, die er sieht, auch beim Namen zu nennen, also von »drei« oder »fünf« oder »sechs« zu reden, wenn die entsprechende Anzahl vorliegt. Aber wieweit darf man ihn beim Wort nehmen? Kann er wirklich Mengen benennen, oder handelt es sich um eine moderne Ausgabe des Klugen-Hans-Fehlers? Wir haben den Klugen Alex besucht, von ihm wird später noch ausführlich die Rede sein.

Zurück zu Otto Koehler. Er war sich bewußt, daß das Erkennen von Mengen etwas völlig anderes ist als das Zählen, auch wenn es oft in einen Topf geworfen wird. Mengen kann man als Ganzes erfassen: Wenn in einer Vase drei Blumen stecken, so wird niemand sie einzeln abzählen. Man erkennt auf Anhieb, daß es sich um ein Triplett, um eine Dreierformation handelt. Anders bei einem großen Strauß von acht und mehr Blumen. Hier müssen wir abzählen, um die Menge zu bestimmen. Und abzählen bedeutet, die einzelnen Elemente nacheinander und vollständig »abzuhandeln«. Wir können dazu eine Folge von Zahlwörtern aufsagen, die Finger nacheinander strecken oder auch eine Strichliste erstellen; jedenfalls ist Zählen ein Vorgang in der Zeit, mit einem Anfang und einem Ende.

Kann man Vögeln beibringen zu zählen? Otto Koehler konnte es. Er brachte seinen Tieren bei, zunächst eine Punktmenge zu beachten und danach entsprechend viele Futterbissen nacheinander aus einer Schälchenreihe zu holen. Jedes Schälchen mußte einzeln aufgedeckt werden, und dabei galt es, genau mitzuzählen, denn sie waren unterschiedlich bestückt: Im ersten lagen beispielsweise zwei Körner, im zweiten gar nichts, im dritten nur ein Korn und so fort. Sobald aber die richtige Anzahl erreicht, das heißt aufgegessen war, durfte kein weiteres Schälchen geöffnet werden, und das »Versuchsgelände« war sofort zu verlassen. Das Ergebnis dieses Zählwettbewerbs war dasselbe wie beim Mengentest: Tauben zählten bis fünf, Wellensittiche und Dohlen bis sechs, die anderen bis sieben.

Jako, ein besonders kluger Graupapagei, brachte es sogar auf acht. Allerdings legte er Wert darauf, daß die Schälchen seine Lieblingsleckereien enthielten: aufgeweichte und dann wieder getrocknete Keksstücke. Da konnte es gar nicht ausbleiben, daß beim Fressen mal ein Teil abbrach und herunterfiel. Würde er die beiden Hälften jetzt doppelt zählen? Jako ließ sich zwar den heruntergefallenen Bissen nicht entgehen und hob ihn sorgfältig wieder auf – jedoch ohne ihn mitzuzählen. Offenbar betrachtete er die selbstverschuldete Zweiteilung als Artefakt, und Artefakte zählen nicht bei einem guten Experiment.

Es gibt zahllose weitere Beispiele und Versuche, daß Tiere ihre Wahrnehmungen nach übergeordneten abstrakten Gesichtspunkten gliedern können. Nicht nur nach Symmetrieeigenschaften oder Mengen, sondern auch nach Eigenschaften wie »spitz« oder »rund« oder »abweichend«. Und dies gilt auch für andere als optische Wahrnehmungen: Dohlen besitzen zum Beispiel einen musikalischen Taktsinn, um den sie mancher Tänzer beneiden würde. Man kann ihnen den Unterschied zwischen dem Dreivierteltakt eines Walzers und dem Viervierteltakt eines Foxtrotts beibringen. Das ist zunächst nicht sonderlich beeindruckend, es könnte auf einem einfachen Dressureffekt beruhen, aber eine so »dressierte« Dohle scheint den Taktunterschied wirklich »begriffen« zu haben: Auch bei neuen Musikstücken, mit noch nie gehörten Instrumenten, unabhängig von den Tempi und der Lautstärke, entscheidet sie auf Dreiviertel- oder Vierviertaktakt. Sie hat ein abstraktes Rhythmuskonzept entwickelt.

Die Vorstellung beginnt

Bei unserem Bemühen, die innere Welt zum Denk-Raum einzurichten, haben bis jetzt Wahrnehmungen und abstrakte Konzepte einen wichtigen Platz erhalten, aber noch fehlt ein entscheidender Teil des »Mobiliars«: der gesamte Bereich der Vorstellungen, also der fiktiven, eingebildeten oder erinnerten Wahrnehmungen. Auch das und gerade das, was im Augenblick nicht zu sehen ist, hat in der inneren Welt seinen Stellenwert – seinen Vorstellungswert. Etwa das Bild vom Ersatzschlüssel in der rechten, hinteren Ecke der Schreibtischschublade – womit das Tür-zu-Schlüssel-drin-Problem gelöst wäre.

Aber wieweit trägt die Vorstellungskraft der Tiere? Können sie sich tatsächlich etwas vergegenwärtigen, unabhängig davon, ob es in der äußeren Welt gerade vorhanden ist oder nicht? Haben sie ein inneres Bild von ihren Feinden, ihrer Beute, ihrer Umgebung? Auf den ersten Blick könnte die Frage als nur rhetorisch erscheinen, denn die meisten Tiere haben bekanntlich ein Wiedererkennungsvermögen. Und wie will man etwas wiedererkennen, wenn man vorher nicht ein Bild davon in sich trägt? Die Meise, die ihr eigenes Nest von anderen unterscheidet, der Hund, der seinen zurückgekehrten Herrn begrüßt, das junge Gänslein, das seine Eltern am Gesicht erkennt – sie alle, so sollte man meinen, benötigen eine mehr oder weniger klare Vorstellung von dem, was sie dann als »bekannt« identifizieren.

Das Problem liegt jedoch darin, daß man durchaus etwas wiedererkennen kann, ohne es sich vorher vorgestellt zu haben. Plötzlich bei einer bestimmten Szene eines Films wird mir klar, daß ich ihn schon einmal gesehen habe. Wenn mich jemand fragt, was »Heizung« auf italienisch heißt, weiß ich es nicht. Aber wenn ich daraufhin »riscaldamento« höre, erkenne ich den Ausdruck wieder. Der passive Wortschatz definiert sich gerade dadurch, daß man ihn zwar wiedererkennt, aber nicht aktiv parat hat. Und als sich neulich Herr X anmeldete, hatte ich beim besten Willen keine Vorstellung mehr von seinem Aussehen, aber dann, als er vor der Tür stand, erfolgte das Wiedererkennen so prompt und zweifelsfrei, als hätte ein Schalter »klick« gemacht.

Etwas nun passiv wiederzuerkennen ist wesentlich einfacher, als davon aktiv eine Vorstellung zu entwickeln. Auch ein Wechselautomat ist in der Lage, Geldscheine zu erkennen, und wahrscheinlich hat auch eine Grabwespe keine wirkliche Vorstellung von der Umgebung ihres Schlupflochs, obwohl sie sich eindeutig an Steinen, Stöcken oder anderen Landmarken dieser Umgebung orientiert und so ihren Nesteingang wiedererkennt.

Um das Vorstellungsvermögen bei Tieren zu testen, müßte man, um sicherzugehen, Situationen heranziehen, in denen simples Wiedererkennen ausgeschlossen ist. Und dies ist gar nicht so einfach. Nehmen wir jenen Schimpansen, der es gelernt hat, aus einem Haufen unterschiedlich geformter Holzklötzchen genau das Gewünschte herauszuholen. Man brauchte ihm nur vorab einen Würfel, eine Pyramide, eine Kugel oder etwas anderes zu zeigen, und schon fischte er die entsprechende Form aus dem Haufen. So weit, so gut, dazu bedarf es keiner bildlichen Vorstellungskraft. Aber jetzt wurden die Klötzchen in einen Sack gepackt, sie waren nicht mehr zu sehen, allenfalls zu ertasten. Und genau das unternahm der Schimpanse. Kaum hatte man ihm den Musterwürfel gezeigt, griff er mit dem Arm in die Sacköffnung und tastete konzentriert so lange herum, bis er die Würfelform gefunden hatte.

War dieses Verhalten nicht ein klarer Beleg, daß er sich die Form im Kopf vorgestellt hat, um sie »blind« ertasten zu können? Es scheint so, und persönlich bin ich überzeugt, daß er in der Tat ein inneres Bild des Würfels »vor sich gestellt« hat, aber gleichzeitig war es das Wiedererkennen vorausgegangener Tasterfahrung; denn auch vorher hatte er die Klötzchen herausgegriffen und in der Hand gehalten.

Rechte Seite: Buschi, der Orang-Utan, hat eine Idee…

Links und unten:
Zwei Stöcke gibt es
und ein Rohr. Mit
den Zähnen spitzt
Buschi die Stöcke
an, bis sie an beiden
Enden in die Rohr-
öffnungen passen.

Rechte Seite:
Das selbstgefertigte
Werkzeug im Ein-
satz: Buschi angelt
sich einen »Früchte-
korb«.

Zwergmungos besitzen – abgesehen von uns Menschen – die vielleicht höchstentwickelte Sozialstruktur aller Säugetiere.
Junge Zwergmungos sind geradezu spielsüchtig. Sie raufen und balgen bei jeder Gelegenheit – wobei sie ständig Spiellaute von sich geben, als ob sie sagen wollten: »Ich spiele nur, ich spiele nur.« Dies geschieht allerdings stets unter den Augen eines Wächters, der von erhöhter Warte aus die Umgebung nach Feinden durchmustert.

Dieses Beispiel soll weder etwas beweisen noch widerlegen, es soll lediglich zeigen, wie schwierig es ist, Verbindliches über die Vorstellungen von jemandem zu erfahren, der sie selbst nicht beschreiben, zeichnen oder auf andere Weise mitteilen kann. Es gibt jedoch Fälle, in denen Tiere sich erkennbar nach inneren Bildern richten – nämlich dann, wenn sie eine Vorstellung von ihrer Umgebung entwickeln, wenn sie eine Landkarte in ihrem Kopf erstellen und danach navigieren.

Auch Kater Jurek muß eine topographische Vorstellung von seinem Revier besitzen. Er liebt es, auf dem Fensterbrett zu sitzen und das Geschehen draußen in »seinem« Garten zu verfolgen – ab und zu kehlige Laute ausstoßend, wenn zu viele Vögel dort herumhüpfen. Aber sobald eines der Eichhörnchen auftaucht und den Kirschbaum herunterklettert, dann ist es vorbei mit Jureks Beschaulichkeit. Dann springt er von seinem Aussichtsplatz herunter, durchquert die Diele, erreicht über eine Luke die Kellertreppe, im Keller selbst einen gewundenen Weg in den Heizungskeller, Slalom zwischen abgestellten Koffern und Skiern, ein Sprung auf die alte Kohlenrutsche und durch den Spalt einer Abdeckplatte. Endlich im Garten. Jedoch auf der falschen Seite. Er hat abermals die Richtung zu wechseln, muß um zwei Hausecken laufen, dann erst bekommt er den Kirschbaum samt Eichhörnchen zu Gesicht – wenn es nicht längst seine Halsglocke gehört und sich davongemacht hat.

So weit freilich unterscheidet sich Jureks Pfadfinderei kaum von einem der zahllosen Labyrinthversuche, in denen Ratten den Weg durch einen Irrgarten erlernen. Aufregend wurde es erst, als wir die Kohlenrutsche und damit Jureks Ausstieg schließen mußten – das Regenwasser hatte zu oft den Keller überschwemmt. Würde er den neuen Ausgang akzeptieren, der über ein steil ansteigendes Brett und durch ein Mauerloch an völlig anderer Stelle in den Garten führt? Und wie lange würde die Umstellung dauern?

Zu unserer Überraschung gab es überhaupt kein Problem. Nachdem er ein einziges Mal per Zuruf durchgelotst war, nahm Jurek die neue Route nicht nur an, sondern – und dies war das eigentlich Erstaunliche – er fand sich sofort wieder in seinem

Gartenrevier zurecht, obwohl er den Garten noch nie von dieser Stelle aus betreten hatte. Und bei »Eichhörnchenalarm« stürmte er auch von seinem neuen Ausstieg aus auf dem kürzesten Weg zum Kirschbaum. Der Verdacht drängt sich auf, daß Kater Jurek seine innere Revierkarte unverändert ließ und lediglich den neuen Ausgang »eingetragen« hat. Ähnlich wie wir, wenn wir an unserem Wohnort plötzlich noch eine neue Abkürzung oder Verbindungsstraße entdecken und sie unserer bisherigen Ortskenntnis hinzufügen.

Natürlich haben solche »Hausbeobachtungen« nicht die Stichhaltigkeit kontrollierter Experimente. Aber auch diese gibt es. Zum Beispiel bei Jureks Gegenspielern, den Eichhörnchen. Daß Eichhörnchen ihre Nüsse vergraben, ist eine uralte Beobachtung. Auch daß sie später im Jahr, wenn die Nüsse knapp geworden sind, nach den vergrabenen Schätzen suchen, steht außer Zweifel. Aber wie finden sie ihre Verstecke wieder? Ist es nur Zufall, weil viele Eichhörnchen auch viele Nüsse vergraben und somit die Trefferquote erhöhen? Ist es der Geruch, der ihnen die unterirdischen Nahrungsdepots anzeigt? Oder ist es tatsächlich eine »Schatzkarte« im Kopf, die sie zu den verborgenen Nüssen führt?

Vor kurzem dachten sich zwei amerikanische Biologinnen ein Experiment aus, um die Frage zu entscheiden: Sie hielten sich Eichhörnchen in einem Freigehege und boten ihnen reichlich Haselnüsse an. Wie zu erwarten, war das Gelände bald übersät mit unterirdischen Verstecken. Aber die Wissenschaftlerinnen notierten genau, welches Tier an welchen Stellen seine Nüsse vergrub. Für jedes Eichhörnchen wurde ein eigener Lageplan seiner Vorräte erstellt. Ein paar Tage lang blieb das Freigehege gesperrt, und das Futter wurde knappgehalten. Dann durfte jedes Eichhörnchen zurück und konnte zeigen, wie geschickt es sich beim Nüssesuchen anstellt. Würde es wahllos anfangen zu graben, spräche dies für die Zufallshypothese. Würde es keinen Unterschied zwischen eigenen und fremden Verstecken machen, müßte man Geruchsortung in Betracht ziehen. Und nur, wenn es die eigenen Nußdepots bevorzugte, könnte man auf ein Orts- und Orientierungsgedächtnis schließen.

Das Ergebnis fiel eindeutig aus: Es gab zwar erfolglose Grabun-
gen, man stieß auch mal auf die Nüsse von Kollegen, aber mit
überwiegender Häufigkeit fanden die Eichhörnchen ihre selbst-
versteckten Nüsse. Noch überzeugender als die Statistik war die
Art, wie sie bei ihrer Suche vorgingen. Als hätten sie einen Lageplan, liefen sie auf direktem Weg von einer Fundstelle zur nächsten und begannen zu graben. Alles spricht dafür, daß sie einen
solchen Plan tatsächlich erstellen können – in ihrer inneren Welt.

Wie erfolgreich sie dann unter den verschärften Bedingungen
der Wildnis operieren, wenn sie Tausende von Nüssen nach mehreren Monaten wiederfinden sollen, ist im Augenblick noch offen.
Die Irrtümer dürften sich häufen. Auch Eichhörnchen sind ver-
geßlich.

Martinas Jungfernflug

Die Geländekarten, die wir in unserem Kopf erstellen, haben oft
wenig mit gedruckten Landkarten oder Stadtplänen zu tun. Wenn
wir uns etwa den Weg zum Postamt vorstellen, so ist es meistens
der Straßenverlauf zwischen den Häuserfronten aus der Sicht des
Autofahrers oder Fußgängers und nicht das Luftbild der Vogelperspektive. Ausführlicher und sorgfältiger macht das ein Bob-
fahrer, wenn er sich wenige Minuten vor dem Start auf die Strecke
konzentriert: Mit geschlossenen Augen steht er da, die Hände an
einem imaginären Steuer, den Oberkörper mal rechts, mal links in
die Kurve neigend. So fährt er die Strecke im Geiste ab und wird
sie völlig anders vor sich sehen, als wenn er die Schlängellinie des
ausgedruckten Streckenverlaufs studiert.

Die Landkarten unserer Vorstellung sind meistens »erdgebun-
den«, und ich erinnere mich noch an die Faszination, als ich das
erste Mal eine Luftaufnahme meiner Heimatstadt in der Hand
hielt. Eine Postkarte von Wangen im Allgäu, schwarzweiß, mit
gezacktem Rand. Aber es war viel mehr als eine Fotografie, es war
eine Herausforderung, mich darauf zurechtzufinden: Die große
Kirche erkannte ich sofort, auch die Stadttore mit ihren Helmdä-

chern, aber es kostete einige Mühe, bis ich das eigene Wohnhaus gefunden und den alltäglichen Schulweg »abgeflogen« hatte. Und wo war der Bahndamm? Oder der Eisladen? Die Übertragung meiner Ortskenntnis in die Vogelperspektive erschien mir als geistiges Abenteuer ersten Ranges.

Um so erstaunlicher ist, was Konrad Lorenz von seiner jungen Graugans Martina berichtet. In seinem bezaubernd geschriebenen Buch *Hier bin ich – wo bist du?* schildert er das Drama ihres Jungfernfluges.

Martina war durch Zufall an Konrad Lorenz geraten – und umgekehrt. Er hatte sich Graugänseier besorgt und sie zum Brüten einer Hausgans untergeschoben. Als das erste Gössel geschlüpft und getrocknet war, konnte er seine Neigung und Neugier nicht bezähmen, griff unter den Bauch der Gans und holte das flauschig-niedliche Gänseküken hervor. »Währenddessen schaute es mich an und stieß nach einiger Zeit das laute, einsilbige Pfeifen des Verlassenseins aus, das ich nach meiner Vorbildung durch Hausenten ganz richtig als Weinen zu deuten wußte. Daher antwortete ich mit einigen beruhigenden Tönen. Darauf wandte sich das Gänschen mir ganz zu, streckte den Hals vor und sagte ein mehrsilbiges Wiwiwiwi.«

Noch ein paar Mal sprach Lorenz dem kleinen Gössel tröstend zu, wenn es zu weinen anfing, ohne sich klarzumachen, welche Folgen dies für ihn und Martina, wie er das Gänslein bald nannte, nach sich ziehen würde: Er wurde unwiderruflich zur Graugansmutter erkoren. Die kurze Zwiesprache nach der Geburt hatte für diese »Prägung« genügt. Noch ahnungslos versuchte Lorenz, die Ausgangssituation wiederherzustellen, indem er das Gänslein wieder zurück zu den übrigen Eiern steckte – vergeblich. Es war jetzt auf den vorwitzigen Wissenschaftler geprägt und folgte ihm auf Schritt und Tritt.

»Richtig auf den Füßen stehen konnte es noch nicht, nur auf den Fersen sitzen. Auch bei langsamem Gehen war es noch recht unsicher und wackelte heftig. Aber in seiner hohen ängstlichen Erregung beherrschte es doch schon die Bewegungsweisen des sehr raschen, schußartigen Laufens.«

Über ein Jahr sollte Lorenz sein Schlafzimmer mit Martina

teilen. Aber zunächst hatte er seine neugewonnenen Mutter-
pflichten zu erfüllen und sein Gänsejunges auszuführen. Er unternahm weite Streifzüge mit Martina, die belebte Dorfstraße
hinunter zwischen entzückten Menschen und lärmenden Autos
hindurch. Die Bahnunterführung allerdings war zu furchterre-
gend. Martina verweigerte die Nachfolge und mußte auf die
andere Seite getragen werden. Von dort ging es querfeldein Richtung Donau weiter. Endlich am Wasser. Aber Martinas Daunen-
gefieder war noch nicht recht wasserfest, und so saß sie die
meiste Zeit als Kopilot im Faltboot und ließ sich den Fluß hinun-
terpaddeln.

Eines Tages auf dem Nachhauseweg passierte es dann. Schauplatz war eine Wiese. In dem Bemühen, seinem Ziehkind den
langen Marsch durchs Gras zu ersparen, hielt Lorenz eine Schul-
stunde ab. Aus der Hocke aufspringend, rannte er gegen den
Wind und animierte Martina auf diese Weise zu einem Kurzflug,
der bis zum nächsten Waldrand führen sollte. Aber einmal in der
Luft, kam der Wald wie im Fluge näher, und offensichtlich fand
Martina keinen Dreh mehr, rechtzeitig zu landen. Sie erkannte,
daß es zu spät war, und startete durch. Um ein Haar streifte sie
die Baumwipfel – und war verschwunden.

Für den zurückgebliebenen Lorenz war klar, daß seine Flug-
schülerin hinter dem Wald irgendwo im Gelände niedergegangen
sein mußte. Laut rufend suchte er die Gegend ab, stundenlang
durchkämmte er die Donauniederung, fragte sogar im Nachbar-
dorf nach – ohne jeden Erfolg. Martina blieb verschwunden. Bei
Einbruch der Dämmerung gab er schließlich auf und ging verzweifelt und niedergeschlagen nach Hause. Auf der Abstreif-
matte vor der Haustür erwartete ihn Martina. Sie begrüßte ihn
aufgeregt, »und es ist kein Anthropomorphismus, wenn ich sage,
daß Martina schon höchst besorgt um mich gewesen sein
muß«.

Ohne je zuvor die Gegend aus der Luft gesehen zu haben, war
die Graugans zwischen Bäumen und Häusern hindurchnavigiert,
hatte Haus und Garten von oben identifiziert und war zielsicher
gelandet. Sie hatte ihre Ortskenntnis, die sie als Fußgängerin –
streckenweise sogar auf dem Arm oder im Boot – gewonnen

hatte, erfolgreich in ein Luftbild übertragen. Ich wüßte zu gern, wie Martina dies auf Anhieb geschafft hat. Mein Respekt ist ihr sicher.

Schnappschuß oder à la carte

Wahrscheinlich haben viel mehr Tiere, als wir ahnen, eine Vorstellung von der Ausdehnung und räumlichen Struktur ihres Reviers, von der Lage von Wasserlöchern, Verstecken oder Gefahrenzonen. Die Frage ist, wie sich das nachweisen läßt, wie wir etwas über die Existenz ihrer inneren Landkarte erfahren können. Daß sich Elefanten oder Affen hervorragend in ihrem Revier zurechtfinden, ist für sich genommen noch kein Nachweis. Sie könnten sich auf gewohnten Pfaden bewegen und dabei eine Geländemarke nach der anderen wiedererkennen. Sie hätten also keine Gesamtübersicht im Kopf, sondern würden sich auf ihrer Route Punkt für Punkt »entlanghangeln«. Man hat dieses Vorgehen »Schnappschußmethode« genannt, weil dafür lediglich das Speichern und Wiedererkennen von irgendwelchen Geländeansichten nötig sind – von »Schnappschüssen« eben. Ein Schnappschuß führt zum nächsten.

Diese Möglichkeit der Orientierung mag zwar etwas »konstruiert« klingen, aber auch wir bedienen uns der Schnappschußmethode weit mehr, als wir gewöhnlich wahrhaben wollen. Da möchte jemand wissen, wie er zur Autobahn komme. Kein Problem, denke ich. Bin ich unzählige Male selbst gefahren, die Strecke finde ich im Schlaf. Aber dieselbe Strecke jetzt zu beschreiben ist etwas anderes. Es bedeutet, sie in der eigenen Vorstellung, auf der inneren Landkarte abzufahren. Und das ist ungleich schwieriger: Nach der zweiten Ampel rechts – oder war es die dritte Ampel? Über ein paar Querstraßen hinweg – aber wie viele? Die nächste Kreuzung müßte schon ausgeschildert sein – das nehme ich wenigstens an.

Die Sicherheit, mit der ich den Weg zur Autobahn finde, scheint so gar nicht zur Unsicherheit meiner Beschreibung zu passen. Tatsächlich aber ist dies ein deutlicher Hinweis, daß auch bei uns das Wiedererkennen von Geländeansichten eine entscheidende Orientierungshilfe ist. Wenn wir uns der fraglichen Ampel nähern oder die betreffende Kreuzung vor Augen haben, ist alles klar. Dann erkennen wir die Stelle wieder. Ohne nachzudenken, biegen wir richtig ab, und schon haben wir, wie bei einer Schnitzeljagd, die nächste Landmarke im Blick. Auch wir nutzen, neben der Orientierung à la carte, die schlichte Schnappschußmethode, die auf bloßem Wiedererkennen beruht.

Allerdings gibt es Situationen, in denen es unerläßlich ist, eine mentale Landkarte oder Skizze zu erstellen: zum Beispiel, wenn ich mich verabrede. Sagen wir, um zwölf Uhr in der »Friedenseiche« zum Bier. Dazu brauche ich eine Vorstellung, wo ich gerade bin, wo die »Friedenseiche« ist und welche Verbindungswege es gibt.

Vor einer ganz ähnlichen Situation stehen die Mantelpaviane Saudi-Arabiens. Allmorgendlich, bevor sie auseinandergehen, scheinen sie eine Absprache zu treffen, an welchem der verschiedenen Wasserlöcher sie sich zur Mittagszeit wieder zusammenfinden wollen. Dies zumindest war der Eindruck des Schweizer Primatenforschers Hans Kummer, als er mit seinem Team den Tagesablauf der Paviane studierte. Aber wie sollte eine derartige »Verabredung« aussehen? Wann und zwischen wem sollte sie erfolgen? Kummer und seine Mitarbeiter standen zunächst vor einem Rätsel.

Nachts war noch alles klar. Die Paviane, die sich in mehrere »Banden« aufgliedern, verbringen die Nacht stets gemeinsam auf ihrem Schlaffelsen. Bei Tagesanbruch aber gibt es eine Phase seltsamer Unschlüssigkeit, als ob sich niemand so recht aufzubrechen traute. Hier ein paar zögernde Schritte, dort vereinzeltes Vorrücken, häufig in verschiedene Richtungen. Aber irgendwie gewinnt eine Richtung die Oberhand, und schließlich ziehen sie alle gemeinsam davon.

Die menschlichen Beobachter konnten sich allerdings keinen Reim auf diesen Gemeinschaftsaufbruch machen, denn schon nach wenigen Minuten trennen sich die einzelnen Banden, und jede zieht auf eigene Faust zu weitentfernten Futtergründen davon. Pünktlich zur Mittagszeit sind sie alle wieder beisammen. Als wäre es abgemacht, treffen sie sich am selben Wasserloch, um ihren Durst zu löschen. Wie hatten sie sich über den Treffpunkt verständigt?

Den Wissenschaftlern um Hans Kummer kam ein unwahrscheinlich anmutender Verdacht: Vielleicht war die merkwürdige morgendliche Aufbruchphase eine Art Abstimmungsprozeß für das Mittagswasserloch?

Vielleicht hatte jeder Pavian zunächst sein eigenes Wasserloch im Sinn und ging, gleichsam als Stimmabgabe, ein paar Schritte in diese Richtung. Andere stimmten anders, aber schließlich einigte man sich mehrheitlich-demokratisch auf eine Richtung. Eine Abstimmung mit den Füßen. Könnte sich dies hinter der Unschlüssigkeit vor dem Aufbruch verbergen?

Der Verdacht erwies sich als Volltreffer. Die Richtung des gemeinsamen Aufbruchs zeigte zuverlässig die Richtung zum Wasserloch an, wo sich später alle wiedertrafen. Dieser behutsame, friedliche Einigungsprozeß ist für sich genommen schon erstaunlich und bewundernswert, aber er zeigt überdies, daß Paviane zweifelsfrei eine Vorstellung von ihrem riesigen Wohngebiet haben müssen. Wie anders sollten sie das gemeinsam vereinbarte Wasserloch finden? Um auch die letzten vielleicht noch vorhandenen Zweifel auszuräumen: Die verschiedenen Pavianbanden kehren gegen Mittag nicht etwa erst zum Schlaffelsen zurück, um von dort in der vereinbarten Richtung das Wasserloch anzusteuern. Sie laufen es auf direktem Weg von ihren jeweiligen Futtergründen an. Ohne eine Art Geländemodell in ihrer inneren Welt wären sie dazu nicht in der Lage.

Aber seien wir ehrlich: Allzu überraschend ist dies nicht. Schließlich gehören Paviane wie wir zur Familie der Primaten, und schließlich sind sie bei der Suche nach dem Gemüse der Saison und nach frischem Wild ganz besonders auf ihre Ortskenntnisse angewiesen. Ihre Vorstellungskraft für topographische Zusammenhänge war eigentlich zu erwarten. Unerwartet war allenfalls, daß der Nachweis so elegant und scharfsinnig gelingen würde.

Was Bienen denken

Ganz anders verhält es sich mit der jüngsten Entdeckung auf diesem Gebiet. Der Biologe James L. Gould von der Princeton-Universität stieß auf einen Fall, mit dem niemand, nicht einmal er selbst, gerechnet hatte. Und ich muß gestehen, daß mich seine Beobachtungen mehr als überraschten: Sie sind in hohem Maße beunruhigend. Gould befaßt sich nämlich mit Honigbienen, und der Gedanke, daß auch Insekten Vorstellungen entwickeln könnten, daß sie sich »im Geiste« ein Bild ihrer Umgebung machen könnten – dieser Gedanke ist für mich nur widerstrebend zu ertragen. Zu fest sitzt das Bild von instinktgesteuerten Kleinlebewesen, die zwar mit komplexen Verhaltensprogrammen ausgestattet sind, aber doch nur in genau vorgezeichneter Weise auf innere und äußere Reize reagieren.

Aber zunächst zu den Beobachtungen und Versuchen von Gould. Auch er ging wie die meisten Biologen davon aus, daß sich Bienen auf ihren Such- und Sammelflügen von unauffälligen Geländemarken leiten lassen – also nach der bekannten Schnappschußmethode navigieren. Dazu passen Beobachtungen, wonach sie bevorzugt Gewohnheitsrouten einschlagen, und zwar solche, die an Waldrändern, auffälligen Bäumen oder Hecken entlangführen. Aber Gould hatte irgendwie den Eindruck, daß Bienen noch mehr als ein Album von Schnappschüssen im Kopf hätten. Er tüftelte einen Test aus, der Klarheit bringen sollte und der gewisse Parallelen zum Wasserlochtreffen der Paviane aufwies.

Goulds Bienen hatten rasch gelernt, daß hundertsechzig Meter vom Stock entfernt auf einer Waldlichtung eine Futterstelle versteckt war. Seit ein paar Tagen flogen sie regelmäßig dorthin, um sich an dem Zuckerwasser zu verköstigen. Eines Morgens aber, nachdem sie gerade vom Stock aufgebrochen waren, fing Gould die Sammlerinnen mit einem Netz ab, um sie zu entführen. Damit sie nicht sehen könnten, wo es hinging, steckte er sie in einen dunklen Kasten und verfrachtete sie an einen sorgfältig ausgewählten Testort. Erstens gab es dort einige auffällige Bäume, so daß die Bienen den Ort aller Wahrscheinlichkeit nach von früheren Ausflügen her kannten – als Schnappschuß in ihrem Gedächtnisalbum. Zweitens war der Ort so gewählt, daß sie das Waldstück mit der versteckten Futterquelle nicht sehen konnten. Was würden die Bienen tun, wenn man sie jetzt wieder freiließe?

Das naheliegendste wäre, so sagte sich Gould, daß sie mit Hilfe ihrer Schnappschußnavigation von Landmarke zu Landmarke zurück zum Stock fliegen würden, um von dort vielleicht erneut den Weg zum Futterplatz einzuschlagen. Eine andere Möglichkeit wäre, daß die Bienen einfach ihre alte Flugrichtung, die sie vor dem Abfangen innehatten, fortsetzen würden, was natürlich einen Irrflug ergäbe. Die Honigbienen aber wählten eine – unwahrscheinliche – dritte Möglichkeit: Sie flogen, ohne die Strecke zu kennen, direkt zu ihrem ursprünglichen Ziel, zum Futterplatz auf der Waldwiese.

Wie anders sollte man dies erklären, als daß sie nach einer inneren Landkarte navigieren? Offenbar können Honigbienen Geländemarken nicht nur wiedererkennen, sondern sie in ihrer Vorstellung richtig anordnen und zueinander in Beziehung setzen. Das bedeutet nichts Geringeres, als daß sie ein realistisches Geländemodell in ihrem Kopf erstellen. Und dies bei einem Gehirn, das nicht größer ist als der Kopf einer Stecknadel.

Verständlich, daß Goulds Experimente Gegenstand heftiger Diskussionen sind. Aber Gould geht noch einen entscheidenden Schritt weiter. Er glaubt beobachtet zu haben, daß Bienen mit Hilfe ihrer Karten im Kopf bestimmte Situationen durchspielen können, bevor sie etwas unternehmen. Dies wäre, entsprechend unserer früheren Definition, gleichbedeutend mit »denken«. Sollte die Honigbiene einfache Gedanken entwickeln können?

Wiederum ist es ein einfaches, aber pfiffiges Experiment, mit dem Gould seine Beobachtung einleitet. Der Bienenstock steht am Ufer eines Sees. Sammlerinnen fliegen ein und aus, sie kennen das Gelände. Alles geht den gewohnten Gang – auch die Nachrichtenübermittlung: Hat eine Sammlerin eine neue Nektar- oder Pollenquelle entdeckt, gibt sie nach ihrer Rückkehr einen Schnarrlaut von sich und tanzt den berühmten Schwänzeltanz. Die beiwohnenden Stockgeschwister können daraus alle Informationen über die neue Futterquelle entnehmen: deren Entfernung, Richtung, Art und Ergiebigkeit. Wie diese Daten im einzelnen übermittelt werden, braucht uns hier nicht zu interessieren. Entscheidend ist, daß sich sofort andere Bienen, der Zielbeschreibung folgend, auf den Weg machen, um ebenfalls »abzusahnen«.

In diesen Bienenalltag bringt Gould eine originelle Abwechslung. Er eröffnet eine Art Restaurantschiff. Auf einem Kahn installiert er eine künstliche Futterquelle und ankert mitten im See. Es ist nur eine Frage der Zeit, bis die erste Sammlerin eintrifft. Sie schlägt sich den Leib voll und fliegt zur schwänzelnden Berichterstattung zurück. Vorher aber wurde sie von Goulds Mitarbeiterin markiert. Sie trägt jetzt als Namenszeichen ein Pünktchen auf dem Rücken. Als »Pünktchen« zu Hause heftigst über den neuen Schatz im See berichtet, geschieht etwas Merkwürdiges. Man schenkt ihr kein Gehör, man verweigert ihr den Gehorsam. Niemand macht sich auf den Weg zur neuen Futterstelle. Sollten sie der Nachricht einfach nicht glauben? Sollten sie die mitgeteilten Koordinaten auf ihre innere Landkarte übertragen haben und eine Futterquelle mitten im See als Unsinn abtun?

Diese Annahme klingt abenteuerlich. Sie würde bedeuten, daß Bienen einfachste Planspiele durchführen: Wohin würde die Ortsangabe der Kollegin führen? Was erwartet mich dort? Gould selbst hat seine Zweifel. Er unternimmt einen Kontrollversuch. Er verlagert den Futterkahn Stück für Stück zum Ufer hin. Am Ergebnis ändert sich nichts: Nach wie vor werden die Aufrufe der Sammlerinnen ignoriert. Erst in unmittelbarer Ufernähe schlägt das Verhalten um. Plötzlich dringt »Pünktchen« mit ihrer Botschaft durch. Man stürzt nach draußen, um die angebene Futterquelle am Ufer aufzusuchen.

Trotz dieser Bestätigung bleibt Gould skeptisch. Ist damit wirklich die Vorstellungskraft der Bienen erwiesen? Gibt es nicht einfachere Erklärungen? Vielleicht ist es nur der Geruch des Wassers, der den Sammlerinnen anhaftet und der die anderen abschreckt. Bienen sind durchaus geruchssensibel, unterscheiden Hunderte von Düften und sondern sie auch aktiv ab, um ihr Verhalten aufeinander abzustimmen. Aber wie soll man entscheiden, ob Wassergeruch im Spiel ist und ob er etwas zu melden hat? Kein elektronisches Meßgerät, weder Gaschromatograph noch Massenspektrometer wären dazu in der Lage.

Auch hier hat Gould eine Idee: Über Nacht tauscht er den See gegen eine Wiese aus. Zumindest aus der Sicht der Bienen. Tatsächlich transportiert er den Stock mit den schlafenden Bienen an den Rand einer Wiese, die ganz ähnlich geformt ist wie der See und wie dieser von dichten Bäumen umstanden ist. Auch den Futterkahn verpflanzt er an die entsprechende Stelle mitten auf das Grün.

Tatsächlich sollte es dieser nächtliche Szenenwechsel erlauben, eine Entscheidung zwischen »Duft« und »Imagination« zu treffen. Denn Goulds Überlegung war folgende: Wenn anderntags die ersten Sammlerinnen zum Lagebericht nach Hause kämen, würden sie dort auf Kolleginnen treffen, die sich noch immer am Ufer des Sees wähnen – auf jene nämlich, die noch gar nicht draußen waren und von der seltsamen Wandlung zur Wiese nichts mitbekommen haben. Würden sie auch jetzt noch, obwohl die Sammlerinnen bestimmt nicht mehr nach Wasser riechen, die Gefolgschaft verweigern? Es wäre ein weiteres Indiz für das kaum Denkbare: daß Bienen vor dem Abflug darüber nachdenken, wohin sie die Zielbeschreibung bringen würde.

Und genau dies geschieht am anderen Morgen. Nur ein kleiner Teil aus dem Stock – vielleicht solche, die schon mal rausgeschaut haben – ist zum Bootsbesuch auf der Wiese zu überreden. Die große Mehrheit blockt weiterhin ab. Sie richtet sich nach ihrer Vorstellung – und die ist von gestern.

Noch sind diese Versuche nicht abgeschlossen, und noch haben andere Forscher sie nicht bestätigt, aber man muß sich darauf gefaßt machen, daß wir unser Bild von den nektarsammelnden Minirobotern gründlich revidieren müssen. Was mag ihr durch den Kopf gehen? Diese Frage angesichts einer eingeschlossenen Biene zu stellen, die gegen die Fensterscheibe schwirrend einen Weg nach draußen sucht, ist nicht länger lächerlich und kann auch nicht länger als unwissenschaftlich gelten, unabhängig davon, ob und wie die Frage irgendwann einmal entschieden werden wird.

Gould selbst sieht seine Ergebnisse durchaus zwiespältig. Auf der einen Seite bekennt er offen, daß es ihm lieber wäre, seine Testbienen hätten weiter entfernt von der Domäne des Bewußtseins agiert. Auf der anderen Seite scheinen ihn gerade diese »unheimlichen« Fähigkeiten der Bienen zu faszinieren. Schon früher hatte er sich darangemacht, eine sehr beunruhigende und deshalb wahrscheinlich wenig beachtete Versuchsreihe nachzuprüfen, die der Pionier der Bienenforschung Karl von Frisch unternommen hatte.

Gould richtete für seine Bienen eine mobile Futterstation ein und versetzte sie jeden Tag um das gleiche Stück. Wie zu erwarten, spürten die Sammlerinnen jedesmal den neuen Standort auf. Aber was dann geschah, ging über alles hinaus, was man sinnvollerweise erwarten durfte: Nach ein paar Tagen »wußten« die Bienen, wo die Futterstation heute stehen würde, und drehten dort bereits »ungeduldig« ihre Runden, als Gould mit dem Futter eintraf. Irgendwie hatten die Bienen das Prinzip seines Versuchs durchschaut und waren vorwegnehmend an die richtige Stelle geflogen. Eine vernünftige Erklärung konnte Gould dafür nicht finden.

Aber seine Ratlosigkeit sollte nochmals gesteigert werden, als er den Versuchsablauf drastisch erschwerte. Er versetzte die Futterstation nicht um gleichbleibende Beträge, sondern in geometrischer Progression: Von Mal zu Mal steigerte er die Versetzung um den Faktor 1,25 – alles andere als eine leicht zu durchschauende Gesetzmäßigkeit. Und trotzdem wußten die Bienen damit umzugehen. Als hätten sie die Regel im Laufe des Versuchs begriffen, zogen sie an der richtigen Stelle ihre Warteschleifen und rechneten mit Futter. Sie handelten nach der Regel: Nimm die letzte Versetzung und addiere fünfundzwanzig Prozent dazu, dann kriegst du was zu futtern.

Bis heute hat niemand eine schlüssige Erklärung, wie die Insekten mit ihrem Milligrammgehirn ihre »unmöglichen« Leistungen zustande bringen. Die meisten Biologen halten sich bedeckt. Ausgenommen vielleicht Donald F. Griffin, der Vordenker der Erforschung des Kognitiven. Er spricht aus, was seine Kollegen – sieht man einmal von abendlichen Biergesprächen ab – für »überaus vage« und »beim derzeitigen Forschungsstand für unbegründet« halten: daß Bienen möglicherweise zu einfachsten Gedanken und Bewußtseinsvorgängen fähig sind. Dabei kehrt Griffin den Argumentationsspieß gewissermaßen um. Eben weil die Bienen so wenig Neuronen im Kopf hätten und entsprechend wenig feste Programme speichern könnten, seien sie viel mehr als große Tiere auf die Hilfe des Bewußtseins angewiesen, um sich sinnvoll verhalten zu können.

Natürlich ist auch dieses Argument nicht zwingend. Griffin weiß es, aber er will es als Anstoß verstanden wissen; als Anstoß zu kühneren Hypothesen und Experimenten, die das übliche Gleis der Insektenforschung verlassen. Anregung und Unruhe zu stiften, das war schon immer einer von Griffins Wesenszügen. Es gibt eine amüsante Geschichte, die das erste Zusammentreffen des damaligen Studenten James Gould mit Professor Griffin beschreibt. Die beiden führten ein anregendes Gespräch über alle möglichen biologischen Fragen und waren voneinander angetan. Es kam zur Verabschiedung. Gould stand bereits im Lift, als Griffin, völlig unerwartet, eine Abschlußfrage aus der Hüfte schoß: Glauben Sie, daß Bienen sich dessen bewußt sind, was sie tun? Gould war völlig perplex. Er brachte keinen Ton heraus. Die sich schließende Aufzugstür enthob ihn einer Antwort.

Jahre später wurde Gould darauf angesprochen und gefragt, wie denn heute – wenn keine Aufzugstür dazwischenkäme – seine Antwort ausfallen würde. Ob er glaube, Bienen hätten ein Bewußtsein. »Ich hoffe nicht!« zog sich Gould aus der Affäre, und nach einigem Zögern meinte er, so hätte auch damals seine Antwort an Griffin lauten müssen.

Goulds Skepsis und Zweifel gehören freilich zur wissenschaftlichen Selbstdisziplin. Es ist ein Kriterium wissenschaftlicher Denkweise oder sollte es sein, seinen eigenen Hypothesen höchst kritisch gegenüberzustehen. Jedenfalls erscheinen Goulds Versuche überzeugender und glaubwürdiger, als wenn er mit allen Mitteln den Bienen ein Bewußtsein »anhängen« wollte. Man darf auf seine weiteren Forschungsergebnisse gespannt sein.

Denkanwärter

Daß wir beim Einrichten der inneren Welt – nachdem wir dort Wahrnehmungen, einfache Abstraktionen und Konzepte sowie Vorstellungen untergebracht haben – unvermittelt auf die Frage nach Denkprozessen bei Bienen gestoßen sind, könnte eine Art Warnschuß sein, den Kreis von Denkanwärtern nicht von vornherein zu eng zu ziehen. Es ist keineswegs ausgemacht, daß dafür nur hochentwickelte Säugetiere oder gar nur Menschenaffen in Frage kommen. Die Annahme ist zwar weit verbreitet, daß es, wenn überhaupt, nur in unserer unmittelbaren stammesgeschichtlichen Nachbarschaft, gleichsam als Vorläufer des Homo sapiens, denkfähige Wesen geben könne. Aber dabei wird übersehen, daß sich das Leben auf der Erde nicht nach dem Muster einer Leiter entwickelt hat, wo jede neuentstandene Art gleichsam die nächsthöhere Sprosse verkörpert, bis schließlich der Homo sapiens als jüngster Sproß ganz oben thront und aus seiner Entwicklungshöhe auf die anderen herabschauen kann.

Dieses Bild ist ebenso schief wie überheblich. Auf jedem Zweig des Lebensbaumes gibt es Spitzenleistungen, mit denen wir nicht mithalten können und die uns als »unterentwickelt« erscheinen lassen. Ein Schmetterling etwa riecht mit seinen Geruchsantennen Duftmoleküle, für die wir kein Sensorium haben. Eine Eule hört so fein und richtungsgenau, daß sie in völliger Dunkelheit jagen kann. Und ein Pferd – der Kluge Hans brachte es an den Tag – nimmt winzigste Ausdrucksbewegungen wahr, die uns verborgen bleiben. Hinzu kommt, daß die Entwicklungen der Natur keinen Exklusivcharakter haben: Unzählige Male wurde die strömungsgünstige Fischform neu »erfunden«. Meeressäuger wie Wale oder Delphine, deren Vorfahren einst an Land wohnten, sind die bekanntesten Beispiele. Aber auch so geniale Organe wie das Linsenauge wurden mehrere Male unabhängig voneinander entwickelt – von Kraken etwa, die nicht einmal zu den Wirbeltieren gehören. Und ebenso von einigen Quallenarten, deren Linsenauge an der Mundöffnung sitzt und dessen Funktion von den Meeresbiologen bis heute nicht durchschaut wird.

Am aufschlußreichsten in unserem Zusammenhang ist vielleicht das Problemlösen durch Lernen. Auch die Fähigkeit, etwas durch Erfolg und Mißerfolg zu lernen, ist kein einmaliger Durchbruch, der irgendwann in der Frühzeit des Lebens stattgefunden und dann alle nachfolgenden Arten ausgezeichnet hätte. Es gilt als sicher, daß Krebse, Spinnen, Insekten oder Wirbeltiere einschließlich des Menschen unabhängig voneinander auf den Lerntrick gekommen sind – wobei jeder die Möglichkeiten und Eigenheiten seines speziellen Nervensystems nutzte.

Warum sollte die Natur nicht auch die Problemlösung mittels »Simulation im Kopf« mehrmals und auf unterschiedlichen Entwicklungsstufen entworfen haben? Besonders für Situationen, in denen die starren Prinzipien der Lebensbewältigung wie angeborene oder angelernte Handlungsabläufe nicht mehr ausreichen? Sicher ist dafür eine gewisse Komplexität des Nervensystems vorauszusetzen – mit ein paar Dutzend Neuronen sind gewiß keine Denkprozesse zu bewerkstelligen. Aber wir wissen viel zuwenig über das Zusammenspiel der Neuronen in einem Nervengeflecht, um die Mindestanforderungen an Anzahl und Verknüpfungsdichte zu benennen, die für einfache Denkleistungen notwendig sind. Das Beispiel der Bienen, auch wenn es noch umstritten ist, sollte uns ermuntern, nicht nur bei Menschenaffen oder hochentwickelten Säugetieren nach Denkansätzen Ausschau zu halten.

Flügellahm, aber flink im Kopf

Unter Immanuels Wellensittichen gab es ein Weibchen, das sich irgendwann einmal den Flügel gebrochen hatte. Es war nur noch in der Lage, abwärts zu flattern.

Steigflüge, auch innerhalb des Käfigs, waren nicht mehr zu schaffen und mußten durch Kletterpartien ersetzt werden. Aber das Weibchen zeigte sich durchaus forsch und unternehmungslustig. Als Immanuel zum erstenmal die Käfigtür öffnete, wagte es, obwohl der Käfig auf einem Hocker stand, halb segelnd, halb flatternd, den Sprung in die Tiefe. Soweit kein Problem. Auch die

»Spaziergänge« im Trippelschritt über den Teppich und die Prüfung seiner Fransen machten keine Schwierigkeit.

Anders die Rückkehr. Der Hocker mit dem Käfig war weder zu erklettern noch zu erfliegen. Immanuel griff schließlich helfend ein, indem er gleichsam als Klettergerüst einen alten ausgedienten Käfig vor den Hocker schob. Allerdings mußte er ihn hochkant stellen, um die nötige Höhe zu erreichen, und ebendies ermöglichte eine Zufallsbeobachtung, die Immanuel in Begeisterung versetzte: »Die können viel mehr, als man glaubt!«

Rein zufällig war der Hilfskäfig so orientiert, daß seine Bodenöffnung nach vorn zeigte, daß der Wellensittich also wie in eine Grotte hineinspazieren konnte – was er auch tat. Aber anstatt nur an den Innenwänden hochzuklettern, um dann irgendwann feststellen zu müssen, daß der Zugang zum Hocker und damit zum Wohnkäfig vergittert war, machte der Vogel etwas anderes. Er blieb unten stehen, warf mit schräggelegtem Kopf einen Blick nach oben, tippelte ein paarmal, schaute wieder nach oben, marschierte dann – entschlossen wirkend – aus der Käfiggrotte wieder heraus und begann, ohne anzuhalten, die Käfigwand von außen zu erklettern. Es war der richtige und freie Weg nach Hause.

Das flügellahme Weibchen hat den Weg nicht durch »Versuch und Irrtum« gefunden, im Gegenteil: Es hat sich durch seine Entscheidung, die alles andere als zufällig wirkte, diesen Irrtum in Gestalt einer mühsamen Sackgasse erspart. Vieles spricht dafür, daß es »in Gedanken« den Weg probeweise abgeklettert ist, um ihn als »nicht zum Ziel führend« zu verwerfen. Lieber in der inneren Welt als in der äußeren Welt zu scheitern – dies hatten wir ja als den großen Vorzug des Denkens herausgestellt.

Für strenge Naturwissenschaftler freilich dürfte Immanuels Zufallsbeobachtung wenig Beweiskraft haben. Für sie ist sie ein einmaliges, anekdotenhaftes Ereignis, das erst durch viele Wiederholungen oder kontrollierte Bedingungen statistisch gesichert werden müßte. Hier allerdings tut sich ein grundlegendes Dilemma auf. Denn Wiederholungen mit Lebewesen sind etwas grundsätzlich anderes als solche mit unbelebten Objekten. Als der flügellahme Wellensittich zum zweiten Mal mit der speziellen Käfiganordnung konfrontiert wurde, hatte er die Lektion bereits gelernt und kletterte von Anfang an die Außenseite hoch. Lebende Objekte sind nach einer Erfahrung nicht mehr dieselben. Wiederholungen sind keine Wiederholungen mehr.

Als Ausweg bietet sich an, den Test nacheinander mit mehreren Tieren, in unserem Fall also mit einem Ensemble von Wellensittichen, durchzuführen. Aber ganz abgesehen davon, daß so viele flügellahme Tiere kaum zu finden sind, geht bei Versuchen mit verschiedenen Individuen ebendiese Individualität verloren. Damit ist folgendes gemeint: Kein Wellensittich gleicht dem anderen aufs Haar. Jeder hat etwas andere körperliche Merkmale, andere Vorlieben, andere Fähigkeiten. Im Grunde ist es nicht anders als bei uns. Gesetzt nun den Fall, die beobachtete Fähigkeit vorauszudenken wäre so ungewöhnlich, daß sie nur einmal unter zwanzig Fällen vorkommt, dann ginge diese individuelle Begabung, obwohl tatsächlich vorhanden, in der Statistik unter. Sie würde von den vielen anderen Normalfällen verschüttet.

Um aus dieser Zwickmühle herauszufinden, haben sich Wissenschaftler Versuche ausgedacht, wie sie einzelne Tiere einem Denktest unterziehen können, ohne daß es dabei zu wesentlichen Lern- oder Dressureffekten kommt. Sie variieren die Testaufgaben jedesmal so, daß das Grundschema zwar gleichbleibt, aber immer wieder neue Überlegungen erfordert. Zum Beispiel beim klassischen Irrgartenspiel für Julia.

Gedankenspiele für Julia

Julia war eine fünfjährige Schimpansin aus dem Zoo in Hannover. Wäre sie ein Mensch gewesen, hätte sie wohl in der Zeitung immer zuerst die Rätsel- und Denksportseite aufgeschlagen, denn sie war ganz versessen auf die »Intelligenztests« und die »Denkübungen«, die ihr die Biologen Bernhard Rensch und Jürgen Döhl vorsetzten.

Eine der Aufgaben lautete: Führe einen Eisenring mit Hilfe eines Magneten durch ein Labyrinth bis zum Ausgang. Das konnte von oben unter Sichtkontrolle geschehen, denn das Labyrinth war mit einer Plexiglasscheibe abgedeckt, auf der der Magnet entlanggeführt werden sollte. Julia hatte das rasch begriffen und wollte es auch rasch begreifen, denn der Ring war, wenn er am Ausgang ins Freie kam, als Münze für einen – gut sortierten – Futterautomaten einzusetzen.

Aber der eigentliche Denktest stand erst bevor: Julia sollte sich mit ihrem Eisenring nicht einfach auf gut Glück ins Labyrinth stürzen, um dann probierend und sich korrigierend irgendwann den Ausgang zu finden. Jetzt wurde mehr von ihr verlangt: Sie sollte vor dem Losmarschieren genau überlegen, welches der richtige Pfad ist. Sie sollte die ganze Aktion vorher in Gedanken durchspielen, die Lösung durch Probeläufe in ihrer inneren Welt herausfinden und dann erst mit der wirklichen Pfadfinderei durchs Labyrinth beginnen. Aber wie ihr das klarmachen?

Bernhard Rensch und Jürgen Döhl hatten eine hübsche und pfiffige Idee. Sie versahen das Labyrinth mit zwei Eingängen, die auf den ersten Blick – auch für uns – völlig gleichwertig erschienen, von denen aber nur einer zum Ziel führte. Der andere Eingang mündete früher oder später in einem System von Sackgassen, das keine Verbindung zum Ausgang hatte. Eine besondere Vorrichtung sorgte dafür, daß Julia sich vor dem Start eindeutig für einen der beiden Eingänge entscheiden mußte. Als Startposition nämlich wurde der Ring genau zwischen die Eingänge gelegt – und zwar auf eine Art Bergkuppe, von wo er nur bergab nach rechts oder links geführt werden konnte. Damit war die Entscheidung für den richtigen oder falschen Eingang unwiderruflich getroffen, denn bergauf konnte die Kuppe nicht mehr passiert werden. Auf Seite 116 ist dieser einfache, aber originelle Versuchsaufbau abgebildet.

Um die richtige Wahl – Ring nach rechts oder nach links – zu treffen, hatte Julia das ganze Wegesystem vorab im Kopf durchzugehen. Und ebendies tat sie unübersehbar. Mit den Augen wanderte sie durch das Labyrinth. Ab und zu brach sie ab, setzte beim Ausgang ein und verfolgte von dort den Weg ein Stück rückwärts. Nicht anders, als wir es machen würden. Und ebenso wie wir kratzte sie sich hin und wieder unschlüssig hinter den Ohren. Aber sie irrte sich selten.

116

Nach jedem Test konnte der Irrgarten durch bewegliche »Weg-
sperren« umgebaut werden, so daß es nichts brachte, sich den
gefundenen Weg einzuprägen; Julia mußte jedesmal wieder neu
überlegen. Manchmal – in besonders schwierigen Fällen, wenn
»gemeine« Umwege und Sackgassen eingebaut waren – saß sie
über eine Minute konzentriert über dem Brett, aber darin unterschied sie sich nicht von den Studenten, denen man dieselbe
Aufgabe vorsetzte. Im Durchschnitt brauchten diese zwar nur die
halbe Zeit, Julia hatte allerdings auch einige Semester weniger
hinter sich.

Für mich gibt es keinen Zweifel: Wenn wir Denken als Probehandeln in der inneren Welt ansehen, hat uns Julia Beweise für ihr
Denkvermögen geliefert, auch wenn es keine komplizierten Ge-
dankengänge waren. Wer dennoch skeptisch bleibt und das »Aus-
gucken« eines richtigen Weges eher zu den optischen als zu den
geistigen Fähigkeiten zählt, der möge sich Julias Bravourstück vor
Augen halten, in dem sie kausale Gedankenketten von mehr als
fünf Schritten erstellt.

Der genaue Versuchsaufbau ist schwieriger zu beschreiben, als er tatsächlich war. Deshalb sei nur das Grundprinzip dieses »Handwerkerspiels« erläutert. Es geht darum, eine Reihe verschlossener Kästen mit ganz bestimmten Werkzeugen zu öffnen. Das Besondere dabei ist, daß in jedem Kasten von außen sichtbar das Werkzeug liegt, mit dem ein weiterer Kasten zu öffnen ist. So kann man sich also von Kasten zu Kasten voranarbeiten, bis man dann aus dem letzten die Belohnung erhält. Voraussetzung ist natürlich, daß man mit all den Werkzeugen wie Zange, Schraubenzieher, Draht, Schlüssel und so weiter umgehen kann und weiß, welcher Kasten damit zu öffnen ist. Aber diese Vorkenntnisse beherrschte Julia perfekt.

Nun der eigentliche Test. Julia wurde mit sage und schreibe zehn verschlossenen Kästen konfrontiert. Im letzten lag eine begehrenswerte Banane, und es mußte schon etwas so Verlockendes sein, damit sie sich für das vor ihr liegende harte Stück Arbeit hergab. Dabei war es gar nicht die handwerkliche Arbeit, auf die es ankam, also die Kästen nacheinander mit den jeweils gefundenen Werkzeugen zu öffnen. Es ging um Denkarbeit. Die Experimentatoren hatten nämlich ein gravierendes Handicap eingebaut: Einer der Kästen war leer. Und dies bedeutete, daß die Öffnungsfolge hier unweigerlich abbrechen mußte, weil kein weiteres Werkzeug freigegeben wurde. Ergo blieb auch der Zugang zur Banane verschlossen.

Zu Beginn wurde Julia, ähnlich wie beim Labyrinthspiel, vor die unwiderrufliche Wahl zwischen zwei Möglichkeiten gestellt: Sie konnte zwischen zwei Einstiegswerkzeugen wählen, sagen wir, zwischen Schlüssel und Meißel. Aber während der Schlüssel von Kasten zu Kasten schließlich erfolgreich zur Banane führte, war der Meißel ein Reinfall. Mit ihm landete man unweigerlich beim leeren Kasten und war damit am Ende. Doch Julia spielte die Handlungsfolgen Zug für Zug durch, bevor sie sich entschied. Manchmal auch von rückwärts, beim Bananenkasten beginnend. Fünf Züge waren insgesamt vorauszudenken. Bei jedem Test wurden die Kästen und Werkzeuge neu gemischt. Aber Julia schaffte es fast immer.

Es hat nicht an Erklärungsversuchen für Julias Voraussicht gefehlt, und viele von ihnen zeichneten sich dadurch aus, daß sie Begriffe wie »Denken« oder gar »kausales Denken« penibel zu vermeiden suchten – gerade so, als gelte es, diese geistigen Fähigkeiten unter allen Umständen exklusiv für den Homo sapiens zu reservieren. Offenbar tun wir uns schwer mit der Vorstellung, unsere geistige Überlegenheit über Schimpansen sei womöglich nur gradueller und nicht prinzipieller Natur – ungeachtet der Tatsache, daß Schimpansen zu achtundneunzig Prozent dieselbe genetische Ausstattung besitzen wie wir.

Julia hat vor ihrer aktiven Entscheidung eine Kette von Ereignissen durchgespielt, die lediglich in ihrer Vorstellung existierten – Ereignisse, von denen jedes die Ursache für das folgende abgab. Und sie hat diese Kette aus Ursache und Wirkung im Hinblick auf das Endresultat bewertet. Viel deutlicher ist »kausales Denken« nicht zu demonstrieren.

Wie bekommt man Bananen in den Griff?

Die ersten Hinweise in dieser Richtung haben schon 1917 Wolfgang Köhlers Schimpansen in ihrem berühmten Kistentest geliefert. Da hing eine Banane im Affenkäfig, jedoch zu hoch. Unerreichbar hoch – wovon sich die Schimpansen durch eine Serie akrobatischer Sprünge selbst überzeugten. Aber da stand auch noch eine Kiste. Wolfgang Köhler hatte sie nicht ohne Hintergedanken in den Käfig gestellt. Und dann geschah unter seinen Augen, was seither als klassisches Beispiel für »einsichtiges Handeln« gilt: Einer der Schimpansen schob die Kiste zielgerichtet unter die Banane, stellte sich obendrauf und pflückte sich die Frucht seines Einfalls.

Köhlers Terminus »einsichtig« war natürlich für die damals vorherrschende behavioristisch gefärbte Lehrmeinung ein Ärgernis. Tiere hatten sich neue Problemlösungen durch Herumprobieren zu erarbeiten. Ein Erarbeiten im Kopf galt als ausgeschlossen und wurde als Erklärung vor allem in den Vereinigten Staaten strikt abgelehnt. Der englische Philosoph Bertrand Russel kommentierte diese Sachlage 1927 auf seine Weise:

»Alle Tiere, die bisher sorgfältig beobachtet worden sind..., zeigen sämtlich die nationalen Eigenschaften des Beobachters. Tiere, die von Amerikanern untersucht wurden, stürmen wie wahnsinnig heran, mit einem unglaublichen Schwung und mit Lebhaftigkeit, und erreichen dabei durch Zufall das gewünschte Resultat. Tiere, die von Deutschen beobachtet wurden, sitzen dagegen ruhig, denken nach und entwickeln letztlich die Lösung des Problems aus ihrer inneren Bewußtheit heraus.«

Als Haupteinwand gegen Köhler wurde – und wird – die unbekannte Vorgeschichte seiner Schimpansen angeführt. Einige stammten aus dem Zoo. Konnten sie dort nicht den Umgang mit Kisten oder kistenähnlichen Objekten erlernt haben? Daß man diese verschieben und besteigen kann? Und dadurch höher hinaufreicht? Dann hätten sie diese Vorerfahrung lediglich auf den akuten Fall »Banane« angewandt, und damit würde – so die uneinsichtigen Kritiker – die angeblich geistige Leistung der Schimpansen auf eine simple »Anwendung im neuen Kontext« hinauslaufen.

Was mich an diesem Argument stört, ist nicht etwa der Versuch, anstelle von »Einsicht« oder »Überlegenheit« andere Erklärungen heranzuziehen. Im Gegenteil, dies gehört zum wissenschaftlichen »Pflichtprogramm«. Was mich stört, sind die offensichtliche Verkennung und ungerechtfertigte Geringschätzung dessen, was »Anwendung im neuen Kontext« bedeutet. Fast durchweg in der Geschichte der Menschheit war es gerade die Anwendung einer Erfahrung in einem neuen Zusammenhang, die den Grundstein zu einer gefeierten Erfindung legte.

Nehmen wir das Jahr 1879. Daß elektrischer Strom einen Draht glühendheiß machen kann, war damals eine bekannte Erfahrung. Aber Thomas Alva Edison hat sie im neuen Kontext der Lichterzeugung eingesetzt: bei der Erfindung der elektrischen Glühlampe. Oder nehmen wir die Erfindung des Morsetelegraphs 1837. Samuel Morse hatte auf einer Schiffsreise einer Unterhaltungsshow beigewohnt, bei der ein Elektromagnet für die Dauer eines Stromstoßes ein Stück Eisen anhob. Sein eigentlicher Geistesblitz bestand darin, dies in ganz anderem Kontext, nämlich zur Nachrichtenübermittlung, einzusetzen. Oder, um ein letztes Beispiel zu nennen: Jeder wird schon mal bemerkt haben, daß ein Wassertropfen den Untergrund, auf dem er liegt, größer erscheinen läßt. Aber dies auf »Glastropfen« zu übertragen war Antoni van Leeuwenhoeks entscheidender Schritt beim Bau des ersten brauchbaren Mikroskops. Es war »nichts weiter« als die Anwendung einer Allerweltserfahrung in einem anderen Kontext.

Die Reihe der Beispiele könnte beliebig erweitert werden. Unsere sogenannte Kreativität ist keine Schöpfung aus dem Nichts. Sie speist sich zu einem erheblichen Teil aus der Fähigkeit, bekannte Erfahrungen auf einen neuen Problemkreis zu übertragen. Wir sollten fair bleiben und auch bei Tieren die »Anwendung in einem anderen Kontext« richtig bewerten. Wer von einem Affen erwartet, er müsse, um ein Denk-Testat zu bekommen, ohne Vorerfahrung mit verschiebbaren Objekten das Bananenproblem lösen, der vergißt, wie sehr wir selbst auf Vorerfahrungen angewiesen sind, um ein Problem zu lösen. Man muß nur einmal die Hilflosigkeit der Fluggäste ansehen, wenn sie zum ersten Mal auf dem Frankfurter Flughafen ein S-Bahn-Ticket lösen sollen. Und selbst einfachste mechanische Aufgaben werden zur Denksportaufgabe, wenn uns die praktische Vorerfahrung fehlt. Oder wie ist das auf der umseitigen Zeichnung? Kann man sich auf diese Weise mittels Seil und Rolle in die Höhe ziehen, indem man sich gegen den Aufzugboden stemmt und kräftig am Seil zieht?

Vor einigen Jahren haben Wissenschaftler an der Harvard-Universität den Bananentest auf originelle Weise wiederholt. Es ging um die Frage, welche Vorerfahrungen tatsächlich nötig sind, um eine Kiste zu verschieben und sie als Podest zu benutzen. Der besondere Ansatz bestand darin, daß sie mit Tieren arbeiteten, die garantiert keine Erfahrung im Umherschieben von Gegenständen hatten: mit Tauben. Natürlich – niemand wird etwas anderes erwartet haben – konnten die Tauben mit einer Box im Raum und einer aufgehängten Banane absolut nichts anfangen. Dann brachte man ihnen bei, auf einer Box zu stehen und an der darüberhängenden Banane zu picken. Aber auch jetzt kamen sie nicht auf die Idee, das Kästchen zu verschieben, wenn es an der

Ohne praktische Erfahrung schwer zu entscheiden: Kann man sich auf diese Weise in die Höhe ziehen?

falschen Seite stand. Woher hätten sie um dessen Verrückbarkeit auch wissen sollen?

In einem getrennten Trainingsprogramm lernten die Tauben deshalb, wie man mit dem Schnabel eine Box über den Boden schiebt. Würde diese Lektion etwas bewirken? Fehlanzeige. Nach wie vor dachten sie nicht daran, das Kistchen unter die Banane zu rücken. Die Wissenschaftler fügten einen weiteren Lernschritt ein. Sie brachten ihren Tauben bei, die Boxen nicht aufs Geratewohl zu verschieben, sondern stets zu einem grünen Punkt, der auf den Fußboden gemalt war. Und jetzt, nach dieser Vorübung, erlebten die Wissenschaftler eine drastische Wende:

»Zunächst schien jede Taube ›verwirrt‹ zu sein«, so berichtet einer der Experimentatoren, »sie streckten und drehten sich unter der Banane, schauten mehrmals hin und her, von der Banane zur Box und wieder zurück. Dann begann jede Taube ziemlich plötzlich, die Box zu verschieben, und zwar ganz offensichtlich in Richtung Banane. Dabei behielt sie die Banane im Auge, auch wenn es nötig war, die Richtung zu korrigieren. Genau an der richtigen Stelle hielt sie mit dem Schieben inne, stieg auf und pickte an der Banane.«

Das Erstaunlichste an dieser Beobachtung ist für mich die Art und Weise, wie die Tauben ans Werk gingen. Sie hätten sich auch zögernd und unsicher an die Lösung herantasten können. Statt dessen prüften sie die Situation und handelten dann offensichtlich nach Plan und Vorsatz. Zuvor aber hatten sie in ihrer inneren Welt mindestens zwei neue Schritte zu vollziehen, die über ihre bisherigen Erfahrungen hinausgingen: Sie mußten die getrennten Lektionen, das Verschieben und das Besteigen einer Box, zusammenbringen, und sie mußten vor allem den grünen Zielpunkt durch den Zielpunkt »Banane« ersetzen.

Solche Denkschritte mögen uns klein und unbedeutend erscheinen, aber sie fallen, wenn wir an unserer Definition festhalten, Denken als Probehandeln in der inneren Welt zu verstehen, zweifelsfrei unter die Kategorie »Denken«. Hinzu kommt, daß unser Maßstab hier kräftig verzerrt sein dürfte, denn uns, die wir seit früher Kindheit greifen, klettern oder tragen, ist der gesamte Versuchsaufbau buchstäblich auf den Leib geschnitten. Für Tauben gilt das sicher nicht. Gäbe es einen entsprechenden Test, in dem nicht der Transport von Boxen gefragt ist, sondern vielleicht das Aussortieren von Körnern wie weiland bei Schneewittchen – ich bin fast sicher, die Tauben würden weit eindrucksvoller abschneiden.

Ohnehin haftet solchen Tests etwas Artifizielles an. Wo in ihrem Lebensraum haben Schimpansen mit Werkzeugkästen oder Tauben mit Holzboxen zu tun? Solche Experimente sind zwar geeignet, um grundsätzlich die Befähigung zu einsichtigem Handeln oder den dazugehörigen gedanklichen Schritten zu klären, aber sie tragen wenig zu der Frage bei, was die Tiere, auf sich gestellt, damit anfangen. In welchen Situationen setzen sie ihre Fähigkeit, zu denken oder zu planen, ein? Welche Probleme bewältigen sie damit? Hier können nur Beobachtungen im Freiland oder unter naturnahen Bedingungen weiterhelfen. Dabei hat der Feldforscher, anders als der Experimentator, die Initiative ganz den Tieren zu überlassen. Er hat die Rolle des wachen und geschulten Dokumentaristen zu übernehmen, der sich jeden Eingriff versagt. Um in unserem früheren Bild zu bleiben: Es geht nicht darum, gezielte Fragen an die Tiere zu richten, sondern zuzuhören, was sie von selbst mitteilen.

Wenn man allerdings, wie wir, auf Situationen aus ist, in denen sich überlegtes, das heißt vorbedachtes Handeln offenbaren könnte, dann zeigt sich wiederum die altbekannte Schwierigkeit: Es sollte sich um neue Situationen handeln, um Probleme, denen das Tier zum erstenmal begegnet. Nur so sind bereits früher erlernte Verhaltensweisen oder gar instinktive Reaktionen auszuschließen.

Wie schnell eine einzige frühere Erfahrung das künftige Verhalten bestimmen kann, haben Wolfgang Köhlers Schimpansen demonstriert. Als ihnen jetzt eine Banane außer Reichweite vor die Gitterstäbe gelegt wurde, schleppten einige – die »Dümmeren« unter ihnen – wieder die Kiste herbei. Völlig unsinnig. Aber offensichtlich waren sie bereits darauf konditioniert, daß Kisten das Erfolgsrezept für Bananenprobleme aller Art seien.

Der Zugang zur Domäne des Denkens führt durch den Engpaß der Einmaligkeit. Aber Uraufführungen sind auch auf der Bühne des Lebens selten, und die Chancen, sie mitzuerleben, sind nochmals geringer. Verständlich, wenn gutdokumentierte Beobachtungen hier eine Seltenheit sind.

Der denkende Fisch von Konrad Lorenz

»Wenn ich je einen Fisch nachdenken gesehen habe, so war es damals!« So kommentiert Konrad Lorenz einen Vorfall, den er zufällig bei einem Maulbrüter beobachtet hat. Diese Fische – wir haben es erwähnt – zeichnen sich dadurch aus, daß ihre Jungen im Muttermaul zur Welt kommen und dorthin bei Gefahr auch zurückflüchten. Aber die Fürsorge reicht noch weiter. Selbst wenn die Jungen größer sind und bereits mehrere Wochen alt, werden sie jeden Abend von der Mutter »nach Hause« gerufen und in der Nestgrube schlafen gelegt. Das »Rufen« erfolgt nicht durch Laute, sondern durch optische Signale: Die Kinder werden herbeigewinkt.

Bei den Juwelenfischen zum Beispiel, einer besonders farbenprächtigen Maulbrüterart, stellt sich die Mutter über das Nest und schlägt in raschem Tempo mit ihrer Rückenflosse. Dabei blinken die irisierenden hellblauen Punkte, mit denen sie übersät ist, wie Juwelen auf. Die Jungen reagieren auf den Wink mit den »Edelsteinen«, schwimmen herbei und sinken unter der Mutter buchstäblich in Schlaf: Sie können ihre Schwimmblase derart zusammenziehen, daß sie wesentlich schwerer als Wasser werden. Wie Steinchen sinken sie dann zur Nachtruhe in die Nestgrube. Der Vater unternimmt inzwischen einen Kontrollgang durchs Revier, um eventuelle unfolgsame Nachzügler einzusammeln. Sie werden kurzerhand eingesaugt und erst wieder im Nest abgelegt, wo sie sofort in ihren Schwerezustand verfallen. Gerade während einer solchen Heimholaktion ist die Geschichte passiert, die Konrad Lorenz unvergleichlich liebevoll und doch präzise beschrieben hat:

»Als ich ans Becken trat, waren nahezu alle Jungen schon in der Nestgrube, darüber stand die Mutter treu Wache. Sie kam auch nicht mehr zum Futter, als ich Regenwurmstücke in das Becken warf. Wohl aber ließ sich der Vater, der aufgeregt das ganze Aquarium nach verirrten Jungen absuchte, durch ein schönes Regenwurmhinterende (aus unbekannten Gründen wird es von allen Würmerfressern dem vorderen vorgezogen) von seiner Tätigkeit ablenken. Er schwamm heran und packte den Wurm, konnte ihn aber wegen seiner Größe nicht sofort hinunterschlucken. Gerade als er nun mit vollem Mund kaute, sah er ein verlorenes Junges einsam durch das Becken schwimmen. Wie elektrisiert fuhr er auf, jagte dem Kind nach und nahm es in seine ohnedies schon volle Mundhöhle auf. Das war spannend! Der Fisch hatte zwei verschiedene Dinge im Maul, von denen eines in den Magen, das andere in die Nestgrube sollte. Was würde geschehen? Ich muß sagen, daß ich in diesem Augenblick keine fünf Kreuzer für das Leben jenes Juwelenfischchens gegeben hätte.

Großartig aber, was wirklich geschah! Der Fisch stand starr, mit vollen Backen, aber ohne zu kauen ... Ermißt man, wie merkwürdig es ist, daß ein Fisch in eine echte Konfliktsituation geraten kann und daß sich das Tier darin genau wie ein Mensch verhält, nämlich, nach allen Richtungen blockiert, stehenbleibt und weder vor noch zurück kann?

Viele Sekunden stand der Juwelenfischvater wie angemauert. Aber man konnte ordentlich sehen, wie es in ihm arbeitete, und dann löste er den Konflikt in einer Weise, daß man einfach Hochachtung finden mußte. Er spie den ganzen Inhalt des Mundes aus, der Wurm fiel zu Boden, das kleine Juwelenfischchen tat, in der beschriebenen Weise schwer werdend, das gleiche. Dann wandte sich der alte Juwelenfisch entschlossen dem Wurm zu und fraß ihn ohne Hast auf – aber mit einem Auge auf das ›gehorsam‹ am Boden liegende Kind. Als er fertig war, inhalierte er es und trug es heim zu Mama. Einige Studenten, die das Ganze mit angesehen hatten, begannen wie ein Mann zu applaudieren.« *(Er redet mit dem Vieh, den Vögeln und den Fischen, 1991)*

Die Kollegen applaudierten weniger. Aus einem solchen Einmalereignis dürfe man keine Schlüsse ziehen, und schon gar nicht über das Denken eines Fisches. Die wissenschaftlichen Spielregeln sind streng. Immerhin zeigt uns diese Episode einen realistischen Konfliktfall im Leben eines Maulbrüters, in dem die Fähigkeit zu einfachsten Überlegungen bereits über Leben und Tod entscheiden könnte – zumindest für den Nachwuchs.

Auch die nachfolgende Geschichte hat mit der Rettung des Nachwuchses zu tun und setzt planende Schritte voraus. Im Mittelpunkt steht Roland, ein Hovawartrüde. Sein Revier war der Garten, dort stand seine Hütte. Haus oder Wohnräume hatte er nie betreten. Auch als es Nachwuchs gab, lebte die ganze Hundefamilie, Vater Roland, die Mutter und sechs Welpen, im Freien und nutzte den Garten als Spiel- und Übungsgelände. Und hierbei ist es passiert: »Es war morgens, wir lagen noch im Bett«, erinnern sich die Besitzer Klaus und Inge, »da klopft und kratzt es von außen gegen die Fensterscheibe. Noch nie hat er so etwas getan, und er war ganz aufgeregt – hinterher haben wir uns gefragt, woher Roland überhaupt wissen konnte, wo wir sind.« Als Klaus und Inge dann nach draußen stürzten, hing, jämmerlich winselnd, ein Junges im Gartenzaun. Beim Versuch, ihn zu überspringen, war es mit den Hinterbeinen zwischen den Latten hängengeblieben und konnte weder vor noch zurück. Vater Roland hat Hilfe geholt.

Hundegeschichten dieser Art sind Legion. Viele klingen übertrieben oder zumindest ausgeschmückt. Andere erscheinen seriös und glaubwürdig. Aber wer wollte das entscheiden? Und vor allem, welche Schlußfolgerungen sind daraus zu ziehen? Zum Beispiel aus Arnos Neuerfindung, als die kleine achtzehn Monate alte Franziska zu Besuch kam. Das Ganze spielte sich in Immanuels Wohnzimmer ab, und er selbst wurde Zeuge einer, wie er sagt, »erstaunlichen Geschichte, die es wert ist, darüber nachzudenken«.

Arno, Immanuels langhaarige Schäferhündin, war ganz versessen auf ihr Standardtennisspiel: Jeder Besucher mußte einen alten abgewetzten Tennisball in die Höhe werfen, damit sie ihn in der Luft schnappen konnte. Das eigentliche Spiel aber bestand darin, daß Arno sich auf den Boden legte und, ganz Aufforderung, darauf wartete, bis man ihr mit Gewalt und gegen ihr Sträuben ankämpfend den Ball zwischen den Zähnen heraushebelte. Auf ein neues; die Zahl der Sätze bei diesem Tennisspiel schien unbegrenzt zu sein. Noch heute erinnern mich einige Narben daran.

Natürlich war Franziska, die mit Mühe eben ihre ersten Gehversuche unternahm, kein echter Partner. Sie konnte den Ball nicht einmal in die Höhe werfen, und er kullerte träge vor Arnos Schnauze. Aber gerade so, als würde sie die Situation durchschauen, schubste die Schäferhündin den Ball zurück. Franziska reagierte entsprechend, und so ging es sanft und kindgerecht hin und her. Immanuel war fasziniert. Er lobte seinen Hund und wollte das neue Spiel selbst mit ihm fortsetzen. Denkste! Arno dachte nicht daran, den Ball freiwillig aus dem Maul zu geben. Immanuel ist schließlich kein Kleinkind.

Aber wieweit hat der Hund die Situation wirklich erfaßt? Wieweit hat er sie im voraus durchschaut und abgeschätzt, bevor er die Franziska-Variante spielte? Es ist verwunderlich, wie wenig die geistigen – oder wen das stört: die kognitiven – Fähigkeiten bei Hunden untersucht sind. Heim- und Haustiere, obwohl gerade sie als unsere Mitbewohner von besonderem Interesse sein sollten, fangen erst an, ins Blickfeld der Verhaltensforschung zu rücken. Vielleicht, weil »Dinge, die nicht im Labor, sondern in den eigenen vier Wänden erforscht werden, von vornherein wenig Chancen haben, wissenschaftlich ernst genommen zu werden«. So der Kommentar einer angesehenen Wissenschaftlerin zu diesem Phänomen.

Wenn Gorillakinder baden gehen

In den eigenen vier Wänden hat auch der schwarzhaarige Timbou seine Erstlingstat vollbracht – eine heldenhafte Tat nach seinem eigenen Empfinden. Und eine durchaus zielstrebig durchgeführte Tat, weshalb sie hier gerechterweise der Vergessenheit entrissen und gewürdigt sei. Timbou hatte insofern Pech, als seine Mutter bereits vier Kinder zur Welt gebracht und irgendwie genug hatte. Die Gorillafrau in Aspinalls Zoo bei Canterbury verweigerte sich ihrem Sprößling. Und dies war gleichbedeutend mit Familienzuwachs für Bridget Wedderburn.

Wir besuchten sie, und wir staunten nicht schlecht, als sie uns per Fahrrad entgegenkam: Timbou in der Tragekiepe, ein anderes Gorillakind auf dem Rücksitz und das dritte in einem Stühlchen am Lenker. Bridget war auf dem Weg in den Kindergarten, den Gorillakindergarten. Denn ihre Schützlinge sollten soviel wie möglich von ihren Artgenossen mitbekommen, um sich bald wieder in der Gorillagroßfamilie zurechtzufinden. Vorerst aber ging nichts ohne Ersatzmutter Bridget, die sich redlich mühte, nicht allzusehr gegen das Vorbild abzufallen.

Ein paar menschliche Anpassungen mußte sie indessen durchsetzen: Die Youngsters hatten Windeln zu tragen, und sie mußten ein tägliches Bad in der Wanne über sich ergehen lassen. »Anders ist das nicht auszuhalten, wenn sie nachts mit mir im Bett liegen«,

Oben: Schneeflocke, der Star des Zoos von Barcelona, ist der einzige bekannte Albino-Gorilla der Welt. Er wurde 1966 als Säugling in Afrika gefunden, nachdem seine Mutter erschossen worden war. Seine helle Gesichtsfarbe und seine blauen Augen verleihen ihm fast ein europäisch anmutendes Aussehen. Er ist geeignet, uns daran zu erinnern, daß es eine ununterbrochene Generationenkette aus Eltern und Kindern gibt, die uns mit dem gemeinsamen Ahnen von Menschen und Menschenaffen verbindet.

Nächste Doppelseite: Schimpansenmutter und ihr Sprößling: Wer kommt in meine Arme?

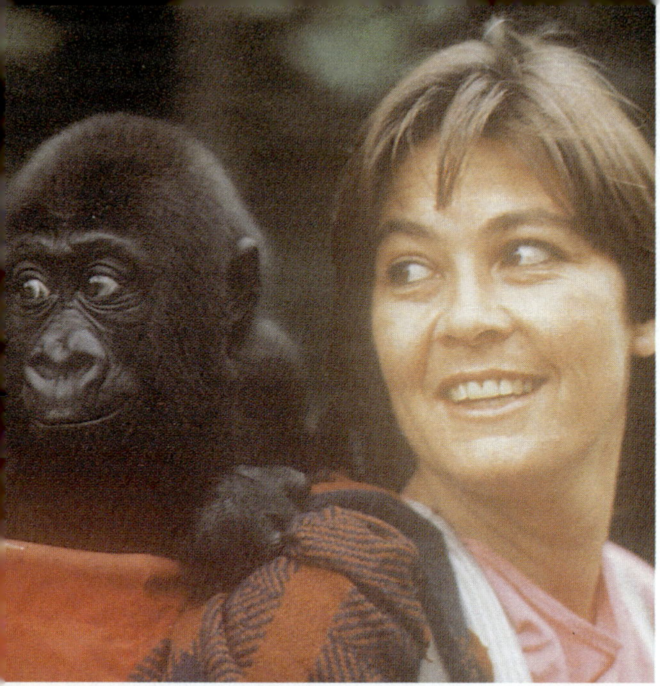

In John Aspinalls eigenwilligem Zoo: Bridget Wedderburn zieht verwaiste Gorillakinder auf, während halbwüchsige – sonst ungestüme und wilde – Gorillaburschen liebevoll und zärtlich mit Aspinalls Enkeltochter spielen.

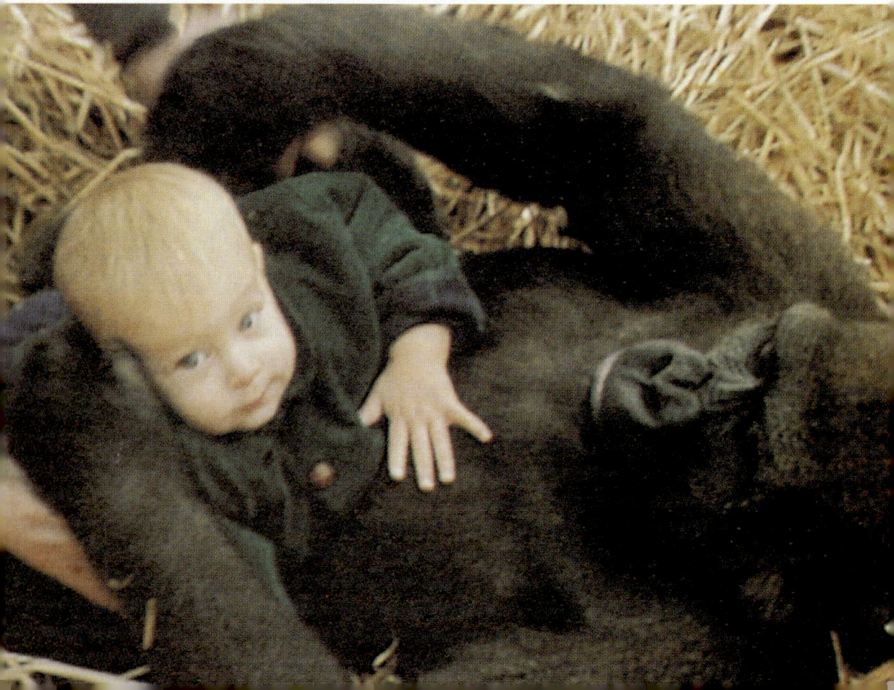

entschuldigte sich Bridget. Was das Baden betraf, so schlug Timbou völlig aus der Gorillaart. Im Gegensatz zu den anderen kannte er keine Wasserscheu. Er planschte und spritzte und machte die Reinigung zum Wannenfest. Soviel zu Timbous Vorgeschichte.

Bridget gestand uns, daß sie doch hin und wieder Sehnsucht nach einer Atempause habe. Schließlich gab es einen – wenn auch geduldigen – Freund, sie wolle sich aufs Studium vorbereiten, auch mal ein Buch lesen... Und neulich sei die Gelegenheit wirklich günstig gewesen. Aber dies gehört bereits zu Timbous »Heldengeschichte«. Er spielte ruhig und zufrieden im Wohnzimmer, als Bridget sich aus dem Zimmer über den Flur ins Badezimmer schlich, um sich, ganz für sich allein, ein Bad zu gönnen. Alle Türen hatte sie sorgfältig geschlossen; sie wußte, daß der Knirps nicht an die Klinke reichen würde. Ein paar Minuten wohlverdienter Entspannung. Plötzlich hörte sie seltsame Geräusche. Die Tür ging auf, ein triumphierender Timbou stürmte herein und schwang sich aufs oberste Brett des Badezimmerregals. Mit lässiger Geste entledigte er sich seiner Windel. Weg damit. Dann trommelten seine Fäustchen gegen die Brust, und ein Gorilla stürzte sich in die Tiefe des Schaumbads. Wow!

Im nachhinein rekonstruierte Bridget, daß Timbou das verlockende Plätschern des Wassers gehört haben mußte, daß er sich einen Stuhl herangerückt hatte, um an die Klinke zu gelangen, daß er die Prozedur bei der Badezimmertür wiederholt hatte und daß er... sich zu Recht als der Größte fühlen durfte.

Bleiben wir noch eine Geschichte lang im Wasser. Einen der klarsten Belege für raffinierte Vorausplanungen soll der Delphinmann Mr. Spock im Becken von Marine World geliefert haben. Jim, der Trainer, war auf die pfiffige Idee gekommen, seine Delphine könnten selbst den ganzen Papierabfall beseitigen, den der Wind immer wieder in ihr Becken blies. Alle paar Tage veranstaltete er eine Müllaktion: Mit einem Eimer Fische stellte er sich an den Beckenrand, und für jedes abgelieferte Stück Papier gab es einen Fisch. Die Sache klappte prima. Aber nach und nach wurde Jim mißtrauisch, denn es war immer Mr. Spock, der praktisch alle Fische einheimste. Sollte nur er den Handel begriffen haben?

Jim übergab den Eimer seinem Assistenten und ging nach unten, um sich die Geschichte durch ein Unterwasserfenster anzusehen. Sein Verdacht erwies sich als voll begründet: Mr. Spock hatte einen Stapel von Papierabfällen unter einer kleinen Plattform gehortet. Offensichtlich handelte es sich um sein Sammelgut der letzten Tage, und jetzt war er dabei, es Stück für Stück in Fisch umzusetzen. Nicht schlecht, Mr. Spock – wenn sich die Geschichte, die in der amerikanischen Zeitschrift *Newsweek* zu lesen war, wirklich so zugetragen hat.

Löwen als Strategen?

Es ist das Schicksal aller Einmalereignisse, daß sie sich der wissenschaftlichen Nachprüfbarkeit entziehen. Andererseits ist die Frage nach dem »Denken« eben an diese Einmaligkeit gekoppelt. Wir haben diese Zwickmühle schon früher im Zusammenhang mit experimentellen Denktests angesprochen und hatten dort als Ausweg »variable Experimente« angeführt: Experimente wie die Labyrinthversuche, die so viele Varianten bieten, daß jeder Testlauf den Charakter einer neuen Aufgabe hat.

Könnte es Entsprechendes nicht auch in freier Wildbahn geben? Könnten dort nicht kritische Situationen auftreten, die vielleicht öfter wiederkehren mögen, aber doch jedesmal so anders und unvorhersehbar sind, daß sie nicht nach Schema, weder nach Lernschema noch Instinktschema, zu meistern sind? Solche Situationen würden ein Ausmaß an Flexibilität und Vielseitigkeit im Handeln erfordern, daß sie hochgradig »denkverdächtig« wären – in dem Sinne, daß die Tiere ihre Aktionen mit bestimmten Vorstellungen über Ablauf, Ziele oder Folgen verbinden.

Eines der oft genannten Beispiele ist die Jagd von Löwinnen. Sie stellt ein Gemeinschaftsunternehmen dar, dessen Chance nicht so sehr in der schieren Übermacht liegt, sondern im Einsatz geschickter Jagdstrategien. Es wurden Gruppen beobachtet, die vor der Attacke eine bestimmte Formation einnehmen: Sie gruppieren sich wie ein »U«; die Tiere an den Flanken sind vorgezogen, die Löwin in der Mitte läßt sich etwas zurückfallen. Wie ein lebendes Fangnetz verhindert diese Formation seitliche Ausbruchsversuche des anvisierten Opfers. Sollte diese Kooperation ganz ohne Überlegung ablaufen, wer welche Rolle übernimmt? Und wann diese Taktik sinnvoll ist? Denn andere Situationen können ganz andere Strategien erfordern.

Donald R. Griffin schildert einen erfolgreichen Beutezug von vier Löwinnen im Amboselipark in Kenia. Es ging ihnen offensichtlich um eine grasende Gnuherde auf einer Ebene. Auch die Gnus hatten das bemerkt, hörten auf zu fressen und behielten die Löwen im Auge. Aber was sie zu sehen bekamen, schien keine akute Gefahr zu verkünden, denn zwei der Löwinnen erstiegen gemächlich die Spitze eines Hügels und ließen sich dort weithin sichtbar nieder. Zu weit entfernt für einen Angriff. Aufmerksamkeit, aber keine besondere Unruhe bei den Gnus.

Inzwischen aber hatte sich die dritte Löwin davongemacht. Tief geduckt, den Bauch am Boden, nutzte sie einen Graben und schlich sich näher an die Gnuherde heran. Minuten vergingen, ohne daß etwas geschah – obwohl die Löwen auf dem Ausguck ihren Jagdblick weiterhin beibehielten. Plötzlich stürzte die vierte Löwin von der entgegengesetzten Seite aus einem Wald hervor. Die Gnus galoppierten davon – in Richtung Graben. Eines mußte daran glauben; es lief Nummer drei direkt in die Fänge. Gelassen trotteten nun auch die beiden Schaulöwen vom Hügel herab. Man teilte sich den Fang.

Das Ganze sieht fast zwingend nach einem vorher ausgeheckten Plan aus: zwei Löwinnen als Blickfang, eine lauernd im Versteck und eine als Treiberin die Hatz eröffnend. Aber noch ist es zu früh für derartige Schlußfolgerungen. Niemand weiß, wie groß der Spielraum tatsächlich ist, der den Löwen bei der Variation ihrer Jagdstrategie zur Verfügung steht. Wie oft ändern sie ihre Taktik? Wie flexibel stellen sie sich auf das Gelände ein? Wie oft tauschen sie ihre Rollen? Erst wenn solche Fragen geklärt sind, könnte man die Spur nach der Beteiligung von Denkprozessen weiterverfolgen.

Der Trick mit dem gebrochenen Flügel

Wesentlich mehr Einblick bietet der Fall, wenn man sich gewissermaßen auf die andere Seite stellt und die Verteidigungsweisen
gegen Raubtiere studiert. In jedem Frühjahr läßt sich solches
Verhalten, wenn auch eine Nummer kleiner, in unseren Breiten
erleben.

Großes Gezeter im Grünen. Lautes, aufgeregtes Schimpfen.
Eine Katze sitzt reglos im Baum, nur die unruhige Schwanzspitze
verrät ihre Jagdstimmung. Vom Ast über ihr, beängstigend nahe,
schimpft eine Kohlmeise herunter. Sie gehört offenbar zu einem
brütenden Meisenpaar, das irgendwo in der Nähe ein Nest eingerichtet hat. Jetzt kommt der Partner angeflogen und gebärdet sich
nicht minder mutig: Er flattert der Katze so dicht vor der Nase
herum, daß sie mit ihren Kopf- und Augenbewegungen kaum
nachkommt.

Klar, die beiden Vögel wollen die Aufmerksamkeit auf sich
ziehen, wollen die Katze von ihrem Nest ablenken. Aber wer hätte
sich nicht schon gefragt, wie klar das wirklich ist? Wieviel Wille,
wieviel Absicht und Überlegung stecken tatsächlich dahinter?
Reagieren die Meisen nicht instinktiv und reflexartig auf das
Raubtier, sobald es eine gewisse Nähe zum Nest überschreitet?
Auf den ersten Blick scheint die Frage noch unlösbarer als im Falle
der Löwenjagd.

Hier gibt es jüngere Beobachtungen und Untersuchungen – mit
überraschenden Resultaten. Die Biologin Carolyn A. Ristau hat
sich den Verteidigungsfall, wenn auch nicht von Kohlmeisen, so
doch von Sandregenpfeifern vorgenommen. Diese Küstenvögel
bieten sich insofern dafür an, als die Wissenschaftler selbst in die
Rolle des künstlichen Störenfrieds schlüpfen können und nicht
auf natürliche Raubfeinde warten müssen. Hinzu kommt, daß die
Ablenkungsmanöver der Sandregenpfeifer besonders deutlich
und drastisch ausfallen. Wer jemals die Gelegenheit hatte, am
Strand oder in den Dünen der amerikanischen Atlantikküste ent-
langzuwandern, wird diese Vögel sicher bemerkt haben – oder
genauer: Sie werden sich bemerkbar gemacht haben.

Plötzlich nämlich horcht man auf, weil ganz in der Nähe ein

auffälliges »Piep« zu hören ist. Dann erst entdeckt man den gutgetarnten, sandfarbenen Vogel, wie er geschäftig hin und her trippelt und einen dabei immer wieder anschaut. Manchmal fliegt er auf, dreht eine Runde, um noch dichter bei dem Störenfried zu landen und die Aufmerksamkeit auf sich zu ziehen. Dann kann man sicher sein, daß irgendwo in der Nähe das Nest ist. Eine kleine Kuhle im Sand, das ist alles. Vier Wochen sitzen die Sandregenpfeifer über den ebenfalls sandfarbenen Eiern, dann bedarf es nochmals drei Wochen, bis die Jungen fliegen können. Sieben Wochen also sind sie praktisch schutzlos und müssen sich allein auf ihre »Unsichtbarkeit« verlassen.

Vor diesem Hintergrund hat sich das oben beschriebene Ablenkungsmanöver der Elternvögel entwickelt, das aber in einer besonderen Variante gipfeln kann: Die Vögel spielen »verletzt«. Das ist wirklich mitleiderregend, wenn ein Sandregenpfeifer hilflos vor einem hertaumelt, den Flügel abgespreizt und nachschleppend – offensichtlich gebrochen. Immerhin humpelt er schnell genug, um den Abstand zu wahren, auch wenn man seinen Schritt beschleunigt. Und dann plötzlich flattert er auf, dreht eine elegante Kurve und fliegt gekonnt davon. Dann darf man sicher sein, daß man weit vom Nest entfernt ist – weggelotst durch eine vorgetäuschte Flügelverletzung.

Aber diese Aussage ist natürlich bereits eine Interpretation des Verhaltens. Manche Wissenschaftler haben es ganz anders gedeutet: nämlich als völlig sinnlose, unkoordinierte Bewegung, weil die Vögel zwischen Furcht- und Verteidigungsreaktion hin und her gerissen seien. Carolyn A. Ristau hat sich deshalb zwei Hauptfragen gestellt. Erstens: Ist die »Flügelschau«, die der Sandregenpfeifer abzieht, wirklich geeignet, um einen Eindringling vom Nest abzulenken? Und zweitens: Wie starr und festgefügt läuft dieses Manöver eigentlich ab? Oder umgekehrt: Welchen Spielraum besitzen die Vögel, ihr Verhalten im Bedarfsfalle abzuwandeln und sich auf Unvorhergesehenes einzustellen?

Carolyn A. Ristau ging sehr gewissenhaft vor. Sie hat zahlreiche Annäherungen an fünf verschiedene Nester aus unterschiedlichen Richtungen durch verschiedene Versuchspersonen vorgenommen und ihre eigenen Beobachtungen durch Videoaufnahmen, Tonbandprotokolle und Kontrollpersonen unterstützt. Die Ergebnise sprechen eine deutliche Sprache. Grundsätzlich beginnen die Vögel erst mit ihrer Schaunummer, nachdem sie sich in das Blickfeld, meist direkt vor die Nase des mutmaßlichen Feindes, begeben haben. Und sie stoppen ihr Manöver – in achtundneunzig Prozent der Fälle – erst, wenn der Störenfried weiter vom Nest entfernt ist als zu Beginn. Dabei legen sie – in siebenundachtzig Prozent der Fälle – ihren Weg so, daß jede auch nur vorübergehende Annäherung an das Nest vermieden wird.

Kein Zweifel: Das Unternehmen »gebrochener Flügel« ist bestens geeignet, einen Feind vom Nest wegzuführen – unter der Voraussetzung, daß dieser der vermeintlich leichten Beute folgt. Tatsächlich vergewissern sich die Vögel ständig, ob der Adressat ihrer Bemühungen auch noch im Schlepptau ist. Immer wieder wenden sie den Kopf und schauen nach hinten. Wirklich spannend wird die Geschichte aber dann, wenn der zu Verführende nicht mehr mitspielt, wenn er zurückbleibt oder anhält. Was tun? Die Vögel reagieren ganz unterschiedlich. Die einen intensivieren ihre Schau. Sie steigern den Grad ihrer »Verletzung«, torkeln noch heftiger oder lassen sogar noch den zweiten Flügel hängen, als wären sie wirklich gleich am Ende. Andere halten an, kommen zurück und setzen mit verkürztem Abstand wieder neu an. Wieder andere kombinieren diese beiden Strategien, und einige wenige geben auch ganz auf und fliegen davon.

Alle diese Verhaltensweisen sind überlagert von früheren Erfahrungen. Die Vögel erinnern sich, wer schon einmal direkt auf das Nest zugegangen war, und reagieren dann besonders heftig. Sie registrieren, ob jemand aufs Meer hinausblickt oder, weit alarmierender, in Richtung Nest schaut. Und manche Arten unterscheiden sogar, ob es harmlose Grasfresser wie Kühe oder Pferde sind, die auf das Nest zusteuern. In diesem Fall warten sie ab, und erst wenn Gefahr droht, die Vierbeiner könnten direkt ins Gelege trampeln, unternehmen sie einen blitzartigen Ausfall – mitten ins Kuh- oder Pferdegesicht. Der Erfolg ist meist durchschlagend. Erschreckt drehen die Weidetiere ab. Bedenkt man ferner, daß alle diese Maßnahmen nur in Nestnähe ergriffen werden und auch nur, solange die Eier heil und unzerstört sind, dann fällt es schwer, dies alles als fest vorgegebene, durch bestimmte Reize auslösbare Reaktionsprogramme zu verstehen.

Es müßten unerhört komplexe, in sich verschachtelte Superprogramme sein, um die beobachtete Variationsbreite und Flexibilität zu garantieren. Viel eher wären die Ablenkungsmanöver der Vogeleltern zu erklären, wenn man ihnen – auch Carolyn A. Ristau spricht sich dafür aus – eine gewisse Einsicht in die Situation zugesteht. So könnten sie beispielsweise eine Vorstellung vom Endziel in sich tragen: Es geht darum, die Jungen zu schützen. Oder eine Vorstellung, wie das durchzuführen ist: Der Feind muß weg vom Nest. Oder eine Vorstellung von den Folgen: Wenn er mich sieht, wird er mir nachlaufen.

Zugegeben, es klingt nicht gerade wissenschaftlich, sondern eher nach Tierfabeln und Kindermärchen, wenn man »Vogelgedanken« in menschlicher Sprache ausdrückt. Aber in Ermangelung einer anderen Ausdrucksweise ist es der Versuch einer Annäherung an jene Denkprozesse, die sich in der inneren Welt eines Vogels abspielen mögen.

Ich möchte freilich einem Mißverständnis vorbeugen. Es geht nicht darum, das gesamte Ablenkungsmanöver am Strand als voll bewußte und durchgeplante Handlung der Sandregenpfeifer hinzustellen. Sie haben sich den Bluff mit dem Flügel genausowenig »ausgedacht« wie ihren Humpelgang oder – ein anderer Trick – das Absitzen und Sichzurechtrucklen auf irgendwelchen Steinen, gerade so, als brüteten sie Eier aus. Aller Wahrscheinlichkeit nach handelt es sich bei diesen Aktionen um angeborene Bewegungsmuster. Aber wo und wann die Sandregenpfeifer diese einsetzen, wie sie frühere Erfahrungen hinzuziehen oder wann ein Wechsel in der Taktik angezeigt ist – solche »strategischen Maßnahmen« könnten sie durchaus absichtlich verfolgen, geleitet von bewußten Vorstellungen und Erwartungen in ihrer inneren Welt.

Auch ein Tennisspiel – wenn der Vergleich erlaubt ist – besteht zum größten Teil aus festgefügten Bewegungsabläufen. Die Schrittfolge, der Armschwung, die Griffhaltung entziehen sich weitgehend unserer bewußten Kontrolle, ganz zu schweigen von gelegentlichen Wutausbrüchen. Aber der Spielaufbau, die Taktik oder einzelne Spielzüge haben sehr wohl etwas mit bewußter

Überlegung zu tun. Einen Ball im richtigen Augenblick gegen die Laufrichtung des Gegners zu spielen oder es mit einem »Stopper« zu versuchen ist auch eine »Entscheidung im Kopf«.

Was weiß die Ratte vom Labyrinth?

Wer vom »Denken« der Tiere erwartet hat, es sei auf tiefere Erkenntnisse über die Welt und das Wesen ihrer Bewohner gerichtet, wird von unseren bisherigen Ausführungen enttäuscht sein. Es waren einfachste und nicht einmal immer zwingende Beispiele. Und mancher wird sich fragen, ob der Begriff des Denkens hier nicht etwas überstrapaziert wurde. Denn schließlich, so könnte man argumentieren, ist nichts gewonnen, wenn man vom Sandregenpfeifer bis zu Immanuel Kant oder Albert Einstein alle in einen großen Topf der Denker wirft. Auf der anderen Seite laufen wir Menschen immer Gefahr, unsere artspezifischen Fähigkeiten als prinzipiell anders und einmalig zu überhöhen. Entscheidend ist die Frage, was das grundsätzlich Neue ausmacht, das die Dimension des Denkens eröffnet und sie von anderen Formen der Problemlösung abgrenzt.

Wir haben unseren Standpunkt in dieser Frage schon dargelegt: Der Durchbruch zum Denken erscheint uns dann vollzogen, wenn Gegebenheiten der realen Welt im Kopf simuliert werden. Das ist in der Tat ein ungeheurer und kaum zu überschätzender Schritt, denn er ersetzt materielle Gegenstände und konkrete Ereignisse durch – nur gedachte – Vorstellungen. Und dieser grundsätzliche Schritt zeichnet jede Art von Planspiel aus, sei es, um eine Banane in den Griff zu bekommen oder ein wissenschaftliches Problem – auch wenn dazwischen das ganz unauslotbare Spektrum des Denkens liegen mag.

Der Vorzug des Denkens, so hatten wir weiter betont, zeige sich vor allem in neuen oder ungewohnten Situationen, wo passende, durch Übung erlernte oder gar angeborene Lektionen nicht parat sind. Entsprechend haben wir uns auf Ereignisse mit Einmalcharakter konzentriert, um möglichst zu vermeiden, daß wir für

»Denken« halten, was in Wahrheit nur konditionierte, das heißt erlernte Reaktionen sind. Diese strikte Unterscheidung zwischen Denken und Lernen hat sich als notwendig erwiesen, weil seit der Ära des Behaviorismus Lernen von den meisten Biologen als ein schlichter, fast mechanischer Vorgang verstanden wird, der durch Wiederholung im Verbund mit Belohnung oder Bestrafung erreicht wird und der keinerlei Einsicht in den Vorgang selbst oder seinen Endzweck erfordert.

Demnach hätte eine Ratte, die es gelernt hat, durch ein Labyrinth zum Futter zu laufen, keinerlei Vorstellung von dem, was sie tut, oder daß sie am Ende des Labyrinths auf einen Futternapf stoßen wird. Wie ein Roboter würde sie loslaufen und das Dressur- oder Selbstdressurprogramm abspulen. So die auch heute noch weitgehend akzeptierte Ansicht vieler Biologen.

Bei den meisten Nichtbiologen, nehme ich an, dürfte dieses Verständnis von Lernen auf Unbehagen stoßen. Auch bei mir. Denn da gibt es doch einige Ungereimtheiten. Zum Beispiel: Ist es denn zwingend, aus einer blind und roboterhaft abgespulten Lektion zu folgern, daß sie immer und grundsätzlich so ablaufe? Wer würde nicht seine reflexartigen Kaubewegungen plötzlich sehr bewußt weiterführen, sobald er einen Fremdkörper auf der Zunge spürt – zum Beispiel, wenn sich eine Gräte im Fischfilet bemerkbar macht?

Oder ein weiterer irritierender Punkt: Könnte nicht der Lernvorgang selbst, der doch grundsätzlich neue Elemente enthält, mit Vorstellungen und Überlegungen verbunden sein, die dann, wenn die Lektion sitzt, überflüssig werden? Wenn ich daran denke, wie ich mich als Fahrschüler abmühte, die Kupplung im richtigen Augenblick zu drücken...

Die folgenden Beispiele sollen zeigen, daß das klassische Bild vom Lernen für viele Tiere sicher zu schlicht ist. Gerade im Umfeld des Lernens, so wird sich herausstellen, tun sich unerwartete Fenster zum Denkvermögen auf: Möglichkeiten, etwas über das logische und kausale Denken der Tiere zu erfahren.

Zunächst wieder ein paar einfache, aber »beunruhigende« Beobachtungen aus Immanuels Wohnraum. Seit zwei Jahren gibt es dort eine Meerschweinchenfamilie, die von dem wuscheligen

Barny angeführt wird. Er duldet zwar kein zweites Männchen neben sich, aber mit dem kastrierten Kastry hat er keine Probleme. Beide sollten unter Immanuels Regie den Beweis antreten, daß sie »farbtüchtig« sind, daß sie Rot und Grün unterscheiden können – eine bis dahin offene Frage bei Meerschweinchen.

Immanuels Grundidee war einfach: Er stellte zwei Wege zur Wahl. Der eine war von roten Wänden eingesäumt, der andere von grünen. Wenn die Tiere es lernen würden, daß nur der grüne Weg zum Futter führt, dann wäre dies ein Beleg für ihre Farbtüchtigkeit. Als Problem stellte sich allerdings heraus, daß Meerschweinchen, ganz anders als Ratten, überhaupt keine Neigung zeigen, durch ein Gangsystem zu laufen; egal, ob dieses rot oder grün ist. Und daran ändert auch ihr Hunger nichts.

Barny hat diesen ersten Schritt nie begriffen, und auch bei Kastry brauchte es einige Geduld, bis er sich schließlich auf den Weg machte. Dann allerdings wählte er mit großer Sicherheit den futterträchtigen grünen Pfad. Die statistische Auswertung und zahlreiche Kontrollversuche belegen es: Kastry und seine Artgenossen sehen die Welt in Farbe.

In unserem Zusammenhang aber sind Kastrys Fehlläufe fast interessanter als seine Erfolge. Ab und zu nämlich, vor allem in der Anfangsphase, stürmte Kastry den falschen, den roten Weg entlang. Dann hielt er plötzlich inne, besah sich die roten Wände – und machte kehrt. Er lief den Weg zurück, um entschlossen den anderen Eingang zu nehmen. Natürlich gehen solche Experimente in der Statistik unter; dort gibt es nur »richtige« oder »falsche« Läufe, das Wie wird nicht erfaßt. Aber gerade eine derartige Selbstkorrektur deutet darauf hin, daß Kastry sich nicht in der Art eines richtig oder falsch gepolten Roboters verhält, sondern daß er seine Aufgabe mit einer Vorstellung im Kopf verbindet – mit der Vorstellung vielleicht: Grün führt zum Futter.

Ergänzend für alle Freunde oder Besitzer von Meerschweinchen sei gesagt, daß es diesen Tieren leichter fällt, eine Taste zu drücken, als durch einen Gang zu laufen. Überraschend schnell hatte Kastry es heraus, Pfote oder Kinn dafür einzusetzen, und er hatte keine Mühe, die richtige Futtertaste an ihrer Farbe zu erkennen. Sogar ein halbes Jahr später beherrschte er noch einwandfrei die Bedienung der Tasten und demonstrierte einmal mehr, daß Meerschweinchen keineswegs so dumm und »dröge« sind, wie man oft hört.

Hab' ich da nicht einen Fehler gemacht?

Das nächste Beispiel ist besonders suggestiv, weil es eine Situation beschreibt, die uns allen irgendwie vertraut vorkommt. Es geht um eine verpatzte Prüfung – mit anschließender »vielsagender« Korrektur.

Fritz war ein kräftiger Dobermann. Kein Problem für ihn, die Hürden auf dem Übungsplatz zu überspringen. Er hätte auch die doppelte Höhe geschafft. Aber natürlich brauchte es einige Zeit, bis er gelernt hatte, diese Aufgabe auf Kommando von Sarah, seiner Besitzerin und Trainerin, durchzuführen. Nach ihrem »Hol« sollte Fritz zunächst in einem Sprung über das Hindernis setzen, auf der anderen Seite eine Hantel aufnehmen und mit der Hantel im Maul zurückspringen. Als letzten Akt hatte er die »Beute« vor Sarahs Füße zu legen. Es war eine Standardübung. Fritz beherrschte sie bald fehlerfrei und schien überdies großen Spaß an dem Spiel zu haben.

Dann kam der Tag der Prüfung. Ein offizielles Schiedsgericht war angereist. Sarah war ein bißchen aufgeregt, wie sie später gestand, obwohl sie wirklich keinen Grund dazu hatte. Und irgendwie muß sich dies auf Fritz übertragen haben: Er startete völlig korrekt mit einem Sprung, schnappte sich erwartungsgemäß die Hantel, aber dann, anstatt auf dem Rückweg nochmals zu springen, lief er seitlich an dem Hindernis vorbei. Durchgefallen! Fritz hatte nicht aufgepaßt. Aber dann, noch ehe er Sarah erreicht hatte, zögerte er, schaute sie an, dann zurück zur Hürde, und plötzlich drehte er um. Mit einem Riesensatz, wobei er die Hantel immer noch im Maul trug, holte er nach, was er vergessen hatte. Gleich zweimal, hin und zurück, übersprang er das Hindernis, um anschließend vorschriftsmäßig die Hantel abzuliefern.

Für die Zuschauer war es offensichtlich, daß Fritz plötzlich seinen Patzer bemerkt hatte und dann versuchte, ihn durch zwei Extrasprünge auszubügeln. Selbst die Schiedsrichter überlegten einen Augenblick, ob Fritz nicht Extrapunkte für seine Demonstration von »Einsicht in die Aufgabenstellung« verdient habe, aber schließlich – Regeln sind Regeln, auch für Hunde – notierten sie: null Punkte. Pech für Fritz und Sarah. Auf der anderen Seite könnte man es freilich auch als Glücksfall werten, daß Fritz auf diese Weise etwas von seiner inneren Welt verraten hat: Er muß eine Vorstellung vom Inhalt der Dressuraufgabe entwickelt haben. Anders wäre sein Bemühen um Wiedergutmachung kaum zu verstehen.

Natürlich fehlt auch hier die letzte Beweiskraft. Auch wenn es vielleicht eine Zumutung ist, es abermals zu wiederholen: Der »Standardeinwand«, es handle sich lediglich um eine Gelegenheitsbeobachtung unter kontrollierten Bedingungen, ist nicht zu entkräften. Immerhin könnte ein Kritiker einwenden, die Trainerin habe einen auffordernden Blick zur Hürde geworfen und ihr Hund habe diesen dressurgemäß befolgt. Nun gut. Wir wollen Fritz in Ruhe lassen und statt dessen ein Ereignis schildern, das nicht nur innerhalb eines Experiments stattgefunden hat, sondern auch in der wissenschaftlichen Literatur genau beschrieben ist. Daß es trotzdem keine großen Wellen schlug, sondern im großen und ganzen einfach übergangen wurde, steht auf einem anderen Blatt.

Hauptdarstellerin ist diesmal eine Dohle, und ich muß gestehen, daß ihre Aufführung zu meinen erklärten Lieblingsstücken gehört. Dabei weiß ich nicht mal ihren Rufnamen, aber Eingeweihten ist sie als Schiemann-Dohle bekannt.

Kurt Schiemann arbeitete am Institut von Otto Koehler und war an dessen Forschungsprogramm zum Zählvermögen bei Vögeln beteiligt. Er galt als sachlich und gewissenhaft, was zu betonen angesichts seiner phantastisch anmutenden Beobachtungen sicher nicht überflüssig ist. Wieder einmal war Schiemann dabei, einen Versuchsdurchgang seiner Dohle zu protokollieren: Sie sollte exakt fünf Körner abzählen, nachdem man ihr zuvor ein Kärtchen mit fünf Punkten gezeigt hatte. Wie sie dabei vorzugehen hatte, haben wir bereits auf Seite 92 ff. beschrieben. Sie mußte eine Reihe zugedeckter Schälchen aufdecken und die darinliegenden Körner aufpicken. Wenn die Fünf voll war, durfte sie kein weiteres Schälchen mehr öffnen, sondern hatte – zum Zeichen, daß sie fertig war – durch ein Türchen »wegzutreten«.

Versetzen wir uns einen Augenblick in besagte Dohle. Fünf Körner sollte sie »abarbeiten«. Im ersten Schälchen hatte sie eines gefunden, im zweiten waren es zwei gewesen, im dritten wieder eins. Insgesamt also vier. Sie hätte demnach mit dem Aufdecken fortfahren sollen, um das noch fehlende fünfte Korn zu suchen. Aber irgendwie hatte sie sich verzählt. Sie beendete den Versuch und verließ das Übungsgelände durch die Tür. Schiemann hatte bereits das »f« für »falsch« in sein Protokoll geschrieben, als zu seinem Erstaunen die Dohle plötzlich umkehrte und durch die noch offene Türe zurückging. Sie trippelte direkt zur Schälchenreihe und spielte den ganzen bisherigen Versuchsablauf nochmals durch.

Wie war das gewesen? Ein Korn im ersten Schälchen: Die Dohle nickte dem – natürlich leeren – Schälchen einmal zu. Beim zweiten nickte sie zweimal, entsprechend der dort gefundenen Körnerzahl. Beim dritten wieder einmal. Sie zählte quasi in Gedanken nochmals durch, und offensichtlich kam sie diesmal zu einem anderen Resultat, denn ohne zu zögern, öffnete sie jetzt ein weiteres Schälchen: Es war leer. Erst im folgenden fand sie das fünfte Korn und pickte es auf. Ende der Vorstellung. Abgang durch die Tür.

Gibt es einen originelleren Beleg dafür, daß erlerntes Verhalten mehr sein kann als nur das starre Abspulen einer Handlungsfolge? Deutlicher als durch dieses »Memorieren« ist das Durchspielen in der inneren Welt kaum zu demonstrieren. Nur einmal noch hat Schiemann diese »Leerlauf«-Nickbewegungen bei seiner Dohle beobachtet. Später nie wieder. Vielleicht war sie dann zu routiniert – oder zu gelangweilt.

Aber kommen wir auf unsere Eingangsfrage zurück: Was weiß eine Ratte vom Labyrinth, das zu durchlaufen sie gelernt hat? Wie könnte man entscheiden, ob sie nur ein andressiertes Programm abwickelt oder ob sie bestimmte Vorstellungen und Erwartungen damit verbindet? Wer selbst mit Ratten »arbeitet« und sieht, wie gereizt oder gar aggressiv sie reagieren, wenn die gewohnte Belohnung am Ende ausbleibt, der gewinnt ganz unmittelbar den Eindruck, daß sie etwas erwartet haben und daß sie jetzt enttäuscht oder ratlos oder verärgert sind. Aber – so würde ein behavioristisch geschulter Skeptiker argumentieren – die Belohnung ist schließlich Teil des erlernten Programms. Es sei völlig klar, daß die Ratte, wenn dieser Teil plötzlich ausbleibt, ein andersartiges Verhalten zeige. Es scheint aussichtslos, gegen derartigen Skeptizismus ankommen zu wollen, solange man sich mit Ratten nicht verständigen und sie nicht direkt befragen kann.

Aber könnte man nicht auch hier Experimente erfinden, die einer gezielten Frage gleichkommen? Es müßten Experimente sein, die so raffiniert angelegt sind, daß die Ratten gezwungen sind, sichtbar und eindeutig etwas von ihrer inneren Welt preiszugeben. Man hat dafür den hübschen Begriff »Sherlock-Holmes-Versuche« geprägt, denn Sherlock Holmes – beziehungsweise sein Autor Conan Doyle – war es, der die Vorstellungen und Pläne seines Gegenspielers sichtbar machte, ohne ihn irgendwie zu befragen.

Dieser Gegenspieler hatte irgendwo im Haus einen Komplizen versteckt. Aber wo? Sherlock Holmes mußte es unbedingt herausfinden. Er dachte sich deshalb ein Experiment aus: Plötzlich quoll Rauch aus den Fenstern, und der Ruf »Feuer« ertönte – Holmes hatte das mit einer Rauchbombe inszeniert. Sein Gegenspieler stürzte daraufhin in das Haus, um den eingeschlossenen Komplizen aus dem Versteck zu befreien. Mit seinem Verhalten hat er verraten, was bislang in seinem Kopf verborgen war.

Wie könnte ein Sherlock-Holmes-Versuch für Ratten aussehen? Eine Antwort hat schon vor Jahrzehnten Edward Tolman gegeben, auch wenn sie damals kaum beachtet wurde. Tolman war einer der wenigen, die nicht müde wurden, gegen die behavioristische Auffassung ihrer Zeit anzugehen. Er hielt nichts davon, Tiere als Reiz-Reaktions-Maschinen anzusehen, und er kämpfte mit Argumenten und Experimenten dagegen an. Einer seiner aussagekräftigsten Versuche stammt aus dem Jahr 1948.

Er setzte seine Ratten in ein Labyrinth mit zwei verschiedenen Endstationen: Ein Gangsystem führte zu einem schwarzen Futterkasten, ein anderes zu einem weißen. Bald waren die Tiere mit ihrem Labyrinth vertraut. Sie fanden sicher zu den beiden Boxen und suchten die weiße genausooft auf wie die schwarze. Ob sie den Unterschied überhaupt realisierten? Ob sie eine Vorstellung besaßen, daß es einen weißen und einen schwarzen Futterkasten gab? Und ob sie im voraus wußten, welcher Weg dorthin führte?

Alle diese Fragen konnte Tolman klären, indem er ein weiteres Experiment im Nebenraum durchführte. Dort waren zwei entsprechende Futterkästen nebeneinander aufgestellt; wiederum der eine schwarz, der andere weiß. Jetzt allerdings waren sie nicht mehr gleichwertig: Im schwarzen Kasten erhielten die Ratten einen leichten elektrischen Schlag, während der weiße ohne Gefahr zu betreten war. Die Tiere begriffen das sehr schnell. Am nächsten Tag setzte Tolman seine Ratten wieder zurück in ihr vertrautes Labyrinth. Wie würden sie reagieren? Würde die Erfahrung vom Vortag etwas ändern?

Die behavioristische Position war klar: Der Labyrinthversuch sollte ablaufen wie gehabt. Denn es handelte sich um ein konditioniertes, also durch Übung und Belohnung programmiertes Ablaufschema. Dasselbe galt für die Vermeidungsreaktion aus dem Nebenraum. Schlüsse aus dem einen Programm zu ziehen und sinnvoll auf das andere zu übertragen schien ausgeschlossen zu sein. Es würde eine Einsicht in die Zusammenhänge erfordern.

Was dann aber wirklich geschah, war in seiner Eindeutigkeit nicht zu überbieten. Die Ratten wählten von vornherein den Weg zum weißen Kasten; keine einzige hatte den schwarzen betreten. Mit anderen Worten: Sie hatten eine Vorstellung davon, daß der eine Weg am Ende auf einen schwarzen Kasten trifft, und sie hatten ferner ihre Erfahrung vom Vortag auch auf diesen schwarzen Kasten ausgedehnt. Deshalb entschieden sie sich für den anderen Weg. Eine beachtliche Gedankenfolge. Mit mechanistischen Lernmodellen nach dem Reiz-Reaktions-Muster ist dies beim besten Willen nicht mehr zu erklären.

Tolmans »Sherlock-Holmes-Versuch« hat dabei nicht nur gezeigt, daß die Ratten sich den Aufbau ihres Labyrinths vergegenwärtigen können, er hat vor allem gezeigt, daß sie zu logischen Schlüssen und zu kausalem Denken fähig sind. Dies mag, gerade im Zusammenhang mit Ratten, überzogen klingen und unser intellektuelles Selbstwertgefühl ankratzen, aber es ist durchaus in dem Sinne gemeint, den wir auch unserem eigenen Denken unterlegen. Die Ratten haben aus zwei erlernten Prämissen eine logische Folgerung gezogen:

Ihre erste Erfahrung aus dem Labyrinth lautete:
Dieser Weg führt zum *schwarzen Kasten.*
    Ihre zweite Erfahrung aus dem Nebenraum war:
Schwarzer Kasten ist zu meiden.
    Und ihre selbst gezogene Schlußfolgerung hieß:
Dieser *Weg* ist zu *meiden.*

Es handelt sich um einen – klassischen, in der Philosophie »Syllogismus« genannten – logischen Schluß nach dem Muster:
Aus A = B und B = C folgt A = C.
    Mit ihrer Entscheidung für den »weißen Weg« haben die Ratten ihre Gedanken sichtbar in die Tat umgesetzt. Tolmans geniales Experiment brachte sie an den Tag. Daß er sich dabei ausschließlich des Instrumentariums der Behavioristen bediente, nämlich schlichter Konditionierungsversuche, muß für diese ein besonders rotes Tuch gewesen sein. Sie ließen Tolmans Experimente durch die Maschen des Zeitgeistes fallen. Tolman starb 1959. Er hat die Wiedergeburt seiner Gedanken nicht erlebt.
    Erst zwanzig Jahre später wurden an der Universität von Pittsburgh von Peter Holland ähnliche Versuche unternommen – möglicherweise ohne Kenntnis von Tolmans Vorarbeit. Sie haben zu demselben Resultat geführt: Ratten – und sicher nicht nur diese – können Erlerntes im Licht einer neuen Erfahrung im Kopf durchspielen und neu bewerten. Dressur und Denken,

Training und Einsicht müssen keine sich ausschließenden Alternativen sein. Es gibt noch viel zu lernen über das Lernen. Denke ich.

Gefühle bei Tieren?

Vom Wert der Gefühle

Weh tut's erst später

Nun ist es doch passiert! Warum hatte er auch seine weißen Pfoten unter dem Körper versteckt? Warum hatte er sich ausgerechnet meinen schwarzen Schreibtischsessel ausgesucht? Und warum hatte ich nicht besser aufgepaßt? Ich spürte gerade noch, daß der Platz schon belegt war, aber ich konnte meine Bewegung nicht mehr stoppen – aufjaulend schoß Kater Jurek aus dem Sessel. Verängstigt machte er sich davon, und es kostete einige Mühe und Streicheleinheiten, ihn von meiner Harmlosigkeit zu überzeugen.

Natürlich zweifle ich keinen Augenblick, daß ich Jurek weh getan habe – wenn sich auf mir ein Nilpferd niederlassen würde ... Sein Aufschrei, sein Satz aus dem Sessel, seine ängstlichen Blicke waren eindeutig. Aber wie sicher kann ich da eigentlich sein? Mit welcher Berechtigung darf ich von seinen äußeren Reaktionen auf ein inneres Schmerzempfinden schließen? Reicht es aus, daß meine eigenen Schmerzreaktionen vergleichbar ablaufen: daß ich mit einem unkontrollierten »Aua« blitzartig meine Hand zurückziehe, wenn sie mit der heißen Herdplatte in Berührung kommt? An meinem eigenen Schmerz ist bei dieser Aktion nicht zu zweifeln; irritierend aber ist die Tatsache, daß meine Hand schon zurückzuckt, bevor ich den Schmerz überhaupt spüre. Der Unterschied beträgt nur den Bruchteil einer Sekunde und ist nur im Experiment zu ermitteln, aber dennoch: Wie kann ich auf etwas reagieren, was ich noch gar nicht wahrgenommen habe?

Des Rätsels Lösung liegt darin, daß das Schmerzgefühl erst im Gehirn entsteht, wenn die Nervensignale von der Hand dort eintreffen und verarbeitet werden. Aber vorher bereits, gewissermaßen auf halbem Weg, lösen diese Nervensignale das Rückzugskommando an die Armmuskulatur aus – nämlich dann, wenn sie bestimmte Schaltstellen im Rückenmark passieren. Das so vernünftig erscheinende Zurückzucken meiner Hand geschieht nicht, weil es mir weh tut, sondern es erfolgt als automatischer Reflex, der schon abläuft, bevor mein Gefühlszentrum im Gehirn etwas mitbekommt. Eine »Schmerzantwort« ohne Schmerzempfinden.

Unser Beispiel kann als Warnung dienen, Gefühle nicht vorschnell als treibende Kräfte anzunehmen; sinnvolle und einleuchtende Reaktionen sind auch ohne emotionale Auslöser möglich. Warum aber hat die Natur dann überhaupt Gefühle »erfunden«? Würde es nicht genügen, ein Fluchtprogramm im richtigen Augenblick zu starten – wozu braucht es Angst? Reicht nicht ein Ablaufschema zur Partnerfindung und Kopulation – wozu braucht es Zärtlichkeit oder Liebe? Und wozu Wut und Verbissenheit – entscheidend ist doch die effektivere Kampfmethode?

Statt Hunger zu spüren, könnte der sinkende Blutzuckerspiegel auch ohne emotionale Begleiterscheinung ein Such- und Freßprogramm in Gang setzen. Tatsächlich gibt es solche Automatikprogramme bei vergleichsweise einfachen Insekten oder Spinnen, und es spricht einiges dafür, daß sie die »vier großen F«, nämlich Food, Fight, Flee und – Sexualität, ohne begleitende Gefühle erledigen. Um so zwingender aber stellt sich die Frage: Wozu dann noch den Luxus der Gefühle? Sind sie nicht überflüssig, und machen das Leben nicht unnötig kompliziert?

Wenn die Gefühle fehlen

Der Mann war ein erfolgreicher Wirtschaftsprüfer in den Vereinigten Staaten. Beliebt bei seinen Freunden. Eine traumhafte Karriere. Heute ist er ein tragischer Fall; er wird in der Patientenkartei der Universitätsklinik von Iowa unter dem Kürzel E. V. R. geführt: Ein Gehirntumor hat ihn völlig verändert und sein Leben zerstört. Nach der Operation blieben zwar keine konkreten Ausfallerscheinungen zurück; nach wie vor besitzt E. V. R. ein gutes

Gedächtnis und eine außergewöhnliche Intelligenz, aber dennoch ist er nicht mehr derselbe. Anders als früher ist er unzuverlässig und unberechenbar. Er verprellte alle seine Freunde. Zwei Ehen scheiterten in Folge. Auch seinen Beruf mußte er aufgeben. In kürzester Zeit verlor er sein Vermögen durch Spekulation. Was war geschehen?

E. V. R. sei, so schildert es sein zuständiger Arzt Antonio Damasio, von seinen eigenen Gefühlen abgeschnitten. Bei der Operation habe er die Hirnteile eingebüßt, deren Aufgabe es ist, seine Wahrnehmungen mit seinen Gefühlen zu koppeln. Jetzt fehle ihm jene Bewertungsinstanz, die für alle Entscheidungen maßgeblich ist: die Instanz der Gefühle. »Er kann sich nur noch schwer entscheiden«, faßt Damasio das Krankheitsbild zusammen, »und wenn er es tut, dann kommt meist etwas Selbstzerstörerisches heraus.« (*Der Spiegel*, 2. 3. 1992)

Diese Gefühlsleere ließ sich durch einen einfachen Test belegen. Man schloß ihn an einen Lügendetektor an, der feinste emotionale Regungen registrieren konnte. Dabei zeigte man ihm harmlose, gefühlsneutrale Bilder von Landschaften, Küchengeräten oder Autos. Dazwischen aber, gleichsam als Schockauslöser, schob Damasio schreckliche Szenen von verstümmelten Kriegsopfern. Der Gefühlsdetektor hätte, so wie es bei allen Vergleichspersonen der Fall war, kräftig ausschlagen müssen – aber das Meßgerät blieb stumm. E. V. R. wußte, wie es um ihn stand: »Ich müßte jetzt wohl erschüttert sein«, kommentierte er. Aber seine Gefühle blieben so stumm wie das Gerät.

Der Fall von E. V. R. enthüllte eine Tatsache, die nicht so recht zum Bild des aufgeklärten, rational denkenden Menschen passen will: Ohne Gefühle sind wir verloren. Ohne sie fehlt die Orientierung, der Maßstab, nach dem wir unsere Entscheidungen ausrichten – im privaten wie im beruflichen Leben. Dies gilt selbst dann, wenn wir mit Zahlen und Fakten operieren, wenn wir reine Sachargumente bemühen und auf vorurteilsfreie Analysen verweisen; wenn wir, in anderen Worten, unsere Entscheidungen verstandesmäßig absichern. Mehr als uns bewußt ist, setzen wir unseren Intellekt dabei als Werkzeug ein, um argumentativ zu begründen, was unseren Gefühlen entgegenkommt. Letztlich plä-

r immer für Entscheidungen, die angenehme Gefühle
en, zum Beispiel Aufwertung oder Anerkennung, und
chen, ungute Gefühle zu vermeiden.

verständlich, daß E. V. R. ohne diese emotionale Richt-
icht mehr zurechtkam. Der Intellekt allein hilft wenig,
wenn ihm keine Richtung vorgegeben ist. Es ist ein bißchen wie
beim Skilaufen: Auch der beste Slalomfahrer benötigt ein Gefälle,
und ebenso sind unsere Verstandesschwünge auf eine gewisse
Neigung angewiesen. Albert Einstein, der in den Augen vieler
Menschen die bedeutendsten intellektuellen Leistungen dieses
Jahrhunderts vollbracht hat, weist eben diesem Intellekt Grenzen:

»Der Intellekt hat ein scharfes Auge für Mittel und Werkzeuge,
ist aber blind für Ziele und Werte..., er kann nicht führen,
sondern nur dienen, und er ist nicht wählerisch in der Wahl seines
Herrn.« In der Tat, unser Verstand läßt sich bekanntlich für jede
Sache einspannen: Inquisition und Hexenjagd wurden aufs
scharfsinnigste begründet, und auch heute werden »vernünftige
Argumente« für Rassismus oder Waffenexporte vorgebracht.

Unser Verstand bezieht seine aufbauende wie seine zerstöreri-
sche Kraft aus der Vorgabe durch unsere Gefühle. Gefühle sind es,
die unsere Kontakte zu Mitmenschen bewerten, die Wahrnehmungen und Erinnerungen durchdringen und die jedem Erlebnis
Bedeutung verleihen. Unsere innere Welt versieht alles, was sie
aufnimmt, mit einer völlig neuen Qualität, die es in der realen
Außenwelt nicht gibt: mit einer emotionalen Tönung. Wenn sich
hier überhaupt ein Vergleich finden läßt, dann vielleicht jener mit
der Wirkung von Filmmusik: Eine zunächst neutrale und belang-
lose Szene – jemand geht auf eine Tür zu, um sie zu öffnen –
bekommt durch entsprechende Musik plötzlich eine ganz bestimmte Bedeutung: Hinter der Tür lauert Gefahr; eine freudige
Überraschung steht bevor; ein schmerzlicher Abschied kündigt
sich an. Je nach Musik wird die Szene anders bewertet.

Diese durchgehende Emotionalisierung unserer inneren Welt
spiegelt sich wider im Aufbau unseres Gehirns, das unter der
Großhirnrinde eine Art Gefühlszentrale besitzt: das limbische
System. Es ist ein Hirnteil mit dem Charakter einer Durchgangs-
station, in der alle einlaufenden Sinneswahrnehmungen ihren

»Gefühlsaufdruck« bekommen. Hier wird das Bild von Marilyn Monroe anders bewertet als das unserer Mutter, Glockengeläute anders als Sirenengeheul, und hier bekommen unsere Schmerzen ihre unverwechselbare Empfindungsqualität.

Das limbische System ist aber keine Sonderanfertigung für den Menschen, im Gegenteil, es ist ein entwicklungsgeschichtlich sehr alter Hirnteil – viel älter als etwa die für logisches Denken zuständige Großhirnrinde. Und schon das läßt vermuten, daß wir nicht die einzigen fühlenden und leidensfähigen Lebewesen sind.

... denn es fühlt wie du den Schmerz

Gerade was das Schmerzempfinden betrifft, ist die Situation recht eindeutig. Zumindest bei Säugetieren ist das gesamte Schmerzsystem dem unseren sehr ähnlich; angefangen von den Schmerzsensoren, die den Reiz über Schmerznerven ins Rückenmark leiten und von dort weiter in die höheren Gehirnzentren – einschließlich des limbischen Systems. Hinzu kommt, daß dieser konstruktiven Ähnlichkeit eine oft verblüffende Ähnlichkeit im Ausdrucksverhalten entspricht: Der Fußballspieler faßt sich an das getretene Schienbein und hinkt vom Platz; ein Hund leckt sich die verletzte Pfote und humpelt davon. Warum sollte er das tun, wenn er nichts spürte? Und wie kommt es, daß er auf Schmerzmittel ganz ähnlich reagiert wie wir?

All dies spricht dafür, daß der Hund seine Verletzung bewußt erlebt – schmerzhaft erlebt – und daß er versucht, diesen Schmerz abzustellen. Als erste Sofortmaßnahme sind hier sicher ebenfalls unbewußte und schnelle Automatik beteiligt, aber dann diktiert das Schmerzgefühl das Geschehen und meldet unmißverständlich: Achtung, Körperdefekt!

Über diese Alarmfunktion hinaus ist Schmerz vor allem aber ein Instrument zur Vorbeugung. Wer sich einmal gebrannt hat, läßt in Zukunft die Finger von der Herdplatte. Nichts ist geeigneter, solche vorausschauende Vor-Sicht zu fördern als ein extrem unangenehmes Gefühlserlebnis – eben Schmerz. Ein genial einfaches

Konzept. Warum sollte die Natur es ausschließlich uns vorbehalten? Dies anzunehmen wäre eine besonders extreme Form menschlichen Mittelpunktwahns. Allerdings: Wie sich dieser Schmerz für ein Tier anfühlt, ist nicht zu beantworten – nicht einmal bei unseren Mitmenschen wissen wir das. Aber feststeht, daß Schmerz ein höchst unangenehmes Erlebnis ist und in unangenehmer Erinnerung bleiben wird.

Um es noch einmal hervorzuheben: Die aufgeführten Argumente haben nicht den Charakter streng logischer Beweise. Wer unbedingt will, kann sich immer auf eine uneinnehmbare argumentative Bastion zurückziehen, indem er die Schmerzreaktion eines Tieres durch hochkomplexe, automatische Programme erklärt, zu denen Nervenaktivität und Hormonausschüttung ebenso gehören wie Muskelaktivierung, Lauterzeugung oder Tränenfluß. Gefühle wären dabei nicht nötig; eine psychische Dimension ist überflüssig.

Das einzige, was diese Roboterversion der Tiere jedoch für sich verbuchen kann, ist die Tatsache, daß sie formal widerspruchsfrei denkbar ist. Aber was bedeutet das schon? Mit der gleichen Berechtigung könnte man annehmen, ein Fußballspieler spüre keinen Schmerz, obwohl er mit verletztem Knie wimmernd und sich krümmend auf dem Rasen liegt. Tieren grundsätzlich die Leidensfähigkeit abzusprechen ist in höchstem Maße unplausibel und entbehrt jeder vernünftigen Begründung.

Wir dürfen unserem naiven Tierverständnis trauen, wenn es uns, ohne daß wir nachdenken müssen, sagt, daß ein geprügelter Hund »vor Schmerzen« jault. Und wir dürfen unserem ersten Eindruck recht geben, wenn wir sehen, wie eine Ratte auf elektrische Schläge reagiert: wie sie mit angstgeweiteten Augen hochspringt und schrille Schmerzenslaute ausstößt. Daß wir diese Signale so unmittelbar verstehen, ist nur ein weiteres Zeichen, daß wir die Grundkonstruktion unseres Schmerzapparates mit anderen Säugetieren teilen. Gerade diese Ähnlichkeit birgt andererseits die Gefahr einer fatalen Fehlinterpretation; sie verleitet dazu, daß wir das Ausbleiben uns vertrauter Schmerzsignale mit einem Ausbleiben der Schmerzen selbst verwechseln. Für stumme Schmerzen sind wir nahezu blind.

Eins der schrecklichsten Beispiele hierfür ereignete sich in den vierziger Jahren, als man das »Pfeilgift« Curare zur Narkose von Kleinkindern einsetzte. Es schien tatsächlich eine betäubende Wirkung zu haben, denn die Kinder lagen regungslos auf dem Operationstisch, während die Chirurgen das Skalpell ansetzten. In Wirklichkeit aber wirkte das Mittel nur lähmend auf die Muskulatur. Die Kinder konnten sich weder bewegen noch schreien, noch sonstwie bemerkbar machen. Aber sie erlebten die Schmerzen – und mußten sie ertragen. Schrecklicher läßt sich kaum verdeutlichen, daß wir den Schmerz anderer nicht wahrnehmen können – nur die Zeichen ihres Schmerzes. Und vor diesem Dilemma stehen wir erst recht, wenn wir Tiere vor uns haben.

Ich sehe sie noch vor mir, die Elefantenkuh Claudia im Zirkus Knie, wie sie in stoischer Ruhe in ihrem Stall stand und die Wehen über sich ergehen ließ. Es war ihre erste Geburt, und es war eine schwere Geburt. Seit Stunden standen Tierpfleger und Helfer bereit. Claudia trat von einem Bein auf das andere, und plötzlich bekam ich Zweifel, ob mein Eindruck ihrer Ruhe und ihres Gleichmuts zutreffend war. Und dann sah ich, wie ihr langsam die Tränen aus den Augen rannen und in einer dunklen Spur über ihre faltige Haut liefen. Schlagartig »wußte« ich, daß Claudia Schmerzen hatte, und schlagartig war ich voller Mitgefühl. Ein paar salzige, klare Tropfen hatten genügt. Es bedarf der Zeichengebung aus unserem eigenen Ausdrucksrepertoire, wenn unser spontanes Mitgefühl und Mitleid geweckt werden sollen.

Besonders deutlich wurde mir diese Tatsache bei einer Fernsehsendung über die qualvollen Zustände beim Transport von Rindern. Wir zeigten, wie die halbverdursteten Tiere unaufhörlich an den Eisenstangen ihrer Absperrung leckten, wir zeigten blutende Verletzungen, und wir zeigten, wie ein völlig erschöpfter Bulle mit gebrochenen Beinen mit Stockschlägen zum Aufstehen gebracht werden sollte; unbeweglich ließ er alles über sich ergehen. Nichts aber hat die Zuschauer, die Kommentatoren und selbst hartgesottene Transporteure so bewegt, wie die nächste Kameraeinstellung. Sie zeigte ein Auge des Bullen: Es war tränengefüllt; in schweren Tropfen flossen sie über den Augenrand. Das lautlose Weinen des Bullens wirkte ergreifender als alles andere.

Würden Fische jämmerlich schreien, wenn sie an der Angel zappeln – so mancher »Sportfischer« würde vielleicht seine seltsame Art von Sport überdenken und sich nicht mehr einreden, Fische spürten nichts. Ihre Schmerznerven jedenfalls und deren Verbindung zum Gehirn sprechen eindeutig für eine Schmerzempfindung – auch wenn es sich nicht um Säugetiere handelt.

Die Henne und der Gummikamm

Wenn es um die Schmerzwahrnehmung bei Tieren geht, kann man wenigstens auf den »Apparat« aus Rezeptoren und Nervenbahnen verweisen und daraus vorsichtige Schlüsse ziehen. Bei anderen Gefühlen, wie etwa Liebe, Zuneigung oder Sympathie, fällt auch diese Hilfe weg. Hier scheint man völlig auf Hypothesen und Analogieschlüsse angewiesen zu sein. Wie etwa will man entscheiden, ob bei Werbung und Balz ein Gefühl der Zuneigung mitschwingt oder ob es sich um bloße, durch bestimmte Schlüsselreize ausgelöste Verhaltensschemata handelt? Und selbst diese beiden Möglichkeiten sind keine echten Alternativen, denn auch starre Verhaltensprogramme könnten mit Gefühlen einhergehen.

Nehmen wir zum Beispiel jene Henne im »wissenschaftlichen Hühnerhof« der Universität von New Mexico. In gewisser Hinsicht hat sie es gut. Denn sie darf sich ihren Hahn nach Lust und Laune selbst auswählen. Die Kandidaten sitzen angebunden in ihren Kämmerchen und warten, ob die Dame auf einen Sprung vorbeikommt – so hat Randy Thornhill seinen Stall organisiert. Manche Hähne warteten freilich vergebens – es waren solche mit einem mickrigen Kamm. Thornhill gewann den Eindruck, daß die Henne sich stets für den größer und besser aussehenden Kamm entscheidet. Er machte die Probe aufs Exempel und stattete einen Mickerhahn mit einer prachtvollen Kammattrappe aus Gummi aus: Prompt erhielt er Damenbesuch. Und umgekehrt: Auch der stolzeste Hahn ging leer aus, sobald seine gezackte Zierde unter einem schäbigen Gummikamm versteckt wurde. Soweit der »Geschmack« der Henne.

Der biologische Hintersinn für ihre Wertschätzung eines prächtigen Kammes liegt nach Thornhill darin, daß er ein Indiz für die Gesundheit und Parasitenresistenz seines Trägers ist. Davon weiß die Henne selbstverständlich nichts, für sie genügt es, auf den größeren Kamm »abzufahren«. Ob echt oder aus Gummi – der Schlüsselreiz der Kammgröße bestimmt automatisch den Ausgang der »Damenwahl«. Aber selbst dieses starre, automatenähnliche Verhalten berechtigt noch nicht zu der Annahme, das Huhn sei auch emotionslos wie ein Automat. Warum sollte ein besonders wohlgeformter Kamm nicht auch besondere Gefühle hervorrufen? Auch uns kann es schließlich passieren, daß wir auf Schlüsselreize – ob echt oder aus Gummi – »abfahren« und dabei intensive Gefühle erleben; ein ganzer schaumgummi- und spitzenverarbeitender Zweig der Modeindustrie lebt davon.

Wie also könnte man sich der Frage nähern, ob Tiere etwas füreinander empfinden? Ob sie von Gefühlen der Zuneigung, Sympathie oder gar Liebe bewegt werden? Es scheint unmöglich, hier einen Weg aus dem Gestrüpp willkürlicher Spekulationen zu finden. Der Fall wäre einfacher, wenn es Beispiele für zärtliche Zuneigung gäbe, die nicht mit Fortpflanzungserfolg oder Fitneßsteigerung in Verbindung stehen, sondern die gewissermaßen biologisch nutzlos sind; denn dann bliebe zur Erklärung der Liebesbezeugungen nichts anderes übrig als die entsprechenden Gefühle selbst. Tatsächlich hat Immanuel in dieser Frage »nutzloser Zärtlichkeit« Erstaunliches beobachtet – nicht bei hochstehenden Säugetieren, sondern bei Vögeln. Auch für ihn war es eine Überraschung. Im folgenden sein Bericht.

Zärtliche Gefühle bei Wellensittichen?

Ich lebe seit vielen Jahren mit einem Schwarm von Wellensittichen zusammen; »zusammen«: das heißt, daß sie ihre große Voliere direkt neben meinem Wohnzimmerfenster auf der Terrasse haben und wir auf diese Weise gegenseitig an unserem Leben teilhaben können, ohne uns akustisch zu sehr auf die Nerven zu gehen. Im

Winter bekommen sie ein schützendes Glashaus um ihren Käfig herum, der bei Bedarf zusätzlich mit Infrarotstrahlung beheizt wird.

Ich bin fasziniert davon, welche unverwechselbare Persönlichkeit jedes einzelne Tier hat. Unter ihnen gibt es unglaubliche Individualisten, die immer wieder aus der Reihe tanzen, wenn ich gerade einmal denke, ich hätte ein allen gemeinsames Verhaltensmerkmal entdeckt. Seit über zwanzig Jahren beschäftige ich mich nun mit dem Sozialverhalten dieser Krummschnäbel und entdecke immer wieder neue Facetten, die sich von Individuum zu Individuum unterscheiden.

Wellensittiche sind reizende Liebespärchen. Die Partner sitzen häufig zusammen, kraulen sich gegenseitig das Gefieder und schnäbeln miteinander. Während ich dies schreibe, sehe ich Purzel, meinen olivgrünen Wellensittichhahn, mit seinen blaugefärbten Nasenhäuten, wie er gerade mit »Dicksack« turtelt. Was er wohl an ihr findet? Denn sie ist wirklich keine Schönheit; vor allem ist sie zu dick, daran gibt es nichts zu beschönigen. Sie ist einfach ein behäbiger Vogel, der selten fliegt und kaum an seiner Umwelt interessiert ist. Wen wundert es dann, daß sie ein paar Gramm zuviel auf die Waage bringt? Purzel ist das Gegenteil, er ist ein geschickter und schneller Flieger, und jedes neue Objekt in der großen Voliere wird sofort untersucht. Gegensätze ziehen sich an...?

Die Wissenschaft hat bis heute nicht herausgefunden, nach welchen Gesichtspunkten beim Wellensittich die Partnerwahl erfolgt. Urs Engesser, ein Schweizer Zoologe, stellte bei seinen Beobachtungen fest, daß junge Wellensittichweibchen schon früh ältere – also erfahrenere? – Männchen als Partner bevorzugen und nicht etwa gleichaltrige Jungmännchen, obwohl sie zu den gleichaltrigen im Jugendalter eine enge soziale Beziehung hatten. Junge Männchen hingegen bevorzugen Weibchen, die bereits einen Nistkasten belegt haben – also besonders gut vorgesorgt haben, könnte man vermuten.

Jahrelang war ich mit dieser Erklärung zufrieden, weil sie biologisch plausibel ist und durch Engessers sorgfältige Experimente unterstützt wurde. Ich zweifle noch heute nicht daran, daß sie einen wichtigen Aspekt erfaßt – aber mir scheint er eben nur einer unter mehreren zu sein. Das zumindest legen meine eigenen Beobachtungen und Untersuchungen nahe. Die folgende Geschichte zeigt, daß der Gesichtspunkt des Alters oder der Vorsorge bei der Partnerwahl manchmal sogar völlig in den Hintergrund gerät.

Eine meiner Hennen – so werden alle Vogelweibchen bezeichnet – mußte wegen einer Art Gerstenkorn am Auge tierärztlich behandelt werden, und unglücklicherweise wurde sie das Opfer eines Kunstfehlers. Das Auge lief aus, sie erblindete auf einer Seite. Ihre Raumwahrnehmung war also zerstört, und das bedeutete, daß sie kaum noch herumfliegen konnte. Trotzdem – und obwohl ich zudem noch wußte, wie unsanft Wellensittichweibchen mit schwächeren Artgenossen umgehen können – riskierte ich es, die Henne in die Voliere zurückzusetzen. Ich konnte sie von meinem Wohnzimmer aus genau beobachten und notfalls eingreifen. Ich habe nämlich schon erlebt, wie ein Vogel mit einer genetischen Schnabelverkrüppelung fast zu Tode gejagt wurde; ich mußte ihn schließlich aus dem gemeinsamen Käfig herausnehmen.

Die Henne flatterte nur noch von Ast zu Ast und war deutlich behindert. Dennoch wurde sie in Ruhe gelassen. Sie erkletterte alle begehrten Plätze und lernte damit die Voliere auf eine andere Art kennen. Nach ein paar Tagen war sie in der Lage, Schlaf- und Freßplätze ohne einen einzigen Flügelschlag aufzusuchen. Ich war beruhigt. Auch die Genossinnen verhielten sich ruhig, und so blieb es den ganzen Sommer über.

Wie jedes Jahr, so war es dann aber im Herbst schlagartig mit dem Frieden vorbei, als meine Vögel in Brutstimmung kamen: Sie begannen zu balzen, zu schnäbeln, und sie paarten sich. Und wie jedes Jahr begannen die Weibchen um ihre Brutkästen zu kämpfen. Erneut ließ ich meine behinderte Henne nicht aus den Augen. Die stärksten Weibchen beziehen immer die höchstgelegenen Kästen in der Voliere. Um »Mord und Totschlag« zu vermeiden, biete ich ihnen ohnehin immer die doppelte Anzahl an Kästen an. Dennoch war für mich klar: Das ist das Aus für mein einäugiges Weibchen.

Ich sollte eines Besseren belehrt werden. Sie bezog zwar einen der untersten Nistkästen, denn gegen ihre Konkurrentinnen hatte sie natürlich keine Chance. Dennoch benagte und bearbeitete sie ihren Kasten nach allen Regeln der Wellensittichkunst. So weit, so gut – aber gewiß würde sie doch bei der Partnerwahl leer ausgehen? Was nun geschah, paßte überhaupt nicht in meinen Biologenkopf: Viele der Männchen umwarben nur sie. Sogar eines, das schon seit mehreren Jahren verpaart ist, balzte sie plötzlich an. Sie war gewissermaßen der Star in der Voliere, und das, obwohl sie sogar noch ihr ganzes Bauchgefieder verloren hatte. Oder war es etwa gerade dieser »Striptease«, der die Männer so in Wallung brachte? Letztlich entschied sie sich für einen dunkelblauen zweijährigen Hahn, und manche Konkurrentin in bester Wohnlage ging leer aus.

Diese Zufallsbeobachtung machte mich natürlich neugierig. Was mag es sein, das einen Wellensittich für den anderen attraktiv macht? Gibt es etwa doch Gründe für die Partnerwahl, die wir soziobiologisch geschulten Verhaltensforscher uns nicht träumen lassen? Gründe, die gar nichts mit Vermehrungsvorteilen zu tun haben? Und wie könnte ich bei der Untersuchung dieser Frage vorgehen?

Einen Trumpf hielt ich in der Hand. Ich kenne die Lebensgeschichte jedes einzelnen Tieres genau. Ich habe beobachtet, wie sich die Beziehungen unter ihnen entwickelt haben, weiß, welche Tiere sich »gut verstehen«, also häufig beisammensitzen und schnäbeln, und ich weiß, welche sich eher meiden. Ich beschloß nun, diese Beobachtungen durch exaktes Protokollieren der Verhaltensweisen zu überprüfen oder vielmehr – ich hatte eigentlich keinen Zweifel daran, daß sie richtig waren – zu untermauern. Das ist ein hartes, manchmal sogar stumpfsinniges Stück Arbeit, aber es half nichts: Wenn ich mit meinen Beobachtungen ernst genommen werden wollte, mußte ich diese Plackerei auf mich nehmen. Aber auch ich hatte das Bedürfnis nach exakten Daten als Fundament, um darauf dann weiter aufbauen zu können.

Meine Ergebnisse waren alles andere als umwerfend: Ich stellte fest, daß bestimmte Pärchen häufiger zusammensitzen, sich häufiger kraulen, häufiger miteinander schnäbeln als andere. Das wußte ich schon vorher, aber nun hatte ich es also auch schwarz auf weiß. Eine Überraschung ergab die Untersuchung aber doch:

Paare, die sich häufig kraulten, kopulierten auch ab und zu – außerhalb der Paarungszeit, wohlgemerkt, also nicht zu Fortpflanzungszwecken. Weniger kraulfreudige Paare dagegen kopulierten in solchen Zeiten nie – obwohl die äußeren Bedingungen für alle Wellensittiche dieselben waren.

Ein erster, wenn auch kleiner Schritt war getan. Aber noch war ich weit entfernt von Daten, die meine Überzeugung plausibel machen würden, daß bei der Bindung zwischen Wellensittichpaaren tatsächlich auch Gefühle den Ausschlag geben konnten. Natürlich kann man Gefühle nicht naturwissenschaftlich nachweisen, aber man kann versuchen, Daten zu sammeln, die eine solche Interpretation nahelegen.

Heute, nach zwei Jahren, hat sich meine Hypothese weiter erhärtet: Einige meiner Wellensittichpärchen sind »zärtlicher« miteinander als andere. Dies drückt sich nicht nur im häufigeren gegenseitigen Kraulen und Schnäbeln aus, sondern auch darin, daß bei ihnen aggressives Verhalten seltener vorkommt. Und das ist noch nicht alles: Für diese Tiere ist auch die Sexualität eindeutig »wichtiger«: Bei allen acht beobachteten Paaren stellte ich fest, daß die Tiere intensiver und länger balzten als die Vergleichsgruppe, als diejenigen Paare also, die ich als weniger liebevoll empfunden hatte und die auch objektiven Zählungen zufolge seltener schnäbelten und aggressiver miteinander umgingen. Aber damit noch nicht genug: Die Kopulationsakte dauerten auch länger. Das war wirklich eine Überraschung. Auch wenn die Zeitunterschiede nicht groß sind, so sind sie doch im statistischen Sinne eindeutig.

Mein erster Verdacht war natürlich, daß sich dieses ausgiebigere Kopulieren auch auf die Reproduktionsrate auswirke und somit einen biologischen Nutzeffekt habe. Brav zählte ich daher während dreier Bruten die Kinder aller Wellensittichpärchen. Manche Weibchen zogen vier, andere fünf Junge groß. Das ist die übliche Größe eines Geleges. Also Fehlanzeige, es gab keinen Unterschied. So schnell wollte ich mich aber noch nicht zufriedengeben, daher überprüfte ich Gewicht und körperliche Fitneß der Babys. Auch hier kein Ergebnis: Alle entwickelten sich gleichermaßen prächtig.

Ich schien am Ende meiner Analyse zu sein. Blieb nur noch der Vater. In der Regel füttern die Väter ihre gesamte Familie, während sie im Brutkasten lebt. Sind womöglich die »zärtlicheren« Väter die besseren Versorger? Auch diese Möglichkeit konnte ich nicht bestätigen. Die Beziehungen der Wellensittichpaare, ob intensiver oder oberflächlicher, scheinen sich nicht auf die Aufzucht der Kinder auszuwirken.

Paradoxerweise war ich über diese negativen Ergebnisse besonders glücklich. Denn was ich in den langen Jahren meines Zusammenlebens mit diesen Vögeln »gefühlt« hatte, wurde durch meine exakten Daten tatsächlich untermauert: Meine Vögel scheinen tatsächlich Gefühle für- (oder gegen-)einander zu haben, die nicht durch irgendeinen biologischen Nutzen bestimmt sind – im Gegenteil, biologisch gesehen hat es sicherlich Nachteile, sich mit einer behinderten Henne einzulassen. Es bringt den Tieren keinen »materiellen Vorteil«, wenn sie miteinander intensiver turteln oder länger kopulieren. Müssen wir nicht annehmen, daß es ihnen etwas anderes verschafft – nämlich gute Gefühle? Daß es für sie einfach einen Gewinn an »Lebensqualität« bedeutet, wenn sie einen Partner finden, zu dem sie sich besonders hingezogen fühlen? Daß sie andererseits aber auch in einer »Vernunftehe« zurechtkommen? Eigentlich ziemlich menschlich ...

Ich denke, daß meine Ergebnisse auch eine praktische Bedeutung haben, denn sie bestätigen die Tendenz der Papageienarten für bestimmte Vorlieben bezüglich des Partners. Die Vorliebe beim Wellensittich ist zwar bei weitem nicht so stark ausgeprägt wie etwa bei den Aras oder Graupapageien, die erst gar nicht brüten, wenn sie den Partner nicht mögen, aber der individuelle Geschmack ist auch für Wellensittiche erkennbar.

Noch wichtiger allerdings ist es für sie, daß sie überhaupt einen Partner haben – für sie als Schwarmvögel bedeutet es eine Qual, wenn sie allein gehalten werden. Der Mensch kann nie ein vollwertiger Ersatz sein. Könnten wir die Vögel fragen, wäre die Antwort eindeutig: Lieber ab und zu streiten als allein sein. Wenn man ein Pärchen in der Tierhandlung kauft, so sollte man sich etwa eine Stunde vor die Voliere setzen und beobachten, welche Tiere sich viel miteinander beschäftigen – welche sich eben besonders mögen. Man tut auf jeden Fall den Wellensittichen einen Gefallen damit.

Es gibt allerdings Tiere, bei denen das richtige Gefühl für den Partner eine Frage auf Leben und Tod sein kann.

Liebe auf den ersten Blick

Tupajas haben eine gewisse Ähnlichkeit mit Eichhörnchen; sie sind etwa so groß wie diese, leben ebenfalls auf Bäumen und besitzen ähnliche Greifhändchen. Manche Wissenschaftler glauben, daß ungefähr so die gemeinsamen Vorfahren von Affen und Menschen ausgesehen haben. Auch Tupajas suchen sich, wie Wellensittiche, einen Partner fürs Leben, aber sie sind dabei besonders wählerisch. Wer versucht, eine Tupajaehe zu stiften, indem er Männchen und Weibchen in ein gemeinsames Gehege setzt, kann eine böse Überraschung erleben. In zwanzig Prozent der Fälle kommen sie sich wirklich ins Gehege: Von Anfang an gibt es Krach und Streit, erbitterte Kämpfe um die Vorherrschaft, wobei es völlig offen ist, ob zum Schluß das Männchen oder das Weibchen gewinnt. Für den Sieger jedenfalls ist der Fall damit erledigt: Der oder die andere wird kaum mehr zur Kenntnis genommen – die Sache ist »abgehakt«.

Nicht jedoch für das unterlegene Tier: Es kann die Niederlage nicht einfach wegstecken und verändert sich dramatisch. Das kann so weit gehen, daß es sich in eine Käfigecke zurückzieht und dort apathisch liegenbleibt, als wäre es von einer tiefen Depression ergriffen. Allenfalls zum Essen oder Trinken rafft es sich noch auf. Es hört auf, sich zu putzen und zu pflegen. Das Fell verkümmert. Nach wenigen Tagen stirbt das Tier – wenn man es nicht vorher aus dem Käfig holt. Und dies, ohne daß es ernsthaft verletzt worden wäre oder sich beim Kampf übernommen hätte. Der Verlierer geht psychisch zugrunde – auch wenn wir nicht wissen können, ob es ein Gefühl der Schmach, des Ausgeliefertseins oder der Angst ist, das ihm so zusetzt.

Die Mehrzahl der – erzwungenen – Tupajabekanntschaften

läuft allerdings weniger dramatisch ab. Sechzig Prozent führen zu einer einigermaßen friedlichen Zweierbeziehung. Sie ist jedoch alles andere als harmonisch: Man geht sich möglichst aus dem Weg. Nachwuchs gibt es nur selten. Und wenn, dann werden die Jungen grundsätzlich nicht aufgezogen.

Die verbleibenden zwanzig Prozent der Begegnungen aber sind selbst für den Beobachter vor dem Gehege ein bewegendes Erlebnis. Der Eindruck von »Liebe auf den ersten Blick« ist zwingend. Vom ersten Augenblick an »funkt« es zwischen den beiden. Keine Spur von Feindseligkeit. Im Gegenteil, sie beschnuppern und markieren sich immer wieder, und sie praktizieren eine besondere Art von »Zungenkuß«: Ein Stoß mit der Schnauze in den Mundwinkel des Partners setzt einen großen Tropfen Speichel frei, der zärtlich abgeleckt wird. Normalerweise spielt sich diese Art von Zärtlichkeit nur zwischen Eltern und Jungen ab, aber ein Paar, das sich gefunden hat, begrüßt sich jeden Tag auf diese Weise. Und jeden Tag verbringt es auch die Siesta gemeinsam und teilt sich den Schlafplatz.

Das Glück eines verliebten Tupajapaares sticht einem förmlich ins Auge – vielleicht ist auch das ein Hinweis darauf, daß sie stammesgeschichtlich mit uns auf einer Linie liegen. Und noch etwas berührt uns seltsam vertraut: Ein Tupajaweibchen, das von einem Männchen attackiert und davongejagt wird, kann für ein anderes die große Liebe bedeuten. Wat dem einen sin Ul... Deutlicher als durch die Partnerwahl der Tupajas ist kaum zu zeigen, wie sehr Gefühle auch im Tierreich eine Frage des persönlichen Geschmacks und individueller Vorlieben sein können.

Wer jedoch grundsätzlich solchen Schlüssen von äußerlichen Verhaltensweisen auf entsprechende innere Gefühle mißtraut, der sei auf einige erstaunliche Begleitparameter des Tupaja-»Glücks« verwiesen: Der Herzschlag der beiden Tiere ändert sich auffällig, er wird wesentlich ruhiger – bis zu zwanzig Prozent. Und sie sind sogar weniger anfällig gegen Krankheiten. Der psychisch entspannte Zustand – um einen weniger menschenbezogenen Ausdruck als »Glück« zu verwenden – stärkt das Immunsystem der Tiere offenbar ähnlich, wie das bei uns der Fall ist.

Was Paracelsus vor fünfhundert Jahren erkannte: Liebe ist die beste Medizin, gilt offensichtlich nicht nur für Menschen. Und mittlerweile weiß man auch mehr über den medizinischen Wirkungsmechanismus, der für diese eigenartige Heilkraft sorgt. Wir werden gleich näher darauf eingehen, und es wird sich herausstellen, daß dieser Mechanismus für alle Säugetiere praktisch gleich ist – einschließlich der Menschen. Zuvor aber ein Blick auf die emotionale Kehrseite dieses Partnerglücks. Was bedeutet es, wenn der Partner stirbt?

Traurige Vögel

Sehr genau und ergreifend hat dieses Phänomen Konrad Lorenz bei seinen Graugans-»Ehepaaren« beschrieben. Der zurückgebliebene Partner zeigt alle Anzeichen von Trauer, wie wir sie von uns her kennen: Er wirkt völlig »geknickt«, läßt jegliche Aktivität vermissen und buchstäblich den Kopf hängen; der gesamte Muskeltonus sinkt, die Augen fallen tief in ihre Höhlen zurück. Eine solche »verwitwete« Gans vermittelt den Eindruck hoffnungsloser Gebrochenheit. Sie verliert alle Forschheit und verfällt in Teilnahmslosigkeit; im besten Fall sucht sie wieder Unterschlupf bei ihrer ehemaligen Familie, zu der sie seit Jahren keinen Kontakt mehr unterhielt.

Dieses uns so nahegehende Verhalten ergibt dann erst einen Sinn, wenn wir es als Ausdruck eines psychischen Schmerzes deuten. Dabei ist es verblüffend und irritierend, wie menschenähnlich Gänse trauern – auch wenn wir nicht wissen, wie menschenähnlich sie ihre Trauer erleben. Aber die Irritation beginnt im Grunde genommen schon einen Schritt früher: Wozu überhaupt sollen Gänse trauern, wenn sie ihren Partner verloren haben? Ein biologischer Nutzen ist nicht zu erkennen. Der Partner wird nicht wieder lebendig, und der trauernde Vogel gefährdet sich zudem selbst; tatsächlich ist die Todesrate unter »verwitweten« Gänsen besonders hoch.

Während das gute Gefühl, das eine harmonische Zweierbeziehung begleitet, immerhin als wirksames Instrument der Natur angesehen werden kann, um ebendiese Zweierbeziehung zu stiften und zu stützen, ist es beim Gefühl der Trauer anders: Es forciert keineswegs eine neue Partnerschaft. Im Gegenteil, Trauer ist in der Regel derart mit Passivität und Desinteresse an der Umgebung verbunden, daß ein biologischer Sinn dahinter schwer vorstellbar ist.

Vielleicht ist das der Grund, weshalb »Trauer bei Tieren« bislang kein Thema für die Wissenschaft war. Aber daß es für die Tiere selbst ein Thema ist, daran hat Immanuel keinen Zweifel, und er kann sich dabei auf seine besonderen Erfahrungen mit einem besonderen Vogel berufen, wie der folgende Fall zeigt.

Budy und seine Frauen

Budy ist ein Nymphensittichmännchen. Er lebt seit über zweiundzwanzig Jahren bei mir. Länger als je einer meiner vielen Hunde. Das verbindet. Hinzu kommt, daß er eine so starke Persönlichkeit hat, wie ich sie selten bei Tieren erlebt habe. Unser Zusammenleben hat eine lange Geschichte.

Budy hatte zunächst meinem Freund Conny gehört. Damals trafen wir uns oft bei ihm, diskutierten über Politik und hörten Lieder von Wolf Biermann. Conny war Biermann-Fan. Budy wahrscheinlich auch. Er saß auf seinem Kletterbaum und beäugte uns aufmerksam – zunächst, ohne sich zu beteiligen. Aber an einer bestimmten Stelle des Biermann-Liedes begann er laut mitzukrächzen. Politik war out, Verhaltensbiologie in.

Budy nutzte die Gelegenheit, flog meinem Freund auf die Schulter und knabberte an seinem Ohr und seinen langen Haaren. Angst kannte er nicht. Alle waren begeistert von dem kleinen munteren, mit dem Menschen vertrauten Papagei. Und wenn sie gut drauf waren, pfiffen sie, was das Zeug hielt. Budy bewegte dabei den Kopf auf und ab und spreizte leicht seine Flügel – die beiden hätten im Zirkus auftreten können...

Conny kümmerte sich liebevoll und intensiv um seinen Vogel. Wann immer er Zeit hatte, beschäftigte er sich mit ihm. Und das war sehr oft der Fall, denn Conny war Jurastudent und arbeitete viel zu Hause. Budy hatte also kaum Gelegenheit, sich zu langweilen – anders als viele in Gefangenschaft gehaltene Nymphensittiche. Und dennoch hätte ich ihm ein Weibchen gewünscht. Conny lehnte dies ab. Seine Gründe waren mir von vielen Haltern her vertraut. Vor allem fürchtete er, das Zutrauen seines Tieres zu verlieren; außerdem wollte er sich nicht noch mehr Arbeit aufhalsen. Daß zwei Tiere mehr Arbeit bedeuten, stimmt natürlich, aber die Zahmheit muß keineswegs verlorengehen. Wir werden das noch sehen.

Eines Tages fragte mich Conny, ob ich nicht Budy übernehmen könne. Er wußte natürlich um meine Liebe zu Vögeln, aber das war nicht der Grund für seine Offerte: Conny war von seiner Freundin verlassen worden, und er konnte die Trennung nicht verwinden. Budy, ein Geschenk dieser Freundin, sollte ihn nicht ständig an sie erinnern.

Budy litt unter dem Wechsel. Immer, wenn Conny zu Besuch kam, wurde er sofort zum Mittelpunkt. Wenn er den Flur meiner Wohnung betrat und Budy seine Stimme hörte, flatterte er wie wild hin und her, flog ihm, sobald er eintrat, auf die Schulter und trällerte eines seiner Lieder. Für mich gibt es keinen Zweifel, daß Budy damit ein intensives Gefühl von Sehnsucht und Zuneigung für seinen alten Besitzer ausdrückte.

Ich beschloß, ihm ein Weibchen zu besorgen. Denn obwohl Budy seinem Conny – und später mir – wirklich sehr verbunden war, bin ich doch der festen Überzeugung, daß alle Papageienvögel, ob Wellensittich, Nymphensittich oder Graupapagei, einen artgleichen Partner brauchen. Wie gesagt, Menschen können, auch wenn sie noch soviel Zeit und Einfallsreichtum für ihren Vogel aufbringen, einen solchen Partner niemals ersetzen. Die Kommunikation mit Artgenossen ist für das Wohlbefinden der Papageien entscheidend. Das gilt selbst dann, wenn die Tiere sich, wie es bei Budy geschah, zunächst nicht vertragen.

Budy jagte sein neues Weibchen durch alle Räume der Wohnung und stieß dabei fürchterlich aggressive Laute aus. Wo immer er sie erwischte, hackte er nach ihr. Die ersten Tage waren alles andere als ermutigend. Ich mußte mir eine Strategie ausdenken, um die beiden aneinander zu gewöhnen. So sperrte ich Budy zunächst in seinen Käfig und stellte das Weibchen in einem zweiten Käfig daneben – etwa eine Woche lang. Jeder durfte natürlich täglich eine Weile allein im Zimmer herumfliegen.

Schließlich beruhigte sich Budy und ignorierte seine Partnerin. Es verging eine weitere Woche, bis sich die beiden Vögel allmählich näherkamen. Erst von nun an setzte ich sie für ein bis zwei Stunden am Tag zusammen in einen Käfig. Allmählich gewöhnten sie sich aneinander. Es war wirklich keine Liebe auf den ersten Blick. Aber das war auch nicht zu erwarten, denn Budy war in seinen ersten beiden Lebensjahren nur mit Menschen zusammengewesen und vermutlich sogar auf sie geprägt.

Meine Geduld als Kuppler sollte sich bezahlt machen. Budy und Susi wurden ein Bilderbuchpaar. Sie kraulten sich Kopf- und Nackengefieder, fraßen gemeinsam, keiner ließ den anderen jemals mehr allein. Flog Budy aus Versehen in einen anderen Raum, so begannen sie sofort damit, sich gegenseitig laut zu rufen. Budy zog mit seiner Susi mehrere Bruten auf, und viele ihrer Kinder leben noch heute. Und trotzdem verlor Budy nie das Zutrauen zum Menschen. Er hatte wirklich zwei Partner, einen Menschen und einen Artgenossen. Erstaunlicherweise wurde Susi bald ebenso zahm – ich vermute, sie lernte es einfach von Budy. Beide Tiere flogen zu mir, beide kamen auf meine Hand. Selbst dann, wenn sie brüteten.

Beim Brüten teilen sich Nymphensittiche die Arbeit und wechseln sich ab. Auch Budy mußte also diese Rolle übernehmen, und er tat das brav. Es kam mir allerdings so vor, als geschehe dies eher aus Pflichtbewußtsein denn aus Neigung. Aber wie so oft in diesen zweiundzwanzig Jahren entwickelte er eine eigene Strategie der Problemlösung: Kaum war das Weibchen da, um die Schicht zu übernehmen, stürzte sich Budy auf und davon ins Freizeitvergnügen, nämlich in die Menschenwelt. Er schloß sich noch enger an uns an, wurde noch zutraulicher, nahm an unserem Tagesablauf teil und ließ uns nicht aus den Augen. Ich hatte den Eindruck, das Brutgeschäft und seine brütende Ehefrau waren ihm entsetzlich langweilig, er brauchte uns dringend, um sich davon zu erholen. Wir fühlten uns durchaus geschmeichelt.

Leider starb Susi nach fünf Jahren an einem Krebsgeschwür. Ich werde nie vergessen, wie ich die traurige Botschaft erhielt: Es war Samstag, ich kam vom Einkaufen nach Hause. Schon auf der Straße empfing mich ein durch Mark und Bein gehendes, ohrenbetäubendes Geschrei. Mir war sofort klar: Es mußte etwas Schreckliches passiert sein, denn so hatte ich noch nie einen Vogel schreien hören.

Budy saß auf seiner Stange im Käfig, obwohl die Käfigtüre offenstand, und Susi lag tot auf dem Käfigboden. Budy war nicht zu beruhigen. Er schrie unaufhörlich. Nichts konnte ihn trösten, selbst mit den von ihm geliebten grünen Nudeln konnte ich ihn nicht ablenken. Meine letzte verzweifelte Hoffnung setzte ich auf Conny. Aber selbst dessen Gegenwart bewirkte nicht, daß Budy aufhörte zu schreien. So ging es zwei schreckliche Tage lang. Am Montagmorgen stürzte ich in das nächstgelegene Zoogeschäft und kaufte das erstbeste Nymphensittichweibchen, nur um Budy endlich zu beruhigen. Aber Budy nahm kaum Notiz von ihr, schrie weiter. Als ich beide gemeinsam in der Wohnung fliegen ließ, attackierte er sofort die neue Artgenossin.

Glücklicherweise war dieses Drama nach zwei Tagen zu Ende. Budy setzte sich schließlich neben das Weibchen und stieß ein paar ruhige, zärtliche Kontaktlaute aus. Die beiden gewöhnten sich aneinander. Und dennoch war diese neue Beziehung mit der früheren nicht zu vergleichen. Sie kraulten sich seltener, schnäbelten kaum miteinander. Oft hielten sie sich in getrennten Räumen auf, ohne daß es ihnen erkennbar etwas ausmachte. Ihr Umgang miteinander wirkte auf mich gleichgültiger und kühler, obwohl beide mehrere Bruten großzogen. Die Biologie schien zu stimmen, aber mit den Gefühlen schien es zu hapern.

Budy überlebte dieses und auch noch ein weiteres Nymphensittichweibchen. Zu beiden aber war die Beziehung nicht so innig wie zu Susi. Bei deren Tod reagierte er längst nicht so intensiv und schrie nie wieder so wie damals, als Susi starb. Zugegeben, das konnte auch mit seinem Alter zu tun haben; er war immerhin schon achtzehn Jahre alt, und das ist auch für einen Nymphensittich ein stolzes Alter. Dem wollte ich Rechnung tragen und ihm nicht noch einmal ein neues Weibchen »zumuten«.

Um ihm dennoch Gesellschaft zu verschaffen, machte ich den Versuch, ihn an meine Wellensittiche zu gewöhnen. Ich setzte ihn einfach zu ihnen in die große Voliere auf meinem Balkon. Dort konnte ich ihn gut beobachten. Wenn ich die Balkontüre öffne, stehe ich mitten in der Voliere. Alle Tiere haben sich daran gewöhnt und sind mit mir vertraut. Nur deshalb konnte ich es wagen, Budy zu ihnen zu setzen.

Meine Rechnung schien aufzugehen: Er schloß sogar mit einigen Wellensittichen Freundschaft, besonders mit einem etwas größeren, pummeligen grünen Weibchen. Er streckte ihr oft seinen Schopf entgegen und ließ ihn genüßlich von ihr beknabbern. Umgekehrt ging das nur mit Schwierigkeiten, denn Budy war deutlich größer. Ich war sehr zufrieden mit dieser Lösung, und ich hatte den Eindruck, Budy war es auch. Bis Jenny erschien.

Jenny ist ein Nymphensittichweibchen – und ein Tyrann. Das fanden zumindest ihre Besitzer. Denn Jennys Hauptbeschäftigung bestand darin, alles, was ihr unter den Schnabel kam, anzuknabbern: Vorhänge und Gardinenleisten mußten ebenso daran glauben wie Sessel und Tapeten. Ein Teufelskreis setzte ein: Sie durfte immer seltener frei umherfliegen, und der Raum dafür wurde immer stärker begrenzt. Die Folge war, daß Jenny anfing zu schreien, die Nachbarn sich beschwerten und die Nerven der Besitzer der Belastung immer weniger standhielten. Schließlich erkannten sie, daß Jenny nicht einfach eine Nervensäge war, sondern daß sie ihren Vogel nicht mehr artgerecht hielten. Nur ein Männchen hätte aus dieser verfahrenen Situation heraushelfen können – ein Männchen, mit dem Jenny hätte brüten können. Diese Vorstellung aber war ihnen, die sich am Rand ihrer Kräfte fühlten, einfach zuviel.

Um es kurz zu machen: Ich nahm Jenny auf und setzte sie zu Budy in die Wellensittichvoliere. Ich tat es aus Mitleid und hoffte, die Unruhe im Käfig würde ihr nicht allzuviel ausmachen. Außerdem setzte ich auf Budy als einen zwar betagten, aber erfahrenen Partner. Was dann aber wirklich geschah, würde ich bis heute nicht glauben, wenn ich es nicht hautnah miterlebt hätte.

Zunächst jagte Budy seine Artgenossin durch die Voliere und hackte nach ihr. Nach zwei Stunden aber brach er seine Angriffe ab und setzte sich neben sie. Jenny wich anfänglich ängstlich zurück; darauf begann Budy, ganz leise Töne auszustoßen, die ich als sehr zärtlich empfand. Das schien ihr tatsächlich die Angst in der fremden Umgebung zu nehmen. In der Folgezeit kamen sie sich behutsam näher, wobei die Initiative eindeutig von Budy ausging.

Bis heute verstehen sich Budy und Jenny prächtig. Ihre Beziehung erinnert mich sehr an Budys erste Liebe. Aus dem alternden, behäbigen Budy ist wieder ein vitaler, aktiver Nymphensittich geworden – Jenny scheint wie ein Jungbrunnen auf ihn zu wirken. Die beiden lassen sich nicht aus den Augen und führen ein typisches Nymphensittichleben: Sie fressen zusammen, balzen, kopulieren und bebrüten ihre Eier. Nur eine Kleinigkeit stimmt nicht: Die Eier von Jenny sind unbefruchtet. So weit also reicht Jennys Wundermedizin nun doch nicht. Aber die beiden scheint es nicht zu stören – und mich auch nicht.

Seiner früheren Wellensittichfreundin schenkt Budy übrigens keine besondere Beachtung mehr, und auch sie hat sich mittlerweile mit einem Wellensittichhahn »getröstet«. Budys abgestufte Reaktionen auf den Tod seiner Gefährtinnen sprechen allerdings einmal mehr dafür, daß man mit guten Gründen davon ausgehen darf, daß diesen Verhaltensweisen die Empfindungen von Trauer und Schmerz zugrunde liegen.

Der Verlust des Partners löscht nicht einfach die positiven Gefühle, die an ihn geknüpft waren – so wie Angst oder Wut verfliegen, wenn die Auslöser nicht mehr da sind; die Diskrepanz zwischen der inneren Welt, in der der Partner nach wie vor existiert, und der so ganz anderen äußeren Realität läßt eine neue, negative Gefühlsqualität entstehen: Trauer, Niedergeschlagenheit, Verzweiflung.

Lust am Fliegen

Das System der Gefühle kann – auch bei Tieren – eine Eigendynamik und Selbständigkeit entwickeln, die sich nicht mehr an biologischer Zweckmäßigkeit orientiert. Und diese »Emanzipation der Gefühle«, wie wir sie bei uns als selbstverständlich voraussetzen, gestaltet das Verhalten der Tiere vielleicht mehr, als wir ahnen.

Es ging mir wie allen, die den Nakuru-See in Kenia zum erstenmal erleben: Ich war überwältigt von den riesigen Vogelschwärmen, die das Wasser und die Ufer bevölkerten. Der See war fest in ihrem Besitz; auch durch uns ließen sie sich nicht stören. Aber unter den Hunderttausenden von Vögeln sollte mich einer besonders in Erstaunen versetzen. Ein wunderschöner Pelikan.

Ohne äußeren Anlaß, als wäre ihm plötzlich etwas eingefallen, schwang er sich in die Luft und entfernte sich mit langsamen Flügelschlägen vom See. Er nahm Kurs auf... auf irgend etwas, was ich nicht sehen konnte. Aber sein ganzes Benehmen wirkte so entschlossen und zielgerichtet, daß es mich neugierig machte: Ich verfolgte den Flug im Feldstecher. Der Pelikan zog schnurgerade über die Baumwipfel; ganz langsam gewann er an Höhe; er schien genau zu wissen, wohin er wollte. Zwei Minuten später, als ich die Verfolgung fast schon aufgeben wollte, wußte ich es auch: Der Pelikan hatte seine Flügelschläge eingestellt und schraubte sich jetzt im Segelflug in die Höhe. Es war ein unsichtbarer Thermikschlauch, den er angesteuert hatte und der ihn jetzt in weiten Spiralen nach oben hievte – höher und höher, ohne daß er ein einziges Mal mit seinen Schwingen hätte nachkorrigieren müssen. Ich hatte sogar den Eindruck, als machte er sich einen besonderen Sport daraus, denn einige Male, als ihn offensichtlich Turbulenzen überraschten, geriet er in bedenkliche Seitenlage; aber jedesmal schaffte er die Gegensteuerung ohne einen einzigen Flügelschlag. Schließlich war er nur noch als winziger Punkt am Himmel zu erkennen. Was hatte er dort oben zu suchen? Nach einiger Zeit stießen andere Pelikane hinzu, die sich ebenfalls vom »Luftlift«, wenn auch nicht ganz so virtuos, nach oben tragen ließen. Was wollten sie dort oben? Wozu der energiezehrende Anflug?

Ich habe keine andere Erklärung, als daß die Pelikane einfach

Vergnügen am Segeln hatten – an der Fortbewegung ohne Kraftaufwand. Das Hochgefühl beim Höhenflug – das war es, was sie suchten; das war die treibende Kraft. Einen biologischen Nutzeffekt brauchten sie nicht. Das Lustgefühl genügt sich selbst.

Gewiß, das Lustgefühl ist auch für Pelikane nicht vom Himmel gefallen, es ist ein Produkt der Evolution, aber es blieb nicht an die Einsatzbedingungen gebunden, unter denen es entstanden ist. Klar und treffend hat der Schweizer Primatenforscher Hans Kummer diesen Zusammenhang formuliert: »Die Lust zum Tun wird evolutiv im Erbgut verankert, weil das Tun Nutzen bringt; ist aber die Lust einmal da, richtet sie sich wenig nach der Notwendigkeit« (*Weiße Affen am Roten Meer*, 1992).

Auch die rührende Vorstellung der Schimpansen im Baseler Zoo entbehrte jeder Notwendigkeit. Die ganze Gruppe um Eros, den Boß, war im Außengehege versammelt, als plötzlich ein junger Spatz, der noch nicht recht fliegen konnte, direkt vor den Füßen einer Schimpansin »notlandete«. Blitzschnell griff sie zu, und der weitere Ablauf schien klar, denn Schimpansen sind keineswegs nur Vegetarier; in freier Wildbahn veranstalten sie regelrechte Treibjagden auf kleinere Tiere – sogar auf Paviankinder.

Aber Reto, der Pfleger, der sich zufällig beim Gehege aufhielt, traute seinen Augen nicht: Die Schimpansin nahm das Vögelchen vorsichtig in ihre hohlen Hände – so sorgsam, als handele es sich um eine Kostbarkeit – und betrachtete entzückt den kleinen, vor Schreck gelähmten Spatz. In der Zwischenzeit waren die anderen Schimpansen herangerückt. Sie streckten die Hände aus, und das kleine hilflose Geschöpf wurde behutsam, beinahe andächtig in der Runde weitergereicht; jeder schien erfüllt von seiner Schutzbedürftigkeit und Niedlichkeit. Und als der letzte Schimpanse das Vögelchen in den Händen hielt, ging er ans Gitter zu Reto und reichte es ihm behutsam und ohne Hast nach draußen.

Wir können nur vermuten, was die rauhbeinigen Schimpansen in diesem Augenblick empfunden haben: Sie waren von der Schutzbedürftigkeit und Verletzlichkeit des Vögelchens ergriffen. Aber ihre Regungen waren sicherlich nicht von irgendeinem biologischen Nutzen diktiert. Die Gefühle sind frei.

Ich gebe zu, daß solche Mutmaßungen etwas vage sind, solange man sich nur in die Gefühlswelt der Tiere hineinversetzt und keinerlei zusätzliche Anhaltspunkte vorzuweisen hat. Seit einigen Jahren befassen sich daher Wissenschaftler intensiv mit solchen Zusatzindizien: Sie messen nicht die Gefühle selbst – dies dürfte für immer ein Traum bleiben –, sondern die sie begleitenden Hormonausschüttungen und andere physiologische Körperreaktionen. Damit ist gewissermaßen eine zweite Beobachtungsebene eröffnet: Neben dem äußeren Verhalten der Tiere beobachtet man ihre innere »Körperchemie« und kann beides miteinander vergleichen. Wie spiegeln sich Zustände, die auf uns den Eindruck von Depression, Anspannung, Schmerz oder Zufriedenheit machen, im Hormonpegel der Tiere wider? Schon die bisherigen Ergebnisse sind voller Überraschung – besonders bei Tieren, die in Gruppen leben. Hier zeigen die Messungen, daß das Wohlbefinden des einzelnen ganz wesentlich von seinem Verhältnis zu den anderen Gruppenmitgliedern abhängt.

Wie fühlt sich der Chef?

Die Meerschweinchen von Norbert Sachser an der Universität Bayreuth haben es gut. Nicht nur, weil der Biologe seine Tierchen mag oder weil sie genügend Platz und Futter haben, sondern vor allem, weil ihr Wohlergehen gewissermaßen Pflicht ist: Norbert Sachser erforscht mit seinen Assistenten und Studenten, wann und warum sich Meerschweinchen wohl fühlen. Es gibt zwar kurzfristig auch mal Streß und Ärger, aber den machen sich die Tiere selbst, zum Beispiel, wenn sie ihre Rangordnung ausfechten. Und eine Rangordnung gehört bei den Meerschweinchen dazu: Nur einer kann das Sagen haben, die anderen räumen den Weg und überlassen ihm die Weibchen.

Allerdings, so hat Sachser herausgefunden, halten Meerschweinchen nicht völlig stur an dieser Organisationsform fest. Wenn es zu viele werden, nämlich so viele, daß ein einziges Männchen mit der Chefrolle überfordert wäre, dann teilen sie sich in mehrere »Clans« auf, die sich gegenseitig respektieren. Und jeder Clan hat seinen eigenen Anführer. Das sei eine sinnvolle und vernünftige Strategie, meint Sachser und schaut voller Anerkennung auf den Betrieb zu unseren Füßen, wo an die vierzig Meerschweinchen piepsend und zwitschernd umherwuseln. Ich kann weder Clans noch Anführer, noch Untergebene, nicht einmal Männchen und Weibchen unterscheiden. Aber irgendwie wirkt das Durcheinander entspannt, fast vergnügt, und das trotz der Rangunterschiede und unterschiedlichen Rechte.

Finden sich die Untergebenen mit ihrer Rolle einfach ab? Macht es ihnen nicht zu schaffen, ständig ein dominantes Tier vor der Nase zu haben? »In diesem Punkt erlebten wir alle eine Überraschung!« Sachser ist anzusehen, wie ihn diese Entdeckung fasziniert. »Alles spricht dafür, daß sich die Rangtieferen genauso wohl fühlen wie die dominanten Tiere; unsere Hormonmessungen ergeben da ein klares Bild.«

Gemeint sind die Messungen der »Streßhormone« im Blut der Meerschweinchen. Entscheidend ist, daß die Messung selbst streßfrei, das heißt ohne Angst, Schmerz oder Aufregung, für die Tiere geschieht, sonst wären die Daten von vornherein unbrauchbar.

Sachser verweist nicht ohne Stolz darauf, daß sein Team einen besonders harmlosen Test entwickelt habe: Ein winziges Tröpfchen Blut aus dem Ohr genügt – das Meerschweinchen zuckt nicht einmal. Alles Weitere erledigt ein computergesteuerter Park von Analysegeräten. Am Ende stehen Kurven und Zahlenkolonnen, die den Gehalt an Streßhormonen angeben.

Diese Hormone sind an sich nichts Aufregendes, man kennt sie schon lange; Adrenalin oder Cortisol gehören dazu. Spannend jedoch ist, daß sie bei allen Säugetieren vorkommen und daß sie sogar bei allen dieselbe Rolle spielen. Es muß sich bei diesem Hormonsystem um eine uralte, grundlegende »Erfindung« handeln, die seit mehreren hundert Millionen Jahren tauglich ist. Jeder von uns ist tagtäglich davon betroffen, und wahrscheinlich haben sogar unsere vielbeklagten Zivilisationskrankheiten mit diesen Hormonen zu tun.

Genauer betrachtet handelt es sich um einen Cocktail von Hormonen, der, vom Gehirn gesteuert, über die Nebennieren ins

Blut abgegeben wird, und zwar immer dann, wenn unerwartete Streßsituationen, also körperliche oder psychische Belastungen, eintreten.

Die Folgen kennt jeder zur Genüge. Da nimmt uns einer die Vorfahrt, wir steigen voll auf die Bremse, um dem Crash zu entgehen – und schon rast unser Puls nach oben, der Blutdruck steigt, die Hände werden feucht, wir atmen schneller. Gleichzeitig schießt das Blut in die Muskeln, und die Leber gibt energiespendenden Blutzucker frei. Unser ganzer Organismus wird energetisch aufgeladen, ist auf Aktivität eingestellt – was Wunder, daß wir diesen Kerl am »liebsten in der Luft zerreißen« würden. Aber nach einiger Zeit ist unsere Wut ebenso verflogen wie der Ausstoß an Hormonen.

In akuten Streßsituationen sorgt der Hormoncocktail aus den Nebennieren letztlich für die Bereitstellung und rasche Abrufbarkeit von Energie. Bei anhaltenden Belastungen jedoch wird die Geschichte komplizierter. Hier hat sich gezeigt, daß man mindestens zwischen zwei verschiedenen Arten von Streß unterscheiden muß, für die auch verschiedene Streßhormone »zuständig« sind. Bei »aktivem Streß« – wenn die Anspannung nicht nachläßt, weil es ununterbrochen etwas zu tun, zu beachten, zu erledigen gilt – werden Adrenalin und Noradrenalin ins Blut geschleust. Dieser Adrenalinmechanismus treibt in erster Linie das Herz-Kreislauf-System an – auf Dauer nicht ungestraft, wie die zahllosen Herz-Kreislauf-Erkrankungen von Bluthochdruck bis Herzinfarkt belegen.

Im Gegensatz dazu steht der »passive Streß«, der von Hilflosigkeit, Ausgeliefertsein, Nichts-tun-Können geprägt ist – etwa nach dem Verlust des Arbeitsplatzes oder dem Tod eines Angehörigen. In solchen Fällen sind es vor allem die Hormone Cortisol und Corticosteron, die ins Blut abgegeben werden und deren Wirkung eine völlig andere ist: Sie drosseln in erster Linie die Abwehrkräfte des Immunsystems. Auch dies ist naturgemäß auf Dauer eine höchst ungesunde Angelegenheit.

Soweit die Kurzbeschreibung dieser beiden Hormonsysteme. Sie können als Gradmesser für die körperliche und psychische Belastung eines Tieres dienen – dafür, wie wohl oder unwohl es sich fühlt. Im Falle unserer Meerschweinchen wies keines der Tiere einen erhöhten Streßhormonspiegel auf, weder die Chefs der Clans noch ihre Untergebenen. Das war es, was Sachser zu der Überzeugung brachte, sie alle würden sich gleichermaßen wohl fühlen.

Das »Glück« seiner Meerschweinchen läßt sich leider nicht auf übliche Heimtierverhältnisse übertragen. Zu Hause mit nur einem oder wenigen Meerschweinchen ist alles anders. Hier sollte man nie zwei Männchen zusammenbringen, wenn gleichzeitig ein Weibchen anwesend ist. Das kann nicht gutgehen. Sie haben es nie gelernt, sich unterzuordnen oder sich zu arrangieren. Ihre Streßhormone jagen nach oben: Sie beginnen einen erbitterten Kampf um die Besitzrechte an dem Weibchen.

Und auch hier kann es – ähnlich wie bei den Tupajas – passieren, daß der Verlierer zugleich sein Leben verliert: Teilnahmslos zieht er sich zurück und stirbt nach kurzer Zeit, wenn er nicht herausgenommen wird. Es sind keine körperlichen, sondern psychische Verletzungen, denen er erliegt. Seine ausweglose Situation, der Zwang zum passiven Erdulden verändert seinen Hormonhaushalt bleibend. Sein Cortisolspiegel steigt auf extrem hohe Werte an, bis schließlich das Immunsystem zusammenbricht und den Organismus nicht mehr gegen Krankheitserreger verteidigen kann.

So stellen sich Depression und Selbstaufgabe des Unterlegenen auf der Ebene der Körperchemie dar. Es ist derselbe Mechanismus, der besiegte Tupajas in den Tod treiben kann. Und auch uns setzt ausweglöser Dauerstreß auf dieselbe Weise zu: Er schwächt unser Abwehrsystem. Die hohe Sterberate nach dem Tod des Partners, die Krankheitshäufigkeit nach der Pensionierung, die Anfälligkeit bei unbefriedigender Arbeit – all dies sind Zeichen dafür, daß auch wir dieser Wirkungskette von Passivstreß – Hormonausschüttung – Abwehrschwäche unterworfen sind.

So gesehen erscheint die Tatsache, daß abhängige Beschäftigte häufiger krank sind als Selbständige, in einem neuen Licht. Die griffige Formel vom »Krankfeiern« übersieht den uralten Zusammenhang zwischen depressiver Belastung und geschwächter Abwehrkraft. Und auch die Umkehrung trifft zu: Jene Erkenntnis von Paracelsus, daß Glück und Liebe die Gesundheit erhalten, spiegelt sich »körperchemisch« in erhöhter Aktivität unseres Immunsystems wider. Gefühle, auch wenn sie materiell nicht zu fassen sind, haben höchst konkrete und meßbare Auswirkungen auf die Körpermaschinerie – bei uns wie bei anderen Säugern.

Es wäre jedoch ein Trugschluß, aus dem Bisherigen zu folgern, ein hoher Rang, die Chefrolle gewissermaßen, garantiere eine günstige Gefühls- und Hormonlage und berge damit weniger gesundheitliche Risiken. Das Gegenteil kann der Fall sein; denn auch das andere Hormonsystem spielt mit. Bei aktivem Dauerstreß, so hatten wir ausgeführt, schüttet es Adrenalin ins Blut aus; und Führungspositionen können durchaus eine streßreiche und nervenaufreibende Angelegenheit sein. Auch bei Mäusen. Der Obermäuserich hat ständig damit zu tun, seine Position zu wahren, er kommt kaum zur Ruhe, und er bezahlt seine Spitzenstellung mit Dauerstreß: Sein Adrenalinspiegel im Blut ist ständig erhöht, und innerhalb weniger Monate bekommt er Gesundheitsprobleme, die fatal an Managerkrankheiten erinnern: Herz-Kreislauf-Symptome, Bluthochdruck, Arteriosklerose. Schließlich stirbt er daran.

Je mehr die Wissenschaft sich den Streßhormonen widmet und dadurch Einblick in die emotionale Belastung der Tiere gewinnt, um so verblüffender sind die Parallelen zu uns Menschen. Es ist bekannt, daß wir beunruhigende Situationen in Anwesenheit eines geliebten Partners wesentlich besser überstehen. Entsprechendes hat Norbert Sachser bei seinen Meerschweinchen beobachtet. Sie erleben ein fremdes Gehege stets als akute Belastung, die sich sofort in ihrem Hormonhaushalt niederschlägt. Auch wenn ein weiteres, bekanntes Tier dabei ist, bleibt die Belastung erhalten; sobald aber der vertraute Bindungspartner dabei ist, gehen die Streßhormone deutlich zurück. Geteiltes Leid ist halbes Leid.

Ebenso menschlich mutet es an, daß Karrierestreß bei Pavianen auch eine Sache ihres persönlichen Charakters ist. In einer Paviangesellschaft liegen die Verhältnisse anders als bei Meerschweinchengroßgruppen: Hier bedeutet der tiefere Rang auch ein Mehr an Belastung, also mehr Streßhormone im Blut. Aber noch entscheidender als die Stellung in der Hierarchie ist die Einstellung im Kopf. Hormonmessungen belegen es: Wer an zweiter Stelle steht und ständig Raufereien und Reibereien anzettelt, um selbst die Nummer eins zu werden, führt ein angespanntes und ungesundes Leben – ganz anders, als wenn er sich gelassen mit dieser Position zufriedengibt. Dann kann er sich sogar befreiter fühlen als ein ständig um seine Spitzenstellung besorgter Boß. Wir reden immer noch von Pavianen. Ähnlichkeiten mit anderen Primaten sind keineswegs zufällig.

Das Auftreten der Gefühle – der angenehmen und unangenehmen – ist sicherlich älter als die Entwicklung logischer Intelligenz. Aber trotz unseres Verstandes und unserer Fähigkeit zu Planspielen sind wir auf Gefühle als Richtschnur für unsere Entscheidungen angewiesen. E. V. R. demonstriert es auf tragische Weise. Erst recht benötigen Tiere, die ohne unsere intellektuellen Fähigkeiten auskommen müssen, die Instanz der Gefühle, die ihnen sagt, was sie tun sollen. Und wie bei uns äußern sich ihre Gefühle nicht nur in Gesten und Lauten, sondern auch in meßbaren Hormonkonzentrationen im Blut, der chemischen Spur der Gefühle.

Eine grundsätzliche Anmerkung sei hier erlaubt. Als diese Parallelen zwischen chemischen und emotionalen Vorgängen entdeckt wurden, fühlten sich die eingefleischten Materialisten unter den Wissenschaftlern bestätigt. Das Geheimnis der Gefühle schien entschlüsselt, Freud endgültig widerlegt: Nicht Erfahrungen, Erlebnisse, Erinnerungen, sondern »nichts weiter« als – genetisch verankerte – chemische und physikalische Vorgänge im Blut und in den Nervenzellen seien verantwortlich, wenn wir auf den Verlust unseres Partners mit einer Depression reagieren oder auf einen attraktiven Vertreter des anderen Geschlechts mit erregenden erotischen Phantasien.

Diese »Erklärung« der Gefühle kommt mir ein bißchen so vor, als wollte man das Geheimnis einer Bachschen Fuge mit der Mechanik der Klaviersaiten erklären. Wir können natürlich auch den Klavierdeckel öffnen und die Saiten mit einem Hammer zum Schwingen bringen – ebenso wie wir mit Hilfe einer Sonde im Gehirn oder einer Hormonspritze Gefühle zum Schwingen bringen können. Aber bringt uns das dem Verständnis der Gefühle wirklich näher?

Gefühle – ein Luxus der höheren Tiere?

Zurück zu den Tieren. Wie weit »hinunter« gibt es die »Musik« der Gefühle? Für Säugetiere sind sie, wie gesagt, weitgehend gesichert. Es gibt Anzeichen, daß auch Fische Streßhormone aufweisen. Aber wie steht es bei den wirbellosen Tieren, zum Beispiel den Insekten? Sicher ist, daß auch sie Nervenleitungen besitzen, die Verletzungen melden, und daß sie auf diese Verletzungen reagieren. Aber es ist eher unwahrscheinlich, daß sie dabei den Schmerz wirklich erleben: Die entsprechenden »schmerzverarbeitenden« Hirnzentren fehlen meist ganz. Zudem kann man immer wieder Insekten beobachten, die nichts von ihren Verletzungen zu spüren scheinen: Ein Käfer mit zerquetschtem Bein setzt es weiterhin ein, als wäre es gesund; eine trinkende Wespe trinkt weiter, auch wenn sie in der Mitte durchtrennt ist; und ein Heupferd frißt weiter, auch wenn ihm der Hinterleib fehlt.

Ehrlicherweise muß man jedoch sagen, daß wir noch zuwenig über diese »niederen« Tiere wissen, um schon endgültige Schlüsse zu ziehen; vor allem sollten wir uns hüten, den wirbellosen Tieren insgesamt Gefühle und Schmerzempfindungen abzusprechen. Kraken oder andere Tintenfische sind zum Beispiel bekannt dafür, daß sie blitzschnell ihr Farbkleid ändern können, und sie machen das zweifellos als Ausdruck ihrer Stimmung. Man sieht ihren Farbmustern an, ob sie entspannt sind: Dann nehmen sie meist die Tönung des Untergrundes an. Oder ob sie eine aufregende Beute erspähen: Dann kann sich die Kopf- und Augenregion plötzlich rot verfärben. Auch wenn sie in Paarungsstimmung sind, zeigt sich dies in besonderen Mustern und Farbwellen auf dem Körper.

In Gruppen lebende Tintenfische haben die Fähigkeit, in Bruchteilen von Sekunden beliebige Farbmuster auf ihren Körper zu zaubern: Bänder, Streifen, Punkte oder Wellenlinien in verwirrender Vielfalt. Und es ist nicht auszuschließen, daß dem auch eine Vielfalt an Gefühlen entspricht. Tintenfische in Schwarmformation beispielsweise ziehen sich fast immer ein einheitliches Farbmuster über; sie rücken gewissermaßen in Uniform an – bis auf den letzten der Truppe: Der schert häufig aus der Reihe, indem er sich auffällig anders einfärbt. Martin Moynihan vom Smithsonian Institute, der seit vielen Jahren Tintenfische beobachtet, äußert den zwingenden Verdacht, daß der letzte dies »absichtlich« macht. Aber warum? Was geht in ihm vor?

Und was geht in jenem Tintenfisch vor, der zu seiner Rechten ein Weibchen sieht und ihm farbig flackernde Liebeserklärungen macht? Es gibt darüber hinaus eine einseitig vorgetragene Erklärung: Seine linke Flanke nämlich hält er blank und leer, solange dort ein Mitkonkurrent zu sehen ist. Ein Täuschungsmanöver? Oder hat er gespaltene Gefühle?

Wir tun uns schwer, die Gefühlsbotschaften zu entziffern, die den Tintenfischen auf den Leib geschrieben sind. Könnten sie ihre Mundwinkel hochziehen, die Stirn in Falten legen, fauchen oder die Zähne blecken, dann hätten wir zumindest einen ersten naiven Zugang – aber abstrakte, flüchtige Farbsignale...? Das ist uns so fremd, als hätten wir es mit außerirdischen Wesen zu tun. Die stammesgeschichtliche Kluft, die uns von den Wirbellosen trennt, ist zu tief, als daß sie durch irgendwelche suggestiven Verständnishilfen überbrückt werden könnte.

Martin Moynihan sieht in den Farbzeichen der Tintenfische sogar noch mehr als den Ausdruck ihrer emotionalen Stimmungen. Für ihn sind es echte Sprachsignale. Er glaubt sogar, Anzeichen einer Grammatik entdeckt zu haben – eine bestimmte Reihenfolge der Muster, die stets einzuhalten ist, oder »Leerzeichen« zwischen den einzelnen Farbmustern. Damit könnten sich, so Moynihan, die Tintenfische gegenseitig mitteilen, was sie bewegt. Auch wenn sich die meisten dieser Botschaften nur um Angriff, Flucht, Futter oder Paarung drehten, seien die Mitteilungen klar und unmißverständlich – für die Gesprächspartner.

Wir dürfen gespannt sein, was sich letztlich hinter den Farbchiffren der Tintenfische verbirgt. Soviel jedenfalls scheint klar: Die Fähigkeit, Stimmungen oder Gefühle zu empfinden, ist kein

Vorzugsrecht für Wirbeltiere oder gar Säugetiere. Die Evolution hat offensichtlich mehrmals dieses Instrumentarium entwickelt, mit dem sich die Lebewesen höchst wirkungsvoll motivieren und steuern lassen.

Ich-Bewußtsein

Was wissen Tiere über sich selbst?

Spiegelbild und Ebenbild

Barny, der wuschelige Familienboß von Immanuels Meerschweinchen, starrte auf sein Gegenüber. Das fremde Meerschweinchen erwiderte den Blick, es schien keine Furcht zu haben, und dann eröffneten beide gleichzeitig ihr eindrucksvolles Ritual an Drohlauten und Drohgebärden. Ein Gurgelton, tief aus der Kehle wie ein rollendes »R«, dann Übergang in scharfes Zähneklappern – in schnellem Stakkato schlugen die Kiefer aufeinander. Und als immer noch keiner nachgeben wollte, zeigte ihm Barny auf imponierende Weise, was alles in ihm steckte. Er fuhr seine bis dahin in einer Hautfalte versteckten Hodensäcke aus; unübersehbar blinkten sie zwischen den Hinterbeinen auf. Und mit diesem Ausweis strotzender Manneskraft machte er breitbeinig ein paar wiegende Imponierschritte – fast in der Manier eines prahlenden Westernhelden.

Irritierend war freilich, daß Barnys Kontrahent keinerlei Respekt zeigte. Im Gegenteil, auch er verfuhr in exakt der gleichen Weise. Barny stand vor einem Spiegel. Sein Gegenüber war er selbst. Der Versuch sollte zeigen, ob Meerschweinchen in der Lage sind, sich selbst im Spiegel zu erkennen. Ergebnis: negativ. Barny hielt sein Spiegelbild für einen fremden, ihn bedrohenden Eindringling. Offensichtlich gelang es ihm nicht, die Bewegungen im Spiegel mit seinen eigenen in Verbindung zu bringen, ihre Gleichheit und Gleichzeitigkeit zu erkennen und daraus auf sich selbst als Verursacher zu schließen.

Ob Barny überhaupt weiß, was er tut? Ob er eine Vorstellung von sich selbst, seinem Körper und seinem Verhalten besitzt?

Immerhin muß Barny eine recht genaue Vorstellung von seinen Artgenossen besitzen. Denn schon bald verlor er das Interesse an der Spiegelfechterei mit einem Gegner, der weder geruchlich noch akustisch etwas zu bieten hatte. Er gewöhnte sich an den Spiegel, und was sich darin abspielte, konnte ihn immer weniger erregen. Schließlich ignorierte er ihn ganz. Und dabei blieb es.

Auch nach Wochen gab es keine Anzeichen, daß Barny in seinem Spiegelbild irgend etwas Besonderes erkennen würde. Sind Meerschweinchen besonders dumm? Oder zumindest, wenn es um Spiegelbilder geht, besonders unbegabt? Jedenfalls sind sie keine Ausnahme. Es gibt kaum eine Tierart, die den Spiegeltest positiv bestehen würde. Bis zum heutigen Zeitpunkt kennt man keinen Hund und keine Katze, weder Ratten noch Elefanten, die sich im Spiegel selbst identifiziert hätten. Nicht einmal gewöhnliche Tieraffen sind dazu in der Lage. Und selbst wir Menschen sind damit völlig überfordert — solange wir jünger als achtzehn Monate sind.

Der kleine Patrick konnte mit seinen vierzehn Monaten bereits laufen, er begann seine ersten Worte zu formen, und zum Schrecken seiner Mutter erkundete er alles, was er mit seinen Händen erreichen konnte – ob Steckdose oder Bierglas. So dauerte es auch nicht lange, bis er den großen Spiegel entdeckte, den wir an die Wand gelehnt hatten. Patrick schien fasziniert von der glatten Oberfläche. Immer wieder strich er mit seinen Fingerchen darüber, und manchmal schaute er auch zu seiner Mutter im Spiegel und lachte ihr zu. Aber mit sich selbst, genauer, mit seinem Spiegelbild wußte er überhaupt nichts anzufangen, und auch der rote Punkt, den wir ihm in einem unbemerkten Augenblick auf die Nase gemalt hatten, störte ihn nicht im geringsten. Er schien ihn nicht einmal wahrzunehmen.

Für uns Erwachsene im Raum war es schwer zu begreifen, daß dieser kleine aufgeweckte Mensch, der genau wußte, was er wollte, der vor Vergnügen quietschte, wenn er gekitzelt wurde, der fremde Leute mißtrauisch musterte oder der verärgert reagierte, wenn er mit den Händen nicht in der Sahne patschen durfte – es war schwer zu begreifen, daß diese kleine Persönlichkeit, die auf den Namen Patrick hörte, sich selbst im Spiegel nicht erkennen konnte. Aber genau so war es. Erst mit eineinhalb, spätestens mit zwei Jahren würde Patrick lernen und dann wissen, daß er sich selbst gegenübersteht. Er würde sich dann an die eigene Nase fassen, um den roten Punkt, der dort nicht hingehört, zu betasten.

Die auf den ersten Blick so elementar erscheinende Fähigkeit, sich im Spiegel zu erkennen, stellt sich also relativ spät ein. Sie hat offensichtlich eine gewisse Höhe der Hirnentwicklung zur Voraussetzung, und dies legt den Verdacht nahe, daß es dabei um mehr geht als um die korrekte Beurteilung des eigenen Spiegelbildes.

Was könnte sich hinter dieser Fähigkeit verbergen? Bevor wir diesen Gedankengang weiterverfolgen, muß ich von der für uns alle überraschenden »Spiegeltüchtigkeit« berichten, die wir bei Dreharbeiten im Baseler Zoo erlebt haben. Der »Zolli«, wie die Baseler liebevoll ihren Zoologischen Garten nennen, zeichnet sich nicht nur durch ein filmgerechtes Menschenaffenhaus aus, in dem Schimpansen, Orang-Utans und Gorillas lediglich durch eine Glaswand von den Besuchern getrennt sind, er wird vor allem auch von einem Fachmann geleitet, der in Fernseh- und Filmteams mehr sieht als gerade noch geduldete Störenfriede. Als wir Dieter Ruedi unseren Wunsch vortrugen, einen Spiegeltest mit seinen Schimpansen zu filmen, hatte er eine überraschende Antwort parat: »Das wird denen aber Spaß machen. Sie mögen es, wenn etwas Besonderes los ist im Zuschauerraum. Für sie sind wir die Affen.«

Ruedi sollte recht behalten. Wir waren die Attraktion im Affenhaus – aus Sicht der Schimpansen. Die Mütter nahmen ihre Jüngsten auf den Arm und rückten ganz nah an die Scheibe, damit sie besser sehen konnten, wie wir Kabel, Kisten und Lampen anschleppten und schließlich auch Immanuels Schlafzimmerspiegel hereintrugen. Sie spürten, daß irgend etwas im Gange war, und wollten nichts verpassen. Nur Eros, der Oberboß und ehemalige Ausbruchskünstler, demonstrierte auf seine Weise, wer Herr im Hause sei: Er nahm Anlauf und donnerte mit allen vieren so kräftig gegen die Scheibe, daß der dröhnende Schlag uns zusammenfahren ließ. Wahrscheinlich hat Eros es befriedigt registriert. Die anderen Familienmitglieder blieben indessen unbeeindruckt. Vor allem die alte Dame Xindra verfolgte aufmerksam, wie wir den Kontrollmonitor aufstellten und die Verbindungskabel zur Kamera installierten.

Und dann geschah, was keiner geplant und niemand erwartet hatte. Zufällig stand die Kamera so, daß sie auf Xindra gerichtet war, und zufällig stand der Monitor so, daß Xindra sich auf dem Schirm sehen konnte. Aber diese Zufälle gaben Anlaß zu einer Vorführung, die uns den Atem anhalten ließ. Gebannt starrte Xindra auf das Fernsehbild, nur sachte den Kopf wiegend. Dann wechselte sie zielstrebig ihre Position, um einen Blick hinter den Fernsehapparat werfen zu können. Aber da war niemand – und schon gar kein Schimpanse. Xindra nahm ihren alten Platz wieder ein, und dort begann sie unvermittelt, mit den Armen zu winken. Aus dem Bildschirm winkte es zurück. Xindra wollte es genauer wissen. Sie führte einige gekünstelte Verrenkungen durch. Der Bildschirm gab auch diese wieder. Schließlich steigerte Xindra ihre Testbewegungen zu einer grotesken Akrobatiknummer: Sie stützte sich auf ihre kräftigen Arme und schwang den gesamten Körper zwischen den Armen hindurch wie eine Schiffsschaukel vor und zurück. Dabei ließ sie den Fernsehapparat keine Sekunde aus den Augen. Das Ganze wirkte ungeheuer komisch, aber seltsamerweise lachte niemand. Im Gegenteil, wir wagten kaum zu flüstern, so eindrucksvoll und rührend war Xindras Experiment zur Selbsterkennung. Als ihr Gegenpart im Fernsehen die gleiche Shownummer absolvierte, löste sich ihre Spannung sichtbar. Sie mußte erkannt haben, daß es ihr eigenes Bild war.

Wir nutzten die Gelegenheit, um eine zweite Kamera aufzubauen, um das Licht besser zu setzen und einen günstigeren Kamerawinkel zu wählen. Aber wir spürten alle, daß wir Zeuge eines unglaublichen Aha-Erlebnisses geworden waren: Zum erstenmal hatte Xindra sich selbst wahrgenommen. Zum erstenmal war ihr klargeworden: Das bin ja ich! Als wir unsere Kameras wieder einschalteten, kam Xindra in aller Ruhe näher, setzte sich in die erste Reihe und verschaffte sich völlig neue Ansichten – oder besser: Einsichten in ihren Körper. Sie besah sich ihren weitgeöffneten Mund und befühlte sorgfältig ihre Zähne. Sie bohrte mit dem Finger in der Nase. Sie zog an ihren Brustwarzen, und schließlich drehte sie ihr Hinterteil zur Kamera und besah sich über die Schultern hinweg, ebenfalls zum erstenmal in ihrem Leben, ihre Rückseite. Sachte tasteten ihre Finger über die rosa Fläche, die gerade zu schwellen begann und sie attraktiv für Eros machen würde.

Niemand sonst aus der Schimpansengruppe schien das Geheimnis des Bildschirms zu durchschauen. Keiner begriff, was Xindras aufregende Entdeckung gewesen war: Hier kann man sich selber sehen. Eros teilte ab und zu einen demonstrativen Fußtritt gegen die Glaswand aus. Und als Xindra den Bildschirm freigab, stürmten einige Youngsters heran. Aber auf halber Strecke verließ sie der Mut, und sie suchten erschreckt das Weite – wahrscheinlich, weil der andere im Kasten genauso ungestüm daherkam.

Man kann sich vorstellen, wie glücklich wir über unsere erfolgreichen Zufallsaufnahmen waren, und diesen Erfolg verdankten wir einzig und allein der gewitzten alten Xindra. Wir hätten sie umarmen mögen! Der einzige, der skeptisch blieb, war Ruedi selbst. Er wußte, daß in den »klassischen« Spiegelversuchen der siebziger Jahre Schimpansen weit mehr Eingewöhnungszeit benötigt hatten. Erst nach achtzigstündiger Erfahrung hatten sie ihre feindselige Haltung gegenüber dem Spiegelbild aufgegeben, und jetzt sollte Xindra bereits nach ein paar Minuten voll im Bilde gewesen sein? Vor ein paar Jahren, so räumte Ruedi zwar ein, sei das Schweizer Fernsehen dagewesen, und auch da habe Xindra interessiert in den Monitor geschaut, aber wie dem auch sei, man dürfe ihr Benehmen noch nicht als schlüssigen Beweis für ihre Selbstwahrnehmung ansehen.

Für den nächsten Tag also nahmen wir uns vor, diesen Beweis zu erbringen. Dabei benutzten wir eine ganz ähnliche Methode, wie sie seinerzeit bei den schon erwähnten früheren Versuchen angewandt worden war. Zunächst stellten wir den mitgebrachten Spiegel an die Glasscheibe. Er stieß bei keinem der Schimpansen auf besonderes Interesse. Als nächstes trat Reto Weber, der Tierpfleger, in Aktion. Er war höchst beliebt bei seinen Affen, und jetzt stürmten sie ihm alle entgegen, als er hinter der vergitterten

Rückwand des Käfigs auftauchte. Nicht mit leeren Händen. Er verteilte Apfelschnitzel. Dabei kraulte und betatschte er seine Schützlinge, und – worauf es ankam – er verpaßte einigen ganz nebenbei einen »Schönheitsfleck«. Weber hatte vorher einen Finger in Farbe getaucht, und jetzt verteilte er unbemerkt Farbflecke auf die Stirn. Ob es wirklich unbemerkt geschah, läßt sich natürlich nicht mit Sicherheit behaupten; jedenfalls verhielten sich die Schimpansen, als wäre nichts geschehen, auch diejenigen, die mit einem silberweißen Mal gezeichnet waren.

Xindra gehörte zu ihnen. Minuten vergingen, ohne daß irgend etwas Aufregendes eingetreten wäre. Unser Kameramann lag auf der Lauer, und wir alle waren gespannt, ob Xindra nicht irgendwann den Spiegel entdeckte. Was würde dann geschehen? Aber Spiegel haben, im Unterschied zum Fernsehbild, den Nachteil, daß man frontal davorstehen muß, um sich zu sehen. Und so hofften wir weiter auf eine günstige Konstellation, als Xindra zufällig im Abstand von drei bis vier Metern den Spiegel passierte. Schlagartig hielt sie inne. Aus den Augenwinkeln heraus mußte sie eine Bewegung wahrgenommen haben, denn fast erschrocken wandte sie den Kopf. Sie fixierte den Spiegel, rückte näher heran und begann nach kurzer Zeit, ihr Gesicht zu untersuchen. Aber vorher schob sie den Kopf etwas vor, als wollte sie ganz genau hinsehen, und dann rieb sie sich, ohne zu zögern, die Stirn, bis die Farbe weggewischt war. Dies ließ nur einen Schluß zu: Xindra wußte, daß es ihre eigene Stirn war, die diesen seltsamen Farbklecks trug. Der »Fleckentest« hat die letzten Zweifel ausgeräumt – selbst bei Dieter Ruedi.

Alle großen Menschenaffen, also Orang-Utans, Gorillas, Schimpansen und Zwergschimpansen, schaffen es nach einiger Zeit, sich im Spiegel oder auf dem Bildschirm zu erkennen, wobei die Gorillas, wie wir noch sehen werden, ein besonderer »Problemfall« sind. Ein Schimpanse namens Austin brachte sogar das Kunststück fertig, die Fernsehkamera als zusätzliches Auge außerhalb seines Körpers zu nutzen. Austin saß im Rahmen eines Experiments vor einer Wand, in die eine Art Briefkastenschlitz eingelassen war. Mit dem Arm konnte er hindurchgreifen und nach einem Stück Schokolade tasten. Aber wo suchen? Sehen

Der Schimpanse Austin steuert seine Armbewegung nach dem Bild einer Kamera.

konnte er nichts. Hinter der Wand war allerdings eine Fernsehkamera aufgebaut, und Austin konnte auf seiner Seite das Bild auf einem Monitor verfolgen (siehe die Zeichnung oben). Er sah – aus der Sicht der Kamera –, wie sein Arm durch den Schlitz kam, er sah, wo die Schokolade lag, und er sah, wie er seinen Arm bewegen mußte, um sie zu erreichen. Bald hatte Austin den Bogen raus und griff zielsicher zu. Als jemand, um ihn zu ärgern, die Kamera auf den Kopf stellte, fackelte er nicht lange, sondern schaute seinerseits kopfüber zwischen den Beinen hindurch auf den Bildschirm. Die Sache war wieder in Ordnung, und die Schokolade war ihm sicher.

Bei niemandem außer uns selbst und unseren allernächsten stammesgeschichtlichen Verwandten kennt man einen vergleichbaren Umgang mit dem eigenen Spiegel- oder Fernsehbild. Selbst Gibbons, die zwar noch zu den Menschenaffen zählen, aber uns etwas weniger nahestehen, scheitern grundsätzlich bei entsprechenden Aufgaben, und erst recht gilt dies für Rhesusaffen, Makaken oder andere Tieraffen. Aber wie bedeutend ist dieser Unterschied? Welche Schlüsse darf man daraus ziehen? Handelt es sich nur um irgendeine beliebig herausgegriffene Spezialbegabung? Eine Begabung, die schon deshalb belanglos wäre, weil die Natur kaum spiegelnde Flächen bereithält? Und welchen Überlebensvorteil, so könnte man weiter fragen, sollte die Selbstbeobachtung überhaupt mit sich bringen?

Oder aber – das wäre die andere Position – offenbart die Spiegeltüchtigkeit eine grundlegende geistige Fähigkeit, die weit über die sinnvolle Nutzung von Spiegeln hinausgeht? Ist die Fähigkeit, sich darin selbst zu erkennen, gleichbedeutend mit der Fähigkeit, sich selbst als Individuum zu begreifen – als eigenständige Persönlichkeit, die sich von allen anderen abhebt? Dann wäre die Selbstwahrnehmung im Spiegel nur das äußere sichtbare Zeichen für ein Wissen um die eigene Identität, für ein Ich-Bewußtsein: Das bin ich, der handelt. Das bin ich, der fühlt. Das bin ich, der denkt.

Und dieses Wissen würde nicht nur für den gegenwärtigen Augenblick gelten, sondern in räumlicher und zeitlicher Kontinuität: Auch wenn ich gestern woanders war, etwas anderes erlebt und gedacht habe, das bin und bleibe immer noch »ich«. Oder, um unser eingeführtes Bild zu gebrauchen: Was sich in der inneren Welt abspielt, einschließlich der aktivierten Erinnerungen, wird nicht nur unmittelbar erlebt, sondern von höherer Warte aus, gleichsam aus der Vogelperspektive, nochmals betrachtet. Dieses beobachtende Wissen um die eigenen mentalen Zustände, um die eigenen Gedanken oder Gefühle, wird selbst zu einem Bestandteil der inneren Welt. Ebendies aber ist die Voraussetzung zum Nachdenken über sich selbst. So gesehen wäre die Erkenntnis, daß der Spiegel einen selbst reflektiert, die Voraussetzung zur Selbstreflexion.

Tatsächlich spricht einiges dafür, daß der Spiegeltest zugleich einen Test auf Ich-Bewußtsein darstellt. Da ist zunächst einmal die Tatsache, daß isoliert großgezogene Schimpansen den Test nicht bestehen. Ihnen fehlt offensichtlich die Erfahrung, was ihre Persönlichkeit im Vergleich zu anderen ausmacht, worin sie sich unterscheiden oder ihnen ähneln, welche Rolle sie selbst in der Gruppe spielen. Ein Ich-Bewußtsein ohne Abgrenzung zu den Artgenossen ist schlecht vorstellbar.

Weit aufschlußreicher aber sind eine Reihe aufregender Experimente, in denen man, über Spiegeltests hinaus, einen neuen Zugang zum Ich-Bewußtsein gefunden hat. Es sind Experimente, die in ihrer Ausgeklügeltheit einem Sherlock Holmes durchaus Ehre machen würden, und sie sind besonders spannend, weil dabei Menschenkinder, Menschenaffen und Tieraffen zum Vergleichstest antreten.

Bevor wir in diese Versuche einsteigen, ist es allerdings sinnvoll, uns noch einmal daran zu erinnern, daß auch diese besondere, auf das eigene Erleben bezogene Form des Bewußtseins keine klar umrissene oder gar meßbare Größe sein kann. Auch das Ich-Bewußtsein ist nicht vom Himmel gefallen. Es wird, wie es dem Stil der Evolution entspricht, einfachste Vorformen geben, undeutliche Ahnungen vom eigenen Ich: Vorstellungen über den eigenen Körper, über das eigene Tun, über den eigenen Rang. Und am anderen Ende des Spektrums stellt sich das Ich-Bewußtsein in seiner vielleicht höchsten Ausprägung dar: als Nachdenken über die eigene Vergänglichkeit und den Sinn der eigenen Existenz. Die Frage, an welcher Stelle dieses fließenden Verlaufs es gerechtfertigt ist, von Ich-Bewußtsein zu reden, ist dabei ähnlich müßig wie die Frage, wann genau bei Tagesanbruch die Dunkelheit aufhört und die Helligkeit beginnt. Aber bleiben wir erst einmal auf der dunkleren Seite der Bewußtseinsdämmerung, wo sich die Vorstellung vom eigenen Selbst vage andeutet.

Körperbewußtsein: Das fremde Bein im Bett

Als die Krankenschwester morgens ins Zimmer trat, lag der Patient auf dem Fußboden neben dem Bett. Er war, obwohl er sich Mühe gab, es zu verbergen, sichtlich empört. Er habe ja Sinn für Humor, aber diese Geschichte mit dem Bein ginge denn doch zu weit, und außerdem sei sie geschmacklos. Die Krankenschwester half ihm ins Bett zurück und ließ sich berichten, was passiert war. Der Patient war nachts aufgewacht, weil er merkte, daß etwas Fremdes neben ihm lag. Erst wollte er es nicht wahrhaben, aber zu seinem Schrecken mußte er feststellen: Es war ein Bein. Ein fremdes Bein in seinem Bett. Offensichtlich ein böser Scherz. Angewidert und empört versuchte er, den Fremdkörper hinauszuwerfen. Aber irgendwie hatte er Schwierigkeiten damit, und als er schließlich »rohe Gewalt« anwandte, stürzte er selbst aus dem Bett: Das Bein war sein eigenes gewesen.

Der Patient, der an einem Hirntumor litt und später erfolgreich operiert wurde, hatte das Wissen um sein körperliches Selbst teilweise eingebüßt. Die Vorstellung, was zu ihm gehörte, was seinen Körper ausmachte, war lückenhaft geworden. Sein linkes Bein war in seiner inneren Welt nicht mehr vertreten. In diesem Zustand, der anfallartig wiederkehrte, konnte der Patient durch keinerlei Zureden oder gar logische Argumente überzeugt werden: Für ihn war dies ein fremdes Bein, und wenn man ihn fragte, wo denn sein eigenes linkes Bein sei, reagierte er zutiefst verwirrt und verstört.

Es ist alles andere als selbstverständlich, daß wir unseren Körper als zu uns selbst gehörig empfinden. Eine kleine Störung im Gehirn schaltet diesen Baustein unseres Ich-Bewußtseins aus. Und erst recht scheint das für manche Tiere zu gelten. Ein Panther etwa ist hochgradig gefährdet, wenn nach einem Unfall oder einer Verletzung sein Bein vorübergehend »taub« wird. Dann kann es passieren, daß er sich den gefühllos gewordenen Körperteil einfach abfrißt. Er ist nicht mehr in der Lage, zwischen »eigen« und »fremd« zu unterscheiden, und endet in tödlicher Selbstverstümmelung. Es ist lebenswichtig, den eigenen Körper als abgegrenzt von der Umwelt zu erfahren, und auch eine junge Katze, die erstmals wirbelnd auf den eigenen Schwanz Jagd macht, lernt es schnell, das Hineinbeißen zu unterlassen.

Erstaunlich ist freilich, mit welcher Genauigkeit manche Tiere ihre Körperdimension zu kennen scheinen, selbst dort, wo sie ihren Blicken entzogen ist. Da juckt sich ein Pferd vorsichtig mit dem Huf am Bauch. Eine Kuh vertreibt mit der Hornspitze eine lästige Fliege. Und ein Hirsch kratzt sich mit dem Ende seines Geweihs behutsam den Rücken. Gerade bei Hirschen scheint das »Körpergefühl« besonders ausgeprägt zu sein. Diesen Schluß zieht zumindest Heini Hediger aus seiner langjährigen Zooerfahrung. Er stimmt geradezu ein Loblied auf das Körperbewußtsein der Hirsche an.

Im Züricher Zoo wurde nämlich in der Brunftzeit für die Hirschkühe und ihre Jungen eine Art Fluchttor angelegt, durch das sie den Nachstellungen der erregten Männer entkommen konnten. Es bestand aus einer genau bemessenen Öffnung im Maschenzaun: groß genug für die Flüchtenden, zu klein für die gehörnten Verfolger. Allerdings, so stellte Hediger fest, war der Durchlaß zentimetergenau zu dimensionieren. Denn die Hirsche nutzten jede Chance, um sich, geschickt wie Ausbruchskünstler, durch die Öffnung hindurchzumanövrieren. Dabei schienen sie, obwohl es ihnen nie vergönnt war, einen Blick auf die Pracht zu werfen, über Ausmaß und Ausformung ihres Geweihs genau im Bilde zu sein. Erschwerend kommt hinzu, daß dieser Stirnfortsatz keine feste Größe ist, sondern jedes Jahr nach dem Abwurf neu heranwächst und jedes Jahr ein anderes Format erreicht.

Auch wenn das Wissen um den eigenen Körper noch lange nicht an das Wissen um die eigene Identität und Persönlichkeit heranreicht, es gehört zu den ersten Anklängen eines Selbst-Verständnisses: Der eigene Körper, seine sichtbaren und unsichtbaren Teile erhalten einen gesonderten Platz in der inneren Welt.

Und wie steht es um die Tätigkeiten, die man mit diesem Körper ausführt? Weiß ein Pferd, welche Gangart es gerade anschlägt? Hat Kater Jurek eine Vorstellung davon, daß er jetzt tief geduckt durchs Gras schleicht? Und wenn sich eine Ratte putzt, nimmt sie dies selber wahr, oder agiert sie gewissermaßen blind – so wie wir mit den Augen blinzeln, die Stirn runzeln oder uns am Kopf kratzen, ohne es selbst zu merken? Und wer hätte nicht irgendwelche lästigen Angewohnheiten, die deshalb so schwierig abzustellen sind, weil man sie – im Gegensatz zu den Kollegen – selbst nicht mehr wahrnimmt, seien es die vielen »Ähs« zwischen den Sätzen, das ungeduldige Wippen mit den Fußspitzen oder das Schniefen bei laufender Nase.

Denn sie wissen, was sie tun

Wie genau sind sich Tiere also dessen bewußt, was sie gerade tun? So allgemein gestellt, ist die Frage natürlich nicht zu beantworten. Aber gerade am Beispiel der Ratten konnte sie ein Stück weit geklärt werden. Das Ergebnis dürfte manchen Biologen überrascht haben: Eine Ratte weiß ganz genau, ob sie sich putzt, ob sie läuft, ob sie sich aufrichtet oder ob sie in Ruhe verharrt. Zumindest kann sie sich »bei Bedarf« dieser Handlung bewußt werden.

Zu diesem verblüffenden Resultat führte eine, inzwischen berühmte, Versuchsreihe in den siebziger Jahren. Die Grundidee war denkbar einfach. Die Ratten mußten, wenn sie fressen wollten, auf eine Taste drücken. Kein Problem, Ratten lernen das im Nu. Aber es gab vier verschiedene Tasten. Und wenn eine Ratte gerade dabei war, sich zu putzen, mußte sie die »Putztaste« drücken; wenn sie der Hunger in Ruhe überfiel, war die »Ruhetaste« dran – und so fort. Auch diese Aufgabe wurde von den Tieren glänzend bewältigt – was nur den Schluß zuläßt, daß sie ihre eigenen Tätigkeiten wahrnehmen und auseinanderhalten können. Ein weiterer Baustein auf dem Weg zum Ich-Bewußtsein.

Aber genau dies wollen manche Skeptiker bis heute nicht gelten lassen. In fast rabulistischer Manier argumentieren sie, es sei nicht auszuschließen, daß die Ratte zwar das Putzen wahrnehme, aber dabei nicht wisse, daß sie selbst es ist, die sich putzt. Sie sehe einfach den Putzvorgang als solchen, ohne dabei eine Verbindung zu sich selbst herzustellen. Ein stichhaltiges Argument? Oder überspitzfindig? Man könnte lange darüber diskutieren.

Statt dessen sei auf ein sehr aufschlußreiches Ergänzungsexperiment verwiesen, bei dem die Ratten grundsätzlich anders reagierten: Es war nicht möglich, ihnen das Drücken einer »Kratztaste« beizubringen. Anders als im Fall von Putzen oder Laufen scheinen die Ratten es selbst nicht zu merken, wenn sie sich kratzen. Offensichtlich geschieht es unbewußt. Auch bei ihnen.

Mit diesem Gegenbeispiel verliert der obige Einwand kräftig an Boden: Wenn Ratten ihre Tätigkeit tatsächlich nur als neutrale Beobachter wahrnehmen würden, ohne einen Bezug zu sich selbst herzustellen, dann müßte dies für Sichputzen und Sichkratzen gleichermaßen gelten. Warum sollten die Tiere gerade vor ihrer Kratztätigkeit die Augen verschließen und die anderen Tätigkeiten zur Kenntnis nehmen? Das ergibt wenig Sinn. Auch wenn es manche nicht wahrhaben wollen: Ratten wissen, was sie tun, und sie wissen, daß sie selbst es tun. Sie dürften nicht die einzigen sein.

Bei anderen Tieren liegen zwar keine experimentellen Befunde vor, aber einige Beobachtungen sprechen für sich. Pavianmännchen scheinen zum Beispiel eine Vorstellung davon zu haben, wann sie gähnen, und darüber hinaus scheinen sie etwas über den Zustand ihrer Zähne zu wissen. Gähnen ist bei Pavianen ein gesellschaftliches Ereignis, es ist an die Adresse der »Kollegen« gerichtet, denen man mit der Zurschaustellung des eigenen Prachtgebisses imponieren möchte. Entsprechend übertrieben reißt man das Maul auf. Allerdings: Wenn die Zähne keine wirkliche Zierde sind, wenn sie kaputt oder abgewetzt sind, halten sich ihre Besitzer deutlich mit dem Imponiergegähne zurück – als ob sie wüßten, daß es keinen großen Eindruck hinterlassen würde. Das Interessante dabei ist, daß diese Paviane, sobald sie ohne die Gesellschaft konkurrierender Männchen sind, genausooft und ausgiebig gähnen wie die anderen auch. Wer so gezielt und situationsgerecht eine Handlung unterdrückt, der muß sich ihrer auch bewußt sein.

Noch überzeugender, weil ohne allzu große Phantasie nachvollziehbar, ist jene »bewußte Unterlassung«, die der Bärenmakakenmann Joey sich selbst verordnet hat, oder genauer, die ihm von seiner Liebhaberin verordnet wurde. Bärenmakaken sind sexuell außerordentlich rege – zehnmal pro Tag ist keine Seltenheit. Und wenn sie kopulieren, so geben sie ihren Lustgefühlen deutlich Ausdruck: Sie setzen ihr »Orgasmusgesicht« auf, wobei sie die Lippen kreisrund nach vorne stülpen, als ob sie ein »Ooh« sagen wollten. In Wirklichkeit klingt die akustische Untermalung des Höhepunkts wie ein langgezogenes, lustvolles Grunzen.

Und eben um dieses Lustgrunzen geht es bei dem heimlichen Rendezvous, das Frans de Waal im Primatenzentrum Wisconsin beobachtet hat: Während sich die Bärenmakakengruppe geschlossen im Innenkäfig aufhält, begeben sich Joey und eine Makakendame namens Honey unauffällig nach draußen, um sich ein

Liebesabenteuer zu erschleichen. Es hat tatsächlich heimlich zu erfolgen, denn Joey ist erst die Nummer drei in der Rangfolge, und seine beiden Vorgesetzten gestehen ihm keine sexuellen Aktivitäten zu. Joey und Honey nutzen also den verlassenen Außenkäfig in ihrem Sinne. Aber als Joey am Ziel ist und eben zu seiner Folge von Lustschreien ansetzt, da wendet Honey abrupt den Kopf und wirft ihm einen drohenden Blick zu. Keine Frage, seine durchdringenden Liebeslaute könnten alles verraten und die anderen auf den Plan rufen. Joey hat verstanden: Er genießt – und schweigt.

Natürlich weiß ein so erfahrener Verhaltensforscher wie Frans de Waal, wie leicht man derartige Beobachtungen »überinterpretieren« kann, aber ein paar Tage später sollte er die gesteigerte Variante erleben: Wieder hatten sich Joey und Honey davongestohlen, aber diesmal wandte sich Honey bereits vor dem Orgasmus um und hielt ihrem Liebhaber kurz die Hand vor den Mund. Joey verstand die Geste und verkniff sich im folgenden jede akustische Untermalung seiner Liebeswonnen.

Natürlich verdient Honey unsere Bewunderung, wie sie jederzeit Frau der Lage war und sogar ihren Partner lehrte, den Mund zu halten. Aber wir wissen nicht, wieweit ihr cleveres Verhalten auf früheren – bitteren – Erfahrungen beruhte oder ob sie tatsächlich aus wohlüberlegter, vorbeugender Einsicht handelte.

Eines jedoch dürfte bei diesem stummen Stelldichein unbestritten sein: Joey der Makake war in der Lage, seine Lustschreie bewußt zu kontrollieren – und immerhin handelt es sich um eine Art von Lautäußerungen, welche unter die Kontrolle des Bewußtseins zu stellen auch uns nicht gerade leichtfällt. Joey wußte selbst in dieser affektbetonten Situation, was er tat; oder um genau zu sein: Er wußte, was er normalerweise tun würde und was er jetzt zu unterlassen hatte.

Die Kunst der Nachahmung

Wer nicht einfach »blind« drauflosagiert, sondern sich ins Bewußtsein rufen kann, was er tut, besitzt ideale Voraussetzungen für die
Fähigkeit des Nachahmens. Diese Fähigkeit ist durchaus einzurei-
hen in die großen Strategien der Problemlösung. Wer etwas ab-
schaut und nachahmt, erspart sich das eigene Lernen durch »Versuch und Irrtum«, und er umgeht das abwägende Durchspielen auf
seiner inneren Bühne im Kopf. Statt dessen werden ihm Lösungen
vor-gespielt. Auf der realen Bühne der Außenwelt zeigen die
Artgenossen, wie es gemacht wird. Man braucht sie nur zu imitieren. Aber was heißt da »nur«? Imitieren setzt erstens voraus, daß
man wahrnimmt, was der andere tut, und zweitens, daß man diese
Wahrnehmungen in eigene analoge Handlungsfolgen überträgt.
Man schließt vom anderen auf sich selbst – wiederum Spuren einer
heraufdämmernden Selbstwahrnehmung.

Schon der erste Gesichtspunkt – zu durchschauen, was ein
anderer tut – ist keineswegs trivial. Die meisten Zaubertricks und
Kunststückchen beruhen darauf. Ich erinnere mich gut an jene
ärgerlichen Augenblicke, als ich eine Mark nach der anderen an
einen Freund verlor: Er hielt ein Markstück in der flachen, ausge-
streckten Hand. Es würde mir gehören, wenn ich es nehmen
könnte. Ich konzentrierte mich, um dann blitzschnell, wie mir
schien, zuzugreifen. Ohne Erfolg. Die Hand war bereits geschlossen, die Münze fest umklammert. Dann tauschten wir die Rollen.
Ich präsentierte meine eigene Mark auf der flachen Hand – und
verlor sie. Und ebenso die nächste und die übernächste. Obwohl
ich mir einbildete, keine langsamen Reflexe zu haben, war mein
Freund jedesmal schneller, holte sich die Münze, bevor ich sie
festhalten konnte – und sackte eine Mark nach der anderen ein.

Großzügig erbot er sich, die Rollen abermals zu wechseln, und
diesmal paßte ich genau auf, wie er es anstellte, seine Hand so
schnell zu schließen. Ich wollte ihm auf die Schliche kommen, um
es dann ebenso zu machen. Irgend etwas Besonderes konnte ich
freilich nicht entdecken, und konsequenterweise verlor ich in der
nächsten Runde wieder etliche Markstücke. Der Trick war nicht
zu durchschauen und folglich auch nicht zu imitieren.

Der Ärger über den mangelhaften Durchblick meiner Sinne überstieg bei weitem das Bedauern über den Geldverlust, bis sich mein Freund entschloß – wahrscheinlich, um es auch in Zukunft zu bleiben –, den Trick zu verraten: Nicht das Schließen der Hand ist entscheidend, sondern die Art des Greifens. Dabei ist es gar nicht nötig, mit den Fingern möglichst schnell zuzufassen, sondern man schlägt mit der hohlen Hand so kräftig auf den Handteller des anderen, daß einem die Münze von selbst entgegenspringt. Wer's weiß, der kann's. Nachahmen setzt ein gewisses Maß an Durchblick voraus.

Besagter Durchblick scheint auch den Gorillas in John Aspinalls Zoo in Canterbury zu fehlen, wenn es um das Öffnen von Bierdosen geht. Manchmal nämlich schmeißt Aspinall eine Runde für seine haarigen Freunde, wobei er streng auf die Rangordnung zu achten hat: Als erster bekommt Djoum, der Chef und Silberrücken, sein »Stout« zugeworfen. Er fängt die Dose auf, greift geschickt mit dem Fingernagel unter den Aluring und zieht ihn hoch – kein Maurer könnte es routinierter machen, obwohl die Bierdose unter den riesigen Händen fast verschwindet.

Bei den Untergebenen geht es weniger flott. Obwohl sie es dem vorbildlichen Djoum nur nachahmen müßten, haben sie erhebliche Probleme, ans Bier zu kommen. Der eine verdreht und verwindet die Dose so lange, bis sie irgendwo aufplatzt. Ein anderer beißt ein Loch in die Unterseite und fängt den dünnen Strahl mit der Zunge auf. Ein dritter beißt breitseits in die Dose wie in einen Maiskolben und läßt den Gerstensaft in die hohle Hand träufeln. Jeder verfolgt seine individuelle Taktik, anstatt den Trick beim silberhaarigen Alten abzuschauen.

Wahrscheinlich ergeht es ihnen, wie es mir mit den Markstücken ergangen ist – nur daß Djoum den Trick nicht verrät. Er verlangt meist schon nach dem zweiten Bier, bevor die anderen an den ersten Tropfen gekommen sind. Vor der Nachahmung steht ein gewisses Maß an analytischer, begreifender Wahrnehmung. Aber damit allein ist es noch nicht getan.

Von Blaumeisen und Milchflaschen

Angenommen, eine Blaumeise beobachtet, wie eine Artgenossin eine Milchflasche anfliegt, den Deckel aufhackt und sich die oben schwimmende Rahmschicht schmecken läßt; dann ist dies nicht mehr als eine optische Information. Zur Nachahmung bedarf es eines weiteren Schrittes: Die Blaumeise muß zeitversetzt die beobachtete Rolle selbst übernehmen; sie muß ihre eigenen Flügel gebrauchen, den eigenen Schnabel einsetzen und schließlich den Rahm selbst abschöpfen. Wie dies ohne jegliche Vorstellung vom eigenen Selbst, ohne Elemente von Ich-Bewußtsein möglich sein soll, ist schwer vorstellbar.

Viele Wissenschaftler bleiben allerdings skeptisch. Dieses Verhalten sei eher ein roboterhaftes Imitieren, das vielleicht auf einer festen Nervenverschaltung zwischen den Sehzentren und den entsprechenden motorischen Zentren des Gehirns beruhe. Echte Nachahmung, oder genauer, Lernen durch Beobachtung sei auf Menschenaffen, Delphine und andere hochentwickelte Säugetiere beschränkt.

Schauen wir uns deshalb die Geschichte mit den rahmstibitzenden Blaumeisen etwas näher an. Sie spielte sich in den dreißiger Jahren in England ab. Es war zu einer Zeit, als die gute englische Sitte, die Milchflaschen vor die Haustür zu liefern, in einem kleinen Detail verändert wurde: Die Flaschen erhielten neue Verschlüsse aus weicher Metallfolie — weich genug für jenen durchschlagenden Erfolg, den wir oben angesprochen haben. Irgendwann und irgendwo muß eine Meise darauf verfallen sein, den Foliendeckel ähnlich zu bearbeiten wie ein Stück Baumrinde bei der Futtersuche. Sie hieb darauf ein und landete einen Volltreffer: Sahne statt Insekten.

Der Flaschentrick verbreitete sich über weite Gebiete Englands, und zwar viel zu rasant, als daß man unabhängig voneinander stattfindende Neuerfindungen dafür hätte verantwortlich machen können. Als Ausbreitungsmechanismus kam nur Nachahmen in Frage — ähnlich wie bei einem Modetrend. Eine Meise schaute es bei der anderen ab. Die Mode setzte sich durch. Bald waren es Tausende, die auf diese Weise ihr Frühstück einnahmen.

Leider ist nirgendwo beschrieben, wie diese Geschichte ihr Ende fand; vielleicht setzte sich die Milchwirtschaft zur Wehr, indem sie den Flascheninhalt reduzierte und damit den Rahmpegel auf meisensicheres Niveau absenkte.

Es sollten allerdings mehrere Jahrzehnte vergehen, bis die Findigkeit der Meisen und ihre Nachahmungskunst experimentell auf den Prüfstand kamen. Dabei setzte ein Wissenschaftlerteam nicht gerade Milchflaschen ein, aber eine gewisse Parallele zum historischen Naturexperiment ist unverkennbar: Die Versuchsmeisen bekamen es ebenfalls mit ähnlich künstlichen Futterbehältern zu tun. In der Voliere wurden halbierte Pingpong-Bälle, Plastiktassen oder angebohrte Bauklötze verteilt, und alle waren sie mit Klebeband verschlossen. Man mußte es irgendwie entfernen, um zu sehen, was in den Behältern versteckt war. Wenn man Glück hatte, lag ein fetter Mehlwurm drin, andernfalls nur ungenießbare Papierschnipsel. Wie würden die Meisen mit dieser Lotterie zurechtkommen, die, trotz aller Künstlichkeit, die Situation in der Natur widerspiegelte? Auch dort kann man beim Stochern in einer Baumritze oder unter einem Moospolster Glück haben, aber dafür gibt es keineswegs eine Gewähr.

Das Überraschende bei diesem Meisentest war nicht, wie schnell die Vögel es lernten, ein Klebeband zu lösen oder zu durchlöchern – viel erstaunlicher war, wie »vernünftig« sie ihre Suchstrategie gestalteten. Nämlich so, wie wir es auch machen würden. Sobald eine Meise einen Zufallstreffer im Pingpong-Versteck gelandet hatte, hielt sie Ausschau nach weiteren Pingpong-Bällen, um sie ebenfalls zu inspizieren.

Dieses Vorgehen ist uns durchaus vertraut, es ist fast die Norm, wenn Kinder Ostereier suchen: Hat Maren ein Schokoladenei im Schuh entdeckt, wird sie als nächstes in allen anderen Schuhen nachsehen, und in der Regel, wenn die »Hinterhältigkeit« der Eltern nicht allzugroß war, wird sie auch fündig werden. Dabei kann es allerdings passieren, daß sie beobachtet wird und daß sich, während sie noch ihren ersten Fund genießt, die anderen Kinder bereits über die Restschuhe hermachen: Lernen durch Beobachtung!

Auch diese Variante fand sich bei den Testmeisen in der Voliere. Sie achteten nicht nur auf eigene Treffer, sondern auch auf diejenigen der Konkurrenz. Kaum war ein Pingpong-Mehlwurm aufgespürt, da begannen auch die anderen Meisen, sich für Pingpong-Bälle zu interessieren, selbst wenn sie vorher nichts damit im Sinn gehabt hatten. Eindeutig machten sie nach, was sie soeben als gewinnbringend beobachtet hatten. Meisen lernen durch Beobachtung. Dabei ist diese Art zu lernen entschieden mehr als ein blindes, stures »Abkupfern«. Der Meisentest ergab nämlich überdies, daß die Vögel lediglich das Prinzip kopieren und sich nicht mit der Nachahmung unnötiger Details abgeben. Sie ziehen gewissermaßen die Quintessenz aus ihrer Beobachtung: Auch ich sollte im Pingpong-Behälter nachsehen. Oder: Wenn ich in der Plastiktasse nachsuche, finde ich vielleicht auch einen Mehlwurm.

Wie immer man diese einfachen Gedanken oder Vorhaben umschreiben möchte, die Meisen führen sie individuell, jede nach ihrem persönlichen Muster aus: Die eine faßt das Klebeband mit dem Schnabel an einer Ecke und zieht es vorsichtig ab. Eine andere pickt sich einfach durch. Eine dritte legt erst einmal ein Guckloch an und beäugt das Innere, ob es Papierschnitzel oder Mehlwurm enthält, erst dann entscheidet sie über das weitere Vorgehen. Wer Meisen als eine Art Imitationsroboter einstuft, dürfte es schwer haben, solche individuellen Vorgehensweisen zu erklären.

Bei Schimpansen liegt der Fall natürlich anders. Sie lassen solche Zweifel erst gar nicht aufkommen, indem sie Wissenschaftler und andere Zoobesucher demonstrativ nachäffen. Und sollte dies nicht überzeugend ausfallen, dann braucht man nur den Käfigschlüssel in Reichweite zu deponieren. Oft genug haben sie dem Wärter zugesehen, um zu wissen, was man damit anfangen kann. In anderen Fällen freilich läßt die Nachahmung an Akkuratesse zu wünschen übrig: Wenn Schrubber und Wassereimer in Schimpansenhände geraten, ist zwar große Reinigung angesagt, aber dem Affenstall bekommt es genausowenig wie den Putzgeräten.

Noch mehr gilt dies für entsprechende Anwandlungen bei Elefantenkindern. Als sich der wenige Monate alte Luhini im Zirkus Knie die Schaufel des Tierpflegers schnappte, die dieser auf unseren Wunsch hin im Stall »vergessen« hatte, staunten wir nicht schlecht über seine Vorführung. Luhini versuchte, den Schaufelstiel irgendwie in den Griff zu bekommen. Er stemmte das Ende gegen seine Schulter und mühte sich, den Rest mit seinem Rüssel zu stabilisieren. Es war ein hoffnungsloses Unterfangen, immer wieder knallte die Schaufel auf den Boden, und nie zuvor wurde mir so eindringlich klar, daß Schaufeln exklusiv für zwei Greifarme konstruiert sind.

Immerhin fand Luhini heraus, daß sich der Schaufelstiel schlagartig aufrichtet, wenn man mit dem Fuß auf die Schippe tritt. Ärgerlicherweise macht er das auch, wenn man über dem Gerät steht; dann spürt man es schlagartig am Bauch. Die Tücke des Objekts aber schien dem jungen Elefanten Spaß zu machen, und irgendwann hatte er den Rüssel so geschickt um den Stiel gewunden, daß die Schaufel festsaß. Und nun praktizierte er das, was er bei seinem Wärter gesehen hatte: Er mühte sich, das Stroh in eine Ecke seines Stalls zu schieben. Zugegeben, Luhinis Erfolg war nicht überwältigend. Auch hielt er nicht allzulang durch, das Werkzeug entglitt ihm wieder. Aber die Absicht war unverkennbar. Man sollte Schaufeln für den Rüsselgebrauch konstruieren.

Zu intelligent für ein Experiment?

Als ich Anne Rasa fragte, ob sie jemals beobachtet habe, wie ihre Zwergmungos etwas nachahmten, zögerte sie – ganz anders, als ich erwartet hatte – mit ihrer Antwort. Ich konnte an ihrem Gesicht ablesen, daß die Frage sie in eine Art Zwiespalt brachte. Ob ich wissenschaftlich gesicherte Beobachtungen meine? Es sei schwierig, bei Feldbeobachtungen eindeutig zu entscheiden, wann Nachahmung vorliege, denn andere Lernformen oder angeborenes Verhalten sei selten völlig auszuschließen.

Und dann erinnerte sie sich an jene unfreiwillig komische Eiergeschichte, die sie im Süden Kenias beobachtet hatte. Zwergmungos sind geradezu verrückt auf Vogeleier; der Inhalt muß für sie eine Delikatesse höchsten Grades bedeuten. Auch Diana, die Anführerin der Mungogesellschaft, dachte nicht einmal daran, ihre

Lieblingstochter Tatu am Eiermahl zu beteiligen. Die kleine Tatu mußte zusehen, wie ihre Mutter immer wieder die Pfote eintauchte und sie dann genüßlich abschleckte. Tatu hatte keine Chance. Mit Hüftschwingern und Knurren wurde sie immer wieder daran erinnert, wem hier der Vortritt gebührte. Die Situation änderte sich erst, als Diana genug hatte und zum Putzen und »Händewaschen« etwas beiseite ging. Dies war Tatus Chance! Was sich dann aber abspielte, hat Anne Rasa selbst so hinreißend beschrieben, daß es einer Unterlassungssünde gleichkäme, ihre Schilderung zu unterschlagen (*Die perfekte Familie*, 1984).

»Blitzschnell machte sich Tatu über die zurückgelassene Eierschale her, steckte ihr kleines Maul in das offene Ende und leckte fieberhaft an den kargen Resten, die ihre Mutter ihr übriggelassen hatte. Sie zwängte den Kopf immer weiter in die Schale hinein, und dann geschah das Unvermeidliche. Tatu saß fest! Als erste Reaktion auf ihr Mißgeschick schüttelte sie den Kopf und kratzte mit den Vorderpfoten an der Schale. Aber das nützte nichts. Das Ding schien wirklich festzukleben. Dann hob Tatu den Kopf, machte zögernd ein paar Schritte nach vorn und blieb wieder stehen, wobei sie aussah wie ein vorsintflutliches Ungeheuer und die groteske Kopfbedeckung hin und her schwenkte. Sie vollführte Bewegungen wie in einem Zeitlupentanz. Da sie absolut nichts sah, konnte sie kaum einen Fuß vor den anderen setzen. Dann senkte Tatu wieder den Kopf und kratzte wie rasend an der glatten Schale, bis es ihr endlich gelang, sich aus ihrem Gefängnis zu befreien. Ich erwartete nun, daß sie sich verdutzt davonmachen würde. Aber nichts dergleichen geschah. Nachdem sie rasch ein paarmal an der Kante der zerbrochenen Eierschale geschnuppert hatte, tat sie genau das, was ihre Mutter schon zuvor getan hatte. Sie fischte mit einer Vorderpfote darin herum und leckte sie hinterher sauber.«

Wie soll man das Vorgehen des Mungokindes bewerten? Nachahmung oder nicht? Könnte es sein, daß beide Arten des Eierkonsums, sowohl das direkte Auslecken als auch das Eintauchen der Pfote, auf angeborenen starren Handlungsabläufen beruhen? Nach dem Scheitern der einen Strategie war die andere dran. Mit gleichem Recht aber könnte man auch auf Nachahmung plädieren: Das Mungokind hat zunächst versucht, das Eierproblem auf eigene Faust zu lösen, um sich dann zu erinnern, wie seine Mutter vorgegangen war. Nachahmung mit Verzögerung.

Könnte man die Nachahmungskunst der Mungos nicht auf experimentelle Weise testen? Anne Rasa lachte: »Im Prinzip schon, aber für übliche Experimente sind sie zu – na ja, zu intelligent.« Und dann erzählte sie von ihrem ersten klassischen Nachahmungsexperiment, das sie mit der Mungogruppe in ihrem Labor durchführen wollte. Wie immer bei solchen Experimenten spielten zwei Tiere mit: ein Vorbild und ein Zuschauer. Der Vorbildmungo hatte innerhalb von drei Stunden gelernt, sich aus einem Futterautomaten einen Mehlwurm zu »ziehen«. Er mußte dazu drei Farbtasten in der richtigen Reihenfolge drücken. Der andere Mungo konnte durch eine Gitterwand hindurch das Geschehen verfolgen; durchaus interessiert schaute er zu. Die Frage war, ob er sich dabei die Tastenkombination einprägen würde, um sie gegebenenfalls selbst anzuwenden.

Der Futterspender wurde auf die andere Seite des Gitters gebracht, und die Probe konnte beginnen. Allem Anschein nach aber hatte der potentielle Nachahmer nicht viel mitbekommen. Er untersuchte und beschnupperte den Automaten, aber er dachte nicht daran, ihn zu betätigen. Fehlanzeige. Der Anschauungsunterricht war offenbar spurlos an ihm vorübergegangen. Am anderen Morgen jedoch marschierte er als erstes zum Futterautomaten, drückte die korrekte Tastenfolge Rot, Grün, Gelb – und ließ es sich schmecken. Auch hier: Nachahmung mit Verzögerung. »Wie soll man mit solchen Tieren experimentieren? Sie machen, was sie wollen.« Anne Rasas Respekt vor ihren Mungos war unüberhörbar.

Lernen durch Beobachtung ist alles andere als selbstverständlich – es erscheint uns nur so, weil wir wenig Schwierigkeiten damit haben. Nachahmen bedeutet nichts Geringeres, als daß man sich bis zu einem gewissen Grad in den anderen hineinversetzen kann; nicht in das, was er denkt oder fühlt – dies wird erst bei höheren Ausprägungen des Ich-Bewußtseins eine Rolle spielen –, sondern zunächst einmal nur in das, was er tut. Wer durch Zuschauen lernt, muß sich in irgendeiner Weise mit den Aktionen des anderen identifizieren. Und dies erfordert, um es nochmals hervorzuheben, wenigstens im Ansatz eine Vorstellung vom eigenen Selbst.

Lektionen vom Oktopus

Es schien eine ausgemachte Sache, daß allenfalls Wirbeltiergehirne derartige Leistungen erbringen könnten. Den »primitiven« Gehirnen der Wirbellosen war »Lernen durch Beobachtung« nicht zuzutrauen. Und in Übereinstimmung damit kennt man bei Insekten, zumindest beim heutigen Stand der Forschung, keinerlei Nachahmung. Wie sollten sie auch eine Vorstellung von sich selbst entwickeln, wenn sie nicht einmal ihre Artgenossen individuell unterscheiden? Nicht einmal Bienen kennen sich persönlich.

Um so sensationeller war der Befund, der vor kurzem aus der zoologischen Station in Neapel kam und rund um die Welt für Aufsehen sorgte: Auch Kraken können durch bloßes Zuschauen lernen. Ein *Octopus vulgaris*, ein Weichtier ohne Wirbel und Knochen, hat zum ersten Mal die Schwelle zur Nachahmung überschritten, oder richtiger gesagt: Zum ersten Mal hat die Wissenschaft die Schwelle überschritten, dies zur Kenntnis zu nehmen.

Die Entdeckung gelang auf denkbar einfache, aber deshalb um so überzeugendere Weise: Ein Oktopus war darauf dressiert, unter zwei Kugeln, einer roten und einer weißen, stets auf die rote zuzuschwimmen und sie anzugreifen. Er machte dies so gut wie fehlerfrei. Im Nachbaraquarium saß ein anderer Krake und verfolgte aufmerksam den Kugeltest durch die Scheibe, oder in den Worten der Wissenschaftler: »Er folgte den Aktionsmustern des Demonstrators mit Bewegungen des Kopfes und der Augen.«

Was niemand erwartet hatte, trat ein. Bereits nach vier Vorführungen hatte der Zuschaueroktopus gelernt, worum es ging. Auch er schnappte sich, wenn man ihn vor die Wahl stellte, die rote Kugel, und dies mit einer Fehlerquote von weniger als zehn

Prozent. Als man ihn fünf Tage später nochmals testete, traf er nach wie vor dieselbe Wahl. Beeindruckend. Beeindruckend vor allem auch die Geschwindigkeit, mit der die Nachahmung erfolgte.

Um den Vorbildoktopus anzulernen, waren sechzehn Durchgänge nötig gewesen; sechzehnmal bekam er ein Fischchen zur Belohnung, wenn er sich für die richtige Kugel entschieden hatte, oder einen leichten elektrischen Schlag, wenn es die falsche war. Nach sechzehn derartigen Lektionen im Stile klassischer Konditionierung »saß« die Dressur. Der Nachahmer jedoch benötigte nur vier Beobachtungsdurchgänge, um die gleiche Aufgabe zu beherrschen – viermal schneller. Was für eine Effektivitätssteigerung!

Die Wissenschaftler aus Neapel sicherten sich durch alle nur denkbaren Kontrollversuche ab. Sie arbeiteten mit über einem Dutzend Tintenfischen, sie vertauschten die weißen und die roten Kugeln, und sie schlossen sogar jedes Aquarium an einen Extrawasserkreislauf an, um irgendwelche chemischen Übertragungen auszuschließen. Am Ergebnis ist nicht zu zweifeln. Aber man kann es immer noch unterschiedlich bewerten. Entweder zieht man es zur Aufwertung der Kraken heran und billigt ihnen besondere kognitive Leistungen zu, die bis dahin nur Wirbeltieren vorbehalten schienen; oder aber man betreibt damit die »Abwertung« der Nachahmung: Wenn selbst Weichtiere diese Art des Lernens beherrschen, dann kann es sich nicht um höhere Hirnfunktionen handeln, die sogar mit Bewußtsein in Verbindung zu bringen sind.

Wer sich allerdings näher auf diese achtarmigen »Ungeheuer« einläßt, der muß ihnen auch unabhängig von irgendwelchen Kugeltests eine außergewöhnliche Intelligenz und Wachheit zugestehen. Daß manche Oktopusarten sich über einen raffinierten Code aus Farbsignalen verständigen, haben wir schon erwähnt; auch daß ihre äußeren Farbtönungen auf eine Vielfalt von Gefühlstönungen schließen lassen. Aber auch ihr »Körperwissen« muß beachtlich entwickelt sein. Schon meine erste Oktopusbegegnung vor vielen Jahren in Italien sollte mich davon überzeugen.

Es war ein Prachtexemplar, das mir am Strand von Ischia in die

Hände fiel. Ich packte es in einen Plastikeimer mit Meereswasser, deckte ein Brett darüber und beschwerte es mit einem großen Stein. Dann ging ich meine Kamera holen. Vorher sorgte ich jedoch noch für einen winzigen Luftspalt zwischen Brett und Eimerrand. Das kann nie schaden, dachte ich. Falsch gedacht, denn als ich zurückkam, war alles unverändert, der Eimer jedoch leer. Spuren im Sand zeugten von der Flucht ins Wasser.

Tatsächlich können sich Kraken durch winzigste Öffnungen zwängen, indem sie überaus geschickt ihre Arme und den verformbaren »Kopf« hindurchjonglieren. Überdies scheinen sie genau zu wissen, in welcher räumlichen Position sich jeder ihrer acht Arme gerade befindet.

Besonders deutlich wurde mir dies bei einem Oktopus im Aquarium von Banyuls in Südfrankreich. Er hatte Steine herangeschleppt und sie zu einer Höhle aufgebaut. In dieser saß er jetzt und lauerte einem vorüberziehenden Einsiedlerkrebs auf. Ich fragte mich, wann er einen Fangarm aus dem Höhleneingang schieben würde, um sich die Beute zu angeln, als der Krebs plötzlich von hinten gepackt und weggezerrt wurde. Für einen Augenblick dachte ich, ein zweiter Oktopus müsse im Aquarium sein, dann wurde mir klar, daß unser Krake seinen Arm Nummer fünf durch einen Seitenausgang geschickt und dann zurückgebogen hatte, um dem Krebs in den Rücken zu fallen. Ich war verblüfft über soviel topographische Kenntnis und Raumvorstellung.

Nicht weniger entwickelt ist der optische Sinn dieser Tintenfische. Sie besitzen nicht nur – wir haben es schon erwähnt – ein Linsenauge nach dem Muster der Wirbeltiere, sondern auch die Verarbeitungsleistung im Gehirn erscheint fast beängstigend gut. Es gibt den Bericht eines Wissenschaftlers, der jeden Tag, wenn er seinen Oktopus fütterte, von diesem »begrüßt« wurde: Der Krake schwamm ihm entgegen und postierte sich in einer Ecke des Aquariums. Soweit freilich ist dieses Verhalten nicht ungewöhnlich, selbst Fische können ähnlich konditioniert reagieren. Hinzu kommt, daß der Wissenschaftler aus Gewohnheit einen weißen Laborkittel trug und somit unschwer zu erkennen war. Spannend wurde die Geschichte erst, als eines Tages zufällig alle Kittel in der Wäsche waren und der Krake trotzdem wie eh und je in seine

Begrüßungsecke kam. Es sah so aus, als wäre das wissenschaftliche Mäntelchen gar nicht maßgeblich.

Was aber dann? Ein kleiner Test sollte Klarheit bringen. Die nächsten Tage wurde die Fütterung jeweils verschiedenen Mitarbeitern übertragen, aber keiner von ihnen wurde »begrüßt« – selbst dann nicht, wenn sie in Weiß erschienen. Eine unwahrscheinliche Idee drängte sich auf. Sollte der Krake sein »Herrchen« am Gesicht erkennen? Mit letzter Sicherheit wurde die Frage nicht geklärt, aber soviel steht fest: Was immer der Wissenschaftler anzog, selbst wenn er im Regenmantel oder Trainingsanzug erschien, mit sicherem Blick wurde er aus dem Aquarium heraus identifiziert.

Kraken sind also alles andere als dumm, stumpf oder gefühllos. Je länger man sie beobachtet, um so größer wird die Versuchung, ihnen fast menschliche Regungen zu unterstellen; trotz ihres fremdartigen und so gar nicht freundlichen Aussehens. Ich denke an jenen grotesk-komischen Vorfall, wiederum in der Meeresstation von Banuyls, als ein Oktopus uns alle zum Lachen brachte, weil er so spontan nachvollziehbar und einleuchtend reagierte. Für ihn selber war es allerdings gar nicht komisch, denn schon dreimal hatte er sich die Zähne oder vielmehr seine Mundwerkzeuge an einem Einsiedlerkrebs ausgebissen. Der Krebs war einfach zu kräftig: Bei Gefahr zog er sich sofort in sein Schneckenhaus zurück, schirmte den Eingang mit den gepanzerten Scheren ab und war nicht herauszubekommen. Jedesmal mußte der Oktopus das Gehäuse wieder freigeben und unverrichteter Dinge von sich schieben – wie eine Konservendose ohne passenden Öffner. Nach kurzer Zeit aber war der Einsiedlerkrebs wieder munter und marschierte erneut am Höhleneingang vorbei. Unser Krake konnte dem wandelnden Krebsgericht nicht widerstehen; das Spiel wiederholte sich. Was tun? Des Oktopus Lösung bestand darin, daß er sich einen großen Stein heranwuchtete und ihn als Sichtschutz zwischen sich und der Lockspeise plazierte. Aus den Augen, aus dem Sinn; jetzt hatte er seine – innere – Ruhe.

Ich gebe zu, daß diese Geschichte recht kühn interpretiert ist. Zu meiner Rechtfertigung kann ich nur anführen, daß sie sich einige Zeit später ganz ähnlich wiederholt hat. Diesmal war es ein

»bewaffneter« Krebs mit einer nesselnden Seeanemone auf dem Dach. Schon ein paarmal hatte sich der Krake seine Saugnäpfe verbrannt, worauf er wiederum einen Sichtschutz installierte – diesmal nicht aus Stein, sondern er schob einen Wall aus Kies zusammen, der ihm gleichermaßen die Sicht auf die nesselnde Versuchung nahm.

Wer weiß, was in diesen Tieren vorgeht? Ich darf gar nicht daran denken, was wir ihnen vielleicht antun, wenn wir sie, wie unter Fischern in Griechenland üblich, mit dem Kopf gegen Steine donnern, um sie weich zu klopfen und Bitterstoffe herauszupressen. Anders als Wirbeltiere, denen bei dieser Behandlung das Genick brechen würde, sind sie nicht sofort tot.

Wir haben etwas ausführlicher unter den Krakenanekdoten gestöbert, um zu zeigen, wie gut die neuentdeckte Nachahmungskunst sich ins Gesamtbild dieser Kopffüßer fügt – auch wenn es sich »nur« um Weichtiere handelt. Im Gegenteil, man muß sich eigentlich wundern, warum die Wissenschaft so lange blind auf diesem Auge war. Wahrscheinlich hängt es mit der schon erwähnten verführerischen Vereinfachung zusammen, die Evolution habe nennenswerte kognitive Leistungen nur entlang jener Entwicklungslinie hervorgebracht, die schließlich zu Menschen und Menschenaffen führte.

Verführerisch ist diese Sichtweise deshalb, weil sie rückblickend suggeriert, das Leben auf der Erde habe einen jahrmilliardenlangen Anlauf genommen, um schließlich den großen, entscheidenden Sprung zum menschlichen Bewußtsein zu tun. Dabei wird übersehen, daß wir genausowenig das Endziel der Evolution sind, wie es der Neandertaler einst war. Und vor allem wird dabei der Blick versperrt für jene Ansätze von Ich-Bewußtsein, die, weit verstreut im Tierreich, auch auf anderen Ästen des Lebensbaumes keimen könnten. Das Beispiel der Kraken hat es gezeigt.

Nachahmungswunder

Die Kraken in Neapel zeigten jedoch zusätzlich, worin der Gewinn der Nachahmung liegt: Sie ersparten sich nicht nur das Risiko eines elektrischen Schlages, sie hatten auch weniger Zeit und Aufwand zu investieren, wenn sie schon nach einem Viertel der Durchläufe ihr Pensum geschafft hatten. Es ist also sinnvoll, wenn Lernen durch Beobachtung ganz besonders in der Jugendphase ausgeprägt ist, wo sowohl das Gefährdungspotential als auch der Lernbedarf äußerst hoch sind. Nicht von ungefähr sind kleine Menschenkinder regelrechte Nachahmungswunder.

Schon mit sechs Monaten versuchen sie echoartig, bestimmte Gesten der Erwachsenen zu imitieren; sie strecken das Zünglein heraus, wenn man es ihnen vormacht. Diese ersten Nachahmungen dienen wohl weniger dem Erlernen von Bewegungsabläufen, als vielmehr dazu, die Zuwendung der Erwachsenen zu gewinnen. Mami, Papi oder Opa sind denn auch hingerissen, sobald das Baby zurücklallt, zurücklacht oder zurück»züngelt«. Sie imitieren sogar ihrerseits das Kleine, wenn es seine ersten »Eieieis« und »Dadadas« von sich gibt und auf diese Weise eine Art vorsprachlichen Dialog erzwingt. Nachahmung im Dienste sozialer Bindung – so würden es wohl die Verhaltensforscher nennen.

In einer nächsten Phase allerdings, mit einem Jahr etwa, übernehmen die Kleinkinder bereits gezielt die Gesten von Erwachsenen, um sie in ihren eigenen Bewegungsablauf einzubauen. Zugleich setzt jene unvorstellbare Nachahmungsfertigkeit ein, in deren Verlauf die Kinder sprechen lernen, manchmal sogar in zwei verschiedenen Sprachen. Und dies, ohne ein Wörterbuch zu Hilfe zu nehmen und ohne Grammatik und Vokabeln zu pauken. Erst später, wenn wir uns als Erwachsene mühsam mit Fremdsprachen herumplagen, wird uns diese unglaubliche Nachahmungskunst bewußt, und wir bedauern, daß sie auf das Kindesalter beschränkt ist.

Auch bei heranwachsenden Tierkindern kennt man »sensible Phasen«, in denen sie besonders nachahmungsbegabt sind. Die männlichen Jungvögel unter den Weißkopfammerfinken können zwar irgendwie singen und zwitschern – man nennt das den

»Subsong« –, um aber den richtigen Männergesang zu lernen, müssen sie Gesangsstunden nehmen. Sie brauchen einen Vorsänger, dessen Lied sie nachahmen. Das hat im Alter zwischen zehn und neunzig Tagen zu erfolgen; früher schaffen sie es nicht, und später ist das Nachahmungsfenster wieder geschlossen.

Ähnliches hat man bei anderen Arten gefunden, doch grundsätzlich ist die Rolle der Nachahmung schwierig abzuschätzen. Das Problem liegt darin, daß Nachahmung selten allein auftritt, sondern meist eng verwoben mit angeborenen Verhaltensmustern und eigenen Lernversuchen ist. Wie soll man die verschiedenen Anteile auseinanderdividieren, etwa bei einer Katze, wenn sie sich das Mäusefangen aneignet? Einiges hat sie von Geburt an mitbekommen, einiges abgeschaut und einiges selbst dazugelernt.

Schon Charles Darwin hat dieses Problem erkannt und gibt in seiner unvergleichlich scharfsinnigen Art gleich ein überzeugendes Beispiel für »Nachahmung pur«. In seinem Buch *Die Abstammung des Menschen* aus dem Jahr 1871 schildert er mehrere Fälle, in denen Hundebabys von einer Katzenmutter großgezogen wurden. Und siehe da: Die Welpen gewöhnten sich an, was typisch für Katzen ist. Sie leckten ihre Pfoten naß, um damit wie mit einem Waschlappen über Kopf und Ohren zu fahren. Einer der Welpen hat diese Katzenwäsche sein ganzes dreizehnjähriges Hundeleben lang beibehalten.

Gerade bei Hunden neigen wir dazu, das Nachahmungslernen zu unterschätzen und ganz auf Dressur zu setzen. Nehmen wir zum Beispiel die Ausbildung von Drogenhunden. Üblicherweise kommen die Welpen bereits mit acht Wochen zu ihrem Trainer, mit drei Monaten erhalten sie ihre erste Dressurausbildung, dann unterliegen sie einem Auswahltest, es folgen weitere Dressuren, schließlich die Abschlußprüfung. Ein hartes Schuljahr. Aber das meiste davon könnte man sich sparen.

Das legt zumindest eine Studie aus Südafrika nahe, bei der man ausnahmsweise vom üblichen Ausbildungsweg abwich. Die Welpen einer Drogenhündin durften anstelle der Dressur bei ihrer Mutter bleiben und an deren Spür- und Schnüffeleinsätzen teilnehmen. Das Ergebnis war verblüffend: Die Lehre bei der Mutter war genauso effektiv wie das harte Training bei den Ausbildern.

Ganz nebenbei hatten die heranwachsenden Hunde mitbekommen, was Mutter »beruflich« macht, und es mit spielerischer Leichtigkeit nachahmend von ihr übernommen.

Die Tradition der Grauwale

Lernen durch Beobachtung ist eine wirkungsvolle Technik, sich Erfahrungen anderer zu erschließen, in erster Linie eben die Erfahrungen der Eltern. Indem Wissen und Können der Elterngeneration an die Nachkommen weitergegeben werden, eröffnet sich plötzlich eine einzigartige, neue Möglichkeit der »Vererbung«: einer Vererbung, die nicht auf der Weitergabe genetischen Materials beruht, sondern auf der Weitergabe von Information. Nicht Gene werden kopiert, sondern Verhaltensweisen. Und deren Übertragung von Generation zu Generation erfolgt nicht über die Keimbahn, sondern über Sinneskanäle – über Augen, Ohren und andere Sensoren. Dies hat den unschätzbaren Vorzug, daß – anders als bei der genetischen Vererbung, die völlig ignoriert, was der einzelne in seinem Leben erlernt hat – nun auch erworbene Fähigkeiten, persönliche Erfahrungen oder Gewohnheiten an die Nachkommen weitergereicht werden können. Mit anderen Worten: Lernen durch Beobachtung eröffnet die Möglichkeit von Tradition und Kultur.

Auf den ersten Blick könnte es scheinen, diese fast hehr und heilig klingenden Begriffe seien menschlichen Gesellschaften vorbehalten – zumal hier die Sprache als Übertragungsmedium die entscheidende Rolle spielt. Aber auch bei uns wurden und werden viele Traditionen und kulturelle Elemente durch schlichte Nachahmung übermittelt. Daß man in bestimmten Kulturkreisen mit Messer und Gabel ißt, in anderen mit Stäbchen oder mit den Händen, ist eine Gewohnheit, die sich schon durch Nachahmung im Kindesalter festigt.

Ebenso haben die Traditionen in der Architektur, in der Musik oder Malerei ganz wesentlich mit prägenden Vorbildern und deren Nachahmung zu tun. Ganz zu schweigen von den vielen

regionalen Traditionsgerichten oder Gebräuchen, die ihre fort-
dauernde Existenz allein der Tatsache verdanken, daß sie auch
früher üblich waren. Einer anderen Begründung bedürfen sie
nicht. Wer sich etwa in Köln darüber wundert oder gar empört,
wenn ihm an einem Karnevalsdonnerstag von einem, meist char-
manten, weiblichen Wesen die Krawatte abgeschnitten wird, der
hat die Macht der nachahmenden Tradierung noch nicht begriffen.

Es mag zu Mißdeutungen Anlaß geben, wenn ich von der rhein-
ländischen Krawattenkastration zur Tradition im Tierreich zu-
rückkehre, aber auch dort gibt es den überlieferten Brauch, sich
an einem bestimmten Ort zu einer bestimmten Zeit völlig unüb-
lich zu verhalten.

So zum Beispiel in der Bucht von San Ignacio auf der Baja
California. Das ist jene langgestreckte Halbinsel, die sich wie ein
Finger vor der mexikanischen Pazifikküste nach Süden erstreckt.
In den Wintermonaten kommen Hunderte von Grauwalen in
diese flache Bucht, um ihre Jungen zu gebären, bevor sie sich
wieder auf den Weg nach Norden in die Futtergründe der Arktis
machen, zehntausend Kilometer weit. Als die Walfänger im vori-
gen Jahrhundert diese »Kinderstube« aufspürten, eröffneten sie
eine so ungezügelte, blutige Jagd, daß der Bestand praktisch zu-
sammenbrach. Die totale Ausrottung blieb nur deshalb aus, weil
das weitere Harpunieren angesichts der geringen Stückzahl nicht
mehr lohnte. Aber dann tauchten motorisierte Fangschiffe mit
Harpunierkanonen auf und begannen, auch die letzten überleben-
den Wale zu töten. Wäre nicht 1938 ein internationales Fangver-
bot erlassen worden, gäbe es heute wohl keinen einzigen pazifi-
schen Grauwal mehr; die Art wäre ein für allemal von der Walin-
dustrie vernichtet worden – so wie es dem atlantischen Grauwal
widerfahren ist.

Auch heute noch ist es untersagt, die Grauwale zu jagen oder sie
in irgendeiner Weise zu schädigen oder zu bedrängen – ganz
abgesehen davon, daß es nicht ungefährlich wäre. Wer diesen
fünfzehn Meter langen Riesen unterwegs im Pazifik begegnet, tut
gut daran, sein Boot auf Distanz zu halten. Es könnte wenig davon
übrigbleiben; vor allem, wenn man zwischen Mutter und Kalb

gerät. Nicht umsonst heißen Grauwale bei Fischern auch »Teufelsfische«. In der Bucht von San Ignacio und einigen Nachbarbuchten aber ist alles anders. Dort hat sich seit den fünfziger Jahren eine wohl einmalige Tradition herausgebildet.

Ziemlich übernächtigt und durch die Zeitverschiebung von neun Stunden etwas angeschlagen, erreichten wir die Bucht. Ein kleines Fischerboot sollte uns übersetzen zum Walbeobachtungscamp, aber ganz geheuer war uns nicht. Der Wind hatte aufgefrischt, das Boot mit all unseren Kamerakisten lag tief im Wasser. Mit jeder Welle peitschten uns salzige Gischtschwaden ins Gesicht. Besorgt hielt der Kameramann seine Aluminiumboxen im Auge. Von einer ruhigen Bucht konnte nicht die Rede sein. Als dann auch noch der Motor aussetzte und Tiago, der Bootsführer, besorgt die Schaumkronen musterte, spürte ich, daß etwas Unvorhergesehenes passieren würde. Mein Griff am Bootsrand wurde fester.

Und dann sah ich, wie das Wasser neben mir seine Farbe veränderte. Eine graubraune Fläche hob sich langsam aus der Tiefe. Sie durchstieß die Oberfläche – und plötzlich blickte mich ein Auge an. Groß und ruhig war es auf mich gerichtet. Auge in Auge mit einem Wal. Das war so unwirklich und unglaublich, daß ich nicht sagen könnte, wie lange wir uns angeschaut haben. Ich brauchte einige Zeit, bis ich in dem unruhigen Wasser die Umrisse des Kopfes und den langgezogenen Einschnitt der Mundöffnung erkennen konnte. Dann, einem spontanen Impuls nachgebend, beugte ich mich über den Bootsrand, um diesen riesigen Kopf zu berühren – als urplötzlich ein zweiter auftauchte: doppelt so groß, deutlich verschrammt und mit Muscheln bewachsen. Es war die Walmutter, die nachschauen wollte, was ihr Kleines sich da ausgeguckt hatte – diesen Eindruck zumindest erweckte sie. Alles schien in Ordnung zu sein, denn Mutter Grauwal – von Weibchen zu reden, verbietet sich angesichts solcher Ausmaße – legte sich daneben und ließ sich ebenfalls bereitwillig streicheln.

Diese erste Begegnung geschah so unvermittelt und traf mich so unvorbereitet, daß ich vor Aufregung fast vergessen hätte zu atmen – was bei den Objekten meiner Erregung mit Sicherheit nicht der Fall war: Mit schnaubendem Getöse jagten die Wale eine Sprühfontäne aus ihren Atemschlitzen. Keiner im Boot, der nicht erschrocken wäre, nur Tiago lachte und freute sich. Er hatte die Wale frühzeitig bemerkt und absichtlich das Gas weggenommen. Er wollte uns einen ersten Eindruck verschaffen, was es mit der Tradition der Grauwale in dieser Bucht auf sich hat: Sie sind menschenfreundlich; von sich aus nehmen sie Kontakt mit den Booten und ihrer Besatzung auf.

Es ist viel über diese »freundlichen Wale« gerätselt worden, denn die gängigen Erklärungsmodelle greifen hier nicht. Konditioniertes Verhalten etwa scheidet aus, denn es fehlt die Belohnung: Die Wale kommen unentgeltlich. Ohnehin fressen sie kaum noch in der Bucht, sondern zehren von ihren sommerlichen Fettreserven, und die Babys, selbst wenn sie fünf Meter lang sind und fünf Tonnen wiegen, werden ausschließlich mit Walmilch großgezogen. Was noch könnte die Wale veranlassen, sich mit den Menschen abzugeben? Irgend etwas müssen sie doch davon haben?

Bei der Suche nach dem »biologischen Nutzen« verfiel man schließlich auf die Hypothese, das Berühren und das Streicheln der Kopfpartie würden lästige Parasiten entfernen und somit der allgemeinen Fitneß der Wale dienen. Wir wären demnach eine Art Putzer für sie – eine gute Gelegenheit, die Läuse und Muscheln loszuwerden, die sich tatsächlich bevorzugt am Kopf der Wale ansiedeln.

Auch wenn ich mich damit abfinden könnte, daß meine gesamte Anteilnahme aus Walsicht auf eine hygienische Maßnahme schrumpfen würde, und auch wenn ich akzeptieren muß, daß sich – vermutlich aus demselben Grund – immer wieder Wale an den Bootsrümpfen reiben und scheuern – ich kann der Parasitenhypothese beim besten Willen nichts abgewinnen. Sie kommt mir ähnlich verquer vor, wie wenn jemand den vergnügten Badebetrieb im Freibad mit beabsichtigter Körperreinigung begründen wollte.

Ich frage mich, warum es gerade die Babys und Jungtiere sind, die besonders gern und häufig zu den Booten schwimmen. Sie haben gewiß nicht mehr Parasiten als die Alten – im Gegenteil. Und ich frage mich vor allem, warum sie das Ganze offensichtlich als Spiel betreiben. Manchmal, wenn mehrere Boote auf dem Wasser sind, stupsen und schieben sie so lange, bis alle auf einem Fleck versammelt sind. Und mitunter zelebrieren sie eine regelrechte Spielshow: Senkrecht schießen sie aus dem Wasser, halten den Kopf ein bis zwei Meter über die Oberfläche und drehen eine Pirouette. Oder aber sie legen sich auf die Seite, um mit der Flosse zu »winken«, und ab und zu versucht ein Baby, den Rücken der Mutter zu erklettern. Alles in unmittelbarer Nähe der Boote und ohne daß dabei gerieben, gerubbelt oder gescheuert würde. Ob die Parasitenhypothese nicht eher etwas mit den Köpfen einiger Wissenschaftler als mit den Köpfen der Wale zu tun hat?

Ich möchte wetten, daß der Bootsbesuch dem Amüsement und der Abwechslung dient, daß die Grauwale darin eine Möglichkeit zum Erkunden und Spielen sehen – Überraschungen inbegriffen: Gerade als Juanita, die Campleiterin, sich über den Bootsrand beugte, kam ihr eine gewaltige Schnauze entgegen. Es blieb offen, wer hier wen geküßt hat, auch wenn die Diskussion darüber noch lange anhielt.

Die Tatsache, daß wir so begeistert sind von den friedlichen Kolossen und daß wir uns so spontan angesprochen fühlen, bietet allerdings noch keine Gewähr, daß wir auch gemeint sind. Wieweit die Wale das Boot und die Menschen darin auseinanderhalten, ist ungeklärt. Sobald jemand über Bord steigt – die Taucher von Jacques Cousteau haben es erfahren –, suchen die Wale das Weite, und auch der Zwischenfall, den Tiago einen Monat vor unserem Eintreffen erlebt hatte, spricht dagegen.

Tiago war mit seinem Touristenboot in die Nähe zweier Wale gefahren. Es war zwar ein Paar, ein männliches und ein weibliches Tier, aber eine Paarung zu erleben schien ausgeschlossen, denn bei Grauwalen kann sie nur zu dritt erfolgen: Zwei Walbullen nehmen die Erwählte in die Mitte, und während der eine aktiv ist, dient der andere als Gegenlager. So kompensieren sie, daß das Wasser keinen Widerhalt bietet und daß sie sich gegenseitig nicht festhalten können.

Aber Tiagos Paar war noch nicht soweit. Es fehlte der zweite Mann. Oder vielmehr: Er hatte gefehlt. Denn plötzlich begann der

Walbulle die Kuh breitseits gegen das Boot zu pressen ... Bei aller Liebe zu den Walen – dies hätte den sicheren Untergang bedeutet. Tiago drehte ab und ergriff mit Vollgas die Flucht. Ein unfairer Partner – so muß es der im Stich gelassene Bulle gesehen haben, denn er verfolgte Tiagos Boot, bis dieser sich in seichtes Gewässer retten konnte.

Was immer Grauwale in jenen Gebilden sehen, die hinten stinkend tuckern und über deren Rand sich bunte Zweiarmer beugen, fest steht, daß ihre freundliche, angstfreie Grundhaltung von Generation zu Generation tradiert wird. Eine Walmutter, die schon als neugieriges Kind mit diesen Oberflächenwesen angebandelt hat, wird auch ihren eigenen Nachwuchs nicht davon abhalten. Im Gegenteil, sie wird ihm vormachen, daß es sich hier um eine gefahrlose Abwechslung handelt, und sei es nur, daß man durch bloßes Auftauchen am Bootsrand vielstimmiges Gekreische und Kameraklicken auslösen kann. Wann und wie die fast paradiesische Partnerschaft zwischen Menschen und Walen in der Lagune von San Ignacio begonnen hat, ist nicht mehr festzustellen, aber es wäre zu wünschen, daß die daraus erwachsene Tradition von beiden Seiten noch lange fortgesetzt wird.

Kultur und Lebensstil

Es erscheint unwahrscheinlich, daß jemand in freier Wildbahn den Augenblick erlebt, in dem zum erstenmal eine »Neuerfindung« gelingt, und wie diese Erfindung dann durch Imitation auf die nächsten Generationen »vererbt« wird – bis sich schließlich eine feste Tradition etabliert. Aber genau dieser unwahrscheinliche Fall ist vor etwa vierzig Jahren in Japan eingetreten. Es ging um eine an sich harmlose Erfindung, aber sie sollte ungeahnte Folgen haben und schließlich durch einen »kulturellen Schub« die Lebensweise einer ganzen Population verändern.

Aber der Reihe nach: Schauplatz der Geschichte war die Insel Koshima vor der japanischen Küste. Als Akteure dienten die Rotgesichtsmakaken einer Affenkolonie. Und als Zuschauer waren japanische Wissenschaftler zur Stelle. Sie hatten allerdings ihren reinen Beobachterstatus zeitweise aufgegeben und künstliche Futterstellen mit Süßkartoffeln eingerichtet. Das war im Jahr 1952. Die Affen genossen das neue Menü; es schien sie auch nicht zu stören, wenn die Kartoffeln verschmutzt und sandig waren. Aber bereits ein Jahr später verfiel ein junges Weibchen namens Imo auf die Idee, ihre Kartoffeln im Meer zu waschen und so die knirschenden Zutaten zu beseitigen. Dabei war es sicher kein Zufall, daß gerade ein junges Tier diesen innovativen Schritt unternahm; auch im Affenreich ist es die Jugend, die gern aus der Reihe tanzt und mit alten Gewohnheiten bricht – und damit gelegentlich sogar die Älteren ansteckt. Imos Mutter jedenfalls übernahm die Kartoffelspülung, und auch die Geschwister und Spielgefährten machten es ihr nach.

Zehn Jahre später war die neue Sitte in der ganzen Affenkolonie eingeführt: erst waschen, dann essen. Lediglich die ganz Alten mochten sich auf den neumodischen Trend nicht mehr einlassen, und die ganz Jungen konnten es noch nicht. Aber damit nicht genug. Imos Erfindung zog weitere Verfeinerungen der Eßkultur nach sich. Die Makaken hatten gemerkt, daß Salzwasser auch als Würze dient. Sie blieben während des Essens am Wasser und tauchten ihre Kartoffel nach jedem Bissen erneut ein. Ihr Leben, das sich bis dahin vorwiegend im Wald abgespielt hatte, verlagerte sich zusehends ans Meer.

Zwei weitere Neuerungen sollten diese Entwicklung noch verstärken: Auch Weizenkörner, so hatte Imo herausgefunden, lassen sich im Meer »behandeln«. Während man sie an Land einzeln aus dem Sand klauben muß, trennen sich im Wasser Sand und Körner von selbst. Man braucht nur eine Handvoll Weizen-Sand-Gemisch hineinzuwerfen, dann bleibt das Eßbare fein säuberlich an der Oberfläche schwimmen. Wiederum hatte Imo Maßstäbe gesetzt, und wiederum wurde sie von den anderen imitiert.

Zum endgültigen Schritt ins Wasser, ins tiefe Wasser, verhalf dann ein zusätzlicher »Schubs« der japanischen Wissenschaftler: Sie streuten Erdnüsse aufs Wasser: für Makakengaumen eine Köstlichkeit. Die Versuchung war so groß, daß schließlich eine junge Äffin – diesmal war es nicht Imo – all ihre Wasserscheu überwand und sich an die Erdnüsse, die ein beträchtliches Stück vom Ufer entfernt trieben, wagte. Daß andere Weibchen diesem Beispiel folgten, wird niemanden mehr überraschen, aber ein kleines Detail hatte durchaus überraschende Folgen: Die Mütter behielten ihre Säuglinge auf dem Arm. Von frühester Kindheit an gewöhnten sie sich an das nasse Element, verloren die Angst und wurden zu regelrechten »Wasserratten«.

Was für eine Generation zuvor noch undenkbar gewesen wäre: Die Waldbewohner lernten Schwimmen und Tauchen und genossen Badefreuden. Der Lebensstil der Makaken änderte sich, und mit der Badegewohnheit entdeckten sie auch natürliche Leckereien im Meer. Da konnte man bei Ebbe Muscheln aufsammeln, nach Meeresfrüchten tauchen oder, mit viel Geduld, sogar Krabben angeln, wenn sie auf den reglos im Wasser hängenden Arm gekrabbelt waren.

Die Lebensgewohnheiten, die Sitten und Gebräuche der Rotgesichtsmakaken haben sich in wenigen Generationen drastisch verändert. Und es ist sicher nicht zu hoch gegriffen, wenn man hier von einer kulturellen Evolution spricht. Denn Kultur beginnt nicht erst bei Theater, Musik und Religion, Kultur umfaßt die Gesamtheit aller überlieferten Normen des Zusammenlebens – Eß- und Badegewohnheiten mit eingeschlossen. Das Medium der Überlieferung war bei den Rotgesichtsmakaken im wesentlichen die Nachahmung. Sie ermöglichte eine rasante, zeitrafferähnliche Entwicklung, die im Rahmen der stammesgeschichtlichen Evolution einen Zeitraum von Jahrtausenden beansprucht hätte.

Der Gründermutter dieser Kultur gebührt eigentlich ein Denkmal: Imo in Bronze – beim Waschen einer Kartoffel.

Minnesänger der Meere

Eine andere Tierart hat ihr Denkmal wegen außergewöhnlicher kultureller Leistung längst bekommen. Das Kulturgut wurde sogar in einem intergalaktischen Prospekt vorgestellt, der den Planeten Erde in möglichst gutem Licht erscheinen lassen soll und 1972 in die Weiten des Weltalls verschickt wurde. Die Weltraumsonde Pioneer II, die über zwanzig Jahre unterwegs ist und die mittlerweile unser Planetensystem verlassen hat, trägt neben Symphonien von Beethoven und Mozart auch ein Gesangsstück von Buckelwalen an Bord. Die Hörproben sind dazu gedacht, außerirdische Intelligenzen, falls sie die kosmische Flaschenpost zufällig einfangen sollten, vom hohen Niveau terrestrischer und mariner Musik auf dem Planeten Erde zu überzeugen. Daß die begnadeten Sänger bis vor kurzem noch gejagt und geschlachtet wurden, ist übrigens nicht vermerkt; die Empfänger würden es wohl kaum verstehen.

Der Gesang der Buckelwale ist in der Tat außergewöhnlich. Er umfaßt ein Spektrum von mehreren Oktaven, reicht vom tiefen melodischen Gurgeln bis zu violinartig weichen Tönen, enthält Strophen, Melodien, Wiederholungen und kann bis zu zwanzig Minuten dauern. Aber wie bei jeder Musik ist die Beschreibung in Worten unangemessen; erst wenn man sich hörend einläßt auf diese Musik, lassen sich ihre melodische Vielfalt und ihr musikalischer Einfallsreichtum ermessen. Die schönsten Gesänge – für unser Ohr und unseren Musikverstand – wurden per Zufall von der US-Navy aufgenommen, als sie in den sechziger Jahren den Atlantik mit Unterwassermikrofonen nach fremden U-Boot-Geräuschen abhörte. Sie sind heute auf einer CD-Platte erhältlich.

Man weiß noch herzlich wenig über die singenden Buckelwale, denn sie pendeln Tausende von Kilometern zwischen den Futtergründen des Nordatlantik und ihren Paarungsgebieten in den tropischen Meeren. Immerhin unterhalten Walforscher in Cape Cod eine Datenbank, in der Dutzende von Grauwalindividuen und ihre Stammbäume aufgeführt sind. Und sie tragen jetzt – entgegen früherer wissenschaftlicher Gepflogenheit, als Tiere allenfalls Nummern erhielten – sogar richtige Namen. Da gibt es Pegasus, Orion, Agassiz oder Liner. Die offizielle Namensgebung findet auf einer alljährlichen Konferenz im Frühjahr statt, und als Paßfoto dient eine Abbildung der mächtigen Schwanzflosse, die von Tier zu Tier in Kontur und Zeichnung abweicht. Liner trägt zum Beispiel als besonderes Kennzeichen eine schwarze Linie auf dem weißen Grund seiner Schwanzfluke.

Über die reine Bestandsaufnahme hinaus wurden immer wieder

die Gesänge registriert und verglichen — keine leichte Aufgabe, allzuoft spielten sich störende Propellergeräusche in den Vordergrund: akustische Meeresverschmutzung. Zudem schweigen die Buckelwale ein halbes Jahr lang und lassen ihre Stimme nur in den tropischen Gewässern während der Paarungszeit vernehmen. Dennoch brachten die Tonbandaufnahmen einen überraschenden, fast unglaublichen Sachverhalt ans Licht: Die Gesänge entwickeln sich von Jahr zu Jahr weiter; in jeder Saison tauchen neue Variationen auf und müssen neu erlernt werden.

Im einzelnen zeichnet sich dabei folgendes Bild ab: Am Ende der Paarungs- und Gesangszeit singen die Wale, genauer gesagt, die Walbullen ein und dasselbe Lied — jedoch nicht im Chor. Die Sänger gehen auf Distanz, und jeder tritt als Solist auf. Dann geht es in die Sommerpause nach Norden, wo der musikalische Drang zum Singen der profanen Freßlust weicht. Danach aber, in der nächsten Musiksaison, setzen die Walbullen wieder mit demselben Lied ein; sechs Monate lang hatten sie es in ihrem musikalischen Gedächtnis bewahrt. Aber nun beginnen die Variationen: Melodien werden leicht verändert, Strophen gekürzt oder hinzugefügt, Rhythmen abgewandelt.

Wie dies im einzelnen vor sich geht, ist bis heute ein Rätsel. Gibt es einen oder mehrere »Meistersinger«, denen die anderen nacheifern? Nach welchen Gesichtspunkten wird dann eine Variation festgeschrieben? Die Gesangskultur der Buckelwale steckt voller Geheimnisse. Aber klar ist, daß am Ende der Singsaison eine Meinungsbildung durch Nachahmung stattgefunden hat. Der diesjährige offizielle Hit ist ausgewählt und wird von allen Gruppenmitgliedern übernommen.

Auch unsere Sprache unterliegt bekanntlich einer kulturellen Evolution. Schon die Ausdrucksweise Kleists oder Goethes erscheint gelegentlich antiquiert, ganz zu schweigen von den Texten eines Martin Luther oder den Liebesgedichten aus dem Mittelalter. Die Entwicklung der Walgesänge verläuft jedoch bei weitem schneller: Die jährlichen Änderungen, so das Fazit der Walforscher Kathy und Roger Payne, sind so stark, daß nach zwanzig Jahren kein Ton mehr dem anderen gleicht. Jede Ähnlichkeit der Lieder ist verlorengegangen.

Eine derart komplexe, sich ständig entwickelnde Gesangskultur hätte niemand für möglich gehalten. Und die Wissenschaftler begannen sich zu fragen, wie und zu welchem Zweck sie entstanden sein könnte. Eine definitive Antwort weiß bis heute niemand, aber vieles spricht dafür, daß die Gesänge unter Wasser »Liebeslieder« sind. Der beste Minnesänger wird er-hört – und die anderen kopieren den erfolgreichen Song. So etwa vermutet der Walforscher Roger Payne. Vielleicht ist es wirklich der Druck des alljährlichen Minnesängerwettstreits, der – von der weiblichen Jury bewertet und durch Nachkommenschaft prämiert – zu immer komplexeren Gesängen führt.

Allerdings, wenn wir ehrlich sind, ist das Rätsel damit nur verlagert. Denn wie kommen die umworbenen Waldamen dazu, ihre Liebhaber nach musikalischer Kreativität auszuwählen? Gemäß den üblichen biologischen Modellen müßte diese Wahl zugleich der Erhöhung der Fitneß und Fortpflanzung dienen. Eben dies aber ist schwer einzusehen, wenn die Attraktivität eines Partners von dessen Musikalität bestimmt wird. Oder sollte im Fall der Buckelwale die »streng biologische« Beobachtungsweise ähnlich fehl am Platz sein wie beim Kulturwesen Mensch? Auch unsere Partnerwahl richtet sich bekanntlich nicht nur nach reproduktiven Gesichtspunkten.

Die zwei Kulturen der Austernfischer

Austernfischer leben, wie man sich unschwer denken kann, von Austern und anderen Muscheln. Aber es ist keine leichte Kost. Jeder, der einmal versucht hat, eine lebende Muschel zu öffnen, weiß, wie schwer es ist, die Deckel auseinanderzubekommen – der sogenannte Adduktorenmuskel zieht sie blitzschnell und mit erstaunlicher Kraft zusammen. Die Austernfischer sind jedoch ihrerseits mit Spezialwerkzeug ausgerüstet: Die Vögel setzen ihren langen, spitz zulaufenden Schnabel auf optimale Weise ein. Aber welches ist die optimale Weise? Könnte man die Austernfischer selbst befragen, würde man zwei grundverschiedene Antworten

Irene Pepperberg mit ihrem berühmten Alex. Der Graupapagei beherrscht über siebzig Begriffe und kann auf Befragen Form, Farbe und Anzahl von Gegenständen nennen – in englischer Sprache, versteht sich.

Nur die Menschen-
affen sind imstande,
sich selbst im Spie-
gel zu erkennen.
Der klassische Test
besteht darin, den
Affen unbemerkt
einen Fleck auf die
Stirn zu malen.
Wenn sie ihn nach
einem Blick in
den Spiegel weg-
wischen, haben sie
den Test bestanden.
Was aber bedeutet
das? In freier Wild-
bahn gibt es kaum
Gelegenheiten, das
eigene Konterfei zu
betrachten – allen-
falls in einer Was-
serpfütze oder in
einer spiegelnden
Kameralinse.

Der Verhaltensforscher Roger Fouts beim »Sprachunterricht« mit seinem Schimpansen Booey. Als Verständigungsmittel benutzen sie Handzeichen, die aus der Taubstummensprache abgeleitet sind. »Daumen am Mund« beispielsweise bedeutet »Trinken«.

erhalten, je nachdem, an welchen Vogel man sich wendet. Die einen nämlich setzen ausschließlich auf die »Hammertechnik« an Land, die anderen auf die »Knipsertechnik« unter Wasser. Und beide sind auf ihre Weise so erfolgreich, daß es selbst uns, wenn wir Schiedsrichter spielen sollten, schwerfallen würde, die eine höher zu bewerten als die andere.

Ein »Hammerer« plaziert die zu öffnende Muschel im festen, feuchten Sand, und zwar so orientiert, daß das stumpfe Ende wie ein Amboß herausschaut. Mit gezielten Hammerschlägen genau auf den schwächsten Punkt – dort, wo die Schalenhälften zusammenhängen – bricht er die Muschel auf. Ein »Knipser« geht völlig anders vor: Er gebraucht keine rohe Gewalt, sondern überrascht seine Muschel unter Wasser, wo sie bei leichtgeöffneten Schalen durch den sogenannten Siphon atmet – das ist eine röhrenartige Ausstülpung im weichen Muschelfleisch. Blitzschnell stößt der Schnabel in diese Siphonöffnung und knipst den dahinterliegenden Adduktorenmuskel durch. Dann lassen sich die Schalen wie zwei lose Deckel öffnen.

Beide Strategien führen die Austernfischer gleichermaßen ans Ziel, und man muß sich fragen, was eigentlich ihre Wahl bestimmt. Im Grunde jedoch haben sie gar keine Wahl. Sie machen es so, wie sie es bei Vater und Mutter gesehen haben. Wer in einer Knipserfamilie aufwächst, wird selbst zum Knipser, und wenn die Eltern hämmern, machen es die Kinder ebenso. Die Nachahmung in der Jugend bestimmt die lebenslange Eßkultur.

Um sicherzustellen, daß tatsächlich das Vorbild der Eltern entscheidend ist, und nicht etwa deren genetische Mitgift, unternahm man einen klärenden Test: Man schob den Knipservögeln Eier aus einem Hammernest unter und umgekehrt. Der Fall war klar: Stets übernahmen die Jungen die technischen Tricks, die sie beobachten konnten, unabhängig davon, was ihre leiblichen Eltern machten. Austernfischer lernen vom Zuschauen.

Dennoch scheinen die Lektionen alles andere als einfach zu sein; denn die Jungen bleiben auffallend lange bei ihren Eltern: achtzehn bis sechsundzwanzig Wochen. Erst dann kommen sie allein mit den Muscheln zurecht. Wenn sie dagegen in einer Gegend aufwachsen, wo man sich bequem von »unverpackten«

Würmern ernähren kann, sind sie bereits nach sechs bis sieben Wochen, also nach einem Drittel der Zeit, selbständig und ziehen aus. Die Lehrzeit richtet sich offensichtlich nach den Anforderungen; wobei der Terminus »Lehrzeit« mit Vorsicht zu gebrauchen ist, denn es hat nicht den Anschein, als ob die Eltern besondere Lehrstunden abhalten würden – zum Beispiel besonders langsam und deutlich den Schnabeleinsatz demonstrieren würden. Sie machen es wie eh und je. Lernen und Lehren ist zweierlei; wir kommen darauf zurück.

Bleibt die spannende Frage: Wonach richten sich heranwachsende Austernfischer aus einer »Mischehe« – mit einem Hammerer als Vater und einer Knipserin als Mutter? Sind sie dann überfordert, oder werden sie beide Techniken erlernen – gewissermaßen bikulturell aufwachsen? Seltsamerweise erübrigt sich die Frage, denn bis heute wurde noch nie ein derart gemischtes Austernfischerpaar beobachtet. Offensichtlich gibt es hier eine kulturelle Schranke, die ähnlich unüberschreitbar ist wie die Artenschranke. Ein Knipser ehelicht keine Hammerfrau. Und eine Knipserfrau duldet keinen Hammerer in ihrem Nest.

Der Einfluß überlieferter Eßgewohnheiten reicht bis in den Bereich der Partnerwahl. Irgendwelche Ähnlichkeiten mit menschlichen Personen wären rein zufällig – obwohl die Knödel natürlich schmecken sollten wie bei Muttern...

Das überlieferte Feindbild

Nachahmung ist, wie gesagt, ein probates Mittel, die Eltern auch dann zu beerben, wenn dieses Erbe nicht in den Genen festgeschrieben ist. Allerdings gibt es keine Garantie, daß nur Sinnvolles und Zweckmäßiges auf diese Weise tradiert würden. Selbst bei uns, die wir über weit mehr Möglichkeiten der Überlieferung verfügen als bloße Nachahmung, halten sich bekanntlich so manche Unsitten über viele Generationen.

Längst etwa gibt es bessere Methoden, den Ackerboden zu bearbeiten als durch tiefes Pflügen, und längst ist erwiesen, daß das Abbrennen der Stoppelfelder mehr schadet als nutzt. Aber das Vorbild des pflügenden und zündelnden Vaters ist meist zwingender als andere Informationsquellen. Und wie viele Mütter sind überrascht, wenn sie ihre ebenso unbegründete wie panische Angst vor Schlangen, Mäusen oder Spinnen bei ihren Kindern wiederfinden – selbst dann, wenn sie aus »erzieherischen« Gründen versucht haben, diese Regung nicht zu zeigen. »Wie die Alten sungen, so zwitschern die Jungen!« Inklusive falscher Töne.

In einem mittlerweile berühmt gewordenen Versuch an der Ruhruniversität in Bochum hat Eberhard Curio eine ähnliche Tradition von Fehlinformationen bei Staren beobachtet. Allerdings war es Curio selbst, der die Vögel getäuscht hatte, um diese Tradition zu begründen und ihren Fortgang zu verfolgen.

Brütende Amseln und andere Singvögel scheinen genau zu wissen, welcher Raubvogel ihrem Nest gefährlich werden kann. Sie organisieren sich zum »Mobbing« – ein Ausdruck, der sich mittlerweile auch im Deutschen eingebürgert hat; er bedeutet, daß sie sich zusammenrotten und, besondere Angriffsrufe ausstoßend, gemeinsam den Feind attackieren. Bei diesem Mobbing lassen sie sich offenbar von einem angeborenen Feindbild leiten, denn spontan greifen sie eine Eule oder andere Raubvögel an, auch wenn sie diese noch nie zuvor gesehen haben, wogegen sie harmlose Tauben oder auch Australische Honigesser von vornherein ignorieren. Sie besitzen demnach eine Art schwarzer Mobbing-Liste in ihrem stammesgeschichtlich geführten Gedächtnis, in der die »Bösen« aufgeführt sind – eine ausgesprochen praktische Vorkehrung.

Was aber passiert, wenn die Liste unvollständig ist oder wenn neue, bisher nicht erfaßte Räuber zuwandern, kurzum: wenn die genetische Liste nicht mehr dem neuesten Stand entspricht? In diesem Fall können die Vögel, über ihr genetisch verankertes Wissen hinaus, auf überliefertes Wissen zurückgreifen. Sie richten sich nach traditionellem Mobbing-Brauch: Wen die Alten mobbten, den mobben die Jungen.

Ebendies machte sich Curio zunutze. Er inszenierte eine besondere Art von Vogeltheater (siehe Abbildung Seite 229). Die Zuschauer verteilten sich auf zwei Volieren – sagen wir, eine östliche und eine westliche. Genau dazwischen stand eine Drehbühne, die in zwei Spielflächen unterteilt war. Der gesamte Aufbau war so eingerichtet, daß die Vogelzuschauer aus beiden Volieren sich zwar gegenseitig sehen und hören konnten, aber jeweils nur Einblick auf eine der Spielflächen und die dortigen Akteure hatten. Und diese Akteure unterschieden sich grundlegend. Auf der einen Spielfläche erschien eine ausgestopfte »böse« Eule, auf der anderen ein ausgestopfter »unschuldiger« Honigesser. Das Drama nahm seinen Lauf.

Als die Vogelzuschauer in der Westkurve die gefährliche Eule erblickten, begannen sie, erregte Mobbing-Rufe auszustoßen, und versuchten, den Bösewicht auf der Bühne zu attackieren. In der Ostkurve blieb es zunächst ruhig, denn der Auftritt des harmlosen Honigessers konnte niemanden erregen. Aber dann ließen sich die Zuschauer vom Geschehen auf der anderen Seite mitreißen. Mehr und mehr übernahmen sie die Mobbing-Rufe und versuchten nun ihrerseits, von ihrer Voliere aus den friedlichen Vogel niederzuschreien und zum Abgang zu bewegen.

Blinde Nachahmung lehrte sie, Honigesser als ihre Feinde zu betrachten. Als die Bühne anschließend um hundertachtzig Grad gedreht wurde, die Spielflächen also vertauscht wurden, wechselten auch die Rollen. Jetzt waren es die Vögel in der anderen Voliere, die zum falschen Mobbing verführt wurden. Curio hatte ihnen das falsche Feindbild eingeimpft, aber es hielt sich über mehrere Generationen, indem die Jungen es jeweils von den Alten übernahmen.

Curio ging sogar noch weiter. Er führte auf der einen Spielfläche weiterhin das Eulenstück auf, ließ aber auf der anderen – etwas surrealistisch – eine Weichspülerflasche aus Plastik auftreten. Auch hier wirkte die Macht des Mobbing-Vorbildes. Generationenlang betrachteten die Vögel Weichspülerflaschen als ihre erbitterten Feinde. Tradition und kulturelles Erbe, auch wenn sie die Errungenschaften früherer Generationen bewahren, bieten offensichtlich keine Gewähr für Richtigkeit.

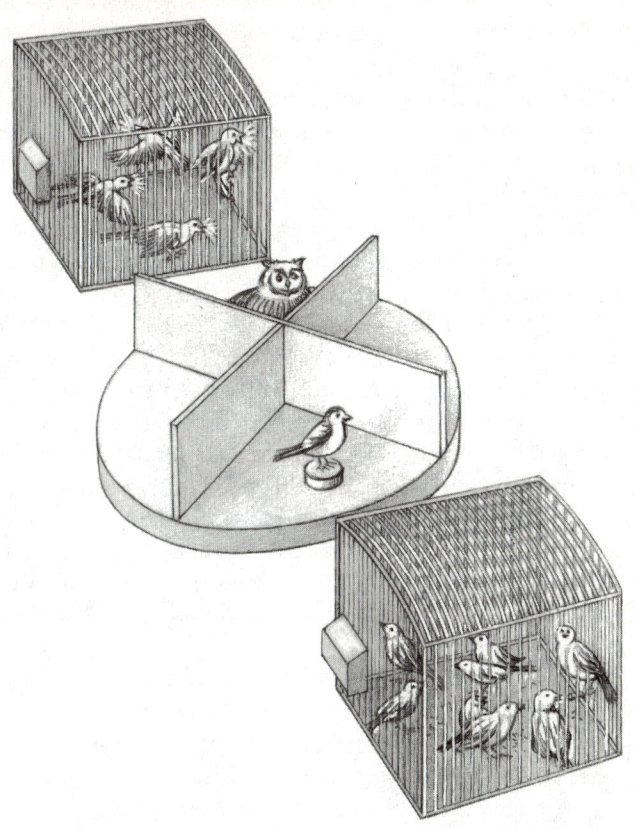

Ein Experiment belegt: Singvögel lernen durch die Alarmrufe ihrer Artgenossen, Feinde zu erkennen.

Spiegelprobe: Eine Sonde ins Bewußtsein?

Wir haben uns etwas ausführlicher mit der Kunst des Nachahmens als Vorbedingung für Tradition und Kultur befaßt, weil dabei erste Konturen eines heraufdämmernden Ich-Bewußtseins aufscheinen.

Zuvor hatten wir uns gefragt, ob ein ausgeprägteres Ich-Bewußtsein vielleicht durch Gegenüberstellung mit dem eigenen Spiegelbild ans Licht gebracht werden könnte. Ist der Spiegeltest eine Art Meßsonde ins Bewußtsein? Markiert er die Schwelle zu jenem gehobenen Ich-Bewußtsein, das mit einer Vorstellung vom eigenen Selbst als wahrnehmendem, fühlendem oder gar denkendem Wesen einhergeht?

Wir hatten diese Fragen zunächst zurückgestellt, um über dem elitären Häuflein der Spiegeltüchtigen nicht vorschnell die große Schar derer zu vernachlässigen, deren Ich-Bewußtsein sich unterhalb dieser Schwelle dokumentiert. Jetzt aber möchten wir den Faden wiederaufgreifen und uns einklinken in die langjährige Diskussion, welche Aussagekraft den Spiegeltests zukommt.

Seit über zwei Jahrzehnten vertritt der US-Biologe Gordon Gallup die These: Wer sich im Spiegel erkennt, der begreift sich auch selbst als wahrnehmende, fühlende und denkende Persönlichkeit. Die These hat etwas unmittelbar Einleuchtendes an sich, denn das Aha-Erlebnis vor dem Spiegel: »Das bin ja ich!« setzt eine gewisse Vorstellung von ebendiesem Ich voraus. Und warum soll dazu nicht auch ein Wissen um die eigenen Gefühle und Gedanken gehören?

Aber genau hier sitzt natürlich der Haken, an dem viele ihre Vorbehalte gegenüber Gallups These festmachten: Rückschlüsse auf das mentale Geschehen bei den Spiegelprobanden seien, weil weder beweisbar noch widerlegbar, letztendlich wertlos. Jedenfalls dürfe man aus der bloßen Selbsterkennung im Spiegel nicht gleich auf Selbstreflexion schließen.

In den letzten Jahren jedoch wurde eine Reihe besonderer Experimente durchgeführt, die zumindest einen indirekten Blick auf das gewähren, was bislang grundsätzlich verborgen zu sein schien: auf das Bild, das sich die Tiere von ihren eigenen mentalen Zuständen machen. Die Grundidee dieser verschärften Sherlock-Holmes-Versuche ist ebenso bestechend wie einleuchtend. Die Experimentatoren versuchen nicht, direkt in Erfahrung zu bringen, was ein Tier über sein eigenes Fühlen und Denken weiß, sondern sie sehen nach, ob es derartige mentale Zustände auch anderen unterstellt: Wer sichtbar davon ausgeht, daß sein Gegenüber bestimmte Vorstellungen und Gefühle hegt, der muß auch um die eigenen entsprechenden Regungen wissen und sie sich vergegenwärtigen können. Das ist der überzeugende Grundgedanke, der es nunmehr erlaubt, Gallups These experimentell zu überprüfen. Man wird sich dazu Versuche ausdenken müssen, bei denen es darauf ankommt, sich in die Rolle eines anderen hineinzuversetzen und das, was in ihm vorgeht, zu berücksichtigen.

Vielleicht ist es angebracht, hier nochmals auf den Sonderfall der Nachahmung zu verweisen, wo die Rollenübernahme auf den reinen Handlungsablauf beschränkt bleiben konnte. Was im anderen dabei vorging, was sich in seinem Kopf abspielte, war von keiner oder allenfalls untergeordneter Bedeutung. Bei den zur Debatte stehenden Versuchen ist es genau umgekehrt. Es kommt darauf an, sich in die innere Welt des anderen zu versetzen – in seine Vorstellungen, Absichten, Gefühle oder Pläne.

Lange wurde bezweifelt, daß dies für Tiere überhaupt im Bereich des Möglichen liege. Aber die ersten Tests in dieser Richtung hat die Schimpansin Sarah mit Bravour bestanden – wobei Sarah zweifellos zu den besonderen und auch besonders geschulten Schimpansenpersönlichkeiten zählte. Ihr Mentor, David Premack, hatte sie regelmäßig unterrichtet – fünf Tage in der Woche –, und meistens war ihr der Spaß dabei anzumerken. Sie beherrschte die unterschiedlichsten Fertigkeiten, angefangen vom gewöhnlichen Puzzlelegen bis hin zu logischem Schließen.

Ratschläge von der Schimpansin

Sarah sollte zeigen, ob sie in der Lage ist, sich in eine andere Person, nämlich in einen ihrer Wärter, hineinzuversetzen. Dieser steckte nämlich in auffallenden Schwierigkeiten; zumindest spielte er diese Rolle in einem kurzen Videospot, der Sarah vorgeführt wurde. In dieser Szene, die ganz bewußt an Wolfgang Köhlers historischen Bananenkistenversuch anknüpfte, war der Wärter zu sehen, wie er verzweifelt hochhüpfte und sich mühte, eine von der Decke baumelnde Banane zu erreichen. Im Hintergrund befand sich eine Kiste.

Sarah stand also keineswegs vor der Aufgabe, für sich selbst das Problem lösen zu müssen, wie seinerzeit Köhlers Schimpansen. Sie selbst würde die Banane so oder so nicht bekommen. Würde sie trotzdem erkennen, daß es dasselbe Problem ist, lediglich auf die Person des Wärters verlagert? Würde sie sich in dessen Situation versetzen und seine grotesken Luftsprünge richtig interpretieren – nämlich als Ausdruck seines Wunsches, an die Banane zu kommen? Und würde sie sich sogar an seiner Stelle eine Lösung einfallen lassen?

Da man Sarah nicht direkt fragen konnte, ließ man sie im Anschluß an das Video zwischen zwei Fotografien wählen. Multiplechoice mit zwei Möglichkeiten. Das eine Foto zeigte eine »falsche« Lösung – den Wärter mit einem unbrauchbaren, weil deutlich zu kurzen Stock; auf dem anderen war die korrekte Lösung zu sehen: der Wärter beim Besteigen der Kiste. Mit verblüffender Treffsicherheit entschied sich Sarah bei diesen und ähnlichen Videospots für das richtige Foto und demonstrierte damit, daß sie sich das Problem eines anderen zu eigen machen konnte. Es war, zumindest aus unserer Sicht, ein einfaches Problem. Premack beschloß daher, das übliche Bananenniveau zu verlassen und Sarah mit verwickelteren Fällen zu konfrontieren.

Sie konnte am Bildschirm miterleben, wie ein in einen Käfig eingeschlossener Wärter verzweifelt an den Gitterstäben rüttelt, um herauszukommen. Offensichtlich fehlt ihm der Schlüssel für die Tür.

Ein anderer Wärter ist verärgert, weil das Grammophon nicht funktioniert. Er rauft sich die Haare, versucht es immer wieder – und übersieht, daß das Kabel nicht in der Steckdose steckt.

Ähnlich erfolglos bleibt ein Pfleger, der den Fußboden reinigen und ihn mit einem Schlauch abspritzen will – der Schlauch ist leider durchschnitten.

Und dann ist da noch der frierende und vor Kälte bibbernde Wärter, dem ein Stück brennendes Papier zum Anzünden der Gasheizung fehlt. Ab und zu versetzt er dem kalten Gerät sogar einen wütenden Tritt.

Dies waren in der Tat Probleme größeren Kalibers. Denn Sarah wußte wohl, daß zum Öffnen der Käfigtür ein Schlüssel benötigt wird, doch sie hatte noch nie den Plattenspieler in Gang gesetzt, den Fußboden gespritzt oder die Heizung angezündet; aber offensichtlich hatte sie immer aufgepaßt, wie die Pfleger dabei vorgingen. Aus den angebotenen Lösungsfotos pickte Sarah zielsicher jeweils das richtige heraus: den Schlüssel für die Käfigtür; das eingesteckte Kabel fürs Grammophon; den intakten Schlauch für die Bodenwäsche; den brennenden Fidibus für den Heizkörper.

Sarah durfte die Fotos erst in Augenschein nehmen, wenn alle den Raum verlassen hatten. Und nach ihrer Wahl mußte sie einen Klingelknopf drücken, zum Zeichen, daß ihre Entscheidung endgültig war. Erst dann kamen die Experimentatoren zurück. Premack wußte um die Gefahr des Klugen-Hans-Fehlers, und er wollte auf jeden Fall ausschließen, daß Sarah durch unwillkürliche Zeichengebung der Umstehenden beeinflußt würde.

Dennoch hatte die Versuchsreihe eine »weiche Stelle«. Sarah gab zwar durch ihre Wahl eine eindeutige Antwort, aber niemand wußte genau, worauf. Verstand sie ihre Aufgabe so, als hätte man sie gefragt:

Wie würdest du dieses Problem lösen? Das Bananenproblem? Das Gefängnisproblem? Das Grammophonproblem? Das Schlauchproblem? Das Heizungsproblem?

Oder war ihre Antwort auf den betreffenden Wärter gemünzt – so als hätte man sie gefragt:

Wie möchtest du, daß dieser Wärter das Problem löst?

Auch dieser zweite Fall wäre durchaus denkbar, und dann könnte es passieren, daß Sarah bei ihren »Empfehlungen« Unterschiede macht, je nachdem, ob sie einen Wärter sympathisch findet oder nicht. Premack wollte sich hier mehr Klarheit verschaffen und produzierte zwei neue Bananenvideos mit unterschiedlichen Rollenbesetzungen: Das eine Mal mit Keith, dem Lieblingstrainer von Sarah, das andere Mal mit Bill, den sie nicht recht leiden mochte. Aber, im Unterschied zu vorher, war jetzt auch ein Foto in der Auswahl, das einen total mißglückten, »gemeinen« Lösungsversuch zeigte: Der Kistenbesteiger war, wie bei einer Slapsticknummer, jämmerlich durch den Kistendeckel hindurchgebrochen.

Es war genau die Lösung, die Sarah für Bill, den ungeliebten Trainer, aussuchte. Wie dieser es aufnahm, ist nicht überliefert, aber Premack vermerkt vorsorglich, daß »Bill« ein geänderter Name sei.

Es spricht also einiges dafür, daß Sarahs Lösungsvorschläge auch von Schadenfreude oder persönlichen Vorlieben geprägt waren, aber wie dem auch sei, sie zeigen, daß Schimpansen sich in die Probleme und Gemütslage eines anderen hineinversetzen können. Sie machen sich ein Bild von dem, was in ihm vorgeht, worüber er sich ärgert oder freut, was er plant und sich wünscht, was er weiß oder nicht weiß. Kurzum, sie machen sich, zumindest ausschnittsweise, eine Vorstellung von dessen innerer Welt.

Es ist keine Frage, daß dieses Einfühlungsvermögen der Schimpansen mit ihrer Spiegeltüchtigkeit in Einklang steht, und man könnte versucht sein, dies als Bestätigung für Gallups These zu werten. Aber vorher müßte die Gegenprobe erfolgen, und sie müßte zeigen, daß andere Affen wie Makaken oder Rhesusaffen, die beim Spiegeltest durchfallen, ganz anders und unbeteiligt auf die Videospots reagieren. Solche Vergleichstests jedoch sind kaum durchführbar, denn Sarahs spezielle Fernseh- und Lebenserfahrung ist so sehr in diese Versuchsreihe eingegangen, daß sie nicht auf andere Affen ausgedehnt werden kann. Für einen direkten Vergleich braucht es andere Tests.

Rollentausch an der Menü-Maschine

Vor kurzem hat im New Iberia Research Center ein seltsamer Wettstreit zwischen Schimpansen und Makaken stattgefunden. Es ging darum, wer den Rollentausch besser beherrscht. Der Vergleich wurde an einer ziemlich umständlichen Futtermaschine ausgetragen, die nur zu zweit bedient werden kann. Wie bei den meisten Geräten klingt auch hier die Bedienungsanleitung komplizierter, als es den tatsächlichen Handgriffen entspricht.

Gesetzt den Fall, Sie würden zum Bedienungsteam gehören. Ihr Partner ist ein aufgeweckter Schimpanse namens Fritz. Er sitzt Ihnen wie beim Schachspiel gegenüber, nur daß zwischen Ihnen kein Brett, sondern eben diese Menü-Maschine aufgebaut ist. Sie offeriert heute Erdbeeren mit Sahne – was Fritz und Sie besonders mögen – und drei alternative Nulldiäten, nämlich leere Teller. Bei der Essensausgabe schiebt die Maschine Ihrem Partner das gleiche Menü zu wie Ihnen; Sie beide verfolgen also dasselbe Interesse: die Maschine so zu bedienen, daß sie die Erdbeeren herausrückt. Aber dazu bedarf es der Zusammenarbeit; denn die Ausgabe erfolgt auf vier nebeneinanderliegenden Bahnen, und nur Sie können sehen, auf welcher Bahn die begehrten Erdbeeren stehen. Es ist Bahn drei.

Ihrem Partner ist dieser Einblick durch eine Sichtblende verwehrt, dafür aber kann er – und nur er – einen Hebel am Ende jeder Bahn bedienen und die entsprechende Menü-Ausgabe in Gang setzen. Damit ist die Rollenverteilung klar: Sie spielen den »Ausguck« und der Schimpanse den »Maschinisten«. Sie deuten auf Bahn drei, und Fritz auf der anderen Seite wird – nach einer gewissen Einarbeitungszeit – den Hebel von Bahn drei drücken. Und Sie beide werden die wohlverdienten Erdbeeren mit Sahne..., guten Appetit! Fritz und Sie sind wirklich ein gutes Team.

Was aber passiert, wenn nach einigen Partien die Rollen getauscht werden? Wie ein Schachbrett läßt sich auch die Maschine drehen, und jetzt sitzen Sie plötzlich den Hebeln gegenüber, und Fritz hat Einblick in das Menü-Angebot. Sie dürften mit Ihrer neuen Maschinistenrolle sicher zurechtkommen. Aber Fritz, der Schimpanse? Wird er wissen, was er als »Ausguck« zu tun hat, und die richtigen Anweisungen erteilen?

Genau dies war die Frage, die sich Daniel Povinelli am New Iberia Research Center stellte. Er nannte die Rollen etwas sachlicher »Operator« und »Informant«, und als Mitspieler für die Schimpansen fungierten Institutsangehörige, aber dies dürfte die Antwort der Schimpansen wenig beeinflußt haben. Und sie fiel eindeutig aus.

Schon beim Seitenwechsel, während die Maschine noch gedreht wurde, wechselten sie bereits ihre Rollen und deuteten auffordernd auf die Bahn mit dem gefüllten Teller. Sie hatten nicht nur ihren Part bei diesem Test begriffen, sondern auch den ihres Gegenübers. Es war ihnen ein leichtes, in die Rolle ihres menschlichen Teamkollegen zu schlüpfen – einerlei, ob dieser den Maschinisten oder den Ausguck gespielt hatte.

Als nächstes hatten die Makaken anzutreten. Dasselbe Gerät, dieselben Menschen als Mitspieler. Die Tiere waren gut trainiert; sie beherrschten ihre Maschinistenrolle perfekt und drückten nach Fingerzeig ihres Gegenübers die richtigen Hebel. So weit, so gut. Bis hierher war kein wesentlicher Unterschied zu den Schimpansen festzustellen. Aber noch stand der entscheidende Schritt bevor: der Rollentausch.

Die Menü-Maschine wurde gedreht, die Makaken bekamen die andere Seite zu sehen – und waren ratlos. Sie hatten nicht die leiseste Ahnung, was sie tun sollten, und standen da wie der sprichwörtliche Ochs vorm Berg. Offensichtlich hatten sie ihre Rolle als Hebeldrücker gut gelernt, aber das Spiel insgesamt, zu dem vor allem die Rolle des Partners gehört, nicht durchschaut. Auch als Povinelli einen Kontrollversuch anstellte und einer anderen Makakengruppe zunächst die Ausguckrolle beibrachte, gab es nach dem Seitenwechsel nur Verwirrung. Die Tiere waren außerstande, sich in die andere Rolle hineinzudenken und sie zu übernehmen.

Povinellis Schlußfolgerung war klar: Schimpansen beherrschen den Rollentausch, Makaken nicht. Und Povinelli bringt diesen augenfälligen Unterschied mit dem unterschiedlichen Spiegelverhalten der beiden Affenarten in Verbindung. Wer sein eigenes Ich im Spiegel nicht erkenne, dem würden auch die Voraussetzungen fehlen, sich in andere und deren Rolle hineinzuversetzen. Povinelli selbst wertet seine Rollentauschexperimente als Bestätigung für Gallups These.

Aber wie bei den meisten guten Experimenten entstand auch hier, gleichsam im Windschatten der Ergebnisse, ein Bündel neuer Fragen. Vor allem war zu klären, was denn im einzelnen die Makaken daran gehindert haben könnte, die Funktion des Partners zu durchschauen. Läßt sich die kognitive Schwelle, die zu überschreiten den Makaken im Unterschied zu den Schimpansen nicht gelingt, näher lokalisieren?

Vielleicht, so spekulierte Povinelli, beginnt das Manko der Makaken schon damit, daß sie, wie er es ausdrückte, »die Beziehung zwischen Wahrnehmen und Wissen« nicht erfassen. Für uns erscheint es als das Selbstverständlichste der Welt, daß jemand, dessen Wahrnehmung durch eine Sichtblende behindert ist, nicht wissen kann, was sich hinter der Blende verbirgt. Möglicherweise aber sind Makaken zu diesem Schluß, auch wenn er uns höchst trivial erscheint, nicht fähig. Immerhin hat auch jeder von uns über drei Jahre gebraucht, um das geistige Niveau zu erreichen, das uns diese Beziehung zwischen Wahrnehmen und Wissen erkennen läßt.

Wissen, was der andere weiß

Nehmen wir den Fall des dreijährigen Michael. Er ist ein aufgeweckter Junge, geht bereits in den Kindergarten, spielt und schwatzt dort mit seinen Freunden und Freundinnen. Wir machen einen kleinen Test mit ihm: Er schaut zu, wie seine Freundin Gabi ihr geliebtes Püppchen in eine Tasche packt, bevor sie aus dem Zimmer geht. Während sie draußen ist, nehmen wir das Püppchen aus der Tasche und verstecken es in einer Schachtel. Michael beobachtet alles genau. Dann fragen wir ihn, wo Gabi, wenn sie zurückkommt, nach dem Püppchen schauen werde. Spontan zeigt Michael auf die Schachtel: »Da.«

Er weiß um die Realität – das Püppchen ist tatsächlich in der Schachtel. Aber er ist unfähig, sich in Gabis Lage zu versetzen, die selbstverständlich ihr Püppchen noch in der Tasche wähnt und dort suchen wird. Mit seinen drei Jahren kann Michael das, »was der Fall ist«, und Gabis »Vorstellung, was der Fall sei«, noch nicht auseinanderhalten. Oder, um es etwas weniger philosophisch auszudrücken: Ein Dreijähriger kapiert noch nicht, daß jemand, der vor der Tür steht, nicht mitbekommt, was drinnen passiert. Haben Makaken dieselbe Schwierigkeit – ihr ganzes Leben lang?

Povinelli beschloß, den Draußen-vor-der-Tür-Test mit Schimpansen, Rhesusaffen und Menschenkindern durchzuführen. In dieser Reihenfolge. Fritz, der Schimpanse, sah sich zwei Experimentatoren gegenüber, die diesmal keine Maschine, sondern eine Reihe schlichter Plastiktassen vor sich aufgebaut hatten, alle umgestülpt. Einer der beiden Experimentatoren spielte den »Rausgeher«, das heißt, er verließ demonstrativ den Raum und machte die Tür hinter sich zu. Der andere spielte den »Verstecker«. Kaum nämlich war die Tür ins Schloß gefallen, hielt er eine leckere Praline hoch – Fritz schmatzte bereits mit der Zunge – und versteckte sie unter einer der Tassen. Vorher jedoch – dies ist entscheidend – wurde eine Sichtblende vorgeklappt, so daß Fritz nicht sehen konnte, wo die Praline hinwanderte. Zudem, um auch den letzten Hinweis auszuschließen, ging der Verstecker raffiniert vor wie beim Hütchenspiel, hob mehrere Tassen an und täuschte falsche Verstecke vor. Fritz hatte wirklich keine Chance.

Aber jetzt kam der Rausgeher zurück. Die Sichtblende wurde entfernt. Und dann zeigte jeder der Experimentatoren mit dem Finger auf eine andere Tasse – so als ob er sagen würde: Hier drunter ist die Praline! Dabei wies der Verstecker natürlich auf die richtige Tasse – er mußte es ja wissen – und der Rausgeher auf eine falsche. Fritz zögerte nicht lange, für ihn schien klar, daß der Rausgeher keine Ahnung vom richtigen Versteck haben konnte, und entschied sich für den Fingerzeig des wissenden Versteckers. Die Praline war sein.

Alle Schimpansen, die Povinelli in mehreren Durchgängen dem Test unterzog, wußten, wem sie vertrauen durften. Natürlich gab es individuelle Unterschiede und auch einige Ausrutscher. Aber in der Mehrzahl aller Fälle demonstrierten die Schimpansen, daß sie eine Vorstellung vom Wissensstand der Experimentatoren hatten.

Die Rhesusaffen indessen – man wird es schon ahnen – waren mit diesem Test überfordert. Sie verstanden zwar, daß die Praline unter einer Tasse versteckt worden war, daß jemand den Raum verlassen und wieder betreten hatte, und sie verstanden auch – nach entsprechender Vorübung –, was das Zeichen mit dem Finger zu bedeuten hatte. Aber sie verstanden nicht, wie sich dies aus der Sicht der Beteiligten ausnahm. Mit einer Zufallstrefferquote von fünfzig zu fünfzig tippten sie mal auf den Fingerzeig des Versteckers, mal auf den des Rausgehers. Wiederum schafften sie es nicht, sich in eine fremde Rolle hineinzuversetzen. Und diesmal war offenkundig, daß sie bei der Beurteilung ihrer Mitspieler bereits an der Schwelle scheiterten, den schlichten Zusammenhang von Wahrnehmung und Wissen zu erkennen.

Wie zu erwarten, hatten dreijährige Menschenkinder dieselben Schwierigkeiten wie die Rhesusaffen; sie kamen über Zufallsergebnisse nicht hinaus. Bei Kindern von vier Jahren sah es jedoch ganz anders aus: Bei ihnen funktionierte das Rollenspiel im Kopf; sie mißtrauten aus gutem Grund dem Rausgeher und verließen sich auf den Fingerzeig des Versteckers. Sie trafen also dieselbe Entscheidung wie die Schimpansen, aber im Gegensatz zu diesen boten die Kinder einen unschätzbaren, typisch menschlichen Vorteil. Man konnte sie fragen, warum sie sich so und nicht anders entschieden:

»Weiß der Rausgeher, wo die Belohnung ist?« Die vierjährigen antworteten mit Nein oder schüttelten entschieden den Kopf. Für sie war klar, daß jemand draußen vor der Tür nicht sehen, also auch nicht wissen kann, was drinnen vor sich geht. Anders die Dreijährigen. Sie antworteten, dem Zufall und ihrem Unvermögen entsprechend, mal ja, mal nein.

Irgendwann zwischen unserem dritten und vierten Lebensjahr reift die uns später so selbstverständlich erscheinende Erkenntnis, daß der Wissensstand eines anderen von dessen Information abhängt.

Keine Warnung vor dem »bösen Mann«

Das Überraschende an Povinellis Draußen-vor-der-Tür-Versuchen ist sicher das schlechte Abschneiden der Rhesusmakaken, besonders wenn man sich deren reiches und vielfältiges Zusammenleben vor Augen hält. Sie kennen sich persönlich, sie durchschauen, wer wessen Mutter ist, sie wissen um ihren Rang in der Hierarchie und, davon unabhängig, um ihre Stellung in der Familie. Sie halten zusammen, wenn ein Verwandter angegriffen wird, sie schließen Freundschaftspakte und warnen sich gegenseitig. Es erscheint uns seltsam, daß dies alles möglich sein soll, ohne sich Gedanken zu machen, was im Kopf des anderen vorgeht, was er fühlt oder weiß oder vorhat.

Dorothy Cheney und Robert Seyfarth machten die Probe aufs Exempel. Wenn dem tatsächlich so ist, folgerten sie, dann dürfte es bestimmte Verhaltensweisen unter Makaken nicht geben. Zum Beispiel wäre es ausgeschlossen, daß sie ihre typischen Alarmrufe wiedereinstellen, sobald die anderen die Gefahr erkannt haben. Denn eben der Wissensstand der anderen läge außerhalb ihres Vorstellungsvermögens. Ebenso wäre es ausgeschlossen, daß ein Makakenjunges, weil es ahnungslos in Gefahr geraten ist, von seiner Mutter gewarnt wird oder daß es auf einen Futterbissen hingewiesen wird, weil es diesen übersehen hat. Solche fürsorglichen Hinweise, die man von einer guten Mutter eigentlich erwartet, setzen das Wissen um den Informationsrückstand des Kindes voraus. Auch sie kämen für Makaken also nicht in Frage.

Diese »Verbotsliste« hat den großen Vorzug, daß sie sich in freier Wildbahn, im natürlichen Biotop der Affen, überprüfen läßt. Und dabei zeigte sich, daß Makaken tatsächlich bei ihren Alarm- und Futterrufen keine Notiz nehmen vom Wissensstand ihrer Artgenossen. Sie rufen und gestikulieren unabhängig davon, ob die anderen schon Bescheid wissen oder nicht. Und auch Makakenmütter verhalten sich höchst befremdlich, wenn es um das Warnen ihrer Jungen geht.

Im Primatenforschungszentrum von Kalifornien wurden sie einem »naturnahen« Gefahrentest unterzogen. Die Gefahr verkörperte ein Angestellter, der mit Chirurgenmaske vermummt und einem Fangnetz bewaffnet war und vor dem alle Makaken, ob groß oder klein, große Angst hatten. Die Kinder suchten Schutz bei ihren Müttern, und diese versuchten zu fliehen.

Im eigentlichen Test befand sich die Mutter in Sicherheit und konnte beobachten, wie sich der »böse Mann« hinter einer Barriere versteckte und offensichtlich ihrem Jungen auflauerte. Ahnungslos näherte sich dieses der Barriere. Die Mutter konnte zwar nicht eingreifen, aber jeder wartete darauf, daß sie wenigstens ein besonderes Warnsignal abgeben würde, im Sinne von »Paß auf!« oder »Vorsicht!«. Aber nichts dergleichen geschah. Sie war außerstande, sich in die bedrohliche Lage ihres Kindes zu versetzen.

Nun sind Makaken sicher keine Ausnahme. Nach dem heutigen Stand der Forschung stehen alle Tieraffen vor derselben unüberwindlichen Hürde, wenn sie sich die Motive, die Gedanken oder Gefühle eines anderen vergegenwärtigen sollen. Es fehlt ihnen jener außergewöhnliche Grad von Ich-Bewußtsein, der es ihnen ermöglichen würde, die eigenen geistigen und psychischen Aktivitäten nicht nur unmittelbar zu erleben, sondern gleichzeitig distanziert genug wahrzunehmen, um sie auch bei anderen zu unterstellen.

Dies bedeutet natürlich nicht, daß Tieraffen keine eigenen Gefühle erleben, Absichten und Gedanken entwickeln würden – mit Sicherheit tun sie dies. Aber es gibt bis heute keine Hinweise, daß sie über diese mentalen Zustände auch nachdenken und Schlüsse ziehen könnten. Selbstreflexion scheint bei ihnen ausgeschlossen zu sein. Ebenso wie ihre Selbsterkennung im Spiegel.

Versöhnung unter Silberrücken

Ohne Frage ist dies eine weitere Bestätigung für Gallups These über die Aussagekraft des Spiegeltests. Aber bei aller Plausibilität, daß dieser Test eine Art Detektor für gehobenes Ich-Bewußtsein darstellt – hier gibt es noch eine Reihe dicker Fragezeichen, die weitere Forschungsarbeit herausfordern. Da ist vor allem die irritierende Tatsache, daß Gorillas beim Spiegeltest durchfallen. Ausgerechnet Gorillas, die immer wieder durch ihre Persönlichkeit und ihr Verständnis verblüffen. Aspinall kann darüber eine Geschichte nach der anderen erzählen, und meistens drehen sie sich um Djoum, den Silberrücken, den er in sein Herz geschlossen hat – vielleicht weil beide sich für den eigentlichen Boß des Zoos halten.

Die Freundschaft beruht auf Gegenseitigkeit. Daran wird niemand zweifeln, der jemals die beiden hat miteinander spielen sehen – wie sie sich gegenseitig Stroh ins Gesicht werfen, immer wilder, bis Djoum schließlich seinen Spielbruder mit einem Stupser zu Boden schickt, sich sachte über ihn beugt – schon sein bloßes Gewicht würde Aspinalls Rippen brechen – und ihm dann behutsam das Hemd aus der Hose zieht.

Vor wenigen Jahren aber gab es eine ernste Krise. Schuld daran waren die Ungeduld des großen amerikanischen Senders ABC und Aspinalls nicht minder große Eitelkeit. Das Kamerateam war angereist, um eine Spielszene der beschriebenen Art aufzunehmen, und wir dürfen annehmen, daß Aspinall dem geplanten Fernsehauftritt durchaus etwas abgewinnen konnte. Aber Djoum hatte keine Lust. Er war nicht in Spiellaune. Vielleicht störten ihn auch die aufgeregten Amerikaner mit ihren Linsenkästen. Wer weiß. Fernsehteams jedenfalls sind selten Meister in der Kunst des Wartens, und so wurde Aspinall immer drängender mit seiner Spielaufforderung. Und dann passierte es. Djoum war, nachdem er sich ein paarmal unmißverständlich abgewandt hatte, am Ende seiner Geduld. Er packte Aspinall und biß ihn kräftig in den Arm. Es war eine sehr ernst gemeinte Warnung.

An ein gemeinsames Spiel war fortan nicht mehr zu denken. Beide mieden sich, Aspinall betrat das Gehege nur noch mit einem Knüppel. Das Ende einer langen Freundschaft? Eines Tages, so erzählt Aspinall die Geschichte weiter, zog Djoum ein jüngeres Männchen herbei, mit dem er sonst wenig Kontakt hatte, und begann demonstrativ, mit ihm zu spielen. Er tat es vor Aspinalls Augen, und der war sich sicher: »Natürlich wollte er mir damit etwas signalisieren.« Aspinall stellte seinen Stock beiseite, und zögernd begannen beide, sich mit Stroh zu bewerfen. Erst waren es Halme, dann Hände-, dann Armevoll. Und schließlich lagen sie sich selbst in den Armen. »Was ihre soziale Vernunft angeht«, so Aspinalls Fazit, »können wir eine Menge von ihnen lernen.«

Zu dieser Vernunft der Gorillas gehört zweifellos auch die Fähigkeit, eine Situation aus der Sicht des anderen zu beurteilen. Der Baseler Zoologe Jörg Hess verbrachte sieben Monate mit jenen »Gorillas im Nebel«, die auch durch Dian Fossey – seien wir ehrlich: durch Dian Fosseys Ermordung – so berühmt wurden. Hess hat in dieser Zeit eine Reihe von Episoden erlebt, in denen wilde Gorillas sich überzeugend in seine Lage und seinen Wissensstand versetzten. Er hat erlebt, wie ihm Lehrstunden erteilt wurden, als er zuwenig wußte, und er hat erlebt, wie ihm Tröstung widerfuhr, als ihm zum Heulen zumute war. Davon soll noch die Rede sein, hier zunächst der weniger spektakuläre Fall, wie die Gorilladame Maggie es ausnutzte, daß er »hinten keine Augen« hatte.

Maggie hatte offenbar bemerkt, so die spätere Rekonstruktion, daß jener im Gras sitzende Beobachter erstens einen interessanten Rucksack trug und zweitens sehr in seine Beobachtungen vertieft war. Vorsichtig und geräuschlos schlich sie sich an – selbstverständlich von hinten, um nicht entdeckt zu werden –, löste den Schnallenverschluß einer Außentasche – selbstverständlich behutsam, um nicht bemerkt zu werden – und zog mit zwei kostbaren Fotoobjektiven ab – selbstverständlich mit großem Getöse, denn sie erhoffte sich eine angemessene Reaktion auf den Streich. Nur im Tausch gegen ein Bananenstück konnte der »Bestohlene« sein Zubehör wiederbekommen. Und objektiv besehen, müssen wir für den Rücktausch dankbar sein, denn Jörg Hess hat zauberhafte Fotos geschossen. Auch von Maggie.

Koko – die große Ausnahme?

Niemand, der sich ernsthaft mit Gorillas befaßt hat, würde ihnen einen niedrigeren Grad an Ich-Bewußtsein zuschreiben als Schimpansen oder Orang-Utans. Aber während Schimpansen sich im Spiegel erkennen, sind entsprechende Versuche mit Gorillas stets gescheitert. Und um die Geschichte noch verwirrender – und den Spiegeltest noch problematischer – zu machen: Es gibt eben doch einen Fall von Spiegeltüchtigkeit unter ihnen.

Die bislang einmalige Ausnahme ist Koko, die zweiundzwanzigjährige Gorilladame aus Kalifornien. Sie ist weltberühmt und fast ein Markenzeichen. Eine Gorilla-Foundation berichtet regelmäßig über Kokos Taten und Erlebnisse, vertreibt T-Shirts und Stoffgorillas, produziert Filme und sammelt Spenden. Eine riesige

Fangemeinde nimmt begeistert Anteil an Kokos Leben mit ihrem Partner Michael.

Darüber hinaus aber gibt es seriöse wissenschaftliche Beobachtungen, und an Kokos »Selbsterkenntnis« im Spiegel ist nicht zu zweifeln; der klassische Farbmarkierungstest hat es erwiesen. Und man glaubt es auch gerne so, wenn man Koko vor dem Spiegel sieht, wie sie Zähne oder Zunge betastet, ein Pickelchen untersucht oder wilde Grimassen schneidet. Sollte Koko eine Ausnahmeerscheinung sein – ein einmaliges Gorillagenie? Wohl kaum.

Kokos aus dem Rahmen fallende Spiegelbegabung dokumentiert wohl eher, daß der Spiegel als Meßsonde für Ich-Bewußtsein kein Instrument ist, auf das man sich blind verlassen sollte. Außerdem kann sich der Spiegeltest naturgemäß nur an einen einzigen, den optischen Sinn wenden und ist speziell auf Primaten zugeschnitten. Für geruchsorientierte Tiere wie Hunde oder Mungos ist das optische Ebenbild vielleicht ähnlich dürftig und unvollständig, wie es für uns ein »Geruchsbild« wäre.

Verlassen wir also die »Spiegeldiskussion« und schauen uns statt dessen nach weiteren Verhaltensweisen um, die direkt auf ein Ich-Bewußtsein schließen lassen. Als Kriterium hatten wir die Fähigkeit genannt, sich mentales Geschehen bei anderen vorstellen zu können; und dazu gehört bereits – das ergaben Povinellis Versuche – die keineswegs selbstverständliche Leistung, den Wissensstand eines anderen mit einzukalkulieren.

Aber das ist tatsächlich erst ein Anfang. Aus eigener Erfahrung wissen wir, daß es Gelegenheiten gibt, die ein weit höheres Maß an Sichhineinversetzen erfordern. Wie ist es zum Beispiel, wenn wir jemandem etwas beibringen, ihn etwas lehren? Dann müssen wir uns vorstellen, wo es ihm fehlt und welche Lernschritte er verkraften kann. Versuche, einem Kleinkind das Bäumefällen oder Nüsseknacken beizubringen, wären sinnlos.

Und natürlich ist uns der große Bereich des Mitfühlens vertraut, wo wir uns in die emotionale Lage eines anderen hineinversetzen: sei es, um ihn zu trösten, ihn besser einzuschätzen oder besser auszunutzen.

Und nicht zu vergessen: das große Feld von Lüge, List und

Täuschung, wo es nicht nur darum geht, die Gefühle und Gedanken eines anderen abzuschätzen, sondern sie sogar zum eigenen Vorteil zu manipulieren.

Die aufgeführten Bereiche Lehren, Mitfühlen und Lügen, sollten sie sich im Tierreich aufspüren lassen, würden auf ein deutliches Ich-Bewußtsein hinweisen. So ist es kaum überraschend, wenn unsere nachfolgenden Beispiele überwiegend von den großen Menschenaffen handeln werden, aber eben nicht von ihnen allein.

Lehrstunden im Knacken

Manche Gegenden des tropischen Tai-Waldes der afrikanischen Elfenbeinküste sind von lauten Klopf- und Hammerschlägen erfüllt, gerade so, als wären fleißige Handwerker zugange. Die Werktätigen, die neben der Hand meist noch einen Fuß zu Hilfe nehmen, sind Schimpansen bei der Bearbeitung von Nüssen. Es ist harte Arbeit; ohne angemessenes Werkzeug sind die Nüsse überhaupt nicht zu knacken. Vor allem die harten Pandanüsse erfordern Spezialgerät aus Stein, das im Wald naturgemäß recht selten ist, und sie erfordern ebensoviel Kraft wie Geschicklichkeit.

Dennoch haben die Schimpansen im Tai-Wald eine Nußknacktradition entwickelt, die von einer Generation an die nächste weitergegeben wird. Die Technik klingt einfach; die praktische Ausführung ist es keineswegs: Man nehme eine Nuß, suche eine breite Wurzelfläche mit Eindellung, lege die Nuß in die Vertiefung dieses Ambosses, hole einen Stein oder dicken Ast als Hammer und schlage zu. Dann ist die Nuß... entweder noch zu oder zermanscht – so jedenfalls erging es mir bei meinem ersten Versuch. Erst das richtige Schlagmaß legt das eßbare Innere frei.

Verständlich, daß es Jahre braucht, bis sich der Schimpansennachwuchs die Hammer-Amboß-Technik angeeignet hat, und die Frage ist, ob dies allein durch Nachahmen und Übung geschieht oder ob die Mütter auch gezielte Anleitungen geben. Sind sie sich ihrer Lehrerinnenrolle bewußt?

Für Außenstehende, die zudem einer anderen Spezies angehören, ist dies naturgemäß schwer zu entscheiden, aber die beiden Schweizer Verhaltensforscher Christoph und Hedwige Bösch haben jahrelang verfolgt und protokolliert, wie sich die Schimpansenjugend die richtige Schlagtechnik erwirbt.

Schon zwischen ein bis zwei Jahren bekommen die Affenkinder mit, daß sich in der harten Schale etwas Leckeres verbirgt. Sie betteln bei Muttern, aber sie machen noch keinerlei Anstalten, selbst Hand anzulegen – es wäre auch vergebliche Mühe. Selbst mit drei Jahren, wenn der Primatus faber in ihnen erwacht, läuft erst einmal so manches schief. Der eine nimmt eine Nuß in die Faust und haut damit auf den Amboß. Es fehlt der Hammer. Ein zweiter schlägt mit dem Hammer auf die Nuß. Es fehlt der Amboß. Ein dritter schlägt zwei Nüsse gegeneinander. Es fehlen der Hammer und der Amboß. Und wenn tatsächlich mal alles zusammenkommt, dann fehlt meistens die Kraft.

Erst mit vier Jahren ist der Nachwuchs kräftig genug, und es deuten sich erste Anzeichen von Erfolg an. Aber jetzt gibt es ein gesellschaftliches Problem: Die Arbeitskraft allein bringt nichts ein, solange die Produktionsmittel im Besitz der herrschenden Klasse sind. Die besten Steine und Holzhammer haben sich die dominanten Männchen und Weibchen unter den Nagel gerissen, und auch das Verfügungsrecht über den Amboß liegt beim Boß.

In dieser Phase aber haben die Böschs Anzeichen entdeckt, daß die Mütter aktiv den Lernvorgang ihrer Kinder unterstützen können. Zunächst einmal geben sie immer weniger von ihren Nüssen ab – vor allem, wenn sie weiteren Nachwuchs erwarten und ihnen offenbar an der Selbständigkeit der »Großen« gelegen ist. Das mag etwas »hart« erscheinen, aber auf jeden Fall fördert es die Anstrengungen der Sprößlinge, selber mit den Nüssen klarzukommen. Mitunter sitzen sie dann aufmerksam beobachtend vor ihren hämmernden Müttern und legen auch schon mal die Hand auf deren Schlagarm, als wollten sie sich auf diese Weise den Bewegungsablauf aneignen. Viel hilfreicher aber dürfte es sein, daß Mutter nun auch ab und zu ihr gutes Holz- oder Steinwerkzeug dem Kleinen überläßt. Ein guter Hammer ist die halbe Nuß.

Unterrichtsstoff:
Kaugummi und Kinderpflege

Sicherlich muß im Fall der Nußknacktechnik offenbleiben, wieviel die »Lehrjahre« wirklich mit Lehren zu tun haben, aber daß Schimpansen grundsätzlich in der Lage sind, ihren Kindern Unterricht zu erteilen, daran gibt es keinen Zweifel. Die Schimpansin Washoe hat es auf eindrucksvolle Weise bewiesen.

Washoe war das erste nichtmenschliche Wesen, das Begriffe der amerikanischen Taubstummensprache erlernte. Mit fünf Jahren beherrschte sie schon über hundertdreißig Zeichen. Aber von dieser Sprachbegabung soll hier nicht die Rede sein, sondern von Washoes Schulstunden mit ihrem Adoptivsohn Loulis. Eines Tages stellte sie diesem ohne ersichtlichen Grund einen Stuhl vor die Nase und machte ihm dreimal deutlich das Zeichen für »Stuhl« vor. Ihre pädagogische Absicht war unverkennbar. Dennoch schaffte sie es nicht, Loulis diese »Vokabel« beizubringen. Bei attraktiveren Gegenständen indessen war sie erfolgreich: Als jemand mit Süßigkeiten hereinkam, machte sie zunächst selbst ein paarmal das Zeichen für »Essen«, »Essen«, »Essen«, dann nahm sie die Hände des kleinen Loulis' und formte mit ihnen die entsprechende Gebärde. Rasch übernahm Sohnemann dieses vielversprechende Handzeichen und ebenso das Zeichen für Kaugummi – schließlich war man in Amerika.

An Washoes Lehrtalent ist nicht zu zweifeln. Allerdings könnte dies auch mit ihrer außergewöhnlichen Schulbildung zu tun haben, bei der sie auf ganz ähnliche Weise unterrichtet worden war. Dann wäre ihr didaktisches Talent auf menschlichen Einfluß zurückzuführen. Um so wertvoller sind deshalb weitere Beobachtungen in freier Wildbahn.

Jörg Hess ist sicher, daß er im Bergwald Ruandas eine Lehrstunde in Gorillapflege erhalten hat. In seinem zauberhaften Buch über die *Familie 5* schildert er ein weiteres Erlebnis mit dem Gorillamädchen Maggie, das wir schon kennengelernt haben. Maggie hatte ein besonderes Verhältnis zu Kleinkindern und Babys. Sie ging so liebevoll und verantwortungsbewußt mit ihnen um, daß die Mütter ihr ab und zu ihre Kinder anvertrauten. Dann spielte sie mit ihnen, pflegte sie oder legte sogar ein Tagnest aus weichen Blättern für sie an. Maggies Mütterlichkeit war hoch geschätzt in der Familie 5.

Jörg Hess als Wissenschaftler ging nicht annähernd so geschickt mit Gorillakindern um. Wie sollte er auch? Eines der Gebote der Feldforschung lautet, sich stets neutral und unbeteiligt zu verhalten. Die Wissenschaftler wollen beobachten, nicht beeinflussen. Zudem will man vermeiden, in soziale Auseinandersetzungen hineingezogen zu werden. So kam es, daß Jörg Hess scheinbar unbeteiligt und gleichgültig dasaß, als er von einem Gorillakind namens Umurava »bespielt« und »befummelt« wurde. Aber dann tauchte Maggie auf, und den Fortgang der Geschichte muß man aus erster Hand hören:

»Maggie sah Umurava in meinem Schoß sitzen, kam herbei, setzte sich vor uns hin und schaute uns zu. Zuerst schien alles in Ordnung. Doch dann drückten ihre Augen mehr und mehr Verwunderung aus, sie sah mich fragend an, und ihre Blicke wechselten schnell, unentwegt von Umurava zu mir und wieder zurück. Maggie wurde immer nervöser, es bereitete ihr sichtlich Mühe, einfach stillzusitzen, und ihr Ausdruck wurde mißbilligend. Plötzlich stand Maggie auf, griff sanft nach Umurava und zog sie von mir weg an ihren Körper. Ich erwartete nun natürlich die übliche Maggie-Mutter-Szene, aber Maggie ging nicht weg. Sie nestete dort, wo sie zuvor saß, in völlig ungeeigneter, zertretener Vegetation ganz kurz und beschäftigte sich dann, mir zugewandt, mütterlich mit Umurava. Auffallend war dabei, daß sie alle Pflegehandlungen am Kind sehr akzentuiert ausführte. Sie war zudem mit den Augen nicht vertieft in das, was sie tat, sondern sie blickte mir alle zehn bis zwanzig Sekunden auffordernd ins Gesicht, als wolle sie sich überzeugen, ob ich auch wirklich zuschaue. So ging das eine Weile, und die Episode fand ihr Ende, als Umurava sich entschloß, zu ihrer Mutter zurückzugehen« (*Familie 5*, 1989).

Für Jörg Hess gibt es keinen Zweifel, daß Maggie sein unprofessionelles Verhalten erkannt hat und ihm demonstrieren wollte, wie man bitte schön mit einem kleinen Gorillakind umzugehen habe. Aber, so stellt der Adressat der Lehrstunde abschließend fest: »Maggie wird wohl an der Lernfähigkeit von Menschen ihre

Zweifel bekommen haben, denn sie hat mich später wieder in der gleichen Situation angetroffen.«

Alles frißt ..., einer wacht

Ein besonders schönes und kaum bekanntes Beispiel für Lehrtätigkeit findet sich bei den – so erstaunlichen – Zwergmungos. Es geht um die Ausbildung zum Wachdienst. Zwergmungos, kaum größer als eine Ratte und ideales Beutegut für Raubvögel aller Art, leben in ständiger Gefahr vor Luftangriffen.

Bei ihren Futterzügen durchs Gras fehlt ihnen zudem der Überblick, um die Luftfeinde früh genug zu erkennen – ein weiterer gravierender Nachteil ihrer Zwergenhaftigkeit. Aber Not macht erfinderisch, auch in der Evolution. Und so haben sich Zwergmungos mit einem doppelten Frühwarnsystem ausgerüstet. Zum einen haben sie einen fremden Wachdienst engagiert, der sie auf ihren Streifzügen begleitet. Es sind Tokos, Nashornvögel. Sie schließen sich dem Mungotrupp an und schnappen sich aufgescheuchte Heuschrecken und Insekten, die den Mungomäulern entgangen sind.

Entscheidend aus Mungosicht aber ist die »Gegenleistung« der Vögel: Mit ihren scharfen Augen erkennen sie Gefahren aus der Luft frühzeitig; dann schießen sie nach oben und verstecken sich in den Dornenbäumen: für die Mungos ein zuverlässiges Signal, ebenfalls in Deckung zu gehen. Sie flitzen unter Baumstämme oder Büsche. Und dort bleiben sie auch, bis die Tokos sich wieder heruntertrauen und damit Entwarnung geben. »Futter gegen Information« – so lautet der Handel zwischen Mungos und Tokos zum beiderseitigen Nutzen.

Das zweite Warnsystem wird von den Mungos selbst betrieben: Stets hält einer von ihnen Wache auf einem erhöhten Ausguckposten, auf einem Baumstamm oder einem Termitenhügel. Er späht ins Gebüsch, schaut nach oben, blickt in die Runde. Ist Gefahr im Verzug oder sind die Tokos aufgeflogen, ertönt ein lautes »Tschiii« – »Alle in Deckung!«

Aber bei den Mungos ist immer alles ein bißchen raffinierter. Die Warnrufe des Wachpostens können besonders kombiniert und ausgeschmückt werden, und dann enthalten sie eine Reihe von Zusatzinformationen. Man möchte es fast nicht glauben, aber Tonbandanalysen haben gezeigt, daß die Warnrufe zugleich Auskunft geben, ob ein Luftfeind oder ein Bodenfeind gesichtet wurde; wie gefährlich er ist; wie weit entfernt; wie hoch im Geäst sitzend. Die so Gewarnten können daraus entnehmen, ob und wie sie sich verstecken müssen oder ob es zweckmäßiger ist, geschlossen auf den Feind loszugehen und ihn zu vertreiben. Auch das gibt es, wenn beispielsweise ein großer Waran oder Raubmungo auftaucht.

Es liegt auf der Hand, daß ein derart ausgefeilter Wachdienst nicht komplett in einem genetischen Programm festzuschreiben ist; ein solches wäre überdies zu starr, zuwenig anpassungsfähig an neue Feinde oder veränderte Umweltsituationen. Allenfalls der grobe Rahmen dürfte in den Erbanlagen festgelegt sein, und genau dies war es, was Anne Rasa durch ein seltsames und unfreiwilliges Experiment erfahren sollte.

Sie saß am Steuer ihres Wagens, neben sich ein fünf Monate altes Mungobaby aus ihrer zahmen Heimgruppe. Es fing an zu regnen. Das Mungobaby nahm das gelassen hin; als sich aber die Scheibenwischer in Bewegung setzten, war es mit der Ruhe vorbei. In panischer Angst versuchte es sich zu verstecken und stieß verzweifelt ein übers andere Mal den Luftfeindwarnruf aus.

»Aus meiner Sicht«, schreibt Anne Rasa, »hatten die Scheibenwischer nicht die geringste Ähnlichkeit mit einem Raubvogel. Aber der kleine Mungo war davon überzeugt, daß es einer sein mußte!«

Was sich vor dem hellen Himmel bewegt, ist gefährlich und muß mit einem Warnruf beantwortet werden! So in etwa lautet das genetische Vorwissen, das ein Mungo mit auf die Welt bringt. Aber damit allein wäre nicht viel gewonnen, denn irgendein Vogel ist praktisch immer am Himmel. Gerade die Ausnahmen sind wichtig, weil man sie ignorieren und weiterfuttern darf. Es kommt also darauf an, den genetischen Rahmen mit Erfahrung und erworbenem Wissen zu füllen; nur dann machen das Warnen und

Wacheschieben Sinn. Und diese Lernphase geschieht bei den Mungos unter Mitwirkung eines Lehrmeisters.

Bei Anne Rasas Feldbeobachtungen war es Rusty, ein erwachsenes Männchen, das diese Rolle übernahm, und der Schüler war Moja, ein sechs Monate alter Mungojunge.

Zuerst saßen beide dicht an dicht auf dem Termitenhügel, und Moja starrte voller Bemühen, es seinem Lehrmeister gleichzutun, angestrengt ins Gelände. Länger als ein bis zwei Minuten freilich hielt er nicht durch, dann ließ er sich, wie Kinder eben sind, von irgend etwas ablenken. Nach und nach entwickelte er jedoch mehr Ausdauer, und schließlich begann, ganz undramatisch, der eigentliche Unterricht.

Rusty, der Lehrer und Wachhabende, stieg wie beiläufig den Wachhügel hinunter, und der junge Moja war plötzlich auf sich allein gestellt. Die Aufregung war ihm anzusehen, auch die Versuchung, ebenfalls wegzulaufen. Doch Rusty begann das Training behutsam und langsam, schon nach einer Minute war er zurück und übernahm wieder die Wache.

Im Laufe der nächsten Wochen aber wurden Mojas Wachabschnitte ständig länger. Er warnte auf eigene Verantwortung, und er warnte geradezu übereifrig vor fast allem, was sich bewegte. Ein gefährlicher Adler und ein harmloser Fliegenschnäpper wurden gleichermaßen angekündigt. Jedesmal aber flitzte Rusty zurück, um die Warnung zu bestätigen oder nicht. Er entschied über richtig oder falsch. Und jedesmal konnte Moja sehen, ob er recht hatte oder danebenlag.

Auch die anderen im Feld trugen ihren Anteil am Unterricht bei. Nach den ersten Fehlalarmen wußten sie, daß ein Lehrling am Werk war, und suchten erst mal selbst den Himmel ab, bevor sie sich entschieden. So gaben auch sie zu verstehen, ob sie die Warnung für angebracht hielten.

Mojas Wachdienst mag zunächst in reiner Nachahmung bestanden haben, aber durch die bestätigende oder verneinende Rückmeldung der anderen wurden daraus effektive Lehrstunden. Schließlich, nach zwei weiteren Monaten, hatte Moja so etwas wie eine Abschlußprüfung zu absolvieren. Ohne von Rusty abgelöst zu werden, stand er eine ganze Schicht allein durch, konzentriert und umsichtig, selbst die Rückseite des Hügels vergaß er nicht zu inspizieren – bis endlich ein Erwachsener auf einem Ausguck gegenüber erschien und die Wache übernahm.

Moja stürzte schnurstracks den Termitenhügel hinunter und rannte mit vor Erregung gesträubtem Fell zur Familie, zuallererst zu seiner Mutter. Und sie tat etwas, was dem ungeschriebenen Gesetz, während der Nahrungssuche keine Zärtlichkeiten auszutauschen, absolut widersprach: Sie beknabberte ihrem Filius liebevoll das Nackenfell. Ob sie ahnte, was er an Anspannung, Aufregung und vielleicht auch Angst hinter sich hatte? Es würde bedeuten, daß sie sich in die Gefühlslage eines anderen versetzen könnte. Gibt es so etwas wie Mitgefühl bei Tieren?

Mitgefühl gesucht

Selbst Gefühle zu haben und davon auszugehen, auch andere hätten sie, ist zweierlei. Es handelt sich um verschiedene Bewußtseinsebenen. Mitgefühl setzt nicht nur eigene Gefühle, sondern das Wissen um diese Gefühle voraus. Es wäre ein weiteres Indiz für Ich-Bewußtsein.

Aus unserer Sicht mag der Sprung vom Gefühl zum Mitgefühl als unbedeutend erscheinen. Ganz selbstverständlich rechnen wir auch bei anderen mit Emotionen – selbst bei Lebewesen einer anderen Art. Und nicht einmal totes Material wie Stoff oder Schaumgummi hindert uns daran, es mit Gefühlen zu beleben. Was wäre eine Puppe oder ein Teddy, wenn man ihnen keinen Hunger, keine Freude, keine Müdigkeit oder schlechte Laune zuschreiben könnte? Und so mancher, scheint mir, hält es mit seinem Auto nicht viel anders.

Die Leichtigkeit, mit der wir anderen Gefühle zusprechen, deckt sich mit unserer Fähigkeit, die eigenen Gefühle zu beobachten. Wir können sogar darüber reden und sie beschreiben. Um so irritierender ist es für uns, wenn wir umgekehrt das totale Ausbleiben von Mitgefühl erleben.

Ich erinnere mich an meine Fassungslosigkeit, als ich zum ersten Mal sah, wie eine Gepardin im afrikanischen Busch aus einer Gazellenherde ein junges Kitz herausfing und es mit einem Biß in die Kehle tötete. Aber nicht dieses Räuber-Beute-Drama war es, was mich irritierte, sondern was danach geschah: Die Gazellenmutter rief klagend nach ihrem Kitz, lief sogar ein Stück weit auf die Raubkatze zu, die Bestürzung war ihr deutlich anzusehen – vielleicht war es auch Wut oder Empörung –, auf jeden Fall reagierte sie alles andere als gleichgültig. Die umstehenden Gazellen jedoch zeigten ihr gegenüber nicht die Spur einer Zuwendung oder Anteilnahme. Auch später nicht. Schon bald danach begannen sie zu grasen, zu spielen, zu streiten, als wäre nichts geschehen. Ich war betroffen. Mich verwunderte dieses fehlende Mitgefühl – in einem Augenblick, in dem ich selbst nicht anders konnte, als die Gazellenmutter zu bedauern.

Noch dramatischer liegt der Fall bei Graugänsen. Wir erinnern uns, daß sie eine Art lebenslanger »Ehe« eingehen und daß sie alle Anzeichen von Trauer tragen, wenn sie ihren Partner verlieren: Sie haben keinen Appetit mehr, verfallen in Lethargie, bekommen Ringe unter den Augen und wirken insgesamt wie gelähmt und gebrochen. Nichts gibt uns das Recht, an ihrem Trauergefühl zu zweifeln. Aber wie reagieren die anderen Gänse aus der Schar? Wie verhalten sie sich einem Witwer gegenüber, dem sein Leid so deutlich ins Gesicht geschrieben steht?

Sie denken nicht an Mitleid. Sie sehen nur seine Wehrlosigkeit, ducken ihn, erniedrigen und attackieren ihn bei jeder Gelegenheit – gleich, welchen Rang er vorher innehatte. Und er läßt es sich widerstandslos gefallen. Man muß davon ausgehen, daß Graugänse zu trauern in der Lage sind, aber sich nicht in die Lage Trauernder versetzen können.

Mitleid, das sich auf die Sorgen und den Kummer anderer, also auf deren psychische Leiden bezieht, ist eine Seltenheit. Selbst Schimpansen tun sich damit schwer. Der kleine Flint am Gombe-Strom war über acht Jahre alt, als seine Mutter starb. Eigentlich alt genug, um sich selber durchschlagen zu können. Aber Flint hing ganz besonders an seiner Mutter, er wurde mit dem Verlust nicht fertig, seine Lebenskraft und sein Lebenswille erloschen. Er fiel zusehends in sich zusammen und wurde völlig apathisch.

Mitunter saß er regungslos da und starrte mit weitgeöffneten Augen vor sich hin. Nur manchmal lief er verstört zum jetzt verlassenen Schlafplatz seiner Mutter. Flint kam nicht mehr aus seiner Depression heraus. Kurz nach seiner Mutter starb auch er.

Auch hier hat die übrige Affengesellschaft keinerlei Anteilnahme an dem leidenden Waisenkind erkennen lassen. Niemand hat versucht, es aufzumuntern oder zu trösten. Abgesehen vielleicht von den nächsten Verwandten blieben alle unbeteiligt und gleichgültig. Aber seien wir ehrlich: Diese vielleicht höchste soziale Errungenschaft ist auch bei uns nicht mehr als ein dünner Firnis über viel tiefer verwurzelten Emotionen. Wie schnell brechen egoistische Motive durch und lassen uns beiseite schieben, was andere erleiden.

Max und Maggie spenden Trost

Etwas leichter scheinen uns einfühlsame Gesten zu fallen, wenn es sich um körperliche Gebrechen handelt – und das gilt nicht nur für uns. Schimpansenfreunde pflegen sich tröstend das Fell, wenn sich einer den Fuß verstaucht hat; Elefanten versuchen, ein krankes Tier aufzurichten und in ihre Mitte zu nehmen; und auch Delphine stützen sich gegenseitig, wenn einer verletzt ist.

Eine ganz rührende Tröstungsgeste, wenn man sie denn so interpretieren darf, hat Immanuel bei seinen Wellensittichen Max und Susi beobachtet. Sie waren ein unzertrennliches Paar, und selbst ein Vogelunkundiger konnte sehen, wie zärtlich sie miteinander umgingen. Dann wurde das Weibchen krank; still mit aufgeplusterten Federn saß es auf der Stange. Immanuel griff zu seinem Spezialheilmittel, mit dem er schon früher gute Erfolge erzielt hatte: Wärmebestrahlung. Er installierte für Susi eine Rotlichtlampe, und zwar so, daß sie selbst entscheiden konnte, wann und in welcher Entfernung sie sich in den Lichtkegel setzen wollte. Susi nahm das Wärmebad an.

Am nächsten Tag aber traute Immanuel seinen Augen nicht: Das Männchen Max war ganz eng zu seiner Susi gerückt und hatte »liebevoll« den Flügel um sie gelegt. Eine rührende Szene, die sich mehrmals wiederholte. Natürlich weiß Immanuel, wie voreingenommen wir bei der Beurteilung derart menschlich anmutender Gesten reagieren, aber vielleicht, so meint er, steckt dahinter doch mehr als nur eine äußerliche Ähnlichkeit. Susi jedenfalls erholte sich – und niemand weiß, ob dabei die Anwendung von Rotlicht oder die Zuwendung von Max entscheidend war.

Eindeutiger liegt der Fall, an den sich Jörg Hess zeitlebens erinnern wird. Wie unschwer zu vermuten, geht es wieder um »seine« Berggorillas in Ruanda. Da gab es Pablo, einen Wichtigtuer und Raufbold. Er schien es darauf anzulegen, dem Verhaltensforscher durch forsches Verhalten Eindruck zu machen. Wenn er Jörg Hess mit einer Hand beim Kragen packte und ihn wie ein Kleiderbündel im dichten Gestrüpp ablegte, dann war das wohl als Schabernack gemeint, aber Gorillahumor ist eher etwas für Gorillas.

Eines Tages ging Pablo noch weiter – zu weit für Jörg Hess. Dieser saß gerade beobachtend im Pflanzendickicht eines Steilhangs, als über ihm ein eindeutiger Trommelwirbel ertönte: Pablo schlug sich imponierend an die Brust. Und dann kam er mit einem riesigen Satz durch die Luft geflogen. Es war zu spät, um sich beiseite zu werfen; Jörg Hess spürte einen heftigen Schmerz, als der Gorilla mit beiden Beinen gegen seinen Rücken donnerte. Unfähig, sich zu bewegen, blieb er erst mal stöhnend und schimpfend liegen, dann fiel sein Blick auf Maggie. Maggie, die sympathische Kindernärrin, saß ein paar Meter entfernt, die Arme verschränkt, das Kinn aufgestützt, und sah ihn mit ernster Miene an.

Jörg Hess wird nie vergessen, was dann geschah: »Dann kam sie heran, setzte sich ganz nah zu mir, näherte ihr Gesicht auf Zentimeterdistanz dem meinen und schaute mir länger und reglos in die Augen. Plötzlich strich sie mir mit einer Hand mehrmals sanft und ruhig über die Haare. Dreimal, immer von Pausen unterbrochen, wiederholte Maggie diese freundliche Geste. Ich war überwältigt. Trotz meiner zwanzig Jahre Gorillaerfahrung hätte ich mir eine solche Szene nie auszudenken gewagt. Maggie hat mir tatsächlich Mitgefühl und Mitleid ausgedrückt und mich zu trösten versucht – und sich wohl auch für Pablo entschuldigt« (*Familie 5*, 1989).

Jörg Hess hat Glück gehabt; es blieb nichts Ernsthaftes zurück. Zurück blieb nur das unvergeßliche Erlebnis, von einem wilden Gorilla getröstet worden zu sein – das Erlebnis von Maggies Mitgefühl.

Krankenpflege bis in den Tod

Es fällt schwer, sich vorzustellen, daß Tiere einen erkrankten Artgenossen über längere Zeit pflegen, daß sie ihn mit Nahrung versorgen, wenn er es selbst nicht mehr kann, daß sie ihn sauberhalten und bei ihm Wache stehen. Eigentlich undenkbar. Dies ist, sollte man meinen, uns Menschen mit unserer hochentwickelten sozialen Gesinnung vorbehalten. Aber wiederum belehren uns die kleinen Mungos eines Besseren. Sie haben, wie Anne Rasa es ausdrückt, »ein soziales System entwickelt, das dem jedes anderen Säugers – mit Ausnahme des Menschen – weitaus voraus ist«.

Dabei sei nicht verschwiegen, daß es durchaus Wissenschaftler gibt, die den kognitiven Leistungen der Mungos skeptisch gegenüberstehen. Zum einen, weil Mungos nicht zu den Primaten gehören, sondern »nur« zu den Schleichkatzen. Bei Affen und Menschenaffen hat man mittlerweile die Befähigung zu geistigen und psychischen Reaktionen akzeptiert. Aber bei diesen Kleinsäugern, die mit den Hyänen verwandt sind...? Der andere Grund liegt darin, daß neben ausgiebigen Feldbeobachtungen kaum Experimente mit Mungos vorliegen. Sie sind schlichtweg zu eigenwillig und zu fix im Erkennen typischer Experimentaltricks: Vom Band eingespielte Laute etwa durchschauen sie genauso schnell wie perfekte Raubvogelattrappen.

Ich bin gespannt, welcher Mittel und Methoden es schließlich bedarf, bis die Mungos von der kognitiven Verhaltensforschung wirklich ernst genommen werden. Dann müßte man auch dem unglaublichen Phänomen der Krankenpflege bei Mungos ganz andere Beachtung schenken.

Folgendes hat sich in der Taru-Wüste Kenias unter den Augen Anne Rasas abgespielt: Die kleine Tatu, mit einem Jahr längst

Rechts und unten:
Tierlehrer René
Strickler mit seiner
Lieblingslöwin Pat.
Beide verbindet
eine innige Zunei-
gung. Auch mit sei-
nen anderen Raub-
katzen pflegt Strick-
ler einen herzlichen
und hautnahen
Umgang.

Nächste Doppel-
seite:
Gerd Siemoneit,
Direktor des Zirkus
Barum, mit dem
Löwenmann
Sultan. Beide insze-
nieren fürs Publi-
kum einen atem-
beraubenden
Scheinangriff.

Oben: Eisbär –
wörtlich genom-
men.

Links: Mittags-
pause im Baseler
Zoo.

kein Mungobaby mehr, hatte es schwer erwischt. Bei der Streiterei mit einer anderen Mungogruppe war sie an der Schulter verletzt worden und konnte die linke Vorderpfote nicht mehr richtig bewegen. Das machte Schwierigkeiten beim Laufen, vor allem aber beim »beidhändigen Scharren« nach Käfern und Larven unter dem Gras.

Tatu magerte zusehends ab. Sie wurde immer schwerfälliger und begann zu hinken, weil die Krallen an ihrer Pfote mangels Gebrauchs lang und länger wuchsen. Es war ein Teufelskreis: Je weniger die Pfote benutzt wurde, um so unbrauchbarer wurde sie, und um so weniger kam sie zum Einsatz. Nimmt man hinzu, daß Mungos extrem futterneidisch sind und niemals freiwillig etwas abgeben, dann schien klar, daß Tatus Hungertod nur eine Frage von Tagen sein würde. Aber es sollte anders kommen.

Erstaunlicherweise begannen die anderen Gruppenmitglieder mit einer Art Hilfsaktion: Sie teilten ihr täglich Brot mit Tatu. Immer häufiger durfte sie eine erbeutete Grille oder Heuschrecke vom anderen Ende her anknabbern. Fast die Hälfte ihrer Nahrung bekam sie auf diese Weise zugeliefert. Dennoch ging es Woche für Woche weiter bergab mit Tatu. Schließlich war sie so schwach, daß sie sich nicht einmal mehr putzen konnte; die Toilette nach Katzenart ging über ihre Kräfte. Aber wiederum sprangen die anderen ein und übernahmen die Reinigung. Tagtäglich wurde Tatu von vielen Zungen von Kopf bis Fuß gewaschen und geputzt.

Überhaupt fiel auf, daß ständig jemand bei ihr war; die anderen kuschelten sich an sie, nahmen sie in ihre Mitte. Das ging so weit, daß die Mungos mit einer »ehernen Überlebensregel« brachen: Niemals würden sie sich unten am Fuß eines Termitenhügels ausruhen; von Geburt an war ihnen eingeimpft, sich einen erhöhten Ruheplatz mit Ausguckmöglichkeiten zu suchen. Aber jetzt, als Tatu zu schwach wurde, um nach oben zu klettern, kamen die anderen herunter und setzten sich zu ihr, abgesehen vom Wachposten, der oben zurückblieb. Dabei war es keineswegs so, daß Tatu Klagetöne oder Kontaktrufe von sich gegeben hätte, sie saß einfach still da, in sich zusammengekrümmt. Ein Häufchen Elend.

Ein paar Tage später tauchte Tatu nicht mehr auf. Sie blieb in ihrer Schlafhöhle im Termitenhügel. Wahrscheinlich war sie zu schwach, um den schräg ansteigenden Lüftungsschacht zu bewältigen. Und wiederum geschah etwas absolut Ungewöhnliches: Die Gruppe, die sonst jeden Tag aufbrach, um einen Futterzug zu einem anderen Termitenhügel zu unternehmen, blieb »zu Hause« – bei der sterbenden Artgenossin. Vor allem die beiden dominanten Tiere verließen kaum mehr die Termitenhöhle; sie wichen nicht von Tatus Seite.

Insgesamt fünf Tage hielten die Mungos Krankenwache. Und vielleicht noch erstaunlicher: Einige Tage davon waren Totenwache. Die Tiere saßen um den Leichnam und verließen ihn erst, als er sich aufzulösen und zu verwesen begann. Dann erst kehrten sie zu ihrem gewohnten Lebensrhythmus zurück und zogen futtersuchend weiter.

Ich denke, die Art und Weise, wie die Mungos das Ende einer der Ihren begleiteten, ist eine überzeugende Demonstration von Mitleid und Mitgefühl im Tierreich – und damit von Ich-Bewußtsein. Daran ändert auch die Tatsache nichts, daß dieser aufopfernde Gemeinsinn wohl kaum entstanden wäre, hätte er nicht einen Vorteil in der Mungoevolution mit sich gebracht.

Vielleicht wird man eines Tages sogar berechnen können, warum es, im Durchschnitt vieler Generationen gesehen, für die Reproduktionsrate der Mungos günstiger ist, für Kranke zu sorgen, als diese von vornherein abzuschreiben und den Verlust anderweitig wettzumachen. Aber auch das schließt keineswegs aus, daß die Hilfsaktionen und Trostgesten der Mungos echtem Mitgefühl entspringen. Schließlich beruht auch die Fürsorge für unsere Kinder auf erlebten Gefühlen und dient gleichzeitig der Sicherung des Fortbestandes.

Unser Ich-Bewußtsein, so hatten wir ausgeführt, drückt sich vor allem darin aus, daß wir ein Wissen um unsere eigenen Gedanken und Gefühle haben, daß wir sie gleichsam distanziert unter verschiedenen Aspekten betrachten können, als wären es Objekte der äußeren Welt:

»Mein dringender Wunsch, jetzt Urlaub zu machen, ist zwar berechtigt, aber ich muß ihn zurückstellen, bis dieses Buch fertig geschrieben ist.«

Erst recht kommt dieses Ich-Bewußtsein zum Tragen, wenn wir unsere Gefühls- und Gedankenwelt auch bei anderen voraussetzen; das ist unter anderem der Fall, wenn wir ihnen etwas beibringen oder uns einfühlsam in ihre Lage versetzen:

»Der Ärmste, er hat den dringenden Wunsch nach Urlaub, aber kann nicht.«

Besonders deutlich aber offenbart sich das Ich-Bewußtsein in der Kunst, den anderen übers Ohr zu hauen. Das mag zwar etwas anrüchig sein, aber hinter einer Täuschung verbirgt sich die außergewöhnliche Fähigkeit, sich in einen anderen zu versetzen, um dessen Gefühle und Gedanken bewußt zu manipulieren:

»Ich werde ihm gratis eine Urlaubsreise anbieten, die er natürlich nicht wahrnehmen kann, aber er soll glauben, ich sei besonders großzügig.«

Wie steht es um die Kunst der Lüge bei Tieren – als Ausdruck ihres Ich-Bewußtseins?

Im Sprachforschungszentrum in Atlanta herrschte Aufregung: Kanzi, einer der »sprachbegabten« Zwergschimpansen, war verschwunden. Eine Mitarbeiterin hatte ihn frühmorgens noch schlafend im Bett vorgefunden. Sie war dann, um die Zeit bis zu seinem Aufwachen zu nutzen, nochmals zurück in ihr Büro gegangen. Als sie ein zweites Mal nach Kanzi sah, war er weg. Das Bett war leer. Nur seine Decken lagen unordentlich auf einem Haufen. Er mußte irgendwie aus dem Zimmer geschlüpft sein. Die Mitarbeiterin stürzte nach draußen, suchte das Gelände ab, sah in anderen Räumen nach, inspizierte die Labors und sogar das Gebäudedach – aber Kanzi blieb verschwunden.

Nach zwanzig Minuten kehrte sie ratlos und voller Sorge zurück. Was tun? Mehr instinktiv, als sich etwas davon zu versprechen, schaute sie sich nochmals im Zimmer um, kniete sogar nieder, um unter das Bett zu sehen. Ohne Erfolg. Aber dann bemerkte sie, wie sich eine der Bettdecken ein winziges bißchen bewegte. Sie sprang auf, zog daran – und ein verschmitzt grinsender Kanzi kam unter dem Haufen zum Vorschein. Die ganze Zeit hatte er sich auf dem Bauch liegend mucksmäuschenstill unter den Bettdecken versteckt gehalten. Und jetzt genoß er sichtlich das empörte Staunen der »Hereingelegten«.

Kanzi entwickelte, durch seinen Erfolg beflügelt, eine bewundernswerte Meisterschaft im Sichverstecken. Aber nie wieder gelang es ihm, so viel Unruhe zu stiften. Auch seine Betreuer lernten dazu und machten sich mit größerer Gelassenheit an die Suche.

Wer sich gekonnt und einfallsreich verstecken will, muß sich die Gedanken und die Sichtweise der Suchenden zu eigen machen. Kein Zweifel, Zwergschimpansen wie Kanzi sind dazu in der Lage. Aber gilt dasselbe beispielsweise auch für Katzen? Weiß Kater Jurek, wenn er sich tief geduckt im Gras versteckt und eine Amsel im Visier hat, daß er aus Amselsicht jetzt kaum zu entdecken ist?

Ehrlich gesagt, ich habe da meine Zweifel – zumindest, wenn es um Geräusche geht, scheint sich Jurek nicht in die Rolle seiner potentiellen Beute zu versetzen. Als ich ihm im Frühjahr ein Glöckchen umband, damit die nistenden Vögel rechtzeitig gewarnt wären, änderte dies sein Jagdverhalten nicht im geringsten. Wie immer versuchte er, sich lautlos anzuschleichen, und ich habe den Eindruck, daß er gar nicht realisierte, wenn er wie ein Milchmann klingelte und für Eichhörnchen oder Vögel schon von weitem zu hören war.

Aber vielleicht tue ich Jurek unrecht. Was habe ich denn erwartet, was er machen soll? Die Klingel etwa abstellen? Wäre Jurek – was mir einiges Kopfzerbrechen bereiten würde – ein indischer Elefant, müßte ich tatsächlich mit so etwas rechnen. Der nachfolgende Fall ist in einer wissenschaftlichen Abhandlung dokumentiert.

Die Arbeitselefanten eines indischen Forstbetriebes hatten Ärger mit den umliegenden Bauern heraufbeschworen, weil sie nachts, wenn sie »freien Ausgang« hatten, des öfteren in die Plantagen eindrangen und sich über die Früchte hermachten. Die Mahouds, die Elefantenführer, wußten Abhilfe: Sie hingen ihren Tieren Kuhglocken um den Hals, so daß sie weithin hörbar ihre Mahlzeiten einläuteten und von den Bauern rechtzeitig vertrieben werden konnten. Das akustische Warnsignal klappte ausgezeichnet – bis zu jenem Tag, als die Elefanten es ausschalteten und ungestört eine Bananenplantage abernteten. Sie hatten alle ihre Glocken mit Schlamm verstopft. Die blockierten Schwengel garantierten ein überschwengliches Mahl.

Kein gordischer Knoten für die Orang-Utans

Täuschungsmanöver bieten sich vor allem im Rahmen der Kommunikation an – also wenn man sich gegenseitig durch Gesten, Mimik oder Zeichen etwas mitteilt. Wer solche Signale gezielt einsetzt, ohne daß deren Bedeutung zutrifft, kann den anderen in die Irre führen. Vor allem kann er verbergen, was er als nächstes zu tun beabsichtigt.

Meine Orang-Utans sollen es gut haben – so dachte Jolanda, die Tierpflegerin im Baseler Zoo, und brachte eine Art Hollywoodschaukel im Käfig an: zwei Seile, an die Decke geknotet, dazwischen reißfestes Sackleinen. Die Orangs nahmen die Schaukel mit Vergnügen in Gebrauch, aber noch größer war ihr Vergnügen, wenn es ihnen gelungen war, den dicken Seilknoten »aufzufieseln«. Mit viel Fingerspitzen- und Eckzahngefühl gingen sie ans Werk, und bis heute gibt es in Basel keinen Knoten, der ihnen hätte widerstehen können. Natürlich knüpften sich die Orangs gewissermaßen den eigenen Ast ab, denn Schaukeln war jetzt nicht mehr drin. Schade, gewiß, aber das Rohmaterial ist auch nicht zu verachten. Vielleicht läßt sich damit jener besondere Wunsch erfüllen...

Schon früher hatten die Orangs mit allen Mitteln versucht, die tropischen Pflanzen abzurupfen, die hinter dem rückwärtigen

Käfiggitter wuchsen und den Zuschauern einen Hauch von Ur-
waldatmosphäre bieten sollten. Alle Verbote fruchteten nichts.
Das Grün mußte zurückversetzt werden – außer Reichweite der
langen Orangfinger. Jetzt bot das Schaukelmaterial eine neue
Chance. Die Orangs rissen den Leinenstoff in lange Streifen,
tauchten sie in Wasser, bis sie naß und schwer wurden, und so
gerüstet, zogen sie ans hintere Gitter – unschwer zu erkennen, daß
sie einen Anschlag auf den Pseudourwald planten.

Sie schleuderten ihre nassen Streifen wie Fangleinen durch das
Gitter. Wieder und wieder. Und wenn diese sich um einen Stengel
oder Blattstiel gewickelt hatten, dann zogen sie die Pflanzenbeute
zu sich heran, beschnupperten oder probierten sie. Geduld und
Ausbeute der Orangs waren gleichermaßen beachtlich.

Natürlich blieb die zweckentfremdete Materialnutzung nicht
unbemerkt, und die Orangs bekamen eine ordentliche Stand-
pauke, die sie offensichtlich auch verstanden, denn fortan ließen
sie die Finger von ihren Leinenbolas und beschäftigten sich mit
anderen Dingen. Pflanzenangeln war kein Thema mehr. Jedesmal, wenn Jolanda den Raum betrat, fand sie ihre Schützlinge
emsig in irgendwelche harmlosen Tätigkeiten vertieft – etwas zu
emsig und zu harmlos, wie ihr schien.

Und ihr Verdacht sollte sich bestätigen: Kaum war sie wegge-
gangen und die Tür ins Schloß gefallen, gab es drinnen nur noch
eines: Streifenschleudern und Pflanzenangeln. Und sobald Jo-
landas Schritte zu hören waren, mimten ihre Orangs sofort wieder
die Unschuldigen. »Fehlte nur noch, daß sie ein Liedchen gepfif-
fen hätten«, meinte Jolanda und schüttelte den Kopf über ihre
mogelnden Affen.

List und Gegenlist

Die Orang-Utans hatten versucht, ihre wahren Absichten zu verbergen, indem sie sich »verstellten« und ihrer Pflegerin etwas
vorspielten. Ob sie sich auch gegenseitig und in freier Wildbahn so
austricksen, dafür gibt es bislang keine Zeugen, aber man darf

davon ausgehen. Bei Schimpansen jedoch hat man oft genug beobachtet, wie sie ihren Artgenossen etwas vorgaukeln. Das reicht bis hin zur Heimtücke.

In der Arnheimer Schimpansenkolonie bemerkte Frans de Waal, wie sich eine erwachsene Schimpansin perfekt verstellte: Mit freundlichem Gesicht und versöhnlich ausgestreckter Hand ging sie auf eine Rivalin zu, mit der sie zuvor eine Auseinandersetzung hatte. Die andere reagierte auf das Friedensangebot und kam ebenfalls näher. Sie hätte es besser nicht getan, denn plötzlich und ohne Vorwarnung wurde sie böse angegriffen. Die »weiße Fahne« war nur zum Schein gehißt. Eine üble Finte. De Waal ist überzeugt, daß es sich dabei um vorsätzliche Täuschung aus Rachsucht und Gemeinheit handelte.

Aus unserer Sicht schon weniger anrüchig ist das listige Vorgehen des jungen Schimpansen Figan, das Jane Goodall beschreibt. Er hatte im Baum eine Banane entdeckt. Aber unglücklicherweise saß ein mächtiger Schimpansenmann namens Goliath unter dem Baum. Nur der leiseste Hinweis, und er hätte sich selbst bedient. Also warf Figan nur einen kurzen Blick auf die verheißungsvolle Frucht und den hinderlichen Goliath, dann trollte er sich davon. Er setzte sich etwas abseits, mit dem Rücken zur Banane. Das wäre zwar nicht unbedingt nötig gewesen, aber möglicherweise wollte Figan der Versuchung entgehen, doch ab und zu einen verräterischen Blick in den Baum zu werfen. So war die Banane aus den Augen, aber nicht aus dem Sinn; denn fünfzehn Minuten später, als Goliath – endlich! – weiterzog, zögerte Figan keine Sekunde und stürzte sich auf den Lohn seiner List.

Sein vorgetäuschtes Desinteresse hatte an den äußeren Fakten zunächst nichts geändert, aber es hatte Goliaths Meinung in eine bestimmte, und zwar falsche, Richtung gelenkt: Hier gibt es nichts Besonderes. Figan hatte sich Gedanken über die Gedanken eines anderen gemacht und sie ins Kalkül gezogen, als wären es reale Gegenstände.

Dies zumindest ist die plausibelste Erklärung; daß es logisch nicht die einzige ist, darauf haben wir in den Ausführungen über den Behaviorismus mehrmals hingewiesen: Im Prinzip könnte Figan das Spiel um Futter und Vortritt auch beherrschen, ohne sich in die Vorstellungswelt eines anderen zu versetzen. Er könnte aus Erfahrung gelernt haben, daß ihm das Futter weggenommen wird, wenn er im Beisein eines Ranghöheren darauf hinweist. Also unterläßt er jeden Hinweis. Das Ganze wäre ein simpler Lerneffekt; dazu braucht es weder Überlegung noch Gedanken über die Gedanken eines anderen – so die immer wieder vorgebrachte Argumentation. Hätte man nur Figans Bananenmanöver als einziges Beispiel, könnte man lange über die Täuschungsfähigkeit von Schimpansen streiten. Aber mittlerweile gibt es so viele unterschiedliche List- und Lügengeschichten, daß an ihrer Fähigkeit zum Schwindeln und zum Täuschen nicht zu zweifeln ist.

So wurde etwa in Figans wilder Schimpansengruppe eine weitere Runde im »Bananenpoker« beobachtet. Diesmal waren zwei erwachsene Tiere beteiligt. Wiederum hatte der eine ein Bananenversteck ausfindig gemacht und war gerade auf dem Weg dorthin, als ein zweiter Schimpansenmann hinzukam. Sofort änderte der erste seine Richtung, setzte sich auf den Boden und schaute, wie wir es von Figan schon kennen, mit gespielter Ahnungslosigkeit in die Runde. Vielleicht war es zu schlecht gespielt, oder der andere war zu gewieft, jedenfalls folgte auf den Täuschungsversuch die Gegentäuschung: Der später Hinzugekommene zog wieder ab, aber kaum war er außer Sichtweite, versteckte er sich hinter einem Baum und nahm von dort aus die verdeckte Observierung seines Kontrahenten vor. Als dieser – nun wirklich ahnungslos – sein Bananenversteck aufsuchte, stürzte der andere hinter dem Baum hervor, schlug den Überrumpelten in die Flucht – und sich den Bauch voll.

Es hat sich gelohnt, einen Zug weiterzudenken: Ich weiß genau, daß er das Bananenversteck kennt ... Aber er glaubt, daß ich nicht weiß, daß er weiß, wo die Bananen sind.

Gemessen an dieser Raffinesse, die dem anderen vorgaukelt, er sei nicht durchschaut worden, kommt mir jener eingangs geschilderte Stockschuß Old Shatterhands aus dem Gorillagehege Aspinalls fast schon bieder vor. Menschenaffen beherrschen die Strategie, ihre nächsten Schritte zu verheimlichen. Warum sollte Old Shatterhand nicht vorsätzlich täuschend zu Werke gegangen sein, als er »harmlos« mit seinem Stock spielte, ihn wie beiläufig in Anschlag brachte – um ihn dann blitzschnell und gezielt gegen einen Besucher abzuschießen? Ich bin sicher, daß er wußte, warum er so und nicht anders vorging, auch wenn die überaus routinierte Durchführung auf etliche Trainingseinheiten schließen läßt.

Sich zu verstellen, um für den anderen nicht berechenbar zu sein, ist wahrscheinlich das gängigste Täuschungsmanöver unter Tieren, aber deren machiavellistisches Repertoire ist damit keineswegs erschöpft. In jenen Fällen, wo Signale nicht nur zu Mitteilungen über sich selbst eingesetzt werden, sondern auch zu Sachinformationen über die Umwelt, bietet sich die Möglichkeit, einen realen Sachverhalt falsch darzustellen – was wir gemeinhin als »Lügen« bezeichnen.

Austin – der Schrecken der Nacht

Austin war uns schon einmal aufgefallen, weil er die Bewegungen seines Armes über einen Monitor kontrollieren konnte. Austin ist ein Schimpanse. Er lebt im Sprachforschungszentrum in Atlanta, auf demselben Gelände wie sein kleinerer Verwandter, der Zwergschimpanse Kanzi. Beide kennen sich und mögen sich. Austins eigentlicher Art- und Lebensgenosse aber ist Sherman. Mit ihm wohnt er zusammen, mit ihm spielt er, streitet sich, versöhnt sich, kurzum, mit Sherman verbringt er seinen Alltag. Aber er hat es nicht immer leicht, denn Sherman ist der Stärkere von beiden, und häufig läßt er seine Launen an dem Kleineren und Schwächeren aus.

Aber warte nur, bis es dunkel ist... Wenn es Nacht wird in Atlanta, ändert sich manches. Sherman fürchtet sich vor dem Dunkel, und Austin hat hierin seine Chance erkannt, die Dominanzbeziehung auf den Kopf zu stellen. Nachts ist er der King. Und sollte Sherman versuchen, ihn zu tyrannisieren, dann inszeniert er ein eindrucksvolles Schauspiel: Austin rennt hinaus in die Finsternis – und plötzlich ertönen von dort merkwürdige, furchterregende Geräusche: Dröhnen, Scheppern, seltsames Kratzen. Und als wäre auch er vom Schrecken gepackt, jagt Austin zurück ins Haus und schaut mit gesträubtem Fell nach draußen: Etwas Fürchterliches muß dort im Gange sein. Das ist dann der Augenblick, wo Sherman voller Furcht zu seinem Kumpanen läuft, bei ihm Schutz sucht und nicht mehr daran denkt, ihn zu drangsalieren.

Austins wissenschaftliche Tutorin Sue Savage-Rumbaugh hat immer wieder versucht, ihn bei seiner Tätigkeit als Geräuschemacher zu ertappen. Vergeblich. Sobald Austin auch nur den Verdacht hegt, es könne jemand in der Nähe sein, stoppt er seine Geräuschproduktion sofort. Er läßt sich nicht in die Karten schauen. »Es klingt, als kratze und schlage jemand an Metall«, das ist das einzige, was Savage-Rumbaugh dazu sagen kann.

Austins nächtlicher Spuk setzt gleich mehrfach voraus, daß er sich in die Wahrnehmungs- und Gefühlswelt seines Genossen Sherman versetzen kann. Er geht zum einen davon aus, daß Sherman nichts sehen, also auch nicht wissen kann, woher die Geräusche stammen. Er geht ferner davon aus, daß die Geräusche ihre Wirkung verfehlten, sobald Sherman ihre Herkunft durchschauen würde. Und er geht drittens davon aus, daß er durch seine gespielte Angst seinem Partner wirkliche Angst einflößen kann. Fast ein Psychodrama. Ich möchte Austin nicht im Dunkeln begegnen.

Das Besondere an der Täuschungskunst der Schimpansen und anderer Menschenaffen liegt darin, daß sie nicht nur einen einzigen Trick beherrschen. Ihr Einfallsreichtum beim Schwindeln ist selbst für Kenner immer wieder überraschend, und dies dokumentiert einmal mehr, daß sie die Grundfähigkeit beherrschen, sich in andere hineinzudenken und daraus Gewinn zu schlagen.

De Waal wollte es zunächst nicht glauben, was er über den Schimpansen Yeroen in Arnheim hörte. Yeroen war bei einem Streit mit Nikkie in die Hand gebissen worden. Die Wunde war nicht sonderlich tief, aber offenbar schmerzhaft, denn Yeroen hinkte deutlich, wenn er auf allen vieren ging. Was de Waal so verwundert hatte, war die Behauptung eines Studenten, Yeroen hinke absichtlich und spiele lediglich den Schwerverletzten. Eine

Kontrollbeobachtung war angesagt, und sie überführte Yeroen zweifelsfrei des Simulantentums. Solange er in Nikkies Blickfeld war, humpelte er jämmerlich – nicht ohne sich vergewissert zu haben, daß er auch gesehen würde –, und sobald Nikkie ihm den Rücken zukehrte, kehrte auch er schlagartig zu seiner normalen Gehweise zurück.

Über den Grund von Yeroens Humpeltheater kann man nur spekulieren. Vielleicht hatte er bei früheren Auseinandersetzungen die Erfahrung gemacht, daß Nikkie ihn schonender behandelt, solange er ernsthaft verwundet ist.

Lügen haben bekanntlich kurze Beine. Was passiert, wenn eine Mogelei auffliegt? Zumindest in einem Fall weiß man Näheres darüber. Der Verhaltensforscher Frans Plooij hat es aus erster Hand erfahren, als er die Schimpansenkolonie am Gombe-Strom besuchte.

Die Schimpansin Pom hatte sich den holländischen Feldforscher »ausgeguckt« und war dabei, ihm ausgiebig das Fell zu pflegen, wo er solches noch hatte: Sie kraulte ihm den Kopf.

Natürlich kannte Plooij das Reglement der Forschungsstation und gab sich völlig gleichgültig und unbeteiligt. Aber die Schimpansendame schien das keineswegs von ihrer Sympathiebezeugung abzuhalten, im Gegenteil, sie vertiefte sich um so mehr in das wissenschaftliche Haupthaar.

Plooij hatte schließlich, wie er glaubte, den rettenden Einfall. Er erinnerte sich daran, wie Schimpansen ihre Artgenossen auf etwas Besonderes in der Umgebung hinweisen: Sie starren dann aufmerksam in diese Richtung. Plooij also begann, konzentriert in ein Gebüsch zu starren, als habe er etwas Interessantes bemerkt. Der Trick schien zu funktionieren; die Schimpansin zog ab in Richtung der vermeintlichen Attraktion, und Plooij konnte aufatmen. Aber nicht lange. Unwirsch kam Pom zurück und schlug ihn auf den – eben noch bekraulten – Kopf. Für den Rest des Tages wollte sie nichts mehr von ihm wissen.

Auch Schimpansen lassen sich nicht gern übers Ohr hauen und hauen zurück, wenn sie es spitzkriegen. Dies könnte eine Bremse sein, die dafür sorgt, daß das Täuschen oder Lügen nicht überhandnimmt, aber ohnehin muß der Einsatz falscher Signale die

Ausnahme bleiben, sonst verliert er seine Wirkung. Wer als notorischer Lügner bekannt ist, dem wird man kaum mehr Glauben schenken, und wer sich allzu häufig verstellt, dem wird man von vornherein mit Mißtrauen begegnen. Falsche Signale zu benutzen ist nur so lange eine erfolgversprechende Strategie, als die richtigen Signale wesentlich häufiger sind. Das hat man uns schon als Kindern mit etwas übertriebener Radikalität »einzureimen« versucht: »Wer einmal lügt, dem glaubt man nicht, und wenn er gleich die Wahrheit spricht.«

Es liegt sicher auch an dieser Seltenheit von Täuschungsmanövern, daß sie lange Zeit als »wenig glaubhafte Einzelbeobachtungen« abgetan und schon deshalb ungern veröffentlicht wurden. Einige Verhaltensforscher haben deshalb dazu aufgerufen, diesbezügliche Beobachtungen mitzuteilen und sie in einem Sammelband zu veröffentlichen. Es ist eine eindrucksvolle Auflistung von Finten, Bluffs und Mogeleien geworden; das Spektrum der Machiavellis reicht von Pavianen bis Schimpansen, aber andere Lügner als Affen scheint niemand zu kennen – oder ernsthaft in Erwägung zu ziehen.

Ich fragte Anne Rasa, ob sie »ihre« Mungos denn niemals beim Schwindeln ertappt habe. »Am Anfang haben sie mich regelrecht ausgetrickst«, lachte sie, »sie verschwinden abends in einem Termitenbau – zur Übernachtung, wie ich dachte –, aber in Wirklichkeit rücken sie auf der anderen Seite wieder aus; klammheimlich gewissermaßen, lautlos und dicht an den Boden gepreßt. Am anderen Morgen wartet man vergeblich vor dem falschen Hügel.«

Der Trick, sich durch den Hintereingang davonzustehlen, ist freilich so populär unter Mungos, daß er zu den Standardprogrammen gehören könnte, um verdächtige Verfolger abzuschütteln. Mit bewußter Täuschung hätte es dann ebensowenig zu tun, wie wenn sich ein Rehkitz ins Gras duckt, um nicht gesehen zu werden. Aber Anne Rasa hat noch weitere Manöver erlebt, die sehr überzeugend nach »bewußter Irreführung« aussahen.

In die Irre geführt werden sollte George, das ranghöchste Männchen, der Gemahl der Königin. Ihm allein steht es zu, sich sexuell auszuleben, und alle Kinder seiner Mungogruppe stammen von ihm; er hat sie mit der Königin gezeugt. Dies bedeutet jedoch nicht, daß den anderen ihre Lust auf Liebe abhanden gekommen wäre; im Gegenteil, sie würden sich gerne verführen und verführen lassen, würden sich besteigen und paaren – wenn Übervater George es nur zuließe. Aber er besteht eifersüchtig auf seinem Privileg und geht bei allzu zärtlichen Kontakten sofort dazwischen. Und seine Augen scheinen überall zu sein...

Ein junges Mungopaar hatte sich die abgewandte Hügelseite ausgesucht, wo es vor Georges Blicken sicher schien. Mit zärtlichem Putzen fing es an, aber das Liebesspiel nahm zunehmend Fahrt auf. Das Weibchen bot mit gespreizten Beinen seine Analdrüse dar: eine Aufforderung an den Partner, sich seiner Zunge zu bedienen. Schließlich nahmen die beiden Paarungsposition ein. Das Männchen schickte sich gerade an, die Geliebte zu besteigen – als George auftauchte. Ein drohender Blick, der nichts Gutes verhieß und den zu ignorieren niemand gewagt hätte.

Aber die Reaktion der Ertappten war außergewöhnlich und überraschend. Blitzartig hatte das Männchen in seinem Liebesspiel umgeschaltet auf Rauf- und Balgspiel. Es ließ den typischen Spielruf, eine Serie von Piepslauten, ertönen und verbiß sich spielerisch in den Nacken seiner Möchtegerngeliebten. Sofort ging das Weibchen darauf ein und spielte die Komödie mit; beide stürzten sich in eine ausgelassene Balgerei. Vater George war beruhigt, daß die Kinder nur Harmloses im Sinn hatten, und zog weiter.

Noch mehrmals hat Anne Rasa solche verfänglichen Situationen und ihre Entschärfung mittels Mogelei beobachtet. Es scheint, daß nicht nur Affen, sondern auch Mungos akustische und optische Signale als Instrument einsetzen, um andere in die Irre zu führen. Es wäre ihnen – beim hohen Entwicklungsstand ihres Soziallebens – durchaus zuzutrauen, auch wenn damit das Primat der Affen ein bißchen angekratzt wird. Nicht nur Affen und Menschen lügen.

Wenn sie reden könnten . . .

Wir haben die Fähigkeit zu überlegter Täuschung als Indiz für Ich-Bewußtsein gewertet. Wer, um sich selbst einen Vorteil zu verschaffen, die Erwartungen und Empfindungen eines anderen manipuliert, der ist auch in der Lage, sich seine eigenen Gedanken und Gefühle zu vergegenwärtigen. Er besitzt eine Vorstellung von seinem Ich, sowohl als materielle wie als psychische Wesenseinheit. Dennoch käme niemand auf die Idee, unser eigenes Ich-Bewußtsein durch einen »Lügentest« belegen zu wollen: Ich lüge, also bin ich. Wir haben schließlich die Möglichkeit, über unsere innere Welt zu reden und Auskunft zu geben über jene Dinge, die uns durch den Kopf gehen oder auf der Seele liegen.

Unser akustisches Signalsystem, das wir Sprache nennen, ist derart auf unser Bewußtsein zugeschnitten, daß es bis heute immer wieder Theorien gibt, die Sprachfähigkeit zum Kriterium für Bewußtsein machen – was natürlich darauf hinausläuft, daß der sprachbegabte Mensch zum einzigen Wesen mit Bewußtsein erhoben wird; so wie René Descartes es schon vor dreihundertfünfzig Jahren behauptet hat:

»Eine solche Sprache nämlich ist das einzig sichere Indiz dafür, daß hinter der Fassade des Körpers ein Denken verborgen ist, und eben dieser Sprache bedienen sich zwar alle Menschen . . ., aber kein einziges Tier« (Brief an Henry More, 5. 2. 1649).

Wenn Tiere uns berichten könnten, was sie erleben oder was in ihnen vorgeht, wäre dies ein wunderbarer, direkter Brückenschlag in eine bisher nur auf Umwegen erreichbare Welt. Das klingt utopisch. Aber im Jahr 1969 deutete die Schimpansin Washoe auf ihr Spiegelbild und sagte: »Das bin ich!« Es war das erste Mal, daß ein Tier ein Ich-Bewußtsein in menschlicher Sprache mitgeteilt hat. Nicht in Lautsprache, sondern in den Gebärden der amerikanischen Taubstummensprache – abgekürzt Ameslan (American Sign Language).

Washoe wurde von Kind auf darin unterrichtet, wobei ihre Lehrer und Adoptiveltern, Beatrix und Allen Gardner, nicht wie Dompteure vorgingen, sondern Washoe fast wie ihr eigenes Kind behandelten. Bei jeder Gelegenheit deuteten sie auf Dinge der

Umgebung: Das Stuhl! Das Vogel! und zeigten ihr die dazugehörige Handgeste. Über hundertdreißig Begriffe, wir haben es schon erwähnt, lernte Washoe auf diese Weise, und es waren auch eigene Wortschöpfungen dabei. Zum Beispiel erfand sie ein eigenes Zeichen für ihr Lätzchen, das sie beim Essen anziehen mußte: Sie hob die Hände zum Nacken – dort, wo das Lätzchen verknotet wird – und führte sie dann den imaginären Umrissen folgend nach vorn über die Brust. Die Gardeners staunten nicht schlecht, als sie herausfanden, daß diese Bewegung die offizielle Taubstummengeste für »Lätzchen« ist.

Auch was die Kombination von Wörtern betraf, war Washoe einfallsreich. Sie kannte das Zeichen für »Vogel« und das Zeichen für »Wasser«. Als sie zum ersten Mal vom Ruderboot aus einen Schwan zu Gesicht bekam, verband sie beides zu Wasser-Vogel – wobei es bereits von hohem Kategorisierungsvermögen zeugt, einen Schwan in dieselbe Klasse zu stecken wie Spatzen oder Tauben oder andere gewöhnliche Vögel.

Aber damit hatte Washoe ohnehin keine Probleme: Sie zählte Tulpen, Rosen oder Astern zu den »Blumen« und benannte Dackel und Bernhardiner trotz ihres Größenunterschieds als »Hunde«. Als sie aber ihre Adoptiveltern um »Felsenkerne« bat, waren diese zunächst ratlos. Erst nach einigen Falschlieferungen, die Washoe zurückwies, dämmerte ihnen die richtige Interpretation: Paranüsse. Washoe wollte die steinharten Paranüsse haben, die sie vor einigen Tagen kennengelernt hatte.

Washoe blieb nicht allein. Die Taubstummensprache unter Schimpansen, Gorillas und Orang-Utans – und unter Primatenforschern – machte Schule, und immer neue Wortschöpfungen kamen zutage. Was wohl bedeutet »Weinen-Schmerz-Essen«? Es ist der Schimpansenausdruck für einen scharfen Rettich. Und was könnte »Banane, welche ist grün« bedeuten? Keine unreife Banane, sondern eine Gurke. Und eine ebenso treffende wie sinnenreiche Wortschöpfung ist »Horchen-trinken«. Sie meint hörbar sprudelndes Mineralwasser.

Schon diese kreative Erweiterung des Wortschatzes hätte eigentlich klarmachen müssen, daß die Schimpansen nicht einfach blind auf die Zuordnung von Gegenstand und Zeichen gedrillt wurden, sondern daß sie mit ihren Gebärden ein inneres Bild verbinden, daß sie den Symbolgehalt der Zeichen verstehen. Wir wissen zwar nicht genau, welche Vorstellung Washoe mit dem Wortzeichen für »Felsen« verknüpft, aber auf jeden Fall denkt sie dabei ähnlich wie wir an etwas besonders Hartes.

Aber eine Reihe von Wissenschaftlern sah es anders. Für sie war das Sprachverständnis Washoes, Kokos und anderer letztlich ein Dressureffekt – kombiniert mit Kluge-Hans-Effekten, denn, so ihre Argumentation, da die Gebärdensprache fast ausschließlich an Menschen gerichtet sei, könne man auch unwillkürliche Zeichengebung dieser Menschen nicht ausschließen. Ende der siebziger Jahre jedenfalls war die anfängliche Begeisterung über eine gemeinsame Sprache zwischen Menschen und Menschenaffen einer lähmenden Resignation gewichen. Man hatte sich pattdiskutiert. Und wer weiterhin Experimente unternahm, bei denen er selbst als echter Partner der Tiere und somit als Teil des Experiments auftrat, mußte mit dem Vorwurf der Unwissenschaftlichkeit rechnen. Aber dann kam Kanzi und stellte abermals alles auf den Kopf.

Kanzis Lektionen

Kanzis Begabung, seinen Betreuern im Sprachforschungszentrum in Atlanta ein Schnippchen zu schlagen, haben wir bereits gewürdigt. Berühmt und einmalig ist er jedoch aus einem anderen Grund: Niemand hat ihn unterrichtet – und trotzdem spricht er mit seinen Pflegern, verlangt nach einem Tarzan-Video, fordert sie zum Spielen auf, verkündet, wo er hingeht. Die Sprache, die er dabei benutzt, ist nicht die amerikanische Taubstummensprache »Ameslan«, sondern »Yerkisch«, eine am Yerkes Primatenzentrum entwickelte »Tastensprache«.

Auf einer Tafel sind über zweihundert Tasten mit verschiedenen geometrischen Symbolen angebracht. Jeder Tastendruck bedeutet ein Wort. Das hat den Vorteil, daß sofort per Computer registriert werden kann, wann welche Worte wie oft benutzt werden, aber es hat den Nachteil, daß man sich nicht zu Wort melden kann, ohne vorher zur Tafel gelaufen zu sein – ähnlich wie wir zum Telefon müssen, um Theaterkarten zu bestellen.

Kanzi also kann Yerkisch. Und er hat es gelernt, wie Kinder eben sprechen lernen: nebenbei und mühelos. Er saß dabei und spielte vor sich hin, als seine Mutter Matata eine Yerkisch-Lektion nach der anderen über sich ergehen lassen mußte. Aus den Augenwinkeln heraus muß der Knirps den Erwachsenenunterricht verfolgt haben, denn plötzlich ging er zur Tafel und bestellte sich etwas zu trinken. Er hatte Mamas Schulstoff beiläufig mitgelernt.

Sue Savage-Rumbaugh war baff. Sie zog ihre Schlußfolgerung: »Warum soll ich ihm beibringen, was er von selber lernt?« Fortan wurde mit Kanzi verfahren wie mit einem Menschenkind. Man redete englisch mit ihm, und ab und zu zeigte man ihm das passende Symbol auf der, mittlerweile tragbaren, Tastatur. Kanzi lernte spielend und ohne Paukerei. Yerkisch flog ihm zu. Und schon bald bediente er das Board ähnlich virtuos wie Kids den Computer.

Noch überraschender – geradezu eine Sensation – aber war etwas anderes: Kanzi lernte Englisch! Er konnte zwar nicht sprechen – der Rachenraum der Affen ist dafür ungeeignet –, aber er konnte gesprochene Worte verstehen. Kanzi wuchs zweisprachig auf: yerkisch und englisch.

Um allen Skeptikern zu begegnen, inszenierte Savage-Rumbaugh einen Sprachwettbewerb zwischen Alia, einem zweijährigen Mädchen, und Kanzi. Beide mußten gesprochene Kommandos befolgen, die sie noch nie zuvor in ihrem Leben gehört hatten. Insgesamt sechshundertsechzig gesprochene Sätze wie »Lege die Melone in die Schüssel!« oder »Hole die Karotte aus der Mikrowelle!«.

Der Langzeittest erfolgte aus guten Gründen nach strengsten wissenschaftlichen Maßstäben – als sogenannter doppelter Blindversuch. Eine verspiegelte Wand verhinderte, daß Alia und Kanzi sehen konnten, wer ihnen die Kommandos gab; irgendwelche versteckte Zeichengebung schied also aus. Und auch die Experimentatoren, die über die Erledigung der Aufgaben wachen sollten, hatten keinerlei Anhaltspunkte: Sie trugen isolierende Kopfhörer und konnten nicht hören, welche Kommandos gegeben wurden. Der Test war also nicht angreifbar und ebensowenig sein Ergebnis: Alia und Kanzi lagen gleichauf; erst als Alia zweieinhalb Jahre alt wurde, schickte sie sich an, Kanzi in seinem Sprach- und Grammatikverständnis zu überholen.

Kanzis Leistung mag aus menschlicher Sicht bescheiden aussehen, aber es ist mehr, als bis dahin irgend jemand irgendeinem Affen zugetraut hätte. Kanzis unerwartet gutes Abschneiden machte selbst Zweiflern deutlich, daß der Homo sapiens sein Privileg der Sprache mit anderen Arten teilen muß. Daß sich dies nur auf einfache Sätze ohne grammatikalische Finessen bezieht, ändert nichts im Grundsatz; entscheidend ist die Fähigkeit, abstrakte, optische oder akustische Symbole einzusetzen, um auszudrücken, was in der Außenwelt und in der eigenen inneren Welt passiert. Ob dazu Yerkisch, Englisch oder Ameslan benutzt wird, spielt keine Rolle. Die Möglichkeit, daß Tiere sich über sich selbst äußern, bietet selbstredend einen ganz neuen und direkten Zugang zu ihrem Bewußtsein.

Wenn Washoe vor ihrem Spiegelbild signalisiert: »Das bin ich«, dann zeugt dies ebenso von Ich-Bewußtsein, wie wenn ein zweijähriges Kind vor dem Spiegel dasselbe sagt. Allerdings ist der »Spiegelfall« ein etwas unglückliches Beispiel, denn sein Wert lag gerade darin, daß man hier ohne Worte, allein aus dem Verhalten auf Selbst-Erkenntnis rückschließen konnte. Wer seine Zähne untersucht oder sein Hinterteil besieht oder sich einen Fleck von der Stirn wischt, den er im Spiegel bemerkt hat, der braucht dies nicht zu kommentieren. Es spricht für sich. Tatsächlich war es so, daß das Gorillamädchen Koko etwa zu derselben Zeit, als sie anfing, ihr Spiegelbild zu durchschauen, auch die Worte »ich«, »mein« oder »Koko« gebrauchen lernte. Das war im Alter zwischen dreieinhalb und vier Jahren.

Richtig spannend wurden die Unterhaltungen mit Koko, als man sie nach ihren Gefühlen fragen konnte: »Wie fühlst du dich, Koko?« Am häufigsten antwortete sie, den Umständen entsprechend, mit »gut«, mit »hungrig«, mit »durstig« oder mit »traurig«. Koko weiß um ihre Gefühle; daran gibt es keinen Zweifel.

Wie sonst sollte sie darüber reden? Manchmal ist es offensichtlich, daß sich Koko nicht wohl fühlt: Sie weint. Aber warum? Es hat etwas Märchenhaftes an sich, ein Tier danach fragen zu können, was ihm fehlt – und eine Antwort zu bekommen. »Traurig, mißmutig« (sad, frown), gab Koko zu verstehen.

Darüber hinaus trat Koko den verbalen Beweis an, daß sie in der Lage ist, Mitgefühl für andere zu empfinden. Auch dies hatten wir als Kriterium für Ich-Bewußtsein herausgestellt. Als man ihr ein Bild von einem Pferd zeigte, dessen Schnauze durch einen Biß verletzt war, kommentierte sie: »Pferd traurig«. Der Pfleger fragte daraufhin, warum das Pferd traurig sei, und sie signalisierte: »Zähne« – wobei Kokos Kindersprache offenläßt, ob sie sich auf die Verletzung in Gebißnähe bezieht oder auf die durch Zähne verursachte Bißwunde.

Es ist nicht allzu überraschend, daß Koko sich auch in die Gefühlswelt ihres Gorillapartners Michael versetzen kann, aber die Zeichensprache belegt es ohne komplizierte Experimente oder langwierige Beobachtungen. Michaels Tür war verriegelt. Er weinte, weil er sich ausgeschlossen fühlte. Als man Koko fragte, wie sich Michael fühle, antwortete sie: »Fühlen – leider – draußen« (feel – sorry – out).

Es gibt keinen direkteren Zugang zum geistigen und psychischen Leben der Tiere, als eine gemeinsame Sprache zu benutzen. Anstatt Fragen in Experimente zu kleiden, kann man sie direkt in Worte kleiden. Anstatt raffinierte Sherlock-Holmes-Versuche durchzuführen, in denen Tiere durch ihr Verhalten preisgeben, was in ihnen vorgeht, kann man den Dialog auf die Ebene abstrakter Symbole verlagern. Sprache ist nicht das einzige, aber »vielleicht das nützlichste Werkzeug, um Ich-Bewußtsein zu testen«, sagt Francine Patterson – Kokos Liebling und Präsidentin der Gorilla-Foundation.

Mit der Sprache kommt die Lüge

Mit Sicherheit aber ist Sprache, wenn man sie beherrscht, ein besonders verführerisches Werkzeug, um einen anderen zu täuschen, was wir ja bereits als überzeugende Demonstration von Ich-Bewußtsein »gewürdigt« haben. Eines Tages riß Koko den schweren Ausguß in ihrem Raum aus der Verankerung; irgendwie war ihr dieses Mißgeschick unterlaufen. Aber sie zögerte nicht, ihrer Pflegerin Kate die Geschichte in die Schuhe zu schieben. Sie zeigte auf die Trümmer: »Kate – dort – böse«. Es war eine glatte, wenn auch nicht sonderlich geschickte Lüge, denn Kate gehörte zu den besonders zierlichen Personen unter Pattersons Pflegerinnen. Koko konnte schwerlich damit rechnen, daß man ihr glauben würde. Aber damals war Koko erst sechs. Auch Lügen will gelernt sein.

Ähnlich durchsichtig war die Behauptung der Schimpansin Lucy. Sie hatte sich den Weg zur Toilette gespart und einen Haufen ins Wohnzimmer ihres Pflegers gesetzt. Roger Fouts arbeitet ebenfalls am Sprachforschungszentrum in Atlanta, und da er seiner Lucy Ameslan beigebracht hatte, konnte er sie jetzt in Gebärdensprache zur Rede stellen:

Roger: »Was das?«
Lucy (spielt die Unschuldige): »Lucy nicht wissen.«
Roger (streng): »Du wissen. Was das?«
Lucy: »Schmutzig. Schmutzig.«
Roger: »Wessen schmutzig, schmutzig?«
Lucy (beschuldigt Rogers Kollegin): »Sue.«
Roger: »Das nicht Sues. Wessen das?«
Lucy (geht zum Frontalangriff über): »Roger.«
Roger: »Nein! Das nicht Rogers. Wessen das?«
Lucy (jetzt geknickt): »Lucy schmutzig, schmutzig. Sorry Lucy«
(zitiert nach: Volker Sommer, *Die Affen*. Geo, 1989).

Zu gern hätte ich diesem Dialog beigewohnt. Wer die Welt beschreiben kann, kann sie auch falsch beschreiben. Und besonders geschickt war darin, wie könnte es anders sein, der kleine Kanzi.

Wieder einmal hatte er seine Pfleger gefragt, ob er mit Austin und Sherman spielen dürfe. Und wieder einmal war es ihm verboten worden, seine Schimpansenfreunde zu besuchen. Ein paar Augenblicke später lief Kanzi zu seiner Yerkisch-Tafel und drückte aus, daß er sich eine Melone holen wolle. So weit, so gut. Auf dem weiten und dichtbewachsenen Gelände der Forschungsstation gab es einen Ort, wo Melonen wuchsen, und die Pfleger zogen mit Kanzi los. Sie bemerkten zu spät, daß der Weg ganz nahe an Shermans und Austins Wohngebäude vorbeiführte; Kanzi riß sich los und rannte zu seinen Spielgefährten. Als er wieder zurückgeholt wurde, setzte er sichtbar lustlos den Weg zu den Melonen fort – und aß keinen Bissen davon.

Der Melonentrick nutzte sich natürlich ab, und Kanzi versuchte es mit einem Ausflug zu Tomaten, Karotten und anderen Früchten – allerdings nur, wenn man dabei kurz bei Austin und Sherman vorbeischauen konnte. Völlig unverfänglich schien da Kanzis Wunsch, sich ein paar Äpfel pflücken zu dürfen. Aber auch damit hatte er anderes im Sinn. Der Weg führte an jenem Gebäude vorbei, in dem Sprachversuche mit Kindern liefen. Kanzi stürzte hinüber und schaute durch die Fenster, um die Kinder zu sehen. Ein Äffchen am Fenster! Das Interesse an irgendwelchen Sprachtests war verflogen – genauso wie Kanzis Appetit, als er schließlich vor den Apfelbäumen stand.

Wer wollte noch daran zweifeln, daß Kanzi & Co. sich und die Welt bewußt erleben? Sie können nicht nur denken und fühlen, sie wissen auch, daß es ihre eigenen Gedanken und Gefühle sind, und sie sind sogar in der Lage, darüber zu sprechen. Ihre Sprachbegabung reicht zwar nicht über diejenige eines Zweieinhalbjährigen hinaus, und auch ihre intellektuellen Fähigkeiten bleiben auf dem Niveau eines Kindes; aber wer wollte bestreiten, daß Kinder ernst zu nehmende Persönlichkeiten sind, und zwar kraft ihres eigenen Wesens und nicht etwa deshalb, weil sie später mal erwachsen werden. Hinzu kommt, daß Menschenaffen, was die archaische Welt der Gefühle angeht, uns wohl in nichts nachstehen; sie dürften dieselbe Vielfalt und Intensität an Emotionen haben wie wir – vielleicht sogar ausgeprägter und schärfer, weil ihnen die verstandesmäßige Erklärung einer Situation weitgehend versagt ist.

Hält man sich dies ernsthaft vor Augen, dann wird der Gedanke, Schimpansen als Versuchstiere für die Forschung einzusetzen, und sei es medizinische Forschung, unerträglich; denn warum sollte es ihnen weniger ausmachen als Menschenkindern?

Gewiß, es sträubt sich etwas in uns, Affen und Menschenkinder derart gleichzusetzen; unsere Kinder sind denn doch noch etwas anderes, sie sind der Inbegriff von Unschuld und Schutzbedürftigkeit – undenkbar und abscheulich, sie als medizinische Testobjekte einzusetzen. Es scheint verständlich, daß wir dieses Gefühl, das unseren eigenen Kindern gilt, nicht ohne weiteres auf Individuen einer anderen Art übertragen können. Aber wenn es uns auszeichnet, daß wir über die emotionale Ebene hinaus zu rationaler Einsicht fähig sind, dann müssen wir davon ausgehen, daß Menschenaffen die ihnen aufgezwungenen Laborversuche nicht weniger bewußt erleben und erleiden, als es bei Kindern der Fall wäre. Unser bisheriger Wissensstand zwingt uns, oder besser, müßte uns eigentlich zu dieser Folgerung zwingen.

Aber die Realität sieht anders aus: Immer noch gelten Schimpansen als das aussagekräftigste Modell für den menschlichen Organismus, und viele Laboratorien sind darauf erpicht, ihre Impfstoffe, Medikamente oder Theorien an diesen Modellen zu überprüfen. Auf insgesamt viertausend bis fünftausend schätzt man die Zahl der gefangengehaltenen Schimpansen weltweit, darunter auch diejenigen in Zoo und Zirkus und in der Unterhaltungsbranche. Und nach wie vor gibt es Wildfänge mit einer erschreckenden »Verlustrate«: Für jedes gefangene Schimpansenkind, das nach Übersee verfrachtet wird, müssen, so vermutet man, etwa zehn andere Tiere bei der Jagd, beim Transport, nach der Ankunft sterben.

Eine besondere Verschärfung der Situation bringt die Aidsforschung mit sich. Schimpansen gelten bislang als dafür einzig brauchbares »Tiermodell«: Wenn sie mit dem HIV-Virus infiziert werden, erkranken sie zwar nicht, aber sie bilden dennoch Antikörper und sind somit als Testobjekte für Impfstoffe nutzbar. Selbst wenn wir einmal von der unumgänglichen Frage absehen, wieweit wir menschliches Leiden auf – ebenfalls bewußt erlebende – Tiere abwälzen dürfen, ergibt sich ein zusätzliches Problem: Wohin mit den »ausgebrauchten« Tieren? Ein Schimpanse kann fünfzig Jahre alt werden. Die Entlassung in die Wildnis bedeutet den sicheren, qualvollen Tod; denn Affen, die in Gefangenschaft oder in menschlicher Umgebung aufwuchsen, hatten keine Chance, Überlebensfähigkeiten für die Wildnis zu entwikkeln. Wo also sollen sie bleiben?

Jane Goodall bemüht sich, große, möglichst natürliche Freigehege zu errichten, wo die »ausgedienten« Schimpansen ihren verdienten Lebensabend verbringen können. Peter Singer und Paolo Cavallieri aus Australien versuchen, das »Projekt Große Menschenaffen« ins Leben zu rufen – eine internationale Vereinbarung, in der die Rechte unserer nächsten Verwandten verbindlich festgeschrieben werden sollen.

»Wir haben nun soviel Wissen über die geistigen und emotionalen Fähigkeiten der Schimpansen, Gorillas und Orang-Utans«, argumentiert Singer, »daß die Moralschranke, die wir zwischen uns und ihnen errichtet haben, nicht mehr zu vertreten ist.«

Andere verdrängen das Problem und sehen es als sekundär im Vergleich zu unseren materiellen und geistigen Interessen. Wie anders soll man die Äußerung von James D. Watson verstehen: Der Nobelpreisträger und Mitentdecker der DNA-Doppelhelix ist entschieden dagegen, Tieren irgendwelche Rechte einzuräumen: »Die logische Folge ist, wir werden keine Forschung mehr betreiben und all unsere Mittel verbrauchen, um Affen glücklich zu machen. Ich mag keine Affen« (in »Time« vom 22. März 1993). Watsons Statement wird kaum dadurch gemildert, daß er von »monkeys«, also von Tieraffen, sprach.

Kreative Delphine

Vor dreißig Jahren hätte es kaum jemand für möglich gehalten, daß sich Menschen und Tiere jemals derselben Sprache bedienen und sich gegenseitig etwas mitteilen könnten. Vor zwanzig Jahren begann man, sich zögernd und staunend auf die Möglichkeit einzulassen, daß Menschenaffen vielleicht eine Ausnahme bilden könnten. Und heute, nachdem bekannt ist, daß die genetische Ausstattung der Schimpansen und Zwergschimpansen zu über achtundneunzig Prozent »menschlich« ist, erscheint ihre Sprachbegabung kaum mehr erstaunlich: Die genetische Ähnlichkeit läßt auch menschenähnliche Leistungen erwarten. Aber wiederum erfährt die Vorstellung vom Exklusivclub der höheren Primaten – mit dem Menschen als Primus – einige kräftige Dämpfer.

Der Mann mit der Sonnenbrille hält den Zeigefinger nach oben – wie ein Lehrer, der seinen Schülern »Achtung!« signalisiert. Und die Geste wirkt: Aufmerksam streckt Phönix den Kopf aus dem Wasser und wartet auf Anweisungen. Phönix ist eine Delphindame in der Meeressäuger-Forschungsstation auf Hawaii; und sie hat es gelernt, die Handzeichen ihrer Lehrer am Beckenrand zu befolgen. Daß diese eine dunkle Brille tragen, als wären sie sonnenhungrige Touristen, ist eine wissenschaftliche Vorsichtsmaßnahme: Sie soll verhindern, daß Phönix ihren Lehrern »aus den Augen liest«, anstatt allein deren Handzeichen zu interpretieren.

Nach dem »Achtung«-Signal beispielsweise folgen weitere Zeichen – sie sind ebenfalls aus der Taubstummensprache abgeleitet –, und schon rauscht Phönix davon. Sie kurvt unter verschiedenen Objekten hindurch, die im Becken schwimmen, darunter auch ein Surfbrett und sogar ein Student, und taucht genau unter einer Frisbeescheibe auf. Sie läßt sie kurz auf der Schnauze tanzen, als handle es sich um eine Zirkusnummer, dann bringt sie die Scheibe zum Beckenrand und holt sich das Lob des Lehrers ab. »Bring Frisbee!« wurde korrekt ausgeführt.

Natürlich erinnern solche Aktionen an ganz gewöhnliche Dressuren, und die Aufgaben selbst sind auch nicht besonders schwierig. Das Spektakuläre liegt darin, daß Phönix auch die Neukombination von Anweisungen versteht: Sie springt zum Beispiel über ein Surfbrett, wenn man die bekannten Zeichen für »Surfbrett« und »springe über« aneinanderfügt – selbst wenn sie dies vorher noch nie geübt hat. Und sie begreift sogar erste grammatikalische Ansätze: »Bringe Mensch zu Surfbrett« enthält dieselben Wortzeichen wie »Bringe Surfbrett zu Mensch«, lediglich die Reihenfolge der Zeichen legt fest, ob der Student zum Surfbrett bugsiert werden soll oder umgekehrt. Phönix schafft es spielend.

Und es gibt keinen Zweifel, daß sie mit den Begriffen auch eine innere Vorstellung verbindet; wie sonst könnte sie jene besondere Memoryvariante spielen, die sich Louis Herman, der Leiter der Forschungsstation, ausgedacht hat: Er wirft vor ihren Augen eine Reihe von Gegenständen ins Wasser, einen Reifen etwa, dazu einen Ball, einen Korb und anderes mehr. Dann fragt er per Handzeichen, welche Dinge im Becken sind: Frisbee im Becken? Ohne sich umsehen zu dürfen, muß Phönix antworten, indem sie mit der Schnauze eine Jataste oder eine Neintaste drückt. Nur selten macht sie dabei Fehler – und meistens sind sie erklärlich; zum Beispiel, wenn sie eine dreidimensionale mit einer zweidimensionalen Kugel verwechselt: den Ball mit der Scheibe.

Phönix ist meistens mit ihrer Freundin Akekamai – »Suche nach Wahrheit« in der Eingeborenensprache der Hawaiianer – zusammen, und eine Reihe von Anweisungen wendet sich an beide: etwa, wenn Akekamai nachmachen soll, was Phönix ihr vormacht, oder wenn beide als Tandem etwas synchron durchführen sollen. Das Tandemzeichen wird dabei mit einer einleuchtenden Geste dargestellt: durch das Aneinanderlegen des rechten und linken Zeigefingers. Dem folgt dann das Zeichen für einen Sprung oder für eine Wasserrolle oder für einen Tanz auf der Schwanzflosse.

Wirklich spannend aber wurde es, als der Lehrer nach dem Tandemzeichen die Arme weit ausholend nach oben nahm: Es ist das Zeichen für »selber ausdenken«. Was würden Phönix und Akekamai aushecken? Sie zogen sich erst einmal zurück zum Beckengrund und drehten ein paar Runden. Plötzlich gingen sie zu einer Parallelformation über, nahmen Fahrt auf und katapultierten sich, immer noch Seite an Seite, aus dem Wasser.

Der Höhepunkt stand aber noch bevor: Gleichzeitig – buchstäblich wie aus einem Munde – schoß jeder von beiden eine Wasserfontäne ab. Dann ließen sie sich zurückfallen, das »kreative Tandem« war beendet. Die Umstehenden klatschten begeistert Beifall, und die beiden Delphine quietschten vor Vergnügen. Ihre originelle Eigenkreation war ein Beleg, daß sie die Anweisung richtig verstanden hatten.

Noch erstaunlicher, geradezu irritierend, aber ist das, was sich

unter Wasser ereignet hat. Wie konnten die Delphine sich untereinander absprechen? Wie konnten sie sich auf die Wasserspritz-
nummer einigen? Von dieser Art von Sprache, wie immer sie
aussehen mag, sind wir bis heute völlig ausgeschlossen.

Ohnehin ist es fast nur eine Einwegverständigung, die Herman
mit seinen Tieren praktiziert; abgesehen von »ja« und »nein«
durch entsprechenden Tastendruck können sie selbst keine Kom-
mentare geben oder gar Fragen stellen. Anatomie und Lebensraum von Primaten und Delphinen sind zu verschieden, als daß
man wirkliche Dialogmöglichkeiten zwischen ihnen gefunden
hätte.

Allerdings sind einige Ausdrücke der Delphinkörpersprache
unmißverständlich: Wenn sie eine Aufgabe richtig gelöst haben,
quietschen und hüpfen sie vor Freude, und wenn sie sich »ver-
hauen« haben, dann kommt es schon mal vor, daß sie ihren Ärger
am falschen Objekt auslassen. Dann prügeln sie auf den Ring oder
auf den Reifen ein, wo ihnen der Fehler unterlaufen ist. Auch dies
spricht für sich – bis zu einem gewissen Grad scheint es doch
gemeinsame Ausdrucksweisen zu geben.

Doch, seien wir ehrlich, wer ließe sich von den erstaunlichen
Leistungen der Delphine wirklich noch in Staunen versetzen?
Flipper und Genossen sind längst zur Legende geworden. Man
traut ihnen fast alles zu, den – vermeintlich – lächelnden Weisen
der Meere. Und wenn die Größe des Gehirns im Verhältnis zur
Körpergröße ein Maß für Intelligenz darstellt, dann schneiden die
Meeressäuger in der Tat nicht schlechter ab als Menschenaffen.

Um so größer war die Überraschung – und natürlich die Skepsis –, als plötzlich ein Lebewesen auftauchte, das ebenfalls der
Sprache mächtig war, aber weder zu den Primaten noch zu den
Delphinen gehörte. Es war nicht einmal ein Säugetier, hatte keine
besondere Hirngröße aufzuweisen, und es fehlte ihm sogar der
Kortex – die Großhirnrinde, die im allgemeinen als Sitz der höheren geistigen Leistungen gilt. Die Rede ist von Alex, dem Graupapagei. Und Alex, so versichert sein Frauchen, die amerikanische
Wissenschaftlerin Irene Pepperberg, könne nicht nur gesprochene
Worte verstehen, sondern auch selber reden – und zwar in ganz
gewöhnlichem Englisch.

Der Papagei, der versteht, was er sagt

Seit Jahrhunderten gelten Papageien als nichtssagende Plapper-
schnäbel; schon Descartes sah in ihnen den lebenden Beweis, daß
Tiere, auch wenn sie menschliche Worte benutzten, bar jeder
Vernunft seien. Und nun sollte Alex nicht nur begreifen, was man
ihm sagt, sondern sogar vernünftig antworten? Die meisten Wissenschaftler dachten sofort an einen Klugen-Hans-Effekt, wobei
sich die Primatenforscher besonders ablehnend gaben. Sie emp-
fanden es irgendwie als Zumutung: ein Vogel im Club der Sprach-
tüchtigen . . .

Als wir Irene Pepperberg in ihrem kleinen Labor, damals noch
an der Universität Chicago, aufsuchten, erwartete uns eine Ent-
täuschung: Der Raum von Alex war verlassen, sein Käfig stand
leer, nur ein Rest von Futter und der an allen Kanten und Ecken
angenagte Holztisch verrieten, daß er hier einmal zu Hause gewesen war. Pepperberg war sichtlich nervös, ihre Höflichkeit wirkte
angestrengt; trotz ihres gepflegten Äußeren sah sie mitgenommen
aus: »Alex ist in der Klinik«, eröffnete sie uns. In ein paar Tagen
müsse er operiert werden.

Die Sorgen sind verständlich. Seit fünfzehn Jahren arbeitet
Irene mit ihrem Papagei zusammen, und ohne Zweifel hat sie ihre
berufliche Karriere an diese Zusammenarbeit geknüpft. Voraussetzung dafür aber war und ist die besondere Zuneigung, die beide
verbindet; ohne emotionale Beziehung wäre Alex' Leistung kaum
denkbar. Doch jetzt sind die beiden getrennt, und Alex ist ernsthaft krank – eine Pilzinfektion der Lunge. Verständlich, daß wir
nicht allzu gelegen kommen. Aber Pepperberg erlaubt uns schließlich, sie bei ihrem täglichen Krankenbesuch zu begleiten.

Schon der Empfangsraum der kleinen Tierklinik ist angefüllt
mit Käfigen und Behältern, aus denen mit beunruhigt fragenden
Augen Hasen, Katzen, Meerschweinchen schauen. Mitten auf
dem Fußboden liegen zwei Schwäne, die sich verletzt haben, und
anstelle von Wandregalen sind Gitterabteile hochgezogen: Einzel-
käfige für Hunde und andere Patienten. So hätte wohl Noahs
Arche als Hospitalschiff ausgesehen.

Wir steigen gerade über einen Schwanenrücken und über einen

Korb mit Schlangen, als plötzlich ein langgezogener, durchdringender Pfiff ertönt. Und dann – ich traue meinen Ohren nicht – ganz deutlich: »I love you« (Ich liebe dich) und »Wanna go back« (Ich möchte nach Hause). Alex hat aus einem der Wandkäfige heraus sein Frauchen bemerkt und auf seine Weise begrüßt. »I love you, too« (Ich liebe dich auch), sagt sie, an den Käfig tretend, und Alex senkt seinen Kopf, um sich als erstes, noch durch die Stäbe hindurch, den Nacken kraulen zu lassen.

Wir ziehen uns samt Alex und Irene in das Büro der Klinikdirektorin zurück – wie unkompliziert können Amerikaner sein... – und erleben zunächst eine ausgiebige Schmuserei, als hätten sich die beiden wochenlang nicht gesehen. Aber dann verlangt Alex plötzlich nach einem Stück Kork. »Want cork« (Ich möchte Kork) ruft er klar und deutlich in perfektem Englisch – wobei Klinikangestellte dies später etwas einschränkten und meinten, Frauchens Mittelwestakzent sei auch bei Alex unüberhörbar. Alex bekommt ein Stückchen Kork und beknabbert es ausgiebig.

Als sei es das Selbstverständlichste der Welt, fragt er nun nach einem Wollfaden: »Want wool« (Ich möchte Wolle), den er sich genüßlich durch den Schnabel zieht, und schließlich will er etwas zu essen: »Want popcorn« (Ich möchte Popcorn), was ihm Irene aber aus gesundheitlichen Gründen verweigert: Er sei krank, belehrt sie ihn, und deshalb dürfe er so etwas leider nicht essen.

Ich glaube nicht, daß Alex von dieser wohlgemeinten Begründung viel verstanden hat, aber auf die nächste Frage reagiert er prompt: »What is it?« (Was ist das?) fragt Irene und zeigt ihm einen Bleistift, den sie vom Direktorenschreibtisch nimmt. Antwort: »Wood« (Holz). Ein Spielzeugauto bezeichnet Alex mit »truck« und einen Schlüssel mit einem langgezogenen »key«. Zur Belohnung darf er jedesmal den Gegenstand in die Krallen nehmen, ihn betasten und beknabbern.

Über dreißig Objekte, informiert uns die Verhaltensbiologin, könne Alex korrekt benennen, aber entscheidend sei etwas anderes: Er beherrsche bestimmte »Konzepte«, er habe eine Vorstellung von so abstrakten Begriffen wie Formen, Farben oder Mengen. Aber, so fügt sie entschuldigend hinzu, wahrscheinlich sei er jetzt nicht besonders fit.

Doch Alex wird zusehends munterer. Als Irene ihm drei gelbe Schlüssel vorhält, will er sie unbedingt haben, aber ohne Schweiß kein Preis: »How many?« (Wie viele sind es?) Alex hält den Kopf schräg, um besser sehen zu können, dann schwillt sein Hals, und er bringt ein lautes, fast empörtes »threeee« (drei) hervor. Er will sich schon die Schlüssel schnappen, als Irene eine weitere Frage nachschiebt: »What colour?« (Welche Farbe?) Dies ist ein spannender Augenblick; denn nichts hat sich verändert, weder die Position der Schlüssel noch Irenes Körperhaltung; nichts, woraus er schließen könnte, daß es jetzt um Farben geht – außer der Frage selbst. Wird Alex sie verstehen?

Er zögert. Versucht, ohne Worte an die Schlüssel zu kommen. Irene zieht sie zurück und wiederholt: »What colour?« Jetzt scheint sich Alex ein Herz zu fassen und ruft ein eindeutiges »yellow« (gelb). Die nächste Minute ist er mit den drei gelben Schlüsseln beschäftigt.

Auch ich bin sprachlos. Dies ist beeindruckender, als ich mir je hätte träumen lassen. Als ich jedoch zu Immanuel hinüberschaue, um meine Begeisterung mit ihm zu teilen, stehen ihm deutlich die Zweifel ins Gesicht geschrieben. Er ist noch nicht überzeugt. Ich ahne, daß er den Papagei gern selber ins »Verhör« nehmen würde; und tatsächlich: Als Irene ans Telefon gerufen wird, zieht Immanuel seinen Wohnungsschlüssel und seinen Garagenschlüssel aus der Tasche.

»Alex!« Sofort wendet der Graupapagei den Kopf; Immanuel, der seit vielen Jahren mit Papageienvögeln zusammenlebt, muß instinktiv die richtige »Ansprache« gewählt haben. »How many?« (Wie viele sind es?) Immanuel präsentiert die beiden Schlüssel auf der flachen Hand. Alex hat sie mit Sicherheit noch nie zu Gesicht bekommen, zudem sind sie anders geformt als seine Standardschlüssel. Ebendies scheint Alex aber zu reizen, er zeigt nicht die Spur einer Unsicherheit, sondern antwortet überraschend vollständig: »Two key« (Zwei Schlüssel). Und dies, wohlgemerkt, in Abwesenheit seiner Trainerin und Bezugsperson. Irgendwelche versteckten Hinweise sind ausgeschlossen. Immanuel lehnt sich entspannt zurück, während Alex auf seinem Garagenschlüssel kaut.

Der Wortschatz dieses erstaunlichen Graupapageis umfaßt über siebzig Begriffe; darunter die Zahlen eins bis sechs und die Farben Rot, Grün, Blau, Gelb, Orange, Grau und Purpur. Er kann Dreiecke, Quadrate, Fünfecke und Sechsecke unterscheiden, indem er die Zahl der Ecken nennt – ein Fünfeck heißt bei ihm »five corner« (fünf Ecken). Und er erkennt Materialien wie Holz, Kork oder Metall. Die Zahl der Verknüpfungen zwischen diesen Begriffen ist riesig – aber Alex, nach Form, Farbe, Anzahl oder Material befragt, gibt zu über achtzig Prozent die richtigen Antworten. Wie hat Irene Pepperberg dies erreicht? Wie hat sie ihren grauen Vogel zu einem einzigartigen Star gemacht?

Einzigartig ist Alex in der Tat: Frühere Versuche aus den fünfziger Jahren, Papageien vernünftiges Sprechen zu lehren, sind allesamt gescheitert. Und selbst der berühmte Zirkuspapagei Lora Eston verstand nicht, was er sagte. Er verblüffte zwar die Zuschauer, weil er auf mehr als dreißig Fragen seiner »Herrin« die richtige Antwort gab, aber die Show war ausnahmslos dressiert: Der Papagei hatte es zunächst gelernt, Frage plus Antwort nachzuplappern, um dann – in einem zweiten Schritt – erst nach der Frage einzusetzen. So kam es zum munteren Frage-Antwort-Spiel.

Derlei Tricks scheiden bei Alex aus. Ist er der Einstein unter den Papageien? Pepperberg lacht über solche Superlative. Sie hat Alex, als er dreizehn Monate alt war, in irgendeiner Tierhandlung in Chicago gekauft, und sie hält ihn für einen ganz gewöhnlichen Vertreter seiner Art: »Was Alex kann, könnte wahrscheinlich jeder Graupapagei, wenn man ihn entsprechend unterrichten würde.« Aber genau hierin, in der besonderen Art ihres Unterrichts, sieht sie den Grund für ihren Erfolg.

Zunächst einmal verzichtet sie auf die übliche Art der Belohnung: Alex bekommt keine Nüsse oder Kekse, wenn er einen Gegenstand richtig benennt, sondern den Gegenstand selbst; er darf ihn berühren und beknabbern. Die Verhaltensforscherin setzt auf Neugier anstatt auf Hunger. Das ist ungewöhnlich, aber papageiengerecht; es trifft genau Alex' Vorliebe für neues und damit aufregendes Spielzeug. Und so kommt auch das verblüffende Resultat zustande, daß Alex besser abschneidet, wenn er Dinge zum erstenmal sieht und deren Eigenschaften wie Form oder Farbe oder Anzahl angeben soll. Variatio delectat – Abwechslung tut not. Auch für Papageien.

Ähnlich unkonventionell verfährt Pepperberg beim Lernvorgang selbst. Die übliche Trainingsmethode »kleine Lernschritte mit Belohnung« – operationales Konditionieren – tritt völlig in den Hintergrund, statt dessen setzt sie konsequent auf die hochentwickelte Nachahmungskunst der Papageien. Ihr Erfolgsrezept heißt: Lernen durch Beobachtung!

Ein typisches Beispiel ist die Art und Weise, wie Alex Bedeutung und Aussprache der Zahl Fünf erlernte. Es lief fast wie im Theater ab.

Titel des Lehrstücks: »Five wood« (Fünf Holzstäbchen).

Schauspieler: Irene und ihre Assistentin.

Einziger Zuschauer: Alex, interessiert auf einer Stuhllehne sitzend.

Erster Akt

Irene zeigt ihrer Assistentin fünf Holzstäbchen: »Wie viele?«

Die Assistentin, korrekt und brav: »Five wood« – wobei sie die Betonung auf »five« legt. Das Lob folgt auf dem Fuße.

Irene: »Das ist richtig. Sehr gut. Five wood. Bitte schön, hier sind five wood.« Die Assistentin erhält die fünf Stäbchen; erfreut knickt sie eines durch – gerade so, wie Alex es gerne macht.

An dieser Stelle ertönt ein Zwischenruf aus dem Zuschauerraum: »Fiii wood.« Alex hat sich eingeschaltet. Vielleicht sieht er in der Assistentin eine Rivalin für Irenes Zuwendung, oder er möchte einfach an die Stäbchen kommen; jedenfalls ist »fiii« ein erster Anklang an »five«.

Die Schauspieler, geübt in der Kunst des Improvisierens, gehen sofort auf den Zwischenrufer ein. Die Assistentin zeigt ihm ebenfalls fünf Stäbchen und fragt: »Wie viele?«

Aber das kommt zu unvermittelt, so schnell will Alex nicht mitspielen. Er weist das Angebot mit einem entschiedenen No zurück.

Natürlich könnte man ihn jetzt drängen, ihn ermuntern, nochmals fragen, korrigieren – aber nichts dergleichen geschieht. Sein Wunsch wird respektiert; man läßt ihm seine Rolle als Zuschauer; das Theater wird fortgesetzt – wenn auch mit bezeichnenden »Anpassungen«: Der verbesserungsbedürftige Zwischenruf von Alex wird aufgegriffen und im Stück verarbeitet.

Zweiter Akt

Jetzt ist Irene diejenige, die gefragt wird: »Wie viele?«

Irene (Alex' Zwischenruf imitierend): »Fiii wood.«

Prompt wird sie von der Assistentin zurechtgewiesen: »Das kannst du besser! Wie viele?«

Irene begreift, und mehrmals wiederholt sie deutlich: »Five wood, Five wood«, bis sie die attraktiven Stäbchen überreicht bekommt.

Alex hat offensichtlich genau zugehört und aufgepaßt, denn als Irene ihm jetzt die Stäbchen hinhält und wissen will: »Wie viele?«, antwortet er in fast perfekter Aussprache: »Five wood.«

Irene lobt ihn: »Okay. Gut. Fivvvve wood.« Sie betont die Aussprache nochmals überdeutlich. »Hier sind deine five wood.«

Dritter Akt: Happy-End

Endlich kann Alex seine »five wood« an sich nehmen – und sie allesamt zerknicken, eines nach dem andern.

Das Ganze hat nicht länger als fünf Minuten gedauert. Es ist beeindruckend, wie einfühlsam sich dieser Unterricht abspielt. Ohne daß er selbst verbessert oder getadelt würde, bekommt Alex seine Fehler vorgeführt und auch die Korrektur dazu. Es ist diese »blamagefreie« Methode, die seiner Persönlichkeit gerecht wird. Der Erfolg belegt es.

Alex hat auf diese Weise sogar das abstrakte Konzept von »gleich« und »verschieden« erlernt: Er kann feststellen, ob zwei Dinge »same« (gleich) oder »different« (verschieden) sind. Nun

Oben: Schäferhund Teddy hat seine eigene Zeichensprache entwickelt. »Turnschuh im Maul«
ist nicht etwa als Aufforderung zum Spaziergang zu verstehen, sondern bedeutet soviel wie: »Ich
mag dich.« Immer wenn »sympathischer« Besuch kommt, drückt er per Turnschuh sein
Wohlgefallen aus.

Nächste Doppelseite: Was empfinden Wellensittiche, wenn sie sich zärtlich im Nacken kraulen?
Ist es mehr als nur eine instinktiv ablaufende Balzhandlung?

Immer wieder kommt es vor, daß Wellensittichküken noch vor dem Schlüpfen an den Eihäuten
festkleben. Ohne knabbernde Hilfe von außen wäre der Nachwuchs verloren. Aber woher weiß
die Mutter um die Schlüpfnot ihres Jungen?

Wellensittiche sind Schwarmvögel. Wie ihre wilden Vorfahren brauchen auch unsere Stuben-
vögel Gelegenheit zum Freiflug – und sie brauchen den Artgenossen: Man sollte Wellensittiche
nie allein halten; die Angst, sie würden dann ihre Zutraulichkeit verlieren, ist unbegründet –
vorausgesetzt, sie erhalten genügend Zuwendung. Das gilt für fast alle Papageienarten, auch für
Nymphensittiche.

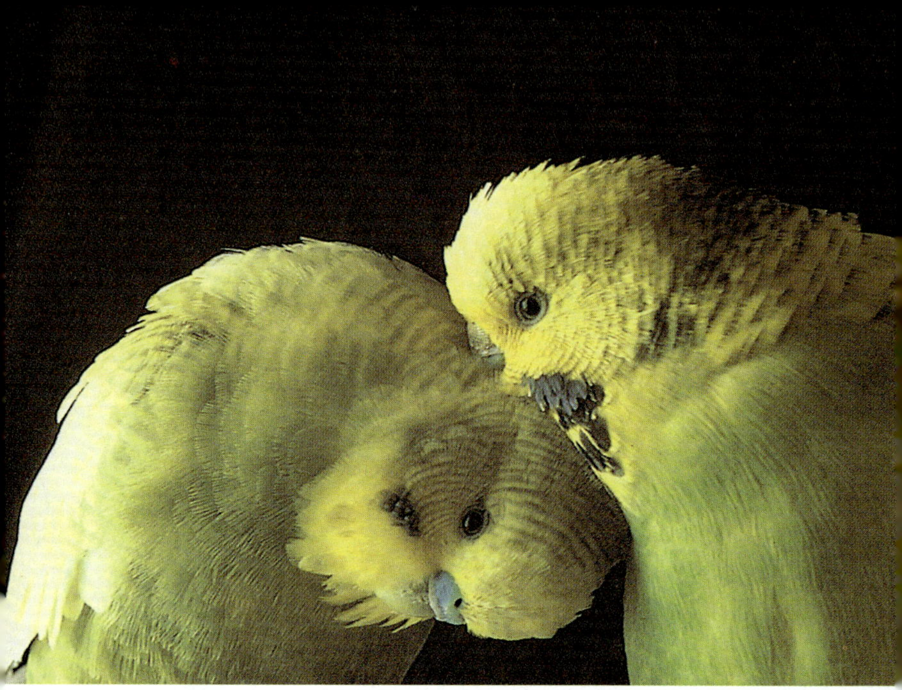

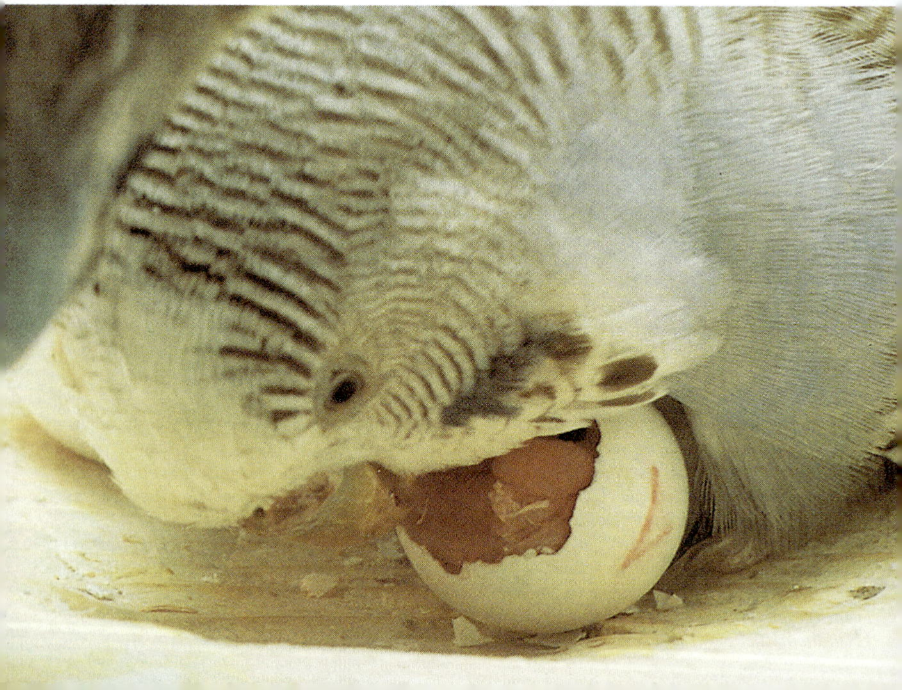

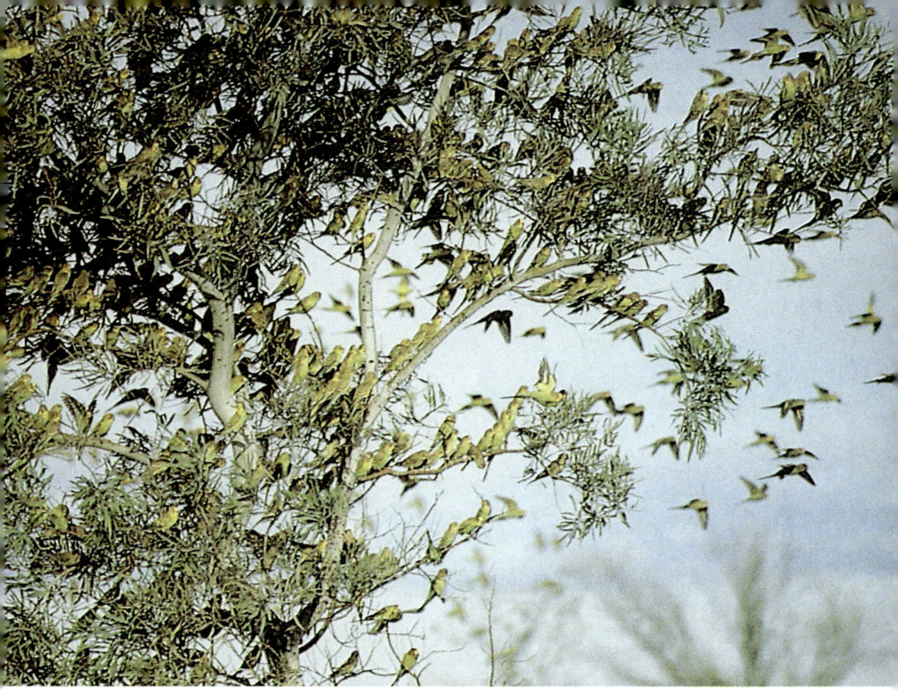

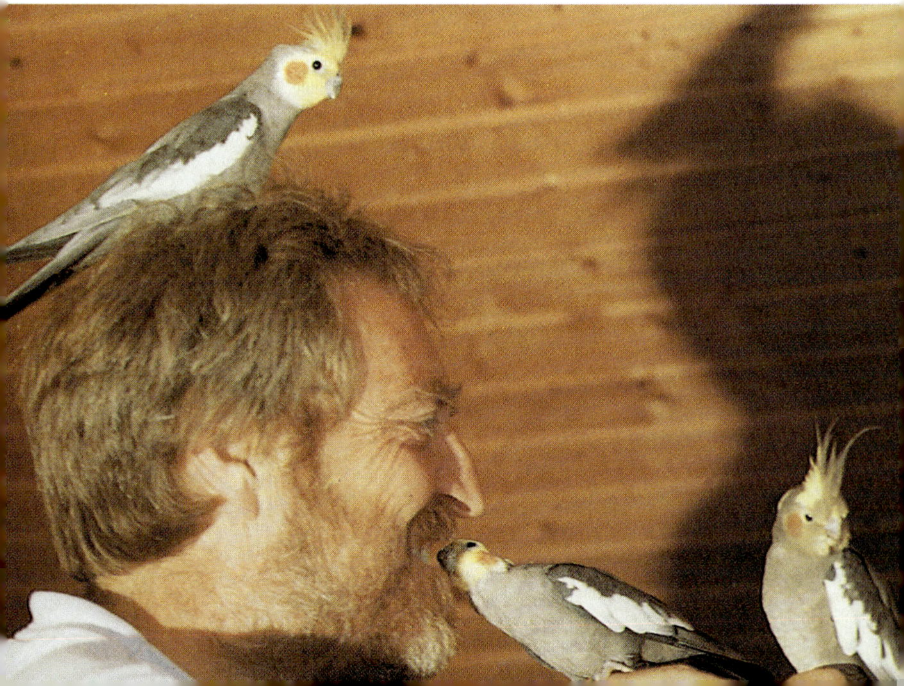

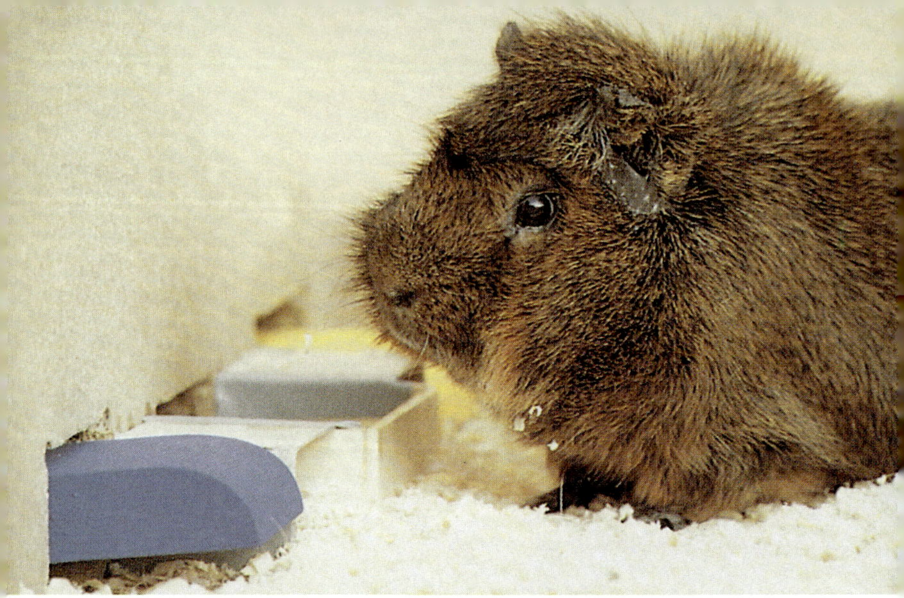

Oben: Können Meerschweinchen Farben sehen? Der Tastentest gibt Antwort.

Unten: Ein Meerschweinchen entdeckt sein Spiegelbild. Wie wird es reagieren?

gut, etwas Ähnliches hatten wir schon bei Tauben erlebt, aber Alex kann darüber hinaus erklären, worin der Unterschied besteht.

Irene nimmt einen roten und einen grünen Bleistift: »What's different?« (Was ist verschieden?) Alex läßt sich die Frage wiederholen, dann stellt er präzise fest: »Colour« (Farbe). Wir sind sprachlos – das ist der überzeugende Beweis, daß Alex nicht nur einzelne Farben benennen kann, sondern daß er sogar das Konzept »Farbe« – den Farbbegriff als solchen – begriffen hat.

Jetzt kramte Immanuel nochmals seine beiden Schlüssel heraus und fragt ebenfalls: »What's different?« Es ist eine etwas hinterhältige Frage; denn die Schlüssel sehen bis auf einige Zacken fast identisch aus. Es gibt keinen Unterschied. Aber Alex reagiert keineswegs unschlüssig. Er antwortet – etwas zaghaft zwar, aber hörbar –: »None« (nichts). Auch das hat Irene ihm beigebracht, aber sie staunt selbst, in welcher Topform ihr kranker Alex heute ist.

Das sei nicht immer so, meint sie, manchmal habe er einfach keine Lust und gebe auf einfachste Fragen die falsche Antwort – und zwar absichtlich, da sei sie ziemlich sicher. Wir müssen recht skeptisch dreingeschaut haben, denn sie beginnt sofort mit einem konkreten Fallbericht:

»Das war während der Aufnahmen fürs Fernsehen. Alex hatte eigentlich alles gezeigt, was er konnte, aber sie wollten nochmals die Zahl Drei von ihm hören. Also hielt ich ihm drei Nüsse hin. Er gab alle möglichen Antworten: eins, vier, zwei, fünf – nur die Drei war nicht dabei. Schließlich hatte ich es satt und erklärte ihm, daß ich weggehen würde. Ich war schon an der Tür, als er mir aufgeregt nachrief: ›Three... three.‹ Er ist ein Filou – ein liebenswerter.«

Als die Besuchszeit vorüber ist, muß Alex in seinen Käfig zurück. Er preßt sich an die Gitterstäbe und beginnt in höchsten Tönen zu »singen«; es ist kein Pfeifen und kein Kreischen, es sind klare melodische Töne – für mich klingen sie nach Schmerz und Wehmut. Dazwischen streut er »I love you« ein, »Good bye« (Auf Wiedersehen) oder »See you« (Auf bald). Irene kehrt nochmals um: »I love you, too.« Es gibt niemanden in der Tierklinik, der in diesen Augenblicken nicht gerührt gewesen wäre. Weiß Alex, was »I love you« bedeutet? Zumindest weiß er, daß Irene es zu ihm sagt, wenn sie ihn besonders gern hat. Warum nicht umgekehrt?

Wie einzigartig ist der Mensch?

Es gibt viele scharfsinnige Abhandlungen, die sich mit der Frage befassen, ob das Alex-Englisch, Schimpansen-Yerkisch oder Affen-Ameslan wirklich als »Sprache« bezeichnet werden dürfe; ob es überhaupt vergleichbar sei mit unserem so überaus komplexen Verständigungssystem. Das Problem dabei ist, daß es keine zwingenden Kriterien für »wirkliche Sprache« gibt; man kann sie im Grunde genommen beliebig definieren, und man kann dabei immer die Affen, Delphine, Papageien oder andere Tiere, deren Sprachbegabung wir noch nicht erkannt haben, »hinausdefinieren«.

Etwas Ähnliches spielte sich ab, als der Gebrauch von Werkzeug noch dem Menschen vorbehalten schien und zum Exklusivmerkmal erklärt wurde. Aber dann stellte sich heraus, daß Galapagos-Finken mit kleinen Ästchen nach Insekten stochern oder daß Laubenpieper ihre Laube mit Rindenpinsel und Beerenfarbe ausmalen.

Das Kriterium des »Werkzeuggebrauchs« wurde verschärft zu »Werkzeugherstellung«. Die Welt schien wieder in Ordnung zu sein – bis Brillenbären sich Stöcke zurechtbrachen, um Früchte vom Baum zu holen, und bis Schimpansen vorführten, wie man Zweige auf die richtige Länge stutzt und ihr Ende zerfasert: Das ergibt eine hocheffektive Termitenangel, wie sie auch die Eingeborenen benutzen.

Doch trotz solcher Demonstrationen gezielter Werkzeugherstellung war die Wissenschaft noch nicht bereit, diese Bastion menschlicher Exklusivität aufzugeben: Man verschärfte die Kriterien abermals und forderte »Werkzeuggebrauch zur Werkzeugherstellung« – damit glaubte sich der Homo faber endgültig auf der sicheren Seite. Zu Unrecht.

Als Kanzi sah, wie seine Lieblingsleckerei in einer Schachtel versteckt und diese zugeschlossen wurde, und als er weiter bemerkte, daß man den Schlüssel in einer zweiten Box verwahrte, die ihrerseits mit reißfestem Band verschnürt wurde, schien guter Rat teuer. Aber Kanzi löste das Problem. Er erinnerte sich an einige Flintsteine, die er einmal bei einem Ausflug aufgesammelt hatte, zertrümmerte sie auf dem harten Zementfußboden und wählte einen besonders handgerechten und scharfen Splitter aus. Mit diesem selbstgefertigten »Messer« durchschnitt er die Verschnürung der Schlüsselbox. Und mit dem Schlüssel machte er sich erfolgreich an die Leckerbox.

Kanzi hatte mit Bedacht Steine und Zementuntergrund eingesetzt, um sich ein Werkzeug herzustellen, mit dem er sich ein anderes Werkzeug verschaffen konnte, um es gezielt einzusetzen. Der Versuch, die Einzigartigkeit des Menschen über seinen Umgang mit Werkzeug definieren zu wollen, wurde aufgegeben.

Bleibt die Sprache. Könnte unsere Fähigkeit zur Sprache – zu wirklicher Sprache – nicht den qualitativen Sprung darstellen, der die Menschen über alle anderen Lebewesen erhebt? Unabhängig von der Beantwortung dieser Frage muß ich gestehen, daß mir die Suche nach einem derartigen grundlegenden artspezifischen Überlegenheitsmerkmal nicht sehr sinnvoll erscheint. Selbst wenn man es finden würde – was wäre damit gewonnen?

Es würde lediglich bedeuten, daß jene Lebewesen, die Vorformen und Zwischenstufen dieses Merkmals trugen, heute nicht mehr leben. Aber es steht fest, daß sie einmal gelebt haben und daß wir ihnen unsere Existenz verdanken: Jeder von uns lebt bekanntlich nur, weil seine Eltern lebten und deren Eltern und deren Eltern... und so fort. Wenn wir an dieser lückenlosen Generationenreihe entlang zurückmarschieren könnten, dann kämen wir nach etwa fünfhunderttausend Generationen zu einem affenähnlichen Wesen – dem gemeinsamen Urahn von Menschen und Menschenaffen. Und wenn wir uns noch weiter »zurückhangeln« zu dessen Eltern, Großeltern, Urgroßeltern..., dann landen wir beim gemeinsamen Vorfahren aller Säugetiere. Und dies ist bekanntlich noch nicht das Ende: Wir sind durch eine ununterbrochene Kette von Generationen mit beliebig einfachen Lebewesen verbunden. Nichts anderes ist gemeint, wenn wir sagen, das Leben auf der Erde habe sich »entwickelt«.

So weit, so gut. Aber das bedeutet zwangsläufig auch, daß die einzelnen Entwicklungsschritte nicht größer waren, als sie eben zwischen Eltern und Kind sein können – also vergleichsweise winzig. Alles, was unsere Art auszeichnet, gab es auch vorher – mit winzigen Abweichungen; auch wenn diese Vorläufer heute nicht mehr existieren – oder uns nur noch in Ausnahmefällen als »lebende Fossilien« begegnen.

Welchen Sinn aber macht dann die Suche nach dem grundsätzlichen Unterschied, wenn er allein davon bestimmt wird, wie sehr die Generationenkette hinter uns zerfallen und zerstückelt ist? Anders gesagt: Wäre von der vergangenen Eltern-Kinder-Kette, der wir unsere Existenz verdanken, alle paar tausend Generationen ein »lebendes Fossil« übriggeblieben, dann könnten wir heute noch per Augenschein erleben, wie unsere persönlichen Urahnen alle Zwischenstufen zwischen Menschen und Affen eingenommen haben – nicht nur in körperlicher, sondern auch in geistiger Hinsicht. Und dann würden wir vielleicht aufhören, nach *dem* Unterschied zu suchen, sondern uns eher als Wesen verstehen, die den Momentanzustand einer fortlaufenden Entwicklung verkörpern.

Manchen fällt es schwer, diesen Entwicklunsgedanken zu akzeptieren, obwohl sie eigentlich zugeben müßten, selbst durch eine Vielzahl unmerklich kleiner Entwicklungsschritte aus einer vergleichsweise einfachen, mikroskopisch kleinen Eizelle hervorgegangen zu sein. Dennoch flüchten sie sich lieber in die Vorstellung biblischer Schöpfungsakte – gerade so, als wollten sie dem Schöpfer nicht zutrauen, sich der Evolution für seine Schöpfungen zu bedienen.

Kommen wir auf die Verständigung mit Tieren zurück. In unserem Zusammenhang jedenfalls gehört die Auseinandersetzung, ob es sich dabei um wirkliche Sprache handelt oder nicht, auf einen intellektuellen Nebenschauplatz. Die Quintessenz liegt woanders: Selbst wenn tierliche Sprachansätze weit hinter unserer Sprachbegabung zurückbleiben, sind sie ein überzeugender und direkter Beleg für das Bewußtsein dieser Tiere – für die Existenz ihrer inneren Welt aus Vorstellungen, Gedanken, Gefühlen. Hierin liegt die eigentliche Bedeutung des Sprachunterrichts mit Tieren.

Bewußtsein braucht keine Sprache

Auf der anderen Seite könnten die vorliegenden Spracherfolge dazu verleiten, auf ein kleines Häuflein von »Intelligenzbestien« zu schließen, das alle anderen in den Schatten stellt. Wir neigen dazu, geistige oder psychische Fähigkeiten zu ignorieren oder für gering zu achten, solange sie nicht sprachlich ausgedrückt werden können. Und umgekehrt. Ich wäre natürlich hingerissen,

– wenn mir Kater Jurek plötzlich *erzählen* würde, wie sein Revier aussieht...
– wenn die Eichhörnchen *beschreiben* könnten, wo sie ihre Nüsse versteckt haben...
– wenn mir Mr. Spock *verraten* würde, warum er Papierabfälle hortet...
– und wenn Otto Koehlers zählende Vögel, anstatt zu picken, die Zahlen *aussprechen* würden...

Aber Moment mal, genau diesen Fall kennen wir ja: Alex, den Graupapagei.

Tatsächlich wirkt ein Vogel, der uns »fünf« zuruft, überzeugender als einer, der fünfmal pickt – obwohl der dahinterstehende geistige Vorgang, nämlich ein Anzahlkonzept zu beherrschen, ein und derselbe ist. Ob eine Klecksmenge durch eingeübtes Picken oder eingeübte Laute ausgedrückt wird, macht keinen Unterschied.

Und wenn Tauben in der Lage sind, auf vorgelegten Fotos die unterschiedlichsten Stühle, ob Hocker oder Sessel, herauszupikken, dann benutzen sie einen Oberbegriff »Stuhl« – auch wenn sie

ihn sprachlich nicht ausdrücken können. Nichts wäre unangebrachter, als sprachlose Tiere für »tierisch dumm« zu halten.

Wir haben gesehen, daß Ratten per Tastendruck signalisieren
können, ob sie laufen, sich putzen oder aufrichten. Sie wissen, was
sie tun – auch wenn sie es nicht in Worte fassen können. Ebenso
sind kausales Denken und logisches Schließen nicht an verbale
Argumentation gebunden – nicht nur Schimpansen belegen es.
Und auch Lehrstunden können ohne Erklärung abgehalten werden – die Mungos führen es vor. Ganz zu schweigen von den
vielen Möglichkeiten, ohne Worte zu lügen.

Erst recht aber bedeutet Sprachlosigkeit nicht Gefühllosigkeit.
Das schreckliche Beispiel der mit Curare betäubten Kinder hat es
gezeigt. Dasselbe gilt für den stummen Schmerz des weinenden
Bullen und die Tränen der Elefantenmutter. Gefühle sind älter
und elementarer als Sprache und Denken.

Mit unserem Plädoyer für tierliches Bewußtsein haben wir
versucht, jenen Neuansatz im Verständnis der Tiere nachzuzeich-
nen, der ihnen auch geistige und psychische Persönlichkeitsmerk-
male zugesteht. Und wir haben uns zu zeigen bemüht, daß es nicht
mehr als romantisierende Vermenschlichung abgetan werden
kann, wenn man Tieren – in unterschiedlicher Intensität – Denkvermögen, Gefühle oder gar Ich-Bewußtsein zuspricht.

Daß sich die Wissenschaft in diesem Punkt schwerer tut als der
gesunde Menschenverstand, liegt nicht nur an ihrer behavioristisch eingefärbten Vergangenheit, sondern auch an den strengen
Regeln der Nachprüfbarkeit und Quantifizierung, denen sie sich
verschrieben hat. Diese Regeln freilich stammen großenteils aus
dem Bereich der exakten Naturwissenschaften des neunzehnten
Jahrhunderts, ohne daß man sich klargemacht hätte, daß das
Verhalten von lebenden Tieren und physikalischen Objekten etwas grundsätzlich Verschiedenes ist.

Anders als physikalische Körper sind Tiere unaustauschbare
Individuen. Und anders als in der Physik werden sie nicht nur von
äußeren, sondern auch von inneren Kräften getrieben; sie besitzen
eine eigene innere Welt, die von ihren individuellen Vorerfahrungen und vom sozialen Umfeld beeinflußt wird, zu dem der Experimentator selbst gehören kann. Ein derartiger Einfluß des Beob-

achters auf das zu beobachtende Objekt ist in der klassischen Physik undenkbar.

Aber ein Umdenken ist unverkennbar – immer mehr Tierforscher sehen ihren Forschungsgegenstand mit neuen Augen an. Diese neue Sicht allein bliebe freilich eine akademische Angelegenheit, wenn sie nicht auch das Fundament für einen neuen Umgang mit Tieren abgeben würde. Unser Buch hätte seinen Zweck erfüllt, wenn es das eine oder andere Argument für den praktischen Tierschutz und die Tierrechtsdiskussion beisteuern könnte; wir selbst wollen nur zwei Problemfälle herausgreifen – zum einen, weil sie derzeit stark und kontrovers diskutiert werden, und zum anderen, weil wir hier aus erster Hand berichten können. Es geht um Zoo und Zirkus.

Immanuel Birmelin kennt sich aus in der »Szene«. Seit Jahren diskutiert und streitet er mit den Verantwortlichen für *seine* Vorstellung von diesen besonderen Begegnungsstätten zwischen Mensch und Tier. Die folgenden Kapitel geben seine kritische Sicht und zugleich seine Liebe zu Zoo und Zirkus wider.

Konsequenzen für die Praxis:
Tierhaltung in Zirkus und Zoo

Zirkus – die Show wider die Natur?

Raubkatzen

Auf dem Freiburger Meßplatz herrscht hektisches Treiben. Die Karawane des Zirkus Barum ist angerollt. Auf den ersten Blick sieht die Betriebsamkeit wie ein heilloses Durcheinander aus, aber in wenigen Stunden wird hier eine Zeltstadt errichtet sein. Gerd Siemoneit, der Chef des Unternehmens, präsentiert für zehn Tage dem Freiburger Publikum seine weltberühmten Tiernummern.

Ich freue mich, denn Gerd Siemoneit und ich sind schon seit über zwanzig Jahren befreundet. Es ist die Zuneigung zu Tieren, insbesondere zu den großen Raubkatzen, die uns verbindet. Er hatte immer Verständnis für meine Fragen, auch wenn sie in seinen Augen oft sehr theoretisch gewesen sein mögen; insgeheim, glaube ich, hat es ihm sogar Spaß gemacht, der akademischen Sicht des Verhaltensforschers seine tagtägliche Raubtiererfahrung entgegenzusetzen.

So hörte ich schon vor zwanzig Jahren von ihm, daß Löwen Koalitionen bilden, um einen ungeliebten Rivalen aus seiner Position zu verdrängen, daß Tiger täuschen oder zärtlich miteinander umgehen können und daß jedes einzelne Tier eine Persönlichkeit mit Stärken und Schwächen ist. Dies war neu und aufregend für mich; auf der Universität hatte ich davon nichts gehört. Und auch heute noch tun sich manche Professoren schwer, Tieren Gefühle, Individualität und Denkvermögen zuzugestehen.

Aber Siemoneit sprach aus persönlicher Erfahrung: Eine Raubtiernummer mit zwanzig sibirischen Tigern aufbauen zu wollen, ohne deren individuelle Vorlieben, Mimositäten und persönliche Beziehungen zu berücksichtigen, muß schon im Ansatz scheitern.

Fast immer, wenn ein Zirkus in unserer Stadt gastiert, besuche ich die Dressurproben – meist sind sie spannender, sicher aber aufschlußreicher als die Vorstellung selbst. Und bei Siemoneits Proben fühle ich mich fast »wie zu Hause«.

Frühmorgens betrat ich das große Zirkuszelt. Ich kam mir etwas verlassen in diesem zweitausend Menschen fassenden Rundbau vor, aber viel mehr machte mir die Kälte zu schaffen. Es war Herbst und viel zu kalt für diese Jahreszeit; die Atemfetzen der Raubkatzen zeigten es deutlich. Immerhin hatten die Tiere etwas zu tun, während ich, völlig durchfroren, zum Nichtstun verdammt war: dasitzen, beobachten und Notizen anfertigen – das sind keine Tätigkeiten, bei denen man ins Schwitzen kommt. Ganz anders bei meinem Gegenüber in der Manege: Gerd Siemoneit bewegte sich flink und doch mit Bedacht unter seinen Tigern.

Gespannt verfolgte ich jede seiner Aktionen; ich wollte nichts verpassen, und dennoch habe ich – wie ich später feststellen mußte – etwas Wesentliches übersehen. Zwanzig sibirische Tiger, die größten Raubkatzen der Erde, saßen artig auf ihren Podesten. Siemoneit rief die einzelnen Tiere beim Namen, und jedes verließ seinen Sitzhocker, um in den freien Raum der Manege zu trotten. Immer mehr Tigerleiber drängten sich dort zusammen – es gab kaum noch Platz für den Dompteur. Von außen wirkte der Tigerauftrieb wie ein chaotisches Durcheinander, aber für Siemoneit war alles in bester Ordnung. Kein Problem für ihn, zwanzig rot-gelb-schwarz gestreifte Leiber auf engstem Raum zu unterscheiden und zu wissen, wer sich gerade wo befindet. Siemoneit demonstrierte, was ich unter »Einfühlungsvermögen« verstehe: blitzschnelles Erfassen und Reagieren auf die Gesamtsituation. Er sah, daß alle Tiere wohlauf waren und daß an diesem Morgen keine sozialen Spannungen in der Gruppe bestanden.

Nach zwanzig Minuten verließen zwölf Tiger die Manege. Sie standen buchstäblich im Weg; denn Mara, Princess und Tosca, die etwas leichtgewichtigeren Tigerdamen, sollten ihre Sprungkraft trainieren. Siemoneit stellte zwei Podeste in Position – nichts Neues für die Tigerinnen. Sie warteten die Aufforderung kaum ab, und schon sprangen sie los; es schien ihnen richtig Spaß zu machen.

Nach dieser Anlauf- und Aufwärmphase vergrößerte Siemoneit den Abstand zwischen den Podesten. Mara und Princess sprangen mit gleicher Begeisterung wie zuvor, nur Tosca zögerte: Sie wedelte mit der Schwanzspitze – in der Sprache der Tiger signalisiert das Aufregung – und fauchte leise gegen ihren Lehrmeister. Was sich dann abspielte, irritierte mich völlig, denn Siemoneit wiederholte nicht etwa seinen Befehl, sondern sprach ruhig auf Tosca ein und rückte, als wäre nichts gewesen, das Podest in seine alte Stellung zurück.

Seine Vorgehensweise paßte so gar nicht in das übliche Lern- und Dressurschema. Im Gegenteil, sie widersprach sogar dem ersten Gebot der Lernpsychologie, wonach nur diejenigen Handlungen zu belohnen seien, die gewünscht sind. Andernfalls, so die Begründung, könne sich gerade die falsche Reaktion festsetzen.

Nach der Probe sprach ich Siemoneit auf dieses Problem an. Er pflichtete mir prinzipiell bei, aber an diesem Morgen sei Tosca in ihrem Verhalten und ihren Bewegungen leicht verändert gewesen: Ihr Gang sei ein klein wenig schwerfälliger als in den letzten Tagen – das war es, was ich völlig übersehen hatte –, und er glaube, Tosca stehe kurz vor der Niederkunft. Ob ich nicht bemerkt hätte, daß sie trächtig sei? Und in einer derartigen Situation, fügte er hinzu, dürfe man von einem Tier nichts fordern, wozu es nicht von selbst bereit sei; es käme einem Vertrauensbruch gleich.

Unser Gespräch fand gegenüber den Raubtierwagen statt. Und plötzlich sah ich, wie Tosca mit ruhigen Schritten eine Ecke ihres Wagens aufsuchte, sich in die Hocke setzte, drei- oder viermal preßte und ein Tigerkind gebar. Das ging so schnell, daß ich es kaum glauben konnte. Siemoneit ergriff sofort einen Schieber, um Tosca sicherheitshalber von den anderen Tigern zu trennen. Nach einer Viertelstunde kam das zweite Tigerkind zur Welt. Tosca beleckte ihren Nachwuchs sorgfältig von Kopf bis Fuß, dann kaute sie auf der Nabelschnur, durchtrennte sie und fraß die Nachgeburt. Große Erleichterung: Sie nahm ihre Kinder an.

Zufrieden klappte Siemoneit die Sichtblende hoch, die außen am Raubtierwagen befestigt ist. Das war alles, was er für seine neue Tigerfamilie unternahm. Leicht vorwurfsvoll fragte ich ihn, warum er keine Wurfbox vorbereitet habe, so wie ich es vom Zoo her kannte? Aber Siemoneit winkte ab, Zirkustiere seien eben keine Zootiere. Seine Tigerin suche den Kontakt zu Menschen und den anderen Tigern; in eine Wurfbox eingesperrt zu sein sei sicher nicht in ihrem Sinne.

Und Siemoneit sollte recht behalten: Schon am nächsten Tag wollte Tosca wieder mit ihrer Gruppe in die Manege. Als die Musik ertönte, lief sie unruhig umher, maunzte und kratzte mit den Vorderpfoten am Schieber – einen Tag später war Tosca wieder bei der großen Show dabei.

Meines Wissens wurde in freier Wildbahn noch nie eine Tigergeburt beobachtet. Aber es ist bekannt, daß die Mutter bis kurz vor der Geburt noch auf die Jagd geht und diese auch einige Tage danach wiederaufnimmt. Insofern war Toscas kurzes »Wochenbett« nicht außergewöhnlich. Außergewöhnlich aber war, daß sie sich nicht zurückgezogen und keinerlei Aggressionen gegen Menschen oder Artgenossen entwickelt hatte.

Über dieses Verhalten erzählte mir René Strickler eine für einen Verhaltensbiologen fast unglaubliche Geschichte. Wie jeden Morgen hatte René den Verschlag seines Raubtierwagens geöffnet, aber Pat, seine Löwin, kam nicht zur morgendlichen Begrüßung; schwer atmend kauerte sie in einer Ecke. René überlegte nicht lange und stieg zu ihr hinein. Er wußte, daß sie bald niederkommen sollte; beruhigend sprach er auf sie ein, streichelte ihren dicken Bauch und blieb einfach neben ihr sitzen.

Nach einer Stunde begannen die Preßwehen, aber es kam kein Kind. Intuitiv fühlte René, daß seine Löwin Schwierigkeiten hatte. Couragiert faßte er in ihre Scheide und zog ihr erstes Baby heraus – ein Raubtierdompteur als Geburtshelfer! Pat brachte bei diesem Wurf noch drei weitere Junge zur Welt. Auch bei ihren späteren Geburten war René fast immer dabei.

Man könnte denken, bei Pat handele es sich um eine seltene Ausnahmeerscheinung. Aber Pat ist nicht allein. Auch Stricklers schwarze Pantherin Larah brachte ihm ungewöhnliches Vertrauen entgegen. Nachdem sie ihre Kinder geboren hatte, packte sie den Nachwuchs vorsichtig am Genick und brachte ihn René an das Gitter. So, als wolle sie ihm zeigen, wie niedlich ihre drei blinden Leopardenbabys doch sind.

René Strickler mit seiner Leopardin Larah kurz nach der Geburt ihrer Jungen

Wohlgemerkt, Leoparden gehören zu den scheuesten Großkatzen überhaupt. Man bekommt sie in der Wildnis kaum zu sehen. Zudem leben die weiblichen Tiere allein, treffen sich nur zur Paarung mit einem Partner, und auch die Aufzucht der Jungen bleibt ganz allein ihre Angelegenheit. Um so erstaunlicher ist es, daß Larah sich eigenmächtig über diese »natürlichen« Verhaltensweisen hinweggesetzt hat; bei all ihren späteren Geburten war René wie selbstverständlich dabei.

Wie kann sich ein derartiges Vertrauensverhältnis zwischen Mensch und Tier entwickeln? Die Ansicht, daß dies nur möglich sei, wenn die Tierbabys von Anfang an menschliche Ersatzeltern hätten, ist weit verbreitet, aber sowohl Pat wie Larah belehren uns eines Besseren. Beide Raubkatzen sind im wilden Rudel groß geworden. Pat lebte bis zu achtzehn Monaten in einem Löwenrudel in einem Safaripark, und auch Larah kam erst mit einem Jahr zu René Strickler. Sie sind also keine Flaschenkinder, die in ihrer frühen Kindheit auf den Menschen geprägt wurden. Seine erste Begegnung mit Pat war für René Liebe auf den ersten Blick – eine personengebundene Liebe, denn anderen Menschen gegenüber blieb Pat durchaus mißtrauisch und aggressiv. Selbst die Tierpfleger mußten anfangs höllisch aufpassen.

Nach dem Geheimnis seiner erstaunlichen Beziehung gefragt, antwortet René fast ernüchternd: »Zuwendung, Zuwendung und nochmals Zuwendung.« Seit sie bei ihm im Zirkus ist, verbringt René mehrere Stunden am Tag mit seiner Löwin. Konkret bedeutet das: ruhiges und liebevolles Zureden, Streicheln und hin und wieder Spielen, Balgen und Schmusen. Das hört sich sehr einfach und fast rührselig an, aber es erfordert eine besondere Begabung: René muß die Stimmungen seiner Tiere erfassen, er muß wissen, wozu sie aufgelegt sind. Heute ist vielleicht Spielen, morgen Schmusen angesagt. Er muß warten, bis sie sich ihm gegenüber öffnen und auf ihn zukommen. Der größte Fehler wäre, sie in ihrer Gefühlswelt zu überrumpeln oder zu überfordern; denn Larah, Pat & Co. sind unter Renés Obhut keineswegs zu harmlosen Schmusekatzen geworden: Sie haben – auch für ihn – nichts von ihrer Gefährlichkeit als Raubkatzen verloren.

Die Kritik aus dem Bauch

Kritik am Zirkus und seinen Tiernummern hat Konjunktur. Dagegen ist nichts einzuwenden. Unternehmen, die so in der Öffentlichkeit stehen und von der Öffentlichkeit leben, sollten sich auch der öffentlichen Kritik nicht verschließen. Haltungsbedingungen und Dressurmethoden können nicht zur Privatsache erklärt werden – wenn man Tiere ernst nimmt. Ein Problem dabei ist jedoch, daß viele Zirkuskritiker entweder zuwenig vom Verhalten der Tiere in ihrer natürlichen Umgebung verstehen oder über die Verhältnisse im Zirkus schlecht informiert sind. Dann kann es passieren, daß man sich für fortschrittlich hält, aber gerade die wirklichen und kritikbedürftigen Schwachpunkte übersieht.

In den skandinavischen Ländern zum Beispiel sind Raubtiere im Zirkus verboten, Elefanten und Menschenaffen aber zugelassen. Und dies, obwohl, wie wir noch sehen werden, Elefanten gerade die Problemtiere des Zirkus sind; und Schimpansen sollten überhaupt nicht mehr in der Manege oder in der Tierschau gezeigt werden. Für ein Schimpansenverbot im Zirkus treten mittlerweile Primatenforscher und aufgeschlossene Zirkusdirektoren gleichermaßen ein. Im Schweizer Nationalzirkus Knie und im Zirkus Barum wird man sie nicht mehr sehen.

Mit einer bestimmten Art von Kritik tue ich mich besonders schwer. Es ist der pauschale Vorwurf, die Tiere im Zirkus und ihre Leistungen seien »zutiefst unnatürlich«. Der Zirkus sei geradezu der Nährboden für Verhaltensstörungen und Verhaltensartefakte: In einem derart künstlichen Umfeld könne sich kein natürliches Verhalten entwickeln. Und daran änderten auch Beispiele wie die von Pat oder Larah nichts; im Gegenteil, ihr menschenbezogenes Verhalten sei wider ihre ursprüngliche Natur; Raubkatzen brauchten keine Schmusefreundschaften mit irgendwelchen menschlichen Herren.

Ich denke, hinter solcher Argumentation steckt ein allzu simpler und romantischer Naturbegriff: Man nehme die Welt, wie sie ist, ziehe die Menschen und ihre Eingriffe ab, und der Rest sei dann unverfälschte Natur. Zunächst einmal gehört alles zur Natur der Raubkatzen, was sie von sich aus zeigen und entwickeln. Warum sollten wir nur das gelten lassen, was sie uns in Afrika oder Asien unter den dort herrschenden Bedingungen vorführen? Mit dem gleichen Recht könnten wir behaupten, es gehöre zur Natur der Eskimos, in Iglus zu wohnen und rohen Fisch zu essen, oder zur Natur der Amerikaner, sich möglichst auf vier Rädern fortzubewegen.

Daß solche Behauptungen reine Vorurteile sind, liegt auf der Hand. Nicht nur Menschen, sondern auch Wildtiere verfügen über ein enormes Anpassungspotential, das sie befähigt, auch unter anderen Verhältnissen zurechtzukommen. Oder anders ausgedrückt: Der genetische Rahmen ihrer Verhaltensmöglichkeiten ist so weit gesteckt, daß er auch emotionale Bindungen, sprich: enge Freundschaften, zu artfremden Lebewesen vorsieht.

Auch wenn diese Fähigkeit unter den üblichen Bedingungen der Wildnis nicht abgefordert wird – zur Natur der Raubkatzen gehört sie allemal.

Niemand hat dies eindrucksvoller erfahren als die Amerikaner Joy und George Adamson. Das Ehepaar lebte seit Jahrzehnten in Kenia, George arbeitete als Wildhüter. Eines Tages wurde bei einem Unfall eine Löwin erschossen. Drei kleine Waisen blieben zurück, und die Adamsons nahmen sich ihrer an. »Jetzt lagen die drei Babys auf meinem Schoß«, schreibt Joy, »und ob ich wollte oder nicht, ich hatte für nichts anderes Augen und Ohren« (*Frei geboren*, 1960). Joy zog alle drei Löwenkinder mit der Flasche auf. Die Löwenkinder wuchsen enorm schnell, und nach fünf Monaten mußten die Adamsons einsehen, daß sie nicht alle drei behalten konnten. Schweren Herzens gaben sie zwei an europäische Zoos ab. Nur Elsa, die kleinste von den dreien, behielten sie vorläufig. Und Elsa sollte sie weltberühmt machen.

Als Elsa Geschlechtsreife erlangt hatte, war den Adamsons klar, daß sie sich von ihr trennen mußten, wenn sie Elsa die Chance nicht verwehren wollten, Junge zu bekommen. So machten sie den gewagten Versuch, sie wieder in die Wildnis zu integrieren, was tatsächlich gelang. Elsa lebte wieder auf freiem Fuß, kam aber in Abständen immer wieder ins Camp und besuchte ihre Zieheltern. Sie schmuste mit ihnen, und irgendwann trottete sie wieder davon. Diese Visiten setzte sie auch fort, nachdem sie einen Partner gefunden hatte und schwanger geworden war.

Zur Geburt ihrer Kinder zog sich Elsa zwar zurück und gab in den ersten Tagen den Adamsons keine Gelegenheit zu einem Besuch am Wochenbett. Eines Tages aber tauchte sie mit ihren drei Babys im Camp auf. Joy und George Adamson durften die Kleinen auf den Arm nehmen und herumtragen. Obwohl Elsa also wieder das Leben einer wilden Löwin führte und einen völlig wildlebenden Gefährten hatte, behielt sie ihre Vertrautheit mit den Menschen und ihre Zuneigung zu ihnen bei. Kein Lohn verlockte sie dazu – jedenfalls kein materieller; es schien sich für sie zu »lohnen«, den zärtlichen Kontakt aufrechtzuerhalten. Wir sollten uns hüten, vorschnell darüber zu befinden, was für ein wildes Tier natürlich und unnatürlich sei.

Als Maßstab für die Raubtierhaltung im Zirkus sollte man daher weniger den diffusen Begriff »Natürlichkeit« heranziehen, sondern vielmehr nach deren Wohlbefinden fragen. Das ist tiergemäßer. Aber auch dafür braucht es ein gewisses Maß an Sachverstand; allzu naive Tierliebe ohne das nötige Hintergrundwissen kann zu ärgerlicher, weil ungerechter Fehleinschätzung führen.

Todesangst vor dem Feuerreifen?

Eine große deutsche Illustrierte schrieb 1990: »Durch Feuer springen Tiere in der Natur nur in Todesangst. Schrittweise mag es gelingen, die Tiere gegen ihren Instinkt durch die Flammen zu locken. Die Folgen sind jedoch Neurosen wie ständiges Hin- und Herlaufen oder Apathie.«

Wie unsinnig diese Behauptung ist, läßt sich leicht nachlesen. Mark und Delia Owens, die sieben Jahre lang in der Kalahari Wildtiere studierten, berichten: »Die meisten Tiere bleiben erstaunlich ruhig (beim Herannahen des Feuers). Eine fünfköpfige Löffelhundfamilie lag schlafend im Gras, bis sich die Flammen auf einige hundert Meter genähert hatten, und erhob sich dann, offensichtlich nicht wegen der drohenden Gefahr, sondern wegen der Insekten, die sich fliegend oder krabbelnd zu Tausenden in Sicherheit zu bringen versuchten. Die Löffelhunde gähnten und streckten sich wie üblich, um dann im Gras auf die Jagd zu gehen, wo sie eine große Heuschrecke nach der anderen erbeuteten ... Dort, wo es vereinzelte kahle Stellen auf den mit spärlichem Gras bewachsenen Flächen gab, benutzten Löwen, Springböcke, Kuhantilopen diese als Fluchtwege, um in das bereits abgebrannte Gebiet zu gelangen.« (*Der Ruf der Kalahari*, 1987)

Von Panik und »angeborener« Todesangst kann also keine Rede sein. Steppenbrände gehören zum Leben in der Savanne, die Tiere sind seit Jahrmillionen mit ihnen vertraut. Hätten sie nicht Strategien im Umgang mit dem Feuer entwickelt, wären sie vermutlich längst ausgestorben.

Die Angst des Löwen vor dem Feuerreifen darf man also getrost vergessen, aber die Frage bleibt: Wozu überhaupt sollen Wildtiere solche Kunststücke oder »Tricks«, wie die Zirkusleute sagen, erlernen? Was haben sie davon – außer daß sie ihrem Dompteur Machtbefriedigung und Geld einbringen, wie Zirkusgegner gerne hinzusetzen?

Die Antwort geben die Tiere selbst. Wer sich mit ihrer Mimik und Körpersprache auskennt und den täglichen Übungsstunden eines guten Tierlehrers beiwohnt, der sieht einfach, daß die Tiere interessiert bei der Sache sind, daß sie wach und lernwillig sind – nicht nur der Belohnungshappen wegen. Sie bringen weniger Gleichgültigkeit und mehr Anteilnahme mit als mancher Schüler im Unterricht.

Und es bekommt ihnen: Sie bleiben wach und aufgeschlossen für alles, was in ihrer Umgebung passiert. Dieses geistige Training ist wichtiger und verändert die Tiere nachhaltiger als das körperliche Training und die dabei erlernten Fertigkeiten. Außerdem ist es mit Tieren ähnlich wie mit unseren Mitmenschen: Nichts verbindet so sehr, wie wenn man etwas zusammen macht, etwas gemeinsam auf die Beine stellt, sich erarbeitet. Und vielleicht trifft das für Tiere in noch stärkerem Maße zu, weil hier die Möglichkeit, sich über Gespräche näherzukommen, ausfällt.

Ein mir unvergeßliches Beispiel boten – ausgerechnet – Kamele. In dem Freiburger Haustiergarten Mundenhof lebt seit Jahren eine Kamelherde, ein Hengst mit seinen Stuten. Ihnen steht ein riesiges Gelände zur Verfügung. Sie bekommen regelmäßig Nachwuchs, und auch sonst hatte man immer den Eindruck, daß sich die Trampeltiere wohl fühlen. Bisweilen absolvierten sie sogar ein kleines Dressurprogramm.

Bis eines Tages der Moskauer Staatszirkus in der Stadt gastierte. Der Zufall wollte es, daß sich in seinem Troß der Tierlehrer Israchilow befand. Seine große Liebe galt den Kamelen. Und das merkte man seiner Kamelnummer auch an. Sie war die beste, die ich je gesehen habe. Er hatte ein unglaubliches Einfühlungsvermögen in diese Tiere. Israchilow bestand darauf, auch die Kamele im Mundenhof zu sehen, und er war beeindruckt von ihrer guten körperlichen Verfassung. Wenn er Zeit habe, würde er gern zurückkommen und sie dressieren, sagte er. Sein Angebot wurde begeistert aufgenommen – aber natürlich glaubte niemand daran.

Zwei Jahre später stand er plötzlich mit seinem Campingwagen auf dem Mundenhof. Ich brauche die verdutzten Gesichter nicht zu beschreiben. Drei Wochen arbeitete er mit den Kamelen und konnte am Ende ein kleines Programm vorführen. Wichtiger aber war, wie sich die Tiere während der Trainingsarbeit veränderten. Matuschek, der Pfleger der Kamele, berichtet: »Durch die Herde ging ein ›Ruck‹, die Tiere wurden neugieriger und neuen Dingen gegenüber aufgeschlossener. Sie fühlten sich merklich wohler.«

Die Geschichte endete traurig. Nachdem Israchilow wieder abgereist war, fraß der Hengst mehrere Tage nicht und bekam Durchfall. Es konnte keine körperliche Ursache festgestellt werden. Man muß annehmen, daß das Kamel unter der Trennung von seinem Dompteur litt.

Seit einiger Zeit geht man auch in manchen Zoos dazu über, mit Tieren zu »arbeiten«: Nichtstun stumpft ab und ist unbefriedigend; auch Tiere haben geistige und emotionale Bedürfnisse; genügend Raum und genügend Futter genügen eben nicht.

Die Elektrotortur

In den letzten zwei Jahrzehnten hat sich bei den meisten Zirkusunternehmen ein grundlegender Wandel im Umgang mit den Tieren durchgesetzt. Das Erlernen der Tricks wird nicht mehr durch Bestrafung erzwungen, sondern durch Belohnung schmackhaft gemacht, zum Beispiel durch kleine Fleischhappen. Angst vor Schmerz wurde durch die Erwartung von Genuß ersetzt. Die öffentliche Meinung und der Druck der Tierschützer haben sicher auch zu diesem »Methodenwandel« beigetragen. Leider gibt es aber immer noch Vertreter der brutalen alten Schule – nur, daß sie heute mit raffinierteren und schlimmeren Methoden arbeiten.

Bei der sogenannten Tele-Tac-Dressur wird dem Tier eine Metallschleife um den Hals gelegt; per Fernsteuerung kann dann ein Stromstoß durch das Halsband geschickt werden. Ähnlich wirkt der Elektrostab, der bei der leichtesten Berührung einen elektrischen Schlag austeilt.

Für die Tiere läßt sich kaum ein grausameres Verfahren erfinden. Der Stromstoß, den sie damit bei jeder falschen Bewegung bekommen, bedeutet nicht einfach nur einen momentanen Schmerz, sondern wirkt sich verheerend auf das gesamte Nervensystem aus. Nicht umsonst wird er auch für Menschen als Foltermethode eingesetzt. Hunde weichen winselnd vor einem Elektrozaun zurück, wenn sie ihn versehentlich berühren. Diejenigen, die seinen Einsatz zu rechtfertigen versuchen, entlarven in ihrer Argumentation ungewollt ihre Grausamkeit: Es sei die humanere Methode als herkömmliche Arten der Bestrafung, denn ein einziger Schlag genüge, um die Tiere gefügig zu machen.

Es bedarf vieler Erfahrung, um die mit dieser Methode dressierten Tiere zu erkennen. Wenn sie schwierigste Tricks auf ein bloßes Fingerschnippen hin ausführen, liegt der Verdacht nahe. So gut wie sicher kann man bei Nummern sein, in denen Schimpansen oder Orang-Utans ohne jede Gemütsregung perfekt Menschen imitieren. Solche Nummern sind vor allem aus Las Vegas bekannt. Leider sind sie Publikumsrenner, und entsprechend viel läßt sich mit ihnen verdienen.

Aber auch Elefanten und Braunbären werden mit dem Elektrostock malträtiert. Unter seiner Wirkung werden die schweren Kolosse zu Sprintern in der Manege und die Teddys zu »Clowns« und Hochseilakrobaten. Es ist höchste Zeit, wirksame Methoden zu entwickeln, um diese grausamen Dompteure zu entlarven und ihnen das Handwerk zu legen.

Neben diesen »Profis der Brutaldressur« sind es häufig kleine Zirkusunternehmen, bei denen man große Mißstände findet. Ihre Mitarbeiter haben oft keine Ausbildung und selten die Umzäunung ihres Zirkus verlassen. Sie halten es einfach mit der Regel: Was früher galt, kann heute nicht falsch sein. Es mangelt ihnen weniger an Geld als an Einsicht, und entsprechend katastrophal ist meistens auch die Unterbringung ihrer Tiere. Auszugsweise geben wir im folgenden den Bericht eines Amtstierarztes aus dem Jahr 1992 wieder, der gerade durch seine Nüchternheit besonders erschütternd ist:

»Ein ca. 16 Jahre alter indischer Elefantenbulle stand, an einem Vorderbein angekettet, in einem Wagen mit Seitenöffnung. Ein männlicher Schimpanse wurde in einem, zu einem Großkäfig hergerichteten, Möbelwagen gehalten. Der Zirkus W. machte Quartier in einer stillgelegten Wollspinnerei. Im Keller des Gebäudes war der Elefantenbulle zum Festliegen gekommen. Tierarzt und alarmierte Feuerwehr bemühten sich, das Tier aufzurichten. Bei unserem Eintreffen war der Elefant verendet. Der Zirkusdirektor lamentierte über den Verlust und begründete den Tod mit Vergiftung durch Chemikalien. Die Zerlegung des Elefanten wurde von den Kollegen des Veterinäramtes gemeinsam durchgeführt:

Ergebnis: Schwund aller Fettdepots mit sulziger Entartung des Gewebes. Magen- und besonders Dickdarmschleimhaut blutig entzündet. Im Dünndarm Rundwürmer.

Diagnose: Kreislaufversagen nach länger andauernder Mangelernährung.

Das traurige Kapitel Elefantenhaltung war aber noch nicht abgeschlossen. Auf dem weitläufigen Gelände wurde noch ein weiterer Kleinzirkus mit Elefantenhaltung aufgespürt. In der von der Atemluft der Tiere feucht-kalten Wasserdampfatmosphäre war der Elefant zunächst kaum auszumachen. Erst nach der Lüftung des Stallgebäudes war zu erkennen, daß auch dieses Tier sich in einem bedauernswerten Zustand befand. Der Tierbesitzer hatte zwar diesen Elefanten nach eigener Aussage vor einem Jahr für 22 000 DM kaufen können, jetzt aber saß er fest im Winterquartier, bezog Sozialhilfe und hatte wenig Geld für die Futterbeschaffung. Die Tätigkeit des Veterinärs war auch hier die des Nothelfers: Klimaverbesserung in dem feucht-kalten Stall, Futterbeschaffung. Das physische Ende war aber auch hier vorprogrammiert. Das Tier brach infolge des Schwächezustands häufiger zusammen und lag eines Morgens tot im Stall. Auch hier ergab die Zerlegung Veränderung durch Mangelernährung.

Aber was geschah mit dem ca. 12 Jahre alten Schimpansenmann? Der 16 m^2 große Käfig des Tieres befand sich auf einem Möbelwagen, dessen Längsseite mit einer Jalousie für die Zurschaustellung versehen war. Bei Öffnung der Flügeltüre des Wagens erschien der Schimpanse, eingehüllt in einer über den Kopf gezogenen Wolldecke, am Gitter. Bei einer Außentemperatur von 4 Grad Celsius stand er frierend da und bettelte um Nahrung. Die im hinteren Bereich des Käfigs eingerichtete Schlafbox war ohne Heizquelle. Der Einsatz eines Heizgerätes wurde vom Tierbesitzer zunächst abgelehnt mit der Begründung: dann müsse man ja die Beheizung den ganzen Winter hindurch fortsetzen, sonst würde sich der Affe erkälten. Die Bemühungen, den Schimpansen an einen Zoo oder eine ähnliche Einrichtung abzugeben, scheiterten. Das Tier war nicht vermittelbar. Es blieb nur noch eine Reaktion: Die alternative Tötung mit vernünftigem Grund. Sie war tierschutzrechtlich zulässig, aber ich konnte mich nicht dazu entschließen. Zu oft hatte ich im Verlauf von drei Wochen Gelegenheit, mit dem Schimpansen zu ›sprechen‹, einen Leckerbissen zu bringen, den ›Bruder‹ zu trösten.«

Soweit dieser Bericht aus erster Hand. Kurze Zeit später starb auch der Schimpanse. Beide Tierbesitzer wurden angezeigt, und ich denke, hier dürften die Richter keine Schwierigkeit gehabt haben, einen Verstoß gegen das Tierschutzgesetz festzustellen. In Paragraph 2 wird dort verlangt, daß den Tieren eine »angemessene, artgerechte Unterbringung« gewährt wird und »das artgemäße Bewegungsbedürfnis nicht dauernd und nicht so eingeschränkt« wird, daß ihnen dadurch »vermeidbare Schmerzen, Leiden und Schäden« zugefügt werden.

Das hört sich zwar ganz gut an, aber die Beurteilung von »vermeidbarem Leiden« der Zirkustiere in den Ermessensspielraum der Gerichte zu legen ist kaum die Lösung. Es gibt eben wenig objektive Kriterien für Leiden – und für psychisches Leiden schon gar nicht; man ist hier immer auf das Urteil von Fachleuten angewiesen, die jahrelang aufs engste mit der betreffenden Tierart zu tun hatten und die – eventuell – einen Blick dafür entwickelt haben.

Die erste Instanz zur Beurteilung und Beanstandung von Mißständen sind die Amtstierärzte. Aber viele von ihnen fühlen sich unsicher und überfordert. Woher auch sollen sie etwas über das natürliche Verhalten von Flußpferden, Nashörnern, Elefanten,

Schimpansen und sibirischen Tigern wissen? Solche Exoten kommen in der praktischen Tierarztausbildung kaum vor.

Mittlerweile werden zwar Fortbildungskurse über die Zirkusthematik angeboten, und vor zwei Jahren wurden unter Federführung des Bundesernährungsministeriums »Leitlinien« erarbeitet, um sowohl den Tierärzten wie den Zirkusbetrieben eine Art Fibel der Tierhaltung in die Hand zu geben. Aber meine persönliche Vorstellung geht dahin, daß Fachkommissionen, bestehend aus Tierärzten, zirkuserfahrenen Verhaltensforschern und Zirkusleuten, ins Leben gerufen werden, die die Zirkusunternehmen überprüfen, beraten und notfalls die Gerichte einschalten.

Zugleich würde ich mir wünschen, daß die Zirkusunternehmen selbst zu Vorreitern in Sachen Tierhaltung werden – und auf lange Sicht müssen sie es werden, wenn sie nicht die Gunst eines aufgeklärten Publikums verlieren wollen.

Gewiß, Tierhaltung im Zirkus hat objektive Grenzen. Ein Zirkus ist ein mobiles Unternehmen, die Gehege müssen daher schnell abbaubar und transportierbar sein. Bestimmte Sicherheitsstandards für Mensch und Tier müssen dabei eingehalten werden. Zudem – machen wir uns nichts vor – ist gute Tierhaltung auch eine Frage des Geldes.

Ich bin jedoch der festen Überzeugung, daß auch unter diesen schwierigen Bedingungen Zirkusunternehmen tiergerecht zu führen sind – Phantasie und guter Wille vorausgesetzt. So ist gerade in der Frage der Raubkatzenhaltung Bewegung in die Szene gekommen: Warum nicht leicht aufbaubare und mobile Außenkäfige, die an die Raubtierwagen angeschlossen werden?

Ein derartiges Gehege hätte viele Vorteile. Die Großkatzen würden immer wieder neue optische und Geruchseindrücke erleben, wenn der Zirkus seinen Standort wechselt. Man könnte zudem Kletterbäume und Hochsitze anbringen, um neue Bewegungsmöglichkeiten zu schaffen. Kurzum, ein solches Gehege ließe sich wesentlich aufregender gestalten als ein Wagen, und der Freiluftaufenthalt würde den Tieren auch gesundheitlich guttun: Sie könnten sich nach eigenem Belieben in die Sonne legen, sich Wind und Regen aussetzen oder im Schnee herumtollen. Und zu guter Letzt hätten auch die Besucher der Tierschau etwas davon.

René Strickler hat diesen Weg schon seit einigen Jahren beschritten. Er hat früh erkannt, daß das Wohlbefinden seiner Schützlinge auf zwei Säulen ruht: auf der psychischen Betreuung und auf der Käfigstruktur. Glücklicherweise haben auch und gerade große Zirkusunternehmen diesen Zusammenhang erkannt. Und sie haben die Erfahrung gemacht, daß die Arbeit in der Manege dadurch leichter und schöner wird. Als Beispiel können die Eisbären des Zirkus Siemoneit-Barum dienen.

Das tägliche Bad für Bären

Zu Beginn der achtziger Jahre entschloß sich Gerd Siemoneit, eine gemischte Raubtiernummer aufzubauen. Sie bestand aus einem Löwen, vier Tigern, fünf Leoparden, vier Eisbären und einem Braunbären. Die Tiere stammten alle aus Zoowürfen und waren noch im Kindesalter, als sie zu ihm kamen. Siemoneit freute sich auf die Aufgabe, plante alles sorgfältig und ließ für seine neuen Partner große, schöne Wagen bauen: ihr »Heim erster Ordnung«.

Etwas später gewöhnte er sie an ihr »Heim zweiter Ordnung«: Die Manege wurde zum Tummelplatz und zur Spielwiese der Bären und Katzen – getrennt, versteht sich; erst später wurden sie zusammengebracht.

Das Spannendste an diesen ersten Ausflügen in die Manege war das völlig unterschiedliche Vorgehen der Raubkatzen und der Eisbären – und dieser Unterschied sollte sich später in ganz anderem Zusammenhang nochmals bemerkbar machen: Die Bären eroberten die Manege im Sturm. Ängstlichkeit oder Vorsicht schienen sie nicht zu kennen. Sofort versuchten sie, auf die »Babyhocker« zu klettern, meist vergeblich; sie umzuwerfen gelang ihnen schon eher; aber den meisten Spaß bereitete es ihnen, sie wie Einkaufswagen durch das Sägemehl zu schieben. Und wenn gerade kein Spielzeug zur Hand war, um so besser: Dann konnte man einen spielerischen Streit vom Zaun brechen.

Die Sorglosigkeit und Unbekümmertheit der Eisbären waren beeindruckend, und sie haben sicher damit zu tun, daß sie in ihrer arktischen Heimat keine Feinde haben: Sie können es sich leisten, ohne Vorsicht alles zu erkunden.

Ganz anders die Raubkatzen: Zögernd und verhalten betraten sie die Manege. Jeder Gegenstand wurde vorsichtig beschnuppert, jedes fremde Geräusch ließ sie ängstlich verharren. Erst nach einiger Zeit gewannen Neugier und Spiellaune die Oberhand.

Siemoneits Proben finden immer öffentlich statt. Darauf legt er Wert. Und so verfolgte ich mit Vergnügen den Fortgang der Dressur und entschloß mich, eine kleine Studie über das weitere Verhalten der Eisbären zu erstellen. Regelmäßig fertigte ich Beobachtungsprotokolle an und versuchte, soweit dies im Zirkus möglich ist, wissenschaftliche Kriterien anzulegen.

Das Ergebnis war erstaunlich und enttäuschend zugleich: Siemoneit hatte wirklich große, geräumige Wagen, und er ließ die Tiere täglich, außerhalb der Vorstellung, in der Manege toben. Trotzdem begannen sie, als sie etwa sechzehn Monate alt waren, mit ihren Köpfen zu schaukeln. Diese typische »Unart« der Eisbären nahm mit fortschreitendem Alter zu, und entsprechend seltener spielten sie miteinander. Es war ein trostloses Bild: Die Tiere standen einfach da, kümmerten sich kaum mehr um ihre Partner und schwangen wie unter innerem Zwang ihre Köpfe.

Siemoneit war beunruhigt. Zudem wurde die Arbeit in der Manege immer schwieriger: Die Eisbären entwickelten dort so viel Tatendrang und Unternehmungslust, daß sie kaum mehr auf ihren Hockern zu halten waren. Nicht auszudenken, wenn einer der Bären plötzlich zu Sultan, dem Löwen, oder einem der Tiger marschieren würde..., ein Blutbad wäre wohl kaum zu verhindern.

Offensichtlich fehlte ein wesentliches Element im Leben der Bären: Wasser, um sich auf unterschiedlichste Weise auszutoben und abzureagieren. Nach einigen Monaten war es soweit. Die fünf inzwischen mannsgroßen »Teddys« konnten ihren fahrbaren Swimming-pool einweihen, und es war offensichtlich, wie sehr ihnen dieses wichtige Element ihrer natürlichen Umgebung gefehlt hatte: Sie veranstalteten ein ausgelassenes und fröhliches Badefest. Von diesem Zeitpunkt an spielten sie wieder miteinander, das Interesse aneinander kehrte zurück, und auch in der Manege waren die Tiere ausgeglichener und konzentrierter.

Kein Zweifel, der Badewagen war ein Erfolg – wenn auch kein hundertprozentiger Erfolg. Denn leider gaben die Eisbären ihre schaukelnden Kopfbewegungen nie ganz auf. Ihre angestammte Lust nach Betätigung, ihre Gier nach Neuem sind wohl zu groß, als daß sie durch ein einziges Schwimmbecken zu befriedigen wären. Ich bin deshalb sicher, daß in der Unterbringung der Zirkusbären noch nicht das letzte Wort gesprochen ist: Zum Muß des Badewagens gehört ein mobiles Außengehege, in dem die Tiere ihre schier unersättliche Neugier und ihren Tatendrang stillen können.

Elefanten an die Ketten?

Das Elefantenzelt war gut beheizt und mollig warm. Die Tiere wurden gerade mit Heu, Rüben und Brot gefüttert. Vor mir stand Deutschlands zweitgrößte Elefantenherde in Reih und Glied. Fein säuberlich mit schweren Fußketten angehakt. Es war ein imposantes Bild, und die Kinder hatten ihre helle Freude an den acht asiatischen und fünf afrikanischen Elefantendamen. Es war erlaubt, sie mit Brot und anderen Leckerbissen zu füttern. Nur einer der Elefanten war tabu; der Wärter achtete streng darauf, daß ihm niemand zu nahe kam. Es sei ein böses Tier, war seine Begründung, und niemand fragte weiter nach. Es gab genügend andere Rüssel, die man bedienen und – mit leichtem Nervenkitzel – sogar berühren durfte. Was für ein gutes Gefühl! Die Kinder schienen beglückt und zufrieden zu sein. Und die Elefanten?

Nahezu alle Tiere schaukelten wippend mit ihren Köpfen. Keine Minute der Unterbrechung, nichts konnte sie davon abbringen, außer einem Stück Brot. Die Verhaltensbiologen sprechen hier von »Stereotypien«, und die Zirkusleute nennen es »Weben«. Für sie sind diese gleichförmigen, stereotypen Bewegungen ein gewohnter Anblick, der ihnen kaum noch auffällt und sie schon gar nicht mehr stört. Tatsächlich aber ist das Weben ein nicht zu übersehender Ausdruck dafür, daß den Tieren etwas fehlt.

In Afrika, wo ich oft tagelang Elefanten beobachtete, stieß ich niemals auf dieses Verhalten; auch in den Veröffentlichungen von Cynthia Moss oder Douglas Hamilton finden sich keinerlei Hinweise auf Weben bei Wildelefanten. Beide Wissenschaftler haben viele Jahre ihres Lebens dem Studium freilebender afrikanischer Elefanten gewidmet, und wir verdanken ihnen sehr genaue Einblicke in das hochentwickelte Gruppenleben dieser Tiere. Schon das Begrüßungsritual zweier Wildelefanten zum Beispiel ist eine faszinierende Angelegenheit. Cynthia Moss beschreibt es so:

»Beide Elefantenkühe hoben die Köpfe hoch in die Luft, legten krachend die Stoßzähne aufeinander und schlangen die Rüssel umeinander, dabei kollerten sie laut und klappten als Begrüßungsgebärde mit den Ohren. Sie wirbelten herum, lehnten sich gegeneinander und scheuerten sich aneinander. Vor allem aber erfüllten die Geräusche ihrer Begrüßung die Luft, wiederholte Kollerlaute und durchdringendes Freudentrompeten.« Und sie fährt fort: »Auch nach achtzehn Jahren der Elefantenbeobachtung empfinde ich eine enorme Spannung, wenn ich Zeugin einer solchen Begrüßungszeremonie werde. Irgendwie verkörpert sie all das, was Elefanten zu so besonderen und faszinierenden Tieren macht. Auch in meinen streng wissenschaftlichen Momenten habe ich keinen Zweifel daran, daß die Elefanten Freude empfinden, wenn sie sich wiedertreffen. Dieser Sozialkontakt ist für die Psyche des Elefanten lebenswichtig« (*Die Elefanten vom Kilimandscharo*, 1990).

Hamiltons Beobachtungen ergaben, daß Elefantenkinder volle zehn Jahre den besonderen Schutz der Mutter und der Familie genießen. Auch nach der Geburt des nächsten Kalbes bringt die Mutter dem älteren noch viel Liebe entgegen, und dieses Verhalten hält bis zur Geschlechtsreife an, in manchen Fällen sogar noch länger. Elefantenkinder stehen im Schutz des stärksten Landsäugetieres dieser Erde, und diesen Freiraum nutzen sie in vollen Zügen: Sie spielen fast unentwegt. Sie veranstalten Übungskämpfe, indem sie Kopf an Kopf zusammenstoßen; sie jagen sich gegenseitig, wobei der Verfolger nach dem Schwanz des weglaufenden Tieres greift; und sie lieben es, aufeinander herumzuklettern, besonders wenn sie in einer Schlammsuhle sind. Ihr Spiel ist phantasie- und ideenreich. Soviel zu freilebenden Elefanten.

Zirkuselefanten sind meist weibliche Wildfänge und werden als Babys von ihrer Mutter auf grausame Weise getrennt. Es ist nicht nur für die Mütter grausam – sie zeigen alle Anzeichen von Trauer –, auch die Elefantenkinder leiden sichtbar: Sie verfallen in einen Zustand von Teilnahmslosigkeit und Depression.

Diesem ersten Trennungsschock folgt eine zweite Tortur: Einzeln, in Holzverschläge »verpackt«, müssen sie den Transport überstehen. Es gibt nur Trockenfutter und Wasser. Falls sie noch lebend am Bestimmungsort ankommen, werden sie nach kurzer Eingewöhnungszeit an Ketten gefesselt und verbringen so eine trostlose Kindheit.

Wen wundert es, wenn diese Tiere mitunter »böse« werden; und wen wundert es, wenn sie Verhaltensstörungen zeigen: Ihre schaukelnden Zwangsbewegungen *sind* Verhaltensstörungen. Ihr Weben ist ein Mangelsymptom und Ausdruck dafür, daß ihnen ihre jetzige Situation nicht gerecht wird.

Schon von ihrer Körperbiologie her leuchtet unmittelbar ein, daß Elefanten nicht »Dauersteher«, sondern Wanderer in Wäldern und Savannen sind: Täglich legen sie mehr als fünfunddreißig Kilometer zurück, um sich Futter zu beschaffen. Ihr ganzer Körperbau, ihr Herz-Kreislauf-System, ihre Muskulatur und ihr Skelett sind angepaßt an diese Wanderschaft. Zweifellos ist es für ein Tier in Gefangenschaft nicht notwendig, solche Strecken zu wandern, der Antrieb der Futtersuche entfällt. Aber ein Minimum von einigen Kilometern ist bestimmt nötig, um den Organismus gesund und fit zu halten – und auch, um den Tieren Abwechslung zu bieten, ihnen Gelegenheit zu geben, Neues zu erkunden und zu erleben. Elefanten, die jahraus, jahrein das gleiche tun, stumpfen geistig ab und werden allem gegenüber völlig gleichgültig. Erfahrene Elefantenhalter wie Louis Knie bestehen deshalb darauf, mit ihren Tieren immer wieder etwas Neues einzustudieren.

Es kann also keinen Zweifel daran geben, daß Elefanten Auslauf und Bewegung brauchen. Und dafür müssen sie von ihren Ketten befreit werden. Aber viele Zirkusleute haben davor schlichtweg Angst. Ihr Argument ist ebenso einfach wie falsch: Elefanten würden ab einem gewissen Alter unberechenbar und böse. Gerade das liegt aber nicht an ihrem Charakter, sondern an ihrer falschen Behandlung.

Ein anderer Einwand lautet, daß es unmöglich sei, so starke und intelligente Tiere in einem mobilen Freigehege zu halten. Sie würden immer einen Weg finden auszubrechen. Aber auch dieses Argument ist längst nicht mehr stichhaltig.

Ein ausbruchssicheres Gehege

Thomas Schönbächler war im bürgerlichen Leben Architekt. Irgendwann hat es ihn gepackt, und er ist mit dem Schweizer Zirkus Nock mitgereist: Er wollte sich seinen Kindheitstraum erfüllen und sein Leben mit Elefanten teilen – was Wunder, daß er sich in die vier afrikanischen Dickhäuterdamen des Zirkus »verguckte«. Wo immer sich unterwegs die Gelegenheit ergab, ließ er sie in einem See baden oder in einer Schlammkuhle suhlen. Das sei Massage für Leib und Seele.

Aber damit nicht genug: Auch sein Architektenehrgeiz war gefordert, denn er war sich mit seinem Direktor, Adrian von Gool, darin einig, daß besagten Damen jeden Tag ein paar Stunden Ausgang guttun würden. Seine Idee für den Bau eines Freigeheges war nicht besonders originell: Er konstruierte einen Elektrozaun – ähnlich wie für die Rinder auf der Weide. Auf einem herrlichen Gelände mitten in den Schweizer Alpen mit viel Gras und Schlammlöchern startete der Versuch. Sandry und Baby quietschten vor Freude, als sie sich im Schlamm wälzen durften.

Die Freude wurde indes getrübt, als Baby neugierig mit ihrem Rüssel nach dem Elektrodraht faßte. Sie bekam einen leichten elektrischen Schlag und erschrak fürchterlich. Sie trompetete so laut sie konnte, schlug mit den Ohren und lief zum anderen Ende des Geheges. Sandry sah sich das Schauspiel ihrer Kollegin an und wußte nicht, was es bedeuten sollte. Oder doch? Thomas erinnert sich jedenfalls nicht mehr, ob Sandry ihrerseits an den Zaun griff oder ob sie die Lektion vom bloßen Zusehen begriffen hatte. Bei der Intelligenz der Elefanten muß man wohl mit dem letzteren rechnen. Es stand jedenfalls fest, daß die Elefanten in den folgenden Tagen die Absperrung mieden, und Thomas, der seine Tiere nie aus den Augen ließ, solange sie draußen waren, dachte schon, er hätte es geschafft, und zwar mit einfachsten Mitteln.

Aber er hatte die Rechnung ohne Baby und Sandry gemacht. Nach vierzehn Tagen wurde er Zeuge, wie Sandry ganz vorsichtig und behutsam mit ihren großen Stoßzähnen unter den Elektrozaun griff – Elfenbein leitet den elektrischen Strom nicht – und den Draht so hoch hob, daß er waagerecht auf den Zähnen zu liegen kam. Waagerecht war Sandrys Lösung, denn bei einem kleinen Gefälle wäre der Draht zwangsläufig in Richtung Maul gerutscht, ebendies aber vermied Sandry verständlicherweise tunlichst. Dann riß sie den Zaun aus der Verankerung und trabte auf den Zirkusplatz. Eins zu null für Sandry.

Glücklicherweise gehörten von Gool und Thomas nicht zu den Leuten, die nach diesem elektrischen Fehlschlag aufgegeben hätten. Im Gegenteil, sie konstruierten eine neue Umzäunung, genauer, eine innere und eine äußere. Die innere Absperrung war etwa einen Meter zwanzig hoch, und an ihr wurde der Elektrodraht so mit einer Gummihalterung befestigt, daß er von selbst in Richtung Maul rutschte, wenn man ihn mit Elefantengeschick anhob. Der zweite Zaun diente lediglich als zusätzliche Sicherheit.

Bis heute hat sich das System von Thomas bewährt. Und was für afrikanische Elefantenkühe gilt, sollte erst recht für indische zutreffen, denn sie besitzen nur Ministoßzähne. Das erste mobile Freigehege für Elefanten war in Betrieb genommen.

Neben van Gool war es im deutschsprachigen Raum besonders Franz Althoff, der sich für die Abschaffung der Kettenhaltung stark gemacht hat. Andere Unternehmen folgten nach – und machten überraschende Erfahrungen.

Im Zirkus Barum spielte sich folgende Geschichte ab: Täglich bekamen die indischen Elefantenkühe frische Äste und Laub in ihr Freigehege. Aber wie der Zufall so spielte, hatte der Tierpfleger unterwegs einen kleinen Ast verloren. Keinen störte das, und keiner kümmerte sich darum; es gab Laub und Äste genug. Nur Maya, die Leitkuh, interessierte sich gerade für dieses Fundstück außerhalb des Zauns. Sie kniete sich auf die Vorderbeine nieder, griff mit dem Rüssel unter den Elektrodraht und versuchte, den Ast zu fassen: vergeblich, er lag zu weit entfernt. Maya schien aufzugeben, kaute auf anderen Ästen und hantierte mit ihnen herum. Plötzlich aber griff sie eine große Astgabel und warf sie auf den Zaun. Dann trat sie energisch mit dem Vorderbein darauf, bis die Absperrung zu Boden ging. Dann holte sie sich den begehrten Ast – und kehrte zurück, als wäre nichts gewesen.

Für Sascha Houcke, den Tierlehrer, gibt es keinen Zweifel, daß Maya die Astgabel bewußt als Werkzeug gebrauchte. Auf meinen Einwand, Maya könnte doch rein spielerisch und zufällig die Astgabel auf den Zaun geworfen haben, ohne Absicht und ohne planende Überlegung, erwiderte er impulsiv:

»Typisch Wissenschaftler. Ich habe doch an ihrer ganzen Körperhaltung gesehen, was sie im Schilde führte. Das zu beurteilen ist mein täglich Brot und meine Überlebensversicherung. Ich muß in Bruchteilen von Sekunden erkennen, was ein Tier als nächstes vorhat. Sonst ist es vorbei mit mir.«

Daß der Aufwand für ein Freigehege auch von den Elefanten selbst honoriert wird, kann jeder miterleben, wenn die Elefanten nach einer langen angeketteten Nacht nach draußen dürfen. Dann tollen sie übermütig und fröhlich herum wie kleine Kinder. Es wirkt geradezu ansteckend. Indra bereitete mir anläßlich ihres »Hofganges« ein besonderes Vergnügen. Alles, was ihr unter die Füße kam, kickte sie weg. Große Autoreifen, die als Spielzeug ausgelegt waren, erwiesen sich als geeignete Wurfgeschosse. Als Begleitmusik erzeugte sie ganze Kaskaden von Geräuschen. Andere Elefantenkühe stießen spielerisch mit ihren Köpfen zusammen, berochen sich am ganzen Körper und besonders an der Vulva. Nach einer Stunde etwa ließ die ausgelassene Hektik nach, es kehrte Ruhe in der Herde ein. Die Elefanten beschäftigten sich mit den dargebotenen Zweigen; einige ganz Geschickte benutzten sie als Werkzeug, um sich genüßlich den Bauch zu kratzen.

Wer solche Szenen erlebt, weiß, was Elefanten fehlt, die den ganzen Tag in Ketten gehalten werden. Dazu braucht es keine eingehende wissenschaftliche Untersuchung, sondern etwas Einfühlungsvermögen und Beobachtungsgabe. Wie zu erwarten, nimmt das Weben der Tiere deutlich ab, sobald die Tiere die

Möglichkeit haben, sich frei zu bewegen und zu ihren Artgenossen freien Kontakt aufzunehmen.

Heute gibt es glücklicherweise mehrere Beispiele für gute Elefantenhaltung, allen voran den Schweizer Nationalzirkus Knie. Hier wird weder Geld noch Personal gescheut; man sieht es den Tieren an. Sie sind die besten Zeugen ihrer Haltung. Und dennoch war ich oft soweit, für ein generelles Verbot der Elefanten im Zirkus einzutreten, wie es der Zoologe und Zirkuskenner Fred Kurt vehement fordert.

»Schafft endlich die Zirkuselefanten ab!« lautet einer seiner jüngsten Artikel. Kurt versteht zweifellos viel von Elefanten; er hat jahrelang ihr Verhalten sowohl in freier Wildbahn wie auch in Gefangenschaft studiert – und dies hat ihn zum Anwalt dieser intelligenten und sensiblen Tiere werden lassen. Aber wie jeder Anwalt befaßt er sich überwiegend mit den Mißständen, und dies verstellt ihm vielleicht den Blickwinkel auf positive und nachahmenswerte Beispiele.

Mir jedenfalls haben Menschen wie Thomas Schönbächler, Adi Enders, Adrian van Gool oder Louis Knie gezeigt, daß man Elefanten aus verhaltensbiologischer Sicht im Zirkus ebensogut wie im Zoo halten kann – wenn man ausreichend Sachverstand, Einfühlungsvermögen und Geldmittel einbringt. Eines allerdings sollte für immer vorbei sein: wilde Elefantenkinder aus dem Familienverband herauszureißen, um sie im Zoo oder Zirkus unterzubringen – dafür gibt es keinerlei Rechtfertigung.

Ist der Zoo noch zeitgemäß?

Information tut not

Es ist acht Uhr fünfzehn, noch gibt es kaum Besucher im Baseler Zoo. Im Bärengehege dreht der Eisbär Timi immer dieselbe Runde in seinem Wasserbecken. Bei jeder Wende setzt er seine großen Tatzen an dieselbe Stelle. Unermüdlich und monoton wie ein Uhrwerk.

Ich habe Schüler aufgefordert, das Tier eine Viertelstunde lang zu beobachten und sich dabei jeden Kommentar zu verkneifen. Natürlich gelingt es ihnen nicht. Bereits nach wenigen Minuten müssen sie ihrem Unbehagen Luft machen: »Armes Tier – den ganzen Tag ist es in diesem Gefängnis eingesperrt. Es ist doch klar, daß es da verhaltensgestört werden muß!«

Reto Weber ist Tierpfleger im Baseler Zoo. Wir kennen uns schon lange, und ich schätze sein besonderes Einfühlungsvermögen für seine Tiere. Ich weiß von ihm, daß er genaue Vorstellungen davon hat, wie das Gehege für seine Eisbären verbessert werden könnte. Aber er warnt uns, von unseren eigenen Gefühlen allzu voreilig auf die des Bären zu schließen. Dies rastlose Hin- und Herschwimmen, so erklärt er uns, ist weitgehend auf die Sommermonate beschränkt – auf die Jahreszeit, in der wilde Eisbären auf Wanderschaft gehen. Es könnte also sein, daß zu einem bestimmten Zeitpunkt des Jahres ein genetisches Programm bei ihm in Gang gesetzt wird, das diesen Bewegungsdrang auslöst.

Aber muß er nicht doch Qualen leiden, wenn dieses Bedürfnis so extrem eingeschränkt wird? Reto zweifelt daran. Denn Timi sei jederzeit bereit, sein Hin- und Herziehen zu unterbrechen, wenn er zum Spielen aufgefordert werde, und er wirke dabei alles andere als verstört.

Bei diesen Worten hat Reto eine Plastiktonne ins Becken geworfen. Und tatsächlich hält Timi sofort in seiner Bewegung inne und gibt uns in den folgenden Minuten eine Kostprobe seiner Geschicklichkeit: Er drückt die Tonne unter Wasser, hechtet an Land, trägt sie in »Siegerpose« in seinem Maul umher, wirft sie wieder ins Wasser, springt und taucht nach ihr. Sein Spielrepertoire scheint unerschöpflich.

Dennoch sehe ich es den Schülern an: Ihre Bedenken sind keineswegs ausgeräumt. Sie schweigen zwar, weil sie Retos Vermutungen nicht widerlegen können. Aber ihr Gefühl sträubt sich. Reto spürt das, er versteht es. Aber er mahnt noch einmal: Zieht keine voreiligen Schlüsse, sondern beobachtet die Tiere über einen längeren Zeitraum. Erst dann könnt ihr einigermaßen zutreffende Aussagen über ihr Befinden machen. Was auf den ersten Blick wie eine Verhaltensstörung aussieht, kann sich wirklich bei gründlichem Studium als angeboren entpuppen.

Viele Menschen haben Bedenken gegen die Haltung exotischer Tiere in zoologischen Gärten. Manche Tierschützer gehen soweit, die Schließung aller Zoos zu fordern, weil ihrer Meinung nach wilde Tiere in keinem Fall artgerecht gehalten werden können. Es ist tatsächlich eine ernste und komplexe Frage, ob wir Menschen überhaupt berechtigt sind, andere Lebewesen aus der ihnen gemäßen Umgebung herauszuholen, sie einzusperren und zur Schau zu stellen – ob nun zu unserem Vergnügen oder um unseren Wissenstrieb zu stillen. Eine Antwort, die kein Unbehagen zurückläßt, wird es wohl nicht geben. Wenn wir eine einseitige Haltung vermeiden wollen, müssen wir Nutzen und Schaden für beide Seiten realistisch und ehrlich gegeneinander abwägen.

Eine entscheidende Rolle spielt die Frage nach dem Leiden der Tiere; wie die Schüler, so empfinden viele Menschen beim Anblick der gefangenen Tiere Mitleid. Tatsächlich war und ist die Situation vieler Zootiere schlimm, in manchen Fällen sogar immer noch skandalös. Die Verantwortlichen müssen sich der Kritik stellen. Aber auch die Kritiker sollten, wie Reto Weber angemahnt hat, während ihres Zoobesuchs nicht nur Momentaufnahmen zur Bildung ihrer Argumente heranziehen, sondern sich mit den Tieren über einen längeren Zeitraum beschäftigen. Für eine kompetente Kritik ist es außerdem unerläßlich, auch Erkenntnisse über das Leben und die Verhaltensweisen der Tiere in freier Wildbahn einzubeziehen. Sonst übertragen wir allzuleicht unsere eigenen Gefühle auf die Tiere und unterstellen ihnen menschliche Wünsche und Wertmaßstäbe.

Von der sogenannten Freiheit

Ein Beispiel dafür ist die Vorstellung, jedes gefangene Tier sehne sich nach der »unbegrenzten Freiheit der Natur« zurück. Steht doch das Leben im begrenzten Raum des Käfigs oder Geheges in krassem Widerspruch zu dem »Wildlife«, wie es viele Naturfilme suggerieren: grüne Weiten, blauer Himmel, emsige Futtersuche, putzige Junge, fürsorgliche Mütter . . . Die Grausamkeiten werden ausgespart. »Das wollen die Zuschauer doch nicht sehen!« Fühlen sich Tiere in der Natur wirklich so frei?

Bei ihren Wanderungen ist es vor allem der Zwang zur Futtersuche, der sie weitertreibt. Wer einmal Tiere in freier Wildbahn beobachtet hat, weiß, wie wenig entspannt ihr Leben ist. Ich habe in Afrika oft über viele Stunden einer Herde von Gazellen oder Gnus beim Äsen zugesehen. Ständig heben die Tiere den Kopf, sichern nach allen Seiten, und beim kleinsten ungewohnten Geräusch machen sie nervös ein paar ziellose Sprünge.

Solche Anspannungen sind immer mit Streß verbunden. Streß kann die Fruchtbarkeit hemmen, das Immunsystem beeinträchtigen und Herz und Kreislauf belasten. Es ist bekannt, daß selbst die vergleichsweise wenigen Tiere, die bis zur Geschlechtsreife überleben und nicht danach noch eines gewaltsamen Todes sterben, nur selten ihr maximales Alter erreichen. Diesem Selektionsdruck unterliegen selbstverständlich auch die großen Raubtiere. Selbst die »Könige der Wildnis«, die Löwen, leben in ständiger Bedrohung: Nur etwa ein Fünftel ihres Nachwuchses erreicht das geschlechtsfähige Alter.

Büffel gehören zu den kräftigsten und gefürchtetsten Tieren in der afrikanischen Savanne. Ich habe erlebt, wie sich alle anderen Tiere respektvoll zurückziehen, wenn ihre großen Herden auftauchen. Als aber 1964 in Kenia eine Gruppe dieser Büffel vorübergehend eingefangen und in Koppeln eingesperrt worden war, machte man beim Versuch, sie wieder freizulassen, eine verblüffende Erfahrung: Immer wieder kehrten sie zu den Koppeln zurück, und es war schwierig, sie endgültig fortzutreiben. Der Grund: In Gefangenschaft war ihnen die offensichtlich mühsame Futtersuche erspart geblieben, denn sie waren regelmäßig gefüttert worden.

Eine ähnliche Geschichte wird aus Paraguay berichtet: Nachdem der Abtransport von Papageien nach Europa verhindert worden war, wollte man die Tiere wieder freilassen. Die meisten Papageien, die schon etwa drei Monate in Gefangenschaft verbracht hatten, sträubten sich jedoch dagegen, das Lager überhaupt zu verlassen. Einige fraßen sich regelrecht einen Weg durch Holz und Draht, um wieder in ihre Käfige zurückzugelangen.

Ähnliche Beobachtungen habe ich selbst gemacht. Budy, mein Nymphensittichmännchen – ich habe schon früher ausführlich vom ihm berichtet –, hatte eines Abends ein offenes Fenster erspäht, das ich vergessen hatte, rechtzeitig zu schließen. Neugierig, wie er nun einmal ist, ließ er sich diese Gelegenheit nicht entgehen, und schon war er draußen. Mir stockte der Atem. Budy zu verlieren war unvorstellbar für mich. Aber offenbar genoß mein Papagei keineswegs das Gefühl unbegrenzter Freiheit: Nach ein paar Runden um unser Haus ließ er sich auf der Fernsehantenne unseres Nachbarn nieder. Dort saß er nun – und was tat er? Er rief aus Leibeskräften. Es klang keineswegs ängstlich oder verstört, sondern eindeutig fordernd. Sein herrisches Geschrei war so ohrenbetäubend, daß die Nachbarschaft zusammenlief. Schließlich nahm ich seinen Käfig unter den Arm und kletterte aufs Dach: Mit einem Satz hüpfte er hinein.

Ich bin überzeugt: Die meisten Heimvögel suchen nicht »die Freiheit«, wenn sie durch Fenster, die aus Versehen offengelassen wurden, hinausfliegen. Hier scheint vielmehr ihre natürliche Neugier eine Rolle zu spielen. Ich bin sicher, sie würden freiwillig wiederkommen. Aber Angst und Desorientierung hindern sie daran. Wahrscheinlich fliegen sie panisch und verwirrt so lange umher, bis sie aus Erschöpfung irgendwo landen, von wo sie nicht mehr zurückfinden.

Man muß sich vorstellen, daß alle in Gefangenschaft geborenen Tiere von klein auf in einem Raum leben, der ihnen vertraut ist. Ihr Orientierungssinn ist nicht geübt. Zwar haben einige meiner entflogenen Wellensittiche den Rückweg irgendwie geschafft, aber für sie war es leichter, weil sie in einer Außenvoliere leben und ihre Umgebung wahrnehmen können. Zumindest optisch waren ihnen Himmel und Umwelt nicht fremd.

Solche Beobachtungen können und sollen nicht beweisen, daß Tiere die Gefangenschaft dem Leben in Freiheit vorziehen. Sie können uns aber darauf hinweisen, wie sorgfältig jeder Einzelfall betrachtet werden muß und wie komplex die Zusammenhänge sind.

Wohin mit dem Nachwuchs?

Eine der vielen Schattenseiten der Gefangenschaft erleben wir gleich beim nächsten Gehege. Da toben drei niedliche Braunbärenkinder miteinander – ein Bild der Lebensfreude. Friedlich ruht Mutter Braunbär im Schatten. Wo denn der Vater sei, möchte eine der Schülerinnen wissen. Betrübt erklärte Reto, daß der Vater tagsüber in seinem kleineren Käfig bleiben muß: In freier Wildbahn leben Braunbärenväter allein. Sie vertragen sich nicht mit ihren Familien. Für die Aufzucht der Jungen ist nur die Mutter verantwortlich. So dürfen tagsüber die Kinder mit ihrer Mutter ins Freigehege, während der Vater nur nachts draußen sein kann.

Das Fragen geht weiter – und schon sind wir beim nächsten wunden Punkt der Zootierhaltung. Was geschieht mit den Jungtieren, wenn sie erwachsen sind? Das Gehege wird doch dann zu klein für die ganze Bärenfamilie. Nachwuchs ist der Stolz jedes Tierparks. Im allgemeinen wird er als Zeichen dafür gewertet, daß sich die Tiere wohl fühlen. Je artgerechter sie gehalten werden –

und der Trend der Zoos geht erfreulicherweise in diese Richtung –, um so zahlreicher ist der Nachwuchs – und um so schneller wird er zum Problem.

Zwei Lösungen sind denkbar. Die eine ist der Verkauf an andere Zoos. Aber diese Möglichkeit scheidet zunehmend aus, denn deren Gehege sind meist ebenso überfüllt. Die andere: Zurück in die Wildnis. Das aber würde ohne aufwendige Vorbereitung für die in Gefangenschaft geborenen Tiere den sicheren Tod bedeuten. Sie haben weder gelernt, ihr Futter selbst zu suchen, noch, ihre Feinde zu erkennen und sich vor ihnen zu schützen. In der Freiheit hätten sie das von ihren Artgenossen gelernt. Jetzt müßten wir Menschen Trainingsprogramme für sie entwickeln.

Solche Programme gibt es. Aber sie erfordern einen hohen Aufwand an Geld und Zeit – erwachsene Tiere lernen erheblich langsamer als junge, das ist nicht anders als bei uns. Hinzu kommt, daß die natürlichen Lebensräume der Tiere, in die wir sie zurückbringen könnten, kaum noch existieren; wir Menschen sind dabei, sie endgültig zu zerstören – als Folge unserer eigenen Übervölkerung. Von manchen seltenen Arten leben heute bereits mehr Tiere in den Zoos als in freier Wildbahn.

Rettung für bedrohte Arten

Daraus ergibt sich für den Zoo eine neue wichtige Aufgabe: die Erhaltung und Zucht von Tierarten, die vom Aussterben bedroht sind. Viele Zoodirektoren haben das erkannt und übernehmen diese Verantwortung. Ein sogenanntes Erhaltungszuchtprogramm, das Wissenschaftler und Zoofachleute gemeinsam entwickelt haben, dient der Kontrolle und Regulierung der Zucht der einzelnen Arten. Vor allem soll verhindert werden, daß sich durch Inzucht Erbkrankheiten einschleichen und zur Bedrohung für den Fortbestand der Art werden. Ein regelmäßiger Austausch der Zuchttiere zwischen den einzelnen Zoos ist daher unverzichtbar. Allerdings wird damit einzelnen Tieren für die Erhaltung ihrer Art ein ziemlich hoher Preis abverlangt.

Emero ist ein Brillenbär – Vertreter der einzigen Bärenart Südamerikas. Reto ist überzeugt, daß Brillenbären die intelligenteste Bärenart sind – und Emero ist, kein Zweifel, einer ihrer führenden Köpfe. Er ist berühmt dafür, daß er, um an Futter heranzukommen, Werkzeug einsetzt – noch dazu solches, das er sich bei Bedarf selber zurechtstutzt. Ich habe selbst gesehen, wie er sich mit den Hinterbeinen auf das eine Ende eines Astes stellte, mit den Vorderpfoten das andere ergriff und zu sich hochzog, um es abzubrechen. Mit dem so gewonnenen handlichen Holzstück im Maul lief er dann schnurstracks in Richtung eines Obstbaums, von dessen Ästen verlockende, aber für den kleinen Bären unerreichbare Früchte herabhingen. Dort richtete er sich auf, nahm das Holz in die Vorderpfoten und schleuderte es in die Zweige. Bereits der zweite Wurf war ein Volltreffer und verschaffte Emero ein Obstdessert.

Ich kenne auch die Brillenbärendame Huanca, mit der Emero schon dreimal Nachwuchs bekommen hat. Brillenbären sind bei der Partnerwahl sehr wählerisch. Diese beiden scheinen sich wirklich sehr zu mögen; Reto erzählt, wie zärtlich sie miteinander umgehen, wie häufig sie eng nebeneinanderliegen oder sich gegenseitig das Fell beknabbern. Und nun soll Emero nächste Woche zu einem anderen Zoo wechseln. Er soll Stammvater einer neuen Brillenbärenfamilie werden. Seinen Platz in der alten Gruppe soll ein anderes Männchen mit frischen Erbanlagen übernehmen.

Reto macht sich Sorgen. Wie wird Emero sich in seiner neuen Umgebung zurechtfinden? Der Wechsel wird ihm nicht leichtfallen – von seinen eigenen Gefühlen spricht Reto nicht ... Der Bär hat in den vielen Jahren ihrer Beziehung soviel Vertrauen zu ihm entwickelt, daß er ihn sogar streicheln darf, was sehr ungewöhnlich ist, immerhin ist der Bär ein Raubtier. Und nun wird Emero praktisch über Nacht in eine völlig fremde Umgebung verfrachtet. Er muß die Trennung von Huanca und Reto bewältigen, muß sich an einen neuen Pfleger und eine neue Partnerin gewöhnen. Wir können nur hoffen, daß er Glück hat und einen ähnlich hingebungsvollen Pfleger findet, der ihm helfen kann, die zu erwartenden sozialen Spannungen in der neuen Gruppe zu verringern.

Pfleger für die Psyche

Es waren die genauen Beobachtungen derart engagierter Pfleger – wobei es auf die wissenschaftliche Vorbildung nicht ankommt –, denen letztendlich das erfolgreiche Gorillazuchtprogramm in Gefangenschaft zu verdanken ist. Pfleger sind für das Wohlbefinden der Tiere in Gefangenschaft von eminenter Bedeutung. Sie dürfen mit der täglichen Routine nicht so beansprucht sein, daß sie keine Zeit mehr finden, sich um die Seele ihrer Schützlinge zu kümmern. Deshalb macht es mir Sorge, daß der allgemeine Trend zum Personalabbau auch vor den Zoos nicht haltmacht. Ein Rückschritt in frühere Zeiten, als man noch kaum etwas von den exotischen Tieren verstand, wäre furchtbar.

Ich erinnere mich noch an das Schimpansengehege im Münchner Zoo Hellabrunn, an dem ich mich als fünfjähriger Knirps nicht satt sehen konnte. Aber aus heutiger Sicht war es ein grauenvoller Anblick. Die Tiere saßen teilnahmslos, gelangweilt und apathisch in ihren Käfigen. Ihre einzige Beschäftigung bestand darin, mit ihren Fingern im eigenen Kot herumzustochern. Ab und zu, wenn die Zuschauer ihrem Ekel besonders lautstark Ausdruck gaben, setzte der Schimpansenmann noch eins drauf: Er packte einen Kothaufen und schleuderte ihn in Richtung Besucher. Das Gejohle des Publikums steigerte die Erregung des Schimpansen. Er schlug mit seinen schwarzen Fäusten gegen die Wand, sträubte sein Fell und rannte wild im Käfig umher. Aber er war den Blicken der Menschen schutzlos ausgeliefert.

Inzwischen hat sich die Situation der Tiere in den Zoos im allgemeinen deutlich verbessert. Dazu haben vor allem Freilanduntersuchungen beigetragen, die uns entscheidende Erkenntnisse über Lebensgewohnheiten, Bedürfnisse und Eigenarten der Tiere verschafft haben. Auch zoologische Gärten unterliegen also einem »Evolutionsprozeß«. Das Wissen über ihre Schützlinge vermehrt sich heute rasant, das Bewußtsein der Zuschauer und die Einstellung der Gesellschaft zu Tieren sind in einem Veränderungsprozeß begriffen. Für viele sind sie schon lange keine seelenlosen Lebewesen mehr, die man hinter Glas und Gittern bestaunt und begafft.

Der Zoo von gestern und der Zoo von morgen

Die Akzeptanz von Zoos und ähnlichen Einrichtungen nimmt ab. So mußten beispielsweise die Zoos von Mailand und Rom auf öffentlichen Druck hin schließen. Der älteste Zoo der Welt in London sollte ursprünglich im vergangenen Jahr aufgeben. Die Besucherzahlen waren so drastisch zurückgegangen, daß er nicht mehr finanziert werden konnte. Ich vermute, daß es vielen so ging wie mir: Als ich ihn 1991 nach zwanzig Jahren wieder besuchte, war ich betroffen. In der langen Zeitspanne hatte sich kaum etwas verändert. Er hatte schlicht den Anschluß an die Entwicklung verpaßt.

Lamas, Kamele und Antilopen standen wie eh und je in viel zu kleinen Gehegen, durch Wassergräben voneinander getrennt. Der eintönige Sandboden trug weder den elementarsten körperlichen Bedürfnissen der Hufpflege Rechnung noch dem Drang der Tiere nach Abwechslung. In den Gehegen gab es keinen Baum oder Strauch, der die Tiere vor der Sonne oder den Blicken der Artgenossen hätte schützen können. Teilnahmslos starrten sie auf das vorübereilende Publikum, das sich diesen traurigen Anblick nicht zumuten mochte.

Schade um diesen Zoo. Denn es gab auch Vorbildliches, etwa das Tigergehege. Es war großzügig konzipiert und vermittelte den Eindruck, als blicke man durch eine Glasscheibe direkt in den indischen Dschungel. Das mit einer Wasserstelle versehene Gehege war sehr groß und reichlich bepflanzt. So konnten die Tiger durch Buschwerk schleichen, oder sie konnten auf einem der großen Felsen dösen. Es bot sich ihnen zudem die Möglichkeit, sich dem Blick eines Rivalen zu entziehen und den sozialen Kontakt mit den Artgenossen frei zu gestalten. Aber ein paar Highlights wie dieses schöne Gehege genügen den Besuchern heute offensichtlich nicht mehr, wenn der Rest nicht stimmt.

Daß ein Zoo auch ganz anders gestaltet werden kann, demonstriert den Londoner Stadtvätern das nur hundertdreißig Kilometer südlich wohnende Enfant terrible unter den Zoodirektoren: John Aspinall mit seinem Howlett's Zoo. Sein Grundgedanke ist einfach und bestechend: Zoologische Gärten seien für die Tiere da, der Mensch sei Gast. Überall, wo der Mensch auftrete, zerstöre er den Lebensraum der Tiere. Es gebe kaum noch eine große Tierart, die nicht vom Aussterben bedroht sei – ein Werk des Menschen. Elefanten, Wale, Gorillas, Schimpansen – die Apokalypse des zwanzigsten Jahrhunderts. Sei es da nicht recht und billig, den Tieren ein letztes Refugium zu erhalten? Eines, worin sie sich wohl fühlen? Ein Ort, an dem die Bedürfnisse des Menschen für kurze Zeit zurückträten?

Aspinall ist eine eindrucksvolle Persönlichkeit, seiner Ausstrahlung können wir uns schwer entziehen, selbst dann nicht, wenn er – ganz eins mit seinen Tieren – mit bitterer Verachtung von der Menschheit spricht. Damit hat er sich in England nicht nur Freunde gemacht. Auch unter seinen Kollegen hat er mit seiner unbarmherzigen Kritik an den herkömmlichen Konzepten der Tierhaltung in den Zoos einen schwierigen Stand.

Aber ich spüre: Hier sitzt mir ein Mann gegenüber, der meinen Traum vom tiergerechten Zoo, oder besser, Park realisiert hat. Stolz erzählt er uns, daß Diane Fossey, die durch den Film »Gorillas im Nebel« berühmt geworden ist, ihn besuchte und erklärte: »Hier können sich Gorillas wirklich wohl fühlen, hier führen sie ein gorillawürdiges Leben.« Ob er wirklich glaube, daß Gorillas ein differenziertes Gefühlsleben haben? Seine sarkastische Antwort: Menschen, die diesen Tieren Gefühle absprechen, haben selber keine...

Ein radikaler Neuerer

Aspinall ist überzeugt, daß sie sogar wesentlich tiefer empfinden als wir Menschen. Gewiß – Verstand haben sie auch, den brauchen sie schließlich, um im tropischen Regenwald zu überleben. Aber die treibende Kraft sind ihre Gefühle. Er spricht ohne jede Rührseligkeit, sondern im Gegenteil sehr realistisch von seinen Tieren: von ihren individuellen Eigenheiten, Gewohnheiten und Bedürfnissen. Er hat Respekt vor seinen Tieren und ein tiefes Verständnis für sie.

Diesen Eindruck vermitteln auch seine Zoogehege. Die Besucher, argumentiert er, blieben zwei, drei, wenn es hochkäme, vier Stunden im Zoo, die Tiere würden hier den ganzen Tag leben. Also müsse man alles tun, um ihr Leben so erträglich wie möglich zu gestalten. Das sei unsere Verantwortung.

Ich bin beeindruckt von seiner Radikalität. Trotz allen Fortschritts – kein anderer europäischer Zoo würde seine Besucher so eindeutig in die zweite Reihe verweisen. Noch immer werden teure Glaspaläste für die Affen gebaut, die den menschlichen Bedürfnissen nach Schönheit und Überblick entsprechen. Fürchtet man, daß sich das Publikum sonst abwendet? Howlett's Zoo demonstriert das Gegenteil: Hier wird den Besuchern zugemutet, daß sich die Tiere ihren Blicken entziehen können – wovon sie immer wieder reichlich Gebrauch machen. Und dennoch kommen die Menschen in Scharen.

Für weniger Geld, und das erzürnt Aspinall besonders, könnte man phantasievolle Gehege bauen, in denen sich die Tiere wirklich wohl fühlen. Sein eigener Zoo ist ein Beweis dafür. Sein erstes Gorillahaus etwa – 1991 hat er bereits sein drittes eingeweiht – entwarf er, indem er gewissermaßen in die Haut der Tiere schlüpfte, die er über Jahre beobachtet hatte. Er stellte sich vor, wie sie sich fühlen würden, wenn Trauben von Menschen viele Stunden lang jede ihrer Bewegungen mit den Augen verfolgten – und so ordnete er die einzelnen Außenkäfige zu einem spiralförmigen Turm an. Manche blicken nach vorn und sind den Besuchern zugewandt, andere sind ihren Blicken entzogen. Die Tiere können sich dort aufhalten, wo *sie* es mögen. Und vor allem können sie nach oben steigen und von dort aus das hügelige Land der Grafschaft Kent meilenweit überblicken – eine Möglichkeit, die sie intensiv nutzen.

Wir fragen Aspinall, ob er durch wissenschaftliche Studien zu dieser genialen Idee angeregt worden sei. Er winkt ab. So etwas habe ihn nie interessiert. Damals, als er die Grundkonzeption der Häuser entwarf, sei er sogar noch niemals im natürlichen Habitat der Gorillas gewesen. Wenn man die Tiere liebe und verstehe, sei es nicht schwer, ihre Bedürfnisse zu erraten. Ich widerspreche ihm nicht – denn auf ihn trifft das zweifellos zu. Seine Überzeugungen werden tatsächlich Schritt für Schritt von der modernen Verhaltensbiologie bestätigt. Wir »normalen Sterblichen« tun gut, unsere Gefühle an fachmännisch ausgewerteten Freilandbeobachtungen zu überprüfen.

Erfahrung statt Theorie

Dann mache ich eine Entdeckung, die mich zunächst beunruhigt: In allen Gorillahäusern besteht der Boden nicht, wie ich es gewohnt bin, aus einem leicht sauberzuhaltenden, glatten Material wie Stein oder Beton, sondern, kaum zu fassen, aus einer dicken Schicht Stroh. Das widerspricht nun allen Regeln der Hygiene, die auch ich bisher nicht hinterfragt habe. Ist dies nicht eine Brutstätte für Krankheitskeime? Ich kann mir denken, daß Aspinall für dieses Detail besonders heftig von seinen Kollegen angegriffen wird; geht er hier nicht tatsächlich zu weit?

Aber Aspinall kann mit überzeugenden Fakten aufwarten: In diesen »unhygienischen« Affenhäusern leben inzwischen siebenundvierzig Gorillas, sie vermehren sich wie in keinem anderen Zoo. Natürlich gibt es Erkrankungen – wie auch nicht bei so vielen Tieren? Ob ich dächte, im Regenwald seien sie vor Krankheiten geschützt? Dort im Boden wimmele es von Erregern, und eben dadurch werde ihr Immunsystem gestärkt. Genauso sei es auch hier. Voraussetzung sei allerdings, daß das Gehege groß genug sei – und daran hapere es immer noch in vielen Zoos.

Für die Affen ist dieser weiche Boden ein Geschenk. Wie im Urwald toben die Kinder darauf herum, verstecken sich, klettern in enormer Geschwindigkeit an den Stangen empor, die in großer Zahl und in unterschiedlicher Höhe angebracht sind, und springen von weit oben in das weiche Strohbett. Die Damen Tamba, Shamba und Matibi sind derweil intensiv damit beschäftigt, es nach Leckerbissen umzugraben, die die Pfleger darin versteckt haben, um die Futtersuche zu einer Herausforderung zu machen. Auch in der Natur können die Affen sich ja nicht einfach bedienen lassen. Andere reiben sich ihren Körper mit dem Stroh ab. Selbst Djoum, der riesige Silberrückenmann und Chef der Gruppe, scheint es als Ruhekissen für sein Mittagsschläfchen zu genießen. Abends, wenn alle in die Schlafgehege müssen, bauen sie sich aus dem Stroh ihr Nachtlager. Genau wie im Urwald. Was für ein Unterschied zu einem Bett aus kaltem, hartem Beton!

Morgens lädt mich Aspinall zur Fütterung seiner Gorillas ein. Kisten mit frischem Obst, Salaten und Gemüse stehen bereit. Ganz bewußt achtet er darauf, daß seine Tiere nicht auf die Abwechslung verzichten müssen, die der Regenwald an Futter bereithält. Beladen mit diesen Kisten, steigen wir auf das Dach des Geheges, das eigens so konstruiert ist, daß wir darauf entlanggehen können. Aspinall findet diese Fütterung von hoch oben überhaupt nicht ungewöhnlich. Als ob die Affen in der Wildnis die Früchte nicht auch vor allem von den Bäumen pflückten!

Die Gorillas hangeln sich mit ihren durchtrainierten Oberarmen unter uns am Geflecht des Daches entlang. Ab und zu steckt Aspinall eine Karotte, eine Mango, eine Avocado oder einen Sellerie hindurch. Dabei spricht er mit jedem seiner Tiere. Mich beeindruckt, wie ausgeglichen sie wirken – keine Eifersucht, kein Futterneid. Es scheint eine bestimmte Reihenfolge zu geben, nach der sie nacheinander die Leckerbissen entgegennehmen – eine Reihenfolge, die sie offensichtlich ganz unter sich ausmachen.

Die Gruppengröße, sagt Aspinall, spielt eine wichtige Rolle für den sozialen Frieden der Gorillas. Haben zum Beispiel die Weibchen Shamba und Matibi Krach miteinander, können sie Schutz und Trost bei anderen Gruppenmitgliedern suchen. Und die Jungen führen ihre Raufspiele in immer wechselnden Koalitionen durch. Die vielfältigen Beziehungen sorgen dafür, daß keine Langeweile entsteht und die soziale Struktur in Bewegung bleibt. Deshalb sind Gorillas in großen Gruppen wesentlich aktiver und psychisch und körperlich gesünder.

Abschied von King Kong

Ich brenne darauf, Heini Hediger, dem großen alten Mann und unermüdlichen Verfechter der Tierpsychologie, von meinen Erfahrungen in Howlett's Zoo zu berichten. Hediger, Wissenschaftler und über fünfunddreißig Jahre lang Direktor mehrerer Schweizer Zoos, schrieb bereits 1947 eine Arbeit über das »tierliche Bewußtsein« und hat sich zeitlebens mit dieser Frage beschäftigt. Von solchen Verhältnissen wie in Kent, sagt er, habe er immer geträumt. Aber zu seiner Zeit waren die Menschen noch nicht soweit. Noch vor fünfzig Jahren wurden Gorillas als aggressive Monster im Stile King Kongs betrachtet. Entsprechend wurden sie gehalten und behandelt.

Auch er habe in seiner Amtszeit Fehler gemacht. Auch er sei, wie seine Kollegen, Modetrends aufgesessen. »Schauen Sie, von vielen Tierarten hatten wir einfach keine Ahnung. Was wir über ihr Verhalten wußten, stammte aus der Gefangenschaft.« Die großen Zusammenhänge zwischen Verhalten, Physiologie und Ökologie waren nahezu unbekannt. Die Zeit der Freilanduntersuchungen begann erst in den fünfziger Jahren. Pioniere wie George Schaller, Jane Goodall, Hans Kummer haben harte und zum Teil gefährliche Arbeit auf sich genommen, um exakte Daten zu gewinnen. Ihre Forschungsarbeiten haben unser Bild der Tiere verändert. Heute werden sie als Teil unseres gemeinsamen Ökosystems begriffen. Individualität und Persönlichkeit der einzelnen Tiere werden zunehmend respektiert.

»Aber auch ein Zoodirektor ist nicht unabhängig in seinen Entscheidungen«, sagt Hediger. »Er ist leider nicht nur seinen Tieren, sondern auch den Geldgebern und dem Publikum verpflichtet. Das Publikum erwartet Attraktionen, es möchte möglichst auf keine der exotischen Tierarten verzichten. Und die Betreiber erwarten so geringe Kosten wie möglich.«

Wie schwer es ist, den Vorrang der Interessen der Tiere durchzusetzen, zeigt eine Geschichte, die sich erst vor kurzem im Frankfurter Zoo zugetragen hat. Dort war nur noch ein einziger Elefant übriggeblieben. Um neue Tiere hinzukaufen und sie artgerecht halten zu können, hätte das Elefantenhaus von Grund auf erneu-

ert und erweitert werden müssen. Die dafür erforderlichen finan-
ziellen Mittel konnten nicht aufgebracht werden. Statt irgend-
eines Kompromisses auf Kosten der Tiere entschloß sich die Direktion, den letzten Elefanten an einen anderen Zoo zu geben, in
dem es noch eine kleine Herde gab. Daraufhin hagelte es von allen
Seiten Proteste. Medien, Publikum und sogar Mitglieder der
Stadtverwaltung wollten diese Entscheidung nicht akzeptieren.
Zum Glück blieb die Direktion auf der Seite der Tiere und mutet
ihrem Publikum nun zu, daß man bis auf weiteres im weltberühmten Frankfurter Zoo keine Elefanten sehen wird.

Zoo und Gesellschaft

In meinen Augen ist diese Geschichte von enormer Bedeutung und
verweist auf eine Aufgabe der Zoos, die ich für die entscheidende
überhaupt halte. Die öffentliche Auseinandersetzung um die
Frankfurter Elefanten hat mit Sicherheit vielen Menschen den
Anstoß gegeben, ihre Einstellung zu den Tieren zu überdenken.
Das Vorbild der Verantwortlichen, die Bedürfnisse der Tiere so
ernst zu nehmen, daß sie lieber eine Einbuße ihres Renommees
hinnehmen, hat sicher manchen ermutigt, auch seinerseits Rück-
sicht zu nehmen und seine Bedürfnisse einzuschränken. Ein Zoo,
dessen Gestaltung spüren läßt, daß Achtung und Verständnis für
die Tiere im Vordergrund stehen, kann meiner Überzeugung nach
großen Einfluß auf die Haltung der Bevölkerung Tieren und der
Natur gegenüber gewinnen.

Dafür aber sind Ehrlichkeit und Aufklärung eine entscheidende
Voraussetzung. Noch immer wird die Bevölkerung belogen. Denken wir an die inzwischen richtigerweise in die Schußlinie gerate-
nen Delphinarien. Wissenschaftlern ist seit langem klar, daß diese
hochentwickelten Säugetiere nicht unter derart primitiven Bedingungen gehalten werden dürfen, wie man sie in den meisten
Delphinarien vorfindet. Die Becken sind viel zu klein und eintö-
nig, um den Tieren auch nur annähernd den Bewegungsraum und
die Anregungen zu geben, auf die sie angewiesen sind. Bei Tieren,

die längere Zeit unter diesen schrecklichen Bedingungen leben mußten, hat man festgestellt, daß Nervenzellen im Gehirn einfach abgebaut worden sind.

Immer wieder wird in der Presse vom plötzlichen Tod gefangener Delphine berichtet. Von einem Virus ist dann oft die Rede. Daß falsche Lebensbedingungen das Immunsystem schwächen, ist noch viel zuwenig bekannt. Eine informierte Bevölkerung würde der notwendigen Schließung der Delphinarien gewiß viel mehr Verständnis entgegenbringen – so bedauerlich es auch sein mag, auf den Anblick dieser scheinbar immer vergnügten Akrobaten zu verzichten.

Vor der Schließung des Londoner Zoos wurde dem Publikum versichert, die Tiere würden auf andere Tierparks verteilt. Wer sich auskennt, weiß, daß die meisten getötet werden mußten. Durch solche Lügen erhält man in der Gesellschaft ein illusionäres Bild von der Welt des Zoos aufrecht und verhindert, daß notwendige Maßnahmen wie der Verzicht der Frankfurter auf Elefanten von ihr mitgetragen werden.

Tierliebe ohne Sentimentalität

Für Dieter Ruedi, den Direktor des Baseler Zoos, hat sich seine jahrelange intensive Aufklärungsarbeit bezahlt gemacht. Den Baseler Bürgern ist der Gedanke vertraut, daß das Einschläfern von Zootieren manchmal unvermeidlich ist. Selbst bei den niedlichen Braunbärenkindern kann es in Erwägung gezogen werden. Die Bevölkerung weiß von früheren Fällen her, daß alle Anstrengungen unternommen werden, um einen guten Platz für sie zu finden. Und sie akzeptiert, daß es, wenn dies nicht gelingt, für die Tiere besser sein kann, schmerzlos eingeschläfert zu werden, als zeitlebens unter schlechten Haltungsbedingungen zu leiden.

Das Vertrauen der Baseler in die Direktion hat gute Gründe. Wer den Zoo betritt, spürt und sieht, daß hier neue Konzepte der Tierhaltung versucht werden. Nach seiner Aufklärungsarbeit kann Ruedi jetzt sicher sein: Das Publikum will lieber weniger

Tierarten sehen, wenn ihre Gehege dafür abwechslungsreich und artgerecht sind. Ein gutgestaltetes Gehege kann dem Besucher ökologische und verhaltensbiologische Zusammenhänge nahebringen. Er kann eine sinnliche Beziehung zu den Tieren entwickeln, wie sie das Fernsehen nie vermitteln kann. So außergewöhnlich die Bilder auch sein mögen: Wir wissen aus eigener Erfahrung, und Untersuchungen haben es bestätigt, daß Fernsehbilder in der Regel nicht so eine emotionale Wirkung auf uns haben wie unmittelbare Erlebnisse, daß sie meist rasch vergessen sind, weil sie die Phantasie nicht anregen – und weil eben die sinnliche Erfahrung fehlt.

Anpassung an eine neue Umwelt

Vielleicht ist der monoton hin- und herschwimmende Eisbär Timi tatsächlich verhaltensgestört. Vielleicht aber ist seine von den Menschen gestaltete Umwelt ausreichend günstig für ihn, um ihm Anpassungsleistungen zu ermöglichen, zu denen ihn seine genetische Ausstattung grundsätzlich befähigt. Vielleicht reicht das Angebot an interessanten Gegenständen und menschlichem Kontakt, um die verlorengegangene Bewegungsfreiheit zu kompensieren. Es muß nicht sein, daß der Zoo versucht, die natürlichen Lebensbedingungen möglichst in allen Aspekten zu imitieren – was ohnehin nicht möglich ist. Daß sie etwa ihr Futter nicht mühsam und unter Lebensgefahr suchen müssen, was in der Wildnis den größten Teil ihrer Zeit ausfüllt, verändert ihr Leben in jedem Fall grundlegend.

Das aber kann auch eine Chance bedeuten. Es kann dazu anregen, daß Tiere die Möglichkeit erhalten, ihr genetisches Potential auszuschöpfen, das sie keineswegs auf eine bestimmte Lebensweise festlegt. Sie sind in der Lage, Fähigkeiten auszubilden, für deren Entwicklung in freier Natur keine Gelegenheit wäre und die den Verlust ihrer natürlichen Umwelt kompensieren können.

Hans Kummer, Schüler von Hediger und einer der wenigen

Verhaltensbiologen mit Zoo- und Freilanderfahrung, erzählt die Geschichte von zwei jungen Pavianen, die gern vom Wasser des Grabens genascht hätten, wenn – ja, wenn ihre Arme nur lang genug gewesen wären. Unter den schützenden Zoobedingungen hatten sie genügend Muße für eine geniale Erfindung: Sie ließen sich an den Händen hängend rückwärts an der senkrechten Wand hinab, tauchten die Schwanzspitze ins Wasser, zogen sie hoch, führten mit einer Hand das Schwanzende zum Mund und saugten die Quaste aus.

Noch eindrucksvoller ist die Evolution des Sozialverhaltens der Tiere unter Zoobedingungen – vorausgesetzt, sie fühlen sich ausreichend wohl. Sie werden regelmäßig gefüttert, müssen keine Feinde fürchten, und mit der vielen »Freizeit« nimmt die Bedeutung der Artgenossen zu. Ihre Beschäftigung miteinander wird zum zentralen Lebensinhalt. Kummer nennt in diesem Zusammenhang den Zoo »Treibhaus des Sozialen«. Bei den Pavianen im Züricher Zoo hat er Verhaltensweisen gesehen, die er bei freilebenden Artgenossen niemals beobachten konnte. Er beschreibt, wie sich junge Männchen in einem Alter, in dem sie im Freileben kaum noch spielen, manchmal ein Kleines quer über die Arme legen und aufrecht mit ihm im Kreise drehen, in einer Art Tragetanz.

Noch eindrucksvoller ist seine Schilderung einer Taktik, deren sich im Zoo junge Weibchen bedienten und die eine »perfekte Kombination von Drohung, Selbstsicherung, Aufhetzung des Alliierten und Blockade des Gegners« war: Er sah wiederholt, wie »ein Weibchen gleichzeitig nach vorn seine Gegnerin bedrohte und nach hinten den Pascha mit Präsentieren besänftigte. Dies konnte den Pascha veranlassen, die Gegnerin anzugreifen. Die Drohende hinderte die Gegnerin mühelos daran, ihrerseits den Pascha aufzusuchen, indem sie sich genau zwischen ihnen hielt.« Im Freiland hatte er nur selten primitive Vorstufen dieser »gesicherten Drohung« gesehen, die die Zooweibchen bereits mit zwei Jahren hinter sich ließen. »Die gesicherte Drohung im Züricher Zoo war die konsequent ausgebaute Vollform dessen, was im ›natürlichen‹ Verhalten nur als Keim angelegt ist.«

Die Gefangenschaft muß also nicht zu einer Verarmung im

Leben der Tiere führen. Ich möchte aber nicht mißverstanden werden. Ich meine nicht etwa, der Zoo sei für die Tiere eigentlich eine bessere Umwelt als die Wildnis. Was sie gewinnen, müssen sie mit einem Verlust bezahlen, denn ohne unsere Hilfe werden sie sich nie wieder in ihrer angestammten Umwelt zurechtfinden.

In meinen Augen überwiegen dennoch die Gründe, die für die Erhaltung der Zoos sprechen. Wenn sie mit Sachkenntnis, Phantasie und Respekt vor den Tieren gestaltet werden, wenn nicht Profitstreben im Vordergrund steht, sondern der Wunsch, das Wesen der Tiere, ihre Eigenarten, ihre Bedürfnisse und ihre Fähigkeiten sinnlich zu vermitteln, kann das unsere Bereitschaft verstärken, rücksichtsvoller mit ihnen umzugehen – mit ihnen und mit der Umwelt, die die Lebensgrundlage für uns alle ist.

Literatur

Lesenswerte Literatur zum Thema (Auswahl)

Joy Adamson: *Frei geboren*. Hamburg 1960.

Immanuel Birmelin und Annette Wolter: *Wellensittiche*. München 1985.

Norbert Bischof: *Das Rätsel Ödipus*. München 1985.

John T. Bonner: *The Evolution of Culture in Animals*. (Princeton University Press) New Jersey 1980.

DER SPIEGEL: »Aufbruch in das Labyrinth des Geistes«. Heft vom 2.3. 1992.

Ian und Oria Douglas-Hamilton: *Unter Elefanten*. München 1976.

John C. Eccles und Daniel N. Robinson: *Das Wunder des Menschseins – Gehirn und Geist*. München, Zürich 1985.

Albert Einstein: *Aus meinen späten Jahren*. Frankfurt a. M., Berlin, Wien 1984.

GEO Wissen: »Intelligenz und Bewußtsein«. Hamburg 1992.

Jane Goodall: *Ein Herz für Schimpansen*. Reinbek 1991.

Donald R. Griffin: *Wie Tiere denken*. München 1983.

Heini Hediger: *Ein Leben mit Tieren im Zoo und in aller Welt*. Zürich 1990.

Heini Hediger: *Tierpsychologie im Zoo und im Zirkus*. Basel 1961.

Jörg Hess: *Familie 5*. Basel 1989.

Fritz Jantschke: *Orang-Utans in Zoologischen Gärten*. München 1972.

Manfred Karremann und Karl Schnelting: *Tiere als Ware*. Frankfurt a. M. 1992.

Hans Kummer: *Weiße Affen am Roten Meer*. München 1992.

Fred Kurt: *Das Buch der Elefanten*. München 1991.

Konrad Lorenz: *Denkwege*. München 1992.

Cynthia Moss: *Die Elefanten vom Kilimandscharo*. Hamburg 1990.

Mark und Delia Owens: *Der Ruf der Kalahari*. München 1987.

Anne E. Rasa: *Die perfekte Familie*. Stuttgart 1984.

George B. Schaller: *Unter Löwen in der Serengeti*. Freiburg/Br. 1976.

Hans-Peter Schütt (Hg.): *Die Vernunft der Tiere*. Frankfurt a. M. 1990.

Volker Sommer: *Die Affen*. Hamburg 1989.

Marian Stamp Dawkins: *Leiden und Wohlbefinden bei Tieren*. Stuttgart 1982.

Shirley C. Strum: *Leben unter Pavianen*. Wien, Darmstadt 1989.

Valmik Thapar und Fateh Singh Rathore: *Tiger*. Braunschweig 1990.

Frans de Waal: *Wilde Diplomaten*. München, Wien 1991.

Vertiefende wissenschaftliche Literatur (Auswahl)

Patrick Bateson: »Do animals feel pain?« *New Scientist*, 25. April 1992.

Benjamin B. Beck: *Animal Tool Behavior*. New York 1980.

Clemens Becker: *Orang-Utans und Bonobos im Spiel*. München 1984.

Gordon M. Burkhardt: *Foundations of Comparative Ethology*. New York 1985.

Richard Byrne und Andrew Whiten (Hgg.): *Machiavellian Intelligence*. Oxford 1988.

Dorothy Cheney und Robert Seyfarth: »Attending to behaviour versus attending to knowledge: examining monkeys' attribution of mental states«. *Animal Behavior*, 40, 1990, S. 742–753.

Dorothy Cheney und Robert Seyfarth: »Inside the mind of a monkey«. *New Scientist*, 4, 1992.

Richard Dawkins: »Meet My Cousin, the Chimpanzee«. *New Scientist*, 5, 1993.

Juan D. Delius: »Komplexe Wahrnehmungsleistungen bei Tauben«. *Spektrum der Wissenschaft*, 4, 1986.

Robin Dunbar: »Common ground for thought«. *New Scientist*, 7, 1989.

John C. Eccles: »Bewußtsein der Tiere und Ich-Bewußtsein des Menschen«. *Naturwissenschaftliche Rundschau*, 35. Jg., 10, 1982.

Jane Goodall: *The Chimpanzees of Gombe*. (Harvard University Press) Cambridge, Mass., and London 1986.

James L. Gould: »The Local Map of Honey Bees«. *Science*, 232, 1986, S. 861–863.

James L. Gould und Peter Marler: »Learning by Instinct«. *Scientific American*, 1, 1987.

Dietrich v. Holst: »Zoologische Streß-Forschung – ein Bindeglied zwischen Psychologie und Medizin«. *Spektrum der Wissenschaft* 1993.

Klaus Immelmann u. a.: *Psychobiologie*. Stuttgart 1988.

Martha Kiley-Worthington: *Animals in Circuses and Zoos. Little Eco-Farms Publ.* 1990.

Amelie Koehler: »Intelligenzleistungen und Werkzeuggebrauch bei Primaten«. *Kindlers Enzyklopädie, Der Mensch*. München 1982.

Otto Koehler: »Tiersprachen und Menschensprachen«. G. Altner (Hg.): *Kreatur Mensch*. München 1969.

Jürgen Lethmate und Gerti Ducker: »Untersuchungen am Selbsterkennen im Spiegel bei Orang-Utans und einigen anderen Affenarten«. *Zeitschrift für Tierpsychologie*, 33, 1973.

David McFarland: *Biologie des Verhaltens*. Weinheim 1989.

Martin Moynihan: *Cephalopods*. (Indiana University Press) Bloomington 1985.

Francine Patterson: »Self-Awareness in the Gorilla Koko«. *Gorilla, Journal of the Gorilla Foundation*, 14, No. 2, 1991.

Daniel J. Povinelli: »Reconstructing the Evolution of Mind«. *American Psychologist* (im Druck).

David Premack und Guy Woodruff: »Does the chimpanzee have a

theory of mind?« *The Behavioral and Brain Sciences*, 4, 1978,
S. 515–526.

Carolyn A. Ristau (Hg.): *Cognitive Ethology*. Hove and London
1991.

Norbert Sachser und Christina Lick: »Social Experience, Behavior, and Stress in Guinea Pigs«. *Physiology and Behavior*, 50,
1991, S. 83–90.

Wolfgang M. Schleidt: »Bewußtsein bei Tieren – Eine besondere
Art der Wahrnehmung«. *Das Bewußtsein*, 4, Göttingen 1992.

Peter Tyack: »Why Do Whales Sing?« *The Sciences*, September
1981.

Bildnachweis

Die Seitenangaben beziehen sich ausschließlich auf die farbigen Bildteile.

Volker Arzt: 12 oben u. unten, 13 oben u. unten
Immanuel Birmelin: 17 unten, 20 unten, 22 oben u. unten, 23 unten, 24 oben
Monika Birmelin: 23 oben
Das Fotoarchiv/Foto: Thomas Stephan: 1 oben, 2 oben u. unten, 3 unten
Annette Hansen: 21
Andreas Heide: 20 oben
Jörg Hess: 15 oben, 16 oben u. unten
Jürgen Lethmate: 5, 6 oben u. unten, 7, 14 oben u. unten
Fritz Mai: 4
Anne Rasa: 8 oben u. unten
Bernhard Rudolph: 18/19
Jeanette Schmid: 3 oben
Thomas Schönbächler: 1 unten
Anatol Scholz: 24 unten
René Strickler: 17 oben
ZEFA-Allstock/Foto: Tom McHugh: 9; Stockmarket/Foto: Eddie Adams: 10/11

Das Foto auf Seite 303 stammt von Jean-Jacques Laeser, die drei Fotos auf Seite 116/117 stammen von Jürgen Döhl.

Personen- und Sachregister